손해평가사

9개년 기출문제해설

한권으로 끝내기

2차

SD에듀
(주)시대고시기획

Always **with you**

사람의 인연은 길에서 우연하게 만나거나 함께 살아가는 것만을 의미하지는 않습니다.
책을 펴내는 출판사와 그 책을 읽는 독자의 만남도 소중한 인연입니다.
SD에듀는 항상 독자의 마음을 헤아리기 위해 노력하고 있습니다. 늘 독자와 함께하겠습니다.

PREFACE

손해평가사는 공정하고 객관적인 농업재해보험의 손해평가를 하기 위해 피해사실의 확인, 보험가액 및 손해액의 평가, 그 밖에 손해평가에 필요한 사항에 대한 업무를 수행하는 자로서 농어업재해보험법에 따라 국가자격인 손해평가사 자격을 취득해야 합니다.

2022년 제8회 시험부터는 기존 업무방법서가 아닌 농업정책보험금융원 홈페이지에 등재된 「농업재해보험 · 손해평가의 이론과 실무」 이론서에서 출제된다는 점에서 이전 손해평가사 2차 시험과 달라졌지만, 기존 업무방법서와 이론서 내용을 분석해 보면 출제경향에는 큰 변화가 없을 것으로 예상됩니다.

지금까지 출제된 2차 시험을 분석해 보면 손해평가사의 직무에 관한 문제들이 주로 출제되고 있으며, 특히 누적감수과실수 산정 문제, 피해율 산정 문제, 보험금 산정 문제들이 심화문제로 출제되고 있습니다. 이런 문제들은 농업정책보험금융원 홈페이지에 공개된 「농업재해보험 · 손해평가의 이론과 실무」를 충분히 이해하고, 기출문제 경향에 따른 문제풀이에 초점을 두고 학습한다면 충분히 풀 수 있는 문제들이라고 생각합니다.

본서는 손해평가사 2차 시험 준비를 마무리하고 실력을 최종 점검할 수 있도록 9개년 기출문제를 철저히 분석하여 구성한 기출문제집입니다. 2차 시험의 답안은 출제자의 의도를 파악하고, 그 답을 일목요연하게 서술하여야 하며, 문제에서 묻는 핵심내용을 기입해야 높은 점수를 받을 수 있습니다. 특히 주관식 풀이형 문제의 경우 기존 기출문제 등도 변형 · 활용되어 출제될 수 있기 때문에 기출문제를 많이 접해보고 유사문제를 풀어봄으로써 기출유형에 익숙해져야 합니다.

2차 시험과 관련하여 정답을 구하는 문제는 농업정책보험금원에 발표한 기준으로 적용하여 그 정답을 작성해야 하기 때문에 가장 최근 발표한 기준을 반영하였습니다.

아무쪼록 본서가 손해평가사를 준비하는 수험생들에게 등대와 같은 지침서로서 수험준비 과정을 마무리하고, 최종 점검을 하는데 도움이 되길 기대합니다.

대표 편저자 씀

이 책의 구성 및 특징

STEP 1   문제편과 정답 및 해설편 분리구성

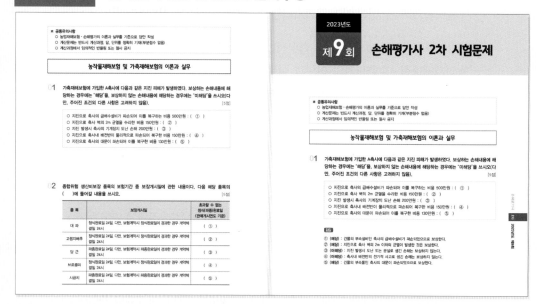

직접 문제를 풀어보며 해결할 수 있도록 문제편과 정답 및 해설편을 분리 구성하였습니다.

STEP 2   문제편

9개년 기출문제 및 개정된 「농업재해보험·손해평가의 이론과 실무」 이론서를 반영한 기출수정문제를 수록하였습니다.

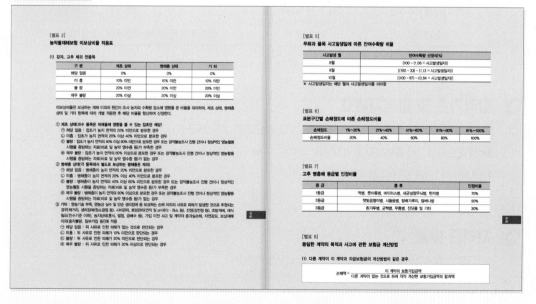

COMPOSITION

STEP 3 정답 및 해설편

농업정책보험금융원에서 발표한 이론서를 적용한 정확하고 자세한 해설로
혼자서도 학습이 가능하도록 구성하였습니다.

STEP 4 부록

학습에 도움이 되도록 농업정책보험금융원에서 발표한 이론서 관련 별표를 수록하였습니다.

손해평가사란?

손해평가사는 공정하고 객관적인 손해액 산정과 보험금 지급을 위하여 농작물의 농업재해로 인한 손해에 대해 보험관련 법규와 약관을 근거로 전문적인 능력과 지식을 활용하여 보험사고를 조사 · 평가하는 일을 수행한다.

수행직무		
피해사실의 확인	보험가액 및 손해액의 평가	그 밖의 손해평가에 필요한 사항

관련기관

소관부처	운용기관	시행기관
농림축산식품부(재해보험정책과)	농업정책보험금융원(보험 2부)	한국산업인력공단

응시자격

응시자격 : 제한 없음

※ 「농어업재해보험법」 제11조의4 제4항에 해당하는 사람은 그 처분이 있은 날부터 2년이 지나지 아니한 경우 시험에 응시할 수 없음

응시수수료 및 납부방법

1차 시험 응시수수료	2차 시험 응시수수료	납부방법
20,000원	33,000원	전자결제(신용카드, 계좌이체, 가상계좌 중 택일)

합격기준 및 합격자발표

❶ 매 과목 100점을 만점으로 하여 매 과목 40점 이상과 전 과목 평균 60점 이상인 사람을 합격자로 결정

❷ 큐넷 손해평가사 홈페이지 합격자발표 : 60일간(www.Q-Net.or.kr/site/loss)

❸ ARS (☎1666-0100) 합격자발표 : 4일간

자격증 발급

농업정책보험금융원에서 자격증 신청 및 발급업무를 수행한다.

시험일정

구 분	원서접수기간	시행지역	시험일자	합격자발표
2차 시험	2024.7.22.~2024.7.26.	서울, 부산, 대구, 광주, 대전, 인천	2024.8.31.	2024.11.13.

시험과목 및 방법

구 분	시험과목	문항수	시험시간	시험방법
2차 시험	❶ 농작물재해보험 및 가축재해보험의 이론과 실무 ❷ 농작물재해보험 및 가축재해보험 손해평가의 이론과 실무	과목별 10문항	120분	주관식

※ 기활용된 문제, 기출문제 등도 변형·활용되어 출제될 수 있음
※ 2차 시험의 답안은 농업정책보험금융원에서 등재된 「농업재해보험·손해평가의 이론과 실무」를 기준으로 작성

손해평가사 자격시험 시행현황

구 분		2015	2016	2017	2018	2019	2020	2021	2022	2023
1차	대 상	5,684명	3,655명	3,240명	3,716명	6,614명	9,752명	15,385명	15,796명	16,903명
	응 시	4,002명	2,879명	2,374명	2,594명	3,901명	8,193명	13,230명	13,361명	14,107명
	응시율	70.4%	78.8%	73.3%	69.8%	59.0%	84.0%	86.0%	84.6%	83.5%
	합 격	1,865명	1,761명	1,444명	1,949명	2,486명	5,748명	9,508명	9,067명	10,830명
	합격률	46.6%	61.2%	60.8%	75.1%	63.7%	70.2%	71.9%	67.9%	76.8%
2차	대 상	2,935명	2,442명	1,939명	2,372명	3,254명	5,855명	10,136명	10,686명	11,732명
	응 시	2,260명	1,852명	1,538명	1,934명	2,712명	4,937명	8,699명	9,016명	9,977명
	응시율	77.0%	75.8%	79.3%	81.5%	83.3%	84.3%	85.8%	84.4%	85.1%
	합 격	430명	167명	260명	129명	153명	566명	2,233명	1,017명	1,390명
	합격률	19.0%	9.0%	16.9%	6.7%	5.6%	11.5%	25.7%	11.3%	13.9%

〈자료출처 : 한국산업인력공단, Q-net 홈페이지〉

SD에듀 이 책의 차례

손해평가사
2차
기출문제해설

문제편

손해평가사 2차 시험문제

피나는 노력에 대타란 없다.

– 박병호 –

2015년도 제1회 손해평가사 2차 시험문제

시험과목	① 농작물재해보험 이론과 실무 ② 농작물재해보험 손해평가 이론과 실무

수험자 확인사항	1. 답안지 인적사항 기재란 외에 수험번호 및 성명 등 특정인임을 암시하는 표시가 없음을 확인하였습니다. 확인 ☐
	2. 연필류, 유색필기구 등을 사용하지 않았습니다. 확인 ☐
	3. 답안지 작성시 유의사항을 읽고 확인하였습니다. 확인 ☐

[수험자 유의사항]

1. 답안지 표지 앞면 빈칸에는 시행연도·자격시험명·과목명을 정확히 기재하여야 합니다.

2. 답안지 작성은 반드시 검정색 필기구만을 계속 사용하여야 합니다.
   (그 외 연필류, 유색필기구 등을 사용한 답항은 채점하지 않으며, 0점 처리됩니다)

3. 수험번호 및 성명은 반드시 연습지 첫 장 좌측 인적사항 기재란에만 작성하여야 하며, 답안지의 인적사항 기재란 외의 부분에 특정인임을 암시하거나 답안과 관련 없는 특수한 표시를 하는 경우 답안지 전체를 채점하지 않으며, 0점 처리합니다.

4. 계산문제는 반드시 계산과정, 답, 단위를 정확히 기재하여야 합니다.

5. 답안 정정 시에는 두 줄(=)로 긋고 다시 기재 또는 수정테이프 사용이 가능하며, 수정액을 사용할 경우 채점상의 불이익을 받을 수 있으므로 사용하지 마시기 바랍니다.

6. 기 작성한 문항 전체를 삭제하고자 할 경우 반드시 해당 문항의 답안 전체에 명확하게 ×를 하시기 바랍니다. (× 표시한 답안은 채점대상에서 제외)

7. 답안 작성시 문제번호 순서에 관계없이 답안을 작성하여도 되나, 문제번호 및 문제를 기재(긴 경우 요약기재 가능)하고, 해당 답안을 기재하여야 합니다.

8. 각 문제의 답안작성이 끝나면 바로 옆에 "끝"이라고 쓰고, 최종 답안작성이 끝나면 줄을 바꾸어 중앙에 "이하 여백"이라고 써야 합니다.

9. 수험자는 시험시간이 종료되면 즉시 답안작성을 멈춰야 하며, 종료시간 이후 계속 답안을 작성하거나 감독위원의 답안지 제출지시에 불응할 때에는 당회 시험을 무효처리 합니다.

○ 2차 시험문제 및 답안은 2024년 3월 농업정책보험금융원에서 발표한 「농업재해보험·손해평가의 이론과 실무」 이론서를 기준으로 작성하였습니다.

농작물재해보험 이론과 실무

※ 단답형 문제에 답하시오. (1 ~ 5번 문제)

01 농작물재해보험 업무방법에서 정하는 용어를 순서대로 답란에 쓰시오. [5점]

> ○ ( ) : 영양조건, 기간, 기온, 일조시간 등 필요조건이 다차서 꽃눈이 형성되는 현상
> ○ ( ) : 가입수확량 산정 및 적과종료전 보험사고시 감수량 산정의 기준이 되는 수확량
> ○ ( ) : 햇가지가 1~2mm 정도 자라기 시작하는 현상
> ○ ( ) : 보장하는 재해 이외의 원인으로 수확량이 감소되었다고 평가되는 부분을 말하며, 계약
> 　　　　당시 이미 발생한 피해, 병해충으로 인한 피해 및 제초상태 불량 등으로 인한 수확감소량
> 　　　　으로서 피해율 산정시 감수량에서 제외되는 것
> ○ ( ) : 보험의 목적에 대한 피보험이익을 금전으로 평가한 금액 또는 보험의 목적에 발생할 수
> 　　　　있는 최대 손해액

02 다음 종합위험보장 상품의 보험가입자격 및 기준으로 ( )의 내용을 순서대로 쓰시오.
[5점] 기출수정

> ○ 콩 : 개별 농지당 최저 보험가입금액은 ( ) 이상
> ○ 고구마 : 개별 농지당 최저 보험가입금액은 ( ) 이상
> ○ 가을감자 : 개별 농지당 최저 보험가입금액은 ( ) 이상
> ○ 차 : 개별 농지당 최저 보험가입면적은 ( ) 이상
> ○ 옥수수 : 개별 농지당 최저 보험가입금액은 ( ) 이상

03 종합위험보장 벼 상품 및 업무방법에서 정하는 용어를 순서대로 답란에 쓰시오.

[5점] 기출+정

○ (   ) : 못자리 등에서 기른 모를 농지로 옮겨 심는 일
○ (   ) : 물이 있는 논에 종자를 파종하는 방법
○ (   ) : 벼(조곡)의 이삭이 줄기 밖으로 자란 상태
○ (   ) : 개간, 복토 등을 통해 논으로 변경한 농지
○ (   ) : 자연현상으로 인하여 간석지 등 연안지대에 바닷물의 유입으로 발생하는 피해

---

04 다음 적과전 종합위험방식Ⅱ 과수 품목별 보험가입이 가능한 주수의 합을 구하시오.

[5점] 기출+정

구 분	재배형태	가입하는 해의 수령	주 수
사 과	밀식재배	2년	200주
배	–	3년	250주
단 감	–	4년	180주
떫은감	–	5년	260주
사 과	일반재배	6년	195주

05 다음 농작물재해보험의 청약철회 기준에 관한 설명 중 괄호 안에 들어갈 내용을 순서대로 답란에 쓰시오.

[5점]

청약철회는 보험증권을 받은 날부터 (   )일 이내에서 그 청약을 철회할 수 있다. 다만, (   )로부터 (   )일을 초과한 경우에는 청약을 철회할 수 없다.

06 다음은 보험가입 거절 사례이다. 농작물재해보험 가입이 거절된 사유를 보험가입자격과 인수제한 과수원 기준으로 모두 서술하시오. [15점] 기출수정

> 2013년 A씨는 아내와 경북 ○○시로 귀농하여 B씨 소유의 농지를 아내명의로 임차하였다. 해당 농지는 하천에 소재하는 면적 990m²의 과수원으로 2015년 태풍으로 제방과 둑이 유실되어 2019년 현재 복구되지 않은 상태이다. A씨는 2017년 4월 반밀식재배방식으로 사과 1년생 묘목 300주를 가식한 후 2019년 3월 농작물재해보험 적과전 종합위험방식Ⅱ로 가입하려 한다. 실제 경작은 A씨 본인이 하지만 보험계약자를 서울에서 직장생활하는 아들 명의로 요청하였다.

07 다음 상품에 해당하는 보장방식을 보기에서 모두 선택하고 보장종료일을 (예)와 같이 서술하시오. [15점]

> (예) 양파 : 수확감소보장 – 이듬해 수확기종료 시점(단, 6월 30을 초과할 수 없음)
> 　　　　　 경작불능보장 – 이듬해 수확개시 시점

─〈보기〉─
　　　수확감소보장, 생산비보장, 경작불능보장, 과실손해보장, 재파종보장

옥수수	
마 늘	
고구마	
차	
복분자	

08 종합위험방식 원예시설 업무방법에서 정하는 잔가율에 관하여 서술하시오. [15점]

09 농작물재해보험 업무방법에서 정하는 적과전 종합위험방식 Ⅱ 과수 상품의 보상하지 않는 손해에 관하여 서술하시오(단, 적과종료 이후에 한함). [15점] 기출수정

10 다음 사례를 읽고 농작물재해보험 업무방법에서 정하는 기준에 따라 인수가능 여부와 해당 사유를 서술하시오. [15점]

A씨는 ○○시에서 6년전 간척된 △△리 1번지(본인소유 농지 4,200m²)와 4년전 간척된 △△리 100번지(임차한 농지 1,000m², △△리 1번지와 인접한 농지)에 벼를 경작하고 있다. 최근 3년 연속으로 ○○시에 집중호우가 내려 호우경보가 발령되었고, A씨가 경작하고 있는 농지(△△리 1번지, △△리 100번지)에도 매년 침수피해가 발생하였다. 이에 A씨는 농작물재해보험에 가입하고자 가입금액을 산출한 결과 △△리 1번지 농지는 180만원, △△리 100번지 농지는 50만원이 산출되었다.

(1) 인수가능 여부 :

(2) 해당 사유 :

※ **단답형 문제에 답하시오. (11 ~ 15번 문제)**

11 다음은 농작물재해보험 업무방법에서 정하는 손해평가 업무 절차상 손해평가반 구성 및 손해평가 일정계획 수립에 관한 내용이다. 괄호에 알맞은 내용을 답란에 쓰시오. [5점]

> 농협 담당자 등은 사고 접수가 된 계약에 대하여 (   ), (   ), (   ) 등에 따라 조사종류를 결정하고, 이에 따른 손해평가반 구성 및 손해평가 일정을 수립한다.

12 A과수원의 종합위험방식 복숭아 품목의 과중조사를 실시하고자 한다. 다음 조건을 이용하여 과중조사 횟수, 최소 표본주수 및 최소 추출과실개수를 답란에 쓰시오. [5점]

> ─ 〈조건〉 ─
> ○ A과수원의 품종은 4종이다.
> ○ 각 품종별 수확시기는 다르다.
> ○ 최소 표본주수는 회차별 표본주수의 합계로 본다.
> ○ 최소 추출과실개수는 회차별 추출과실개수의 합계로 본다.
> ○ 위 조건외 단서조항은 고려하지 않는다.

13 종합위험방식 과수 품목별 피해인정계수를 다음 (예)와 같이 빈칸에 쓰시오. [5점] 기출수정

(예)	복숭아	정상과(0)	50%(0.5)	80%(0.8)	피해과(1)	병충해(0.5)

참다래				
포 도				
밤				

14 다음은 농작물재해보험 업무방법에서 정하는 농작물의 손해평가와 관련한 내용이다. 괄호에 알맞은 내용을 답란에 순서대로 쓰시오. [5점]

> ○ 인삼 품목의 수확량을 산출할 경우 기초자료인 칸넓이 산정은 두둑폭과 고랑폭을 더한 합계에 (   )을/를 곱하여 산출한다.
> ○ 매실 품목의 경우 적정 수확시기 이전에 수확하는 경우에는 품종별로 과실 (   )을/를 조사한다.
> ○ 복분자의 피해율은 (   )을/를 (   )로/으로 나누어 산출한다.

15 다음은 농작물재해보험 업무방법에서 정하는 종합위험방식 밭작물 품목별 수확량조사 적기에 관한 내용이다. 괄호에 알맞은 내용을 답란에 순서대로 쓰시오. [5점]

> ○ 고구마 : (   )로/으로부터 120일 이후에 농지별로 조사
> ○ 감자(고랭지재배) : (   )로/으로부터 110일 이후 농지별로 조사
> ○ 마늘 : (   )와/과 (   )이/가 1/2~2/3 황변하여 말랐을 때와 해당 지역에 통상 수확기가 도래하였을 때 농지별로 조사
> ○ 옥수수 : (   )이/가 나온 후 25일 이후 농지별로 조사

※ 서술형 문제에 답하시오. (16 ～ 20번 문제)

16 농작물재해보험 업무방법에서 정하는 적과전 종합위험방식(Ⅱ) 과수 품목에 관한 다음 조사방법에 관하여 서술하시오. [15점] 기출수정

피해사실 확인조사	
적과후 착과수조사	
태풍(강풍) 낙엽률조사 (단감, 떫은감)	
우박 착과피해조사	

17 다음의 계약사항과 조사내용에 관한 누적감수과실수를 구하시오(단, 계약사항은 계약 1, 2 조건에 따르고, 조사내용은 아래 표와 같으며, 감수과실수는 소수점 이하에서 반올림함).

[20점] 기출수정

○ 계약사항

구 분	상품명	특 약	평년착과수	가입과실수	실제결과주수
계약 1	적과전 종합위험방식(Ⅱ) 배	적과종료 이전 특정 위험 5종 한정보장 특별약관	10,000개	8,000개	100주
계약 2	적과전 종합위험방식(Ⅱ) 배	없 음	20,000개	15,000개	200주

구 분	재해 종류	사고 일자	조사 일자	조사내용	
				적과전 종합위험방식(Ⅱ)(계약 1)	적과전 종합위험방식(Ⅱ)(계약 2)
적과 종료 이전	태풍	4월 20일	4월 21일	〈피해사실확인조사〉 최대 인정피해율 : 50% 미보상감수과실수 : 없음	해당 조사 : 없음 미보상감수과실수 : 없음
	우박	5월 15일	5월 16일	〈유과타박률조사〉 유과타박률 : 28% 미보상감수과실수 : 없음	해당 조사 : 없음 미보상감수과실수 : 없음
적과후 착과수	–		7월 10일	적과후착과수 : 6,000개	적과후착과수 : 9,000개
적과 종료 이후	태풍	8월 25일	8월 26일	〈낙과피해조사(전수조사)〉 총 낙과과실수 : 1,000개 / 나무피해 없음 피해과실구분 100%:500, 80%:300, 50%:120, 정상:80 미보상감수과실수 : 없음	〈낙과피해조사(전수조사)〉 총 낙과과실수 : 2,000개 / 나무피해 없음 피해과실구분 100%:700, 80%:800, 50%:320, 정상:180 미보상감수과실수 : 없음
	우박	5월 15일	9월 10일	〈착과피해조사〉 피해과실구분 100%:10, 80%:10, 50%:14, 정상:66 미보상감수과실수 : 없음	〈착과피해조사〉 피해과실구분 100%:20, 80%:50, 50%:20, 정상:10 미보상감수과실수 : 없음

[계약1(적과전 종합위험방식 Ⅱ 배)]
① 계산과정 :
② 누적감수과실수 : _____개

[계약2(적과전 종합위험방식 Ⅱ 배)]
① 계산과정 :
② 누적감수과실수 : _____개

18 종합위험방식 밭작물 고추에 관하여 수확기 이전에 보험사고가 발생한 경우 〈보기〉의 조건에 따른 생산비보장보험금을 산정하시오. [10점] 기출수정

> **〈조건〉**
>
> ○ 잔존보험가입금액 : 10,000,000원
> ○ 자기부담금 : 500,000원
> ○ 준비기생산비계수 : 54.4%
> ○ 병충해 등급별 인정비율 : 70%
> ○ 생장일수 : 50일
> ○ 표준생장일수 : 100일
> ○ 피해비율 : 50%
> ○ 손해정도비율 : 80%
> ○ 미보상비율 : 0%

① 계산과정 :
② 생산비보장보험금 : _____ 원

19 업무방법에서 정하는 종합위험방식 벼 상품에 관한 다음 2가지 물음에 답하시오. [15점]

(1) 재이앙·재직파보험금, 경작불능보험금, 수확감소보험금의 지급사유를 각각 서술하시오.

〈지급사유〉

재이앙·재직파보험금	
경작불능보험금	
수확감소보험금	

(2) 아래 조건(1, 2, 3)에 따른 보험금을 산정하시오(단, 아래의 조건들은 지급사유에 해당된다고 가정한다).

> **〈조건 1 : 재이앙·재직파보험금〉**
>
> ○ 보험가입금액 : 2,000,000원
> ○ 자기부담비율 : 20%
> ○ (면적)피해율 : 50%
> ○ 미보상감수면적 : 없음

① 계산과정 :
② 보험금 : _____ 원

┌─〈조건 2 : 경작불능보험금〉─────────────────────┐
│ ○ 보험가입금액 : 2,000,000원   │
│ ○ 자기부담비율 : 15%   │
│ ○ 식물체 80% 고사   │
└──┘

① 계산과정 :
② 보험금 : _____원

┌─〈조건 3 : 수확감소보험금〉─────────────────────┐
│ ○ 보험가입금액 : 2,000,000원   │
│ ○ 자기부담비율 : 20%   │
│ ○ 평년수확량 : 1,400kg   │
│ ○ 수확량 : 500kg   │
│ ○ 미보상감수량 : 200kg   │
└──┘

① 계산과정 :
② 보험금 : _____원

20 벼 상품의 수확량조사 3가지 유형을 구분하고, 각 유형별 수확량조사 시기와 조사방법에 관하여 서술하시오. [15점]

유 형	조사시기	조사방법

2016년도 제2회 손해평가사 2차 시험문제

시험과목	① 농작물재해보험 이론과 실무 ② 농작물재해보험 손해평가 이론과 실무

수험자 확인사항	1. 답안지 인적사항 기재란 외에 수험번호 및 성명 등 특정인임을 암시하는 표시가 없음을 확인하였습니다.　확인 □
	2. 연필류, 유색필기구 등을 사용하지 않았습니다.　확인 □
	3. 답안지 작성시 유의사항을 읽고 확인하였습니다.　확인 □

[수험자 유의사항]

1. 답안지 표지 앞면 빈칸에는 시행연도・자격시험명・과목명을 정확히 기재하여야 합니다.

2. 답안지 작성은 반드시 검정색 필기구만을 계속 사용하여야 합니다.
   (그 외 연필류, 유색필기구 등을 사용한 답항은 채점하지 않으며, 0점 처리됩니다)

3. 수험번호 및 성명은 반드시 연습지 첫 장 좌측 인적사항 기재란에만 작성하여야 하며, 답안지의 인적사항 기재란 외의 부분에 특정인임을 암시하거나 답안과 관련 없는 특수한 표시를 하는 경우 답안지 전체를 채점하지 않으며, 0점 처리합니다.

4. 계산문제는 반드시 계산과정, 답, 단위를 정확히 기재하여야 합니다.

5. 답안 정정 시에는 두 줄(=)로 긋고 다시 기재 또는 수정테이프 사용이 가능하며, 수정액을 사용할 경우 채점상의 불이익을 받을 수 있으므로 사용하지 마시기 바랍니다.

6. 기 작성한 문항 전체를 삭제하고자 할 경우 반드시 해당 문항의 답안 전체에 명확하게 ×를 하시기 바랍니다. (× 표시한 답안은 채점대상에서 제외)

7. 답안 작성시 문제번호 순서에 관계없이 답안을 작성하여도 되나, 문제번호 및 문제를 기재(긴 경우 요약기재 가능)하고, 해당 답안을 기재하여야 합니다.

8. 각 문제의 답안작성이 끝나면 바로 옆에 "끝"이라고 쓰고, 최종 답안작성이 끝나면 줄을 바꾸어 중앙에 "이하 여백"이라고 써야 합니다.

9. 수험자는 시험시간이 종료되면 즉시 답안작성을 멈춰야 하며, 종료시간 이후 계속 답안을 작성하거나 감독위원의 답안지 제출지시에 불응할 때에는 당회 시험을 무효처리 합니다.

O 2차 시험문제 및 답안은 2024년 3월 농업정책보험금융원에서 발표한 「농업재해보험・손해평가의 이론과 실무」 이론서를 기준으로 작성하였습니다.

농작물재해보험 이론과 실무

※ 단답형 문제에 대해 답하시오. (1 ~ 5번 문제)

01 다음은 농작물재해보험 업무방법 통칙내 용어의 정의로 괄호 안에 들어갈 옳은 내용을 답란에 쓰시오. [5점]

> "평년수확량"이란 가입연도 직전 (㉠) 중 보험에 가입한 연도의 (㉡)와(과) (㉢)을(를) (㉣)에 따라 가중평균하여 산출한 해당 과수원(농지)에 기대되는 수확량을 말한다.

02 다음과 같이 4개의 사과 과수원을 경작하고 있는 A씨가 적과전 종합위험방식 Ⅱ 보험상품에 가입하고자 할 경우, 계약인수단위 규정에 따라 보험가입이 가능한 과수원 구성과 그 이유를 쓰시오(단, 밀식재배 조건임). [5점] 기출+정

구 분	가입조건	소재지
1번 과수원	'후지' 품종 4년생 보험가입금액 120만원	서울시 종로구 부암동
2번 과수원	'홍로' 품종 3년생 보험가입금액 70만원	서울시 종로구 부암동
3번 과수원	'미얀마' 품종 5년생 보험가입금액 110만원	서울시 종로구 부암동
4번 과수원	'쓰가루' 품종 6년생 보험가입금액 190만원	서울시 종로구 신영동

① 과수원 구성 :
② 이 유 :

03 다음의 조건으로 농업용 시설물 및 시설작물을 종합위험방식 원예시설보험에 가입하려고 하는 경우 보험가입 여부를 판단하고, 그 이유를 쓰시오(단, 주어진 조건 외에는 고려하지 않는다). [5점] 기출+정

> ○ 시설하우스 조건 : 폭 10m, 높이 3.5m, 길이 100m, 구조안전성 분석결과 허용풍속 10.2m/s
> ○ 시설작물의 재식밀도 : 오이 1,600주/10a

04 농작물재해보험계약이 무효로 되었을 때의 보험료 환급에 관한 설명이다. 괄호 안에 들어갈 내용을 답란에 쓰시오. [5점]

> ㄱ. 계약자 또는 피보험자의 책임 없는 사유에 의하는 경우에는 계약자가 납입한 보험료를 (㉠) 환급한다.
> ㄴ. 계약자 또는 피보험자의 책임 있는 사유에 의하는 경우에는 품목별 해당 월 (㉡)에 따라 계산된 환급보험료를 지급한다.
> ㄷ. 계약자 또는 피보험자의 고의 또는 (㉢)로 무효가 된 경우는 보험료를 환급하지 않는다.
> ㄹ. 회사의 고의 또는 과실로 인하여 계약이 무효로 된 경우와 회사가 승낙 전에 무효임을 알았거나 알 수 있었음에도 불구하고 보험료를 반환하지 않은 경우에는 보험료를 납입한 날의 다음날부터 반환일까지의 기간에 대하여 보험개발원이 공시하는 (㉣)을(를) 연단위 복리로 계산한 금액을 더하여 환급한다.

05 다음 조건에 따라 적과전 종합위험방식Ⅱ 보험상품에 가입할 경우, 과실손해보장 보통약관 적용 보험료를 산출하시오. [5점] 기출+정

> ○ 품목 : 사과
> ○ 보험가입금액 : 10,000,000원
> ○ 지역별 보통약관 보험요율 : 20%
> ○ 손해율에 따른 할증률 : 20%
> ○ 방재시설할인율 : 10%
> ○ 부보장 및 한정보장 특별약관 할인율 : 10%

06 적과전 종합위험방식 Ⅱ 보험상품에 가입하는 경우 다음과 같은 조건에서 과실손해보장의 자기 부담금과 태풍(강풍)·집중호우 나무손해보장 특약의 보험가입금액 및 자기부담금을 산출하시 오(단, 결과주수 1주당 가입가격은 10만원이다). [15점] 기출수정

> '신고' 배 6년생 700주를 실제 경작하고 있는 A씨는 최근 3년간 동 보험에 가입하였으며, 3년간 수령한 보험금이 순보험료의 100% 미만이었다. 과실손해보장의 보험가입금액은 1,000만원으로서 최저 자기 부담비율을 선택하고, 특약으로는 태풍(강풍)·집중호우 나무손해보장 특약만을 선택하여 보험에 가입 하고자 한다.

구 분	내 용
과실손해보장의 자기부담금	① 풀이과정 : ② 답 :
태풍(강풍)·집중호우 나무손해보장 특약의 보험가입금액	① 풀이과정 : ② 답 :
태풍(강풍)·집중호우 나무손해보장 특약의 자기부담금	① 풀이과정 : ② 답 :

07 종합위험방식 포도 품목의 표준수확량, 면적에 대한 산출식을 쓰고, 주간거리·열간거리 측정방 법에 관하여 서술하시오(단, 단위를 사용할 경우는 반드시 기입하시오). [15점] 기출수정

구 분	내 용
표준수확량	
면 적	
주간거리·열간거리 측정방법	

08 단감 '부유' 품종을 경작하는 A씨는 적과전 종합위험방식 II 보험에 가입하면서 적과종료 이전 특정위험 5종 한정보장 특별약관에도 가입하였다. (1) 보험가입금액이 감액된 경우의 차액보험료 산출방법에 대해 서술하고, (2) 다음 조건의 차액보험료를 계산하시오(단, 풀이과정을 반드시 쓰시오). [15점] 기출수정

○ 적과후착과량 : 1,000kg
○ 평년착과량 : 1,300kg
○ 기준수확량 : 1,100kg
○ 주계약 보험가입금액 : 1,000만원
○ 계약자부담보험금 : 100만원
○ 착과감소보험금 보장수준 : 50%형
○ 감액분 계약자부담보험료 : 10만원
○ 감액미경과비율 : 90%
○ 미납입보험료 : 없음

(1) 차액보험료 산출방법 :

(2) 차액보험료 계산 :

09 강원도 철원으로 귀농한 A씨는 100,000m² 논의 '오대벼'를 주계약 보험가입금액 1억원, 병충해 보장 특약 보험가입금액 5천만원을 선택하여 친환경재배방식으로 농작물재해보험에 가입하고자 한다. 다음의 추가조건에 따른 (1) 주계약 보험료와 (2) 병충해보장 특약 보험료를 계산하시오. [15점] 기출수정

── 〈추가조건〉 ──

철원지역 주계약 기본영업요율(1%), 손해율에 따른 할인율(25%) 및 전년도 무사고 할인율(5%), 친환경 재배시 할증률(30%), 직파재배 농지할증률(20%), 평년수확량 초과가입시 할증률(5%), 정부보조보험 료는 순보험료의 50%와 부가보험료를 지원하고 지자체지원 보험료는 순보험료의 30%를 지원한다. 상기 보험요율은 순보험요율이다.

(1) 주계약 보험료
　① 풀이과정 :
　② 답 :

(2) 병충해보장 특약 보험료
　① 풀이과정 :
　② 답 :

10 농업수입감소보장방식의 양파 품목에 있어 경작불능보험금과 인수제한 농지(10개 이상)를 쓰시오(단, 경작불능보험금은 자기부담비율에 따른 지급액 포함). [15점]

구 분	내 용
경작불능보험금	
인수제한 목적물 (10개 이상)	

농작물재해보험 손해평가 이론과 실무

※ 단답형 문제에 대해 답하시오. (11 ~ 15번 문제)

11 다음의 조건에 따른 적과전 종합위험방식 II 사과 품목의 실제결과주수와 태풍(강풍)·집중호우 나무손해보장 특별약관에 의한 보험금을 구하시오. [5점] 기출+수정

태풍(강풍)·집중호우 나무손해보장 특별약관 보험가입금액	8,000만원
가입일자 기준 과수원에 식재된 모든 나무주수	1,000주
인수조건에 따라 보험에 가입할 수 없는 나무주수	50주
보상하는 손해(태풍)로 고사된 나무주수	95주
보상하는 손해 이외의 원인으로 고사한 나무주수	100주

(1) 실제결과주수 : _____주

(2) 나무손해보장 특별약관 보험금 : _____원

12 다음은 작물특정 및 시설종합위험 인삼손해보장방식 해가림시설의 손해조사에 관한 내용이다. 밑줄 친 틀린 내용을 알맞은 내용으로 수정하시오. [5점] 기출+수정

○ 피해 칸에 대하여 전체파손 및 ㉠ 부분파손(30%형, 60%형, 90%형)로 나누어 각 칸수를 조사한다.

○ 산출된 피해액에 대하여 감가상각을 적용하여 손해액을 산정한다. 다만, 피해액이 보험가액의 20%를 초과하면서 감가 후 피해액이 보험가액의 20% 미만인 경우에는 ㉡ 감가상각을 적용하지 않는다.

○ 해가림시설 보험금과 잔존물제거비용의 합은 보험가입금액을 한도로 한다. 단, 잔존물제거비용은 ㉢ 보험가입금액의 20%를 초과할 수 없다.

13 다음은 업무방법에서 정하는 종합위험방식 복분자 품목의 고사결과모지수 산정방법에 관한 내용이다. 괄호에 알맞은 내용을 답란에 쓰시오.　　　　　　　　[5점]

고사결과모지수는 기준 살아있는 결과모지수에서 (㉠) 고사결과모지수를 뺀 후 (㉡)고사결과모지수를 더한 값을 (㉢)결과모지수에서 빼어 산출한다.

14 종합위험 수확감소보장방식 감자 품목의 병충해에 의한 피해사실 확인 후 보험금 산정을 위한 표본조사를 실시하였다. 한 표본구간에서 가루더뎅이병으로 입은 괴경의 무게가 10kg이고 손해정도가 50%인 경우 이 표본구간의 병충해감수량은?(단, 병충해감수량은 kg단위로 소수점 둘째자리에서 반올림하여 첫째자리까지 다음 예시와 같이 구하시오. 예시 : 1.234kg → 1.2kg)
　　　　　　　　[5점] [기출수정]

15 업무방법에서 정하는 종합위험 수확감소보장방식 밭작물 품목의 표본구간별 수확량조사 방법에 관한 내용이다. 밑줄 친 부분에 알맞은 내용을 답란에 순서대로 쓰시오.　　　[5점] [기출수정]

품 목	표본구간별 수확량조사 방법
양 파	표본구간내 작물을 수확한 후, 종구 __㉠__cm 윗부분 줄기를 절단하여 해당 무게를 조사(단, 양파의 최대 지름이 __㉡__cm 미만인 경우에는 80%, 100% 피해로 인정하고 해당 무게의 20%, 0%를 수확량으로 인정)
마 늘	표본구간내 작물을 수확한 후, 종구 __㉢__cm 윗부분을 절단하여 무게를 조사(단, 마늘통의 최대 지름이 __㉣__cm(한지형), __㉤__cm(난지형) 미만인 경우에는 80%, 100% 피해로 인정하고 해당 무게의 20%, 0%를 수확량으로 인정)
고구마	표본구간내 작물을 수확한 후 정상 고구마와 __㉥__%형 피해 고구마, 80% 피해 고구마, 100% 피해 고구마로 구분하여 무게를 조사
감 자	표본구간내 작물을 수확한 후 정상 감자, 병충해별 20% 이하, 21%~40% 이하, 41%~60% 이하, 61%~80% 이하, 81%~100% 이하 발병 감자로 구분하여 해당 병충해명과 무게를 조사하고, 최대 지름이 5cm 미만이거나 피해정도 50% 이상인 감자의 무게는 실제 무게의 __㉦__%를 조사 무게로 함

※ 서술형 문제에 대해 답하시오. (16 ~ 20번 문제)

16 업무방법에서 정하는 종합위험 수확감소보장방식 과수 품목 중 자두 품목 수확량조사의 착과수 조사 방법에 관하여 서술하시오. [15점]

17 다음의 계약사항과 조사내용으로 누적감수과실수와 기준착과수를 구하시오(단, 감수과실수와 기준착과수는 소수점 첫째자리에서 반올림하여 정수단위로 하여 구하시오). [20점] 기출수정

○ 계약사항

상품명	가입 특약	평년착과수	가입과실수	실제결과주수
적과전 종합위험방식Ⅱ 단감	적과종료 이전 특정위험 5종 한 정보장 특별약관 가입	10,000개	8,000개	100주

○ 조사내용

구 분	재해 종류	사고 일자	조사 일자	조사내용
적과 종료 이전	우 박	5월 10일	5월 11일	〈유과타박률조사〉 유과타박률 15% 미보상감수과실수 : 없음 / 미보상비율 : 0%
적과후 착과수	–		7월 10일	적과후착과수 5,000개
적과 종료 이후	태 풍	9월 8일	9월 9일	〈낙과피해조사(전수조사)〉 총 낙과과실수 : 1,000개 / 나무피해 없음 / 미보상감수과실수 없음 | 피해과실 구분	100%	80%	50%	정 상 | | 과실수 | 1,000개 | 0 | 0 | 0 | 〈낙엽피해조사〉 낙엽률 30%(경과일수 100일) / 미보상비율 0%
	우 박	5월 10일	10월 30일	〈착과피해조사〉 단, 태풍 사고 이후 착과수는 변동 없음 | 피해과실 구분	100%	80%	50%	정 상 | | 과실수 | 4개 | 20개 | 20개 | 56개 |
	가을 동상해	10월 30일	10월 31일	〈가을동상해 착과피해조사〉 사고 당시 착과과실수 : 3,000개 | 피해과실 구분	100%	80%	50%	정 상 | | 과실수 | 6개 | 30개 | 20개 | 44개 |

18 종합위험 수확감소보장방식 벼 품목에서 사고가 접수된 농지의 수량요소조사 방법에 의한 수확량조사 결과가 다음과 같을 경우 수확량과 피해율을 구하시오. [15점] 기출수정

평년수확량	2,100kg	조사수확비율	70%
표준수확량	2,200kg	미보상비율	20%
기준수확량	2,000kg	피해면적 보정계수	0.95

(1) 수확량(단, kg단위로 소수점 첫째자리에서 반올림하여 다음 예시와 같이 구하시오. 예시 : 994.55kg → 995kg)

(2) 피해율(단, %단위로 소수점 둘째자리에서 반올림하여 첫째자리까지 다음 예시와 같이 구하시오. 예시 : 12.345% → 12.3%)

19 업무방법에서 정하는 종합위험방식 마늘 품목에 관한 다음 2가지 물음에 답하시오. [10점]

○ 계약사항

상품명	보험가입금액	가입면적	평년수확량	자기부담비율
종합위험방식 마늘	1,000만원	4,000m^2	5,000kg	20%

○ 조사내용

조사종류	조사방식	1m^{2}당 출현주수(1차조사)	1m^{2}당 재파종주수(2차조사)
재파종조사	표본조사	18주	32주

(1) 재파종보험금 산정방법을 서술하시오.

(2) 다음의 계약사항과 보상하는 손해에 따른 조사내용에 관하여 재파종보험금을 구하시오(단, 1a는 100m^{2}이다).

20 다음의 계약사항과 보상하는 손해에 따른 조사내용에 관하여 수확량, 기준수입, 실제수입, 피해율, 농업수입감소보험금을 구하시오(단, 피해율은 % 단위로 소수점 셋째자리에서 반올림하여 둘째자리까지 다음 예시와 같이 구하시오. 예시 : 0.12345 → 12.35%). [15점]

○ 계약사항

상품명	보험가입금액	가입면적	평년수확량	자기부담비율	기준가격
농업수입감소보장보험 콩	900만원	10,000m²	2,470kg	20%	3,900원/kg

○ 조사내용

조사종류	조사방식	실제경작면적	수확불능면적	타작물 및 미보상면적
수확량조사	표본조사	10,000m²	1,000m²	0m²

기수확면적	표본구간 수확량 합계	표본구간 면적 합계	미보상감수량	수확기가격
2,000m²	1.2kg	12m²	200kg	4,200원/kg

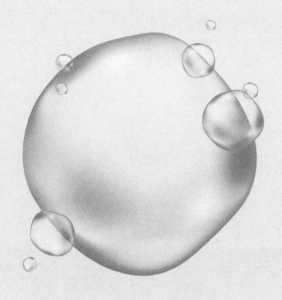

당신이 저지를 수 있는 가장 큰 실수는,
실수를 할까 두려워하는 것이다.

- 앨버트 하버드 -

2017년도 제3회 손해평가사 2차 시험문제

시험과목	① 농작물재해보험 및 가축재해보험의 이론과 실무 ② 농작물재해보험 및 가축재해보험 손해평가의 이론과 실무

농작물재해보험 및 가축재해보험의 이론과 실무

※ 단답형 문제에 대해 답하시오. (1 ～ 5번 문제)

01 농작물재해보험약관에서 정하는 용어의 정의로 (   )에 들어갈 내용을 답란에 쓰시오.

[5점] 기출수정

○ "보험의 목적"은 가입대상 품목 중 약관에 따라 보험에 가입한 농작물로 보험증권에 기재된 농작물의 (㉠) 또는 (㉡)을(를) 말한다.
○ "표준수확량"이란 가입 품목의 (㉢), (㉣), (㉤) 등에 따라 정해진 수확량을 말한다.
---

02 다음은 농작물재해보험 적과전 종합위험방식Ⅱ 과수 품목의 과실손해보장 보통약관의 대상재해별 보험기간에 대한 기준이다. (   )에 들어갈 알맞은 날짜를 답란에 쓰시오. [5점] 기출수정

구 분		보험기간	
		보장개시	보장종료
적과종료 이전	자연재해	계약체결일 24시	사과, 배 : (㉠)
적과종료 이후	가을동상해	(㉡)	사과, 배 : (㉢)
			단감, 떫은 감 : 수확기종료 시점 (다만, 판매개시연도 11월 15일을 초과할 수 없음)

03 농작물재해보험 자두 품목의 아래 손해 중 보상하는 손해는 "○"로, 보상하지 않는 손해는 "×"로 (   )에 표기하시오. [5점]

① 원인의 직·간접을 묻지 아니하고 병해충으로 발생한 손해 ································· (   )
② 제초작업, 시비관리 등 통상적인 영농활동을 하지 않아 발생한 손해 ················· (   )
③ 기온이 0℃ 이상에서 발생한 이상저온에 의한 손해 ·································· (   )
④ 계약 체결 시점 현재 기상청에서 발령하고 있는 기상특보 발령지역의 기상특보 관련 재해로 인한 손해
··· (   )
⑤ 최대 순간풍속 14m/sec 미만의 바람으로 발생한 손해 ····························· (   )

04 ○○도 △△시 관내에서 매실과수원(천매 10년생, 200주)을 하는 A씨는 농작물재해보험 매실 품목의 나무손해보장 특약에 200주를 가입한 상태에서 보험기간내 침수로 50주가 고사되는 피해를 입었다. A씨의 피해에 대한 나무손해보장 특약의 보험금 산출식을 쓰고, 해당 보험금을 계산하시오(단, 1주당 가입가격은 50,000원임). [5점] 기출수정

05 가축재해보험(한우·육우·젖소)의 정부지원 기준 중 (   )에 들어갈 내용을 답란에 쓰시오. [5점] 기출수정

지원요건	• 「농어업경영체법」 제4조에 따라 해당 축종으로 (㉠)를 등록한 자 • 「축산법」 제22조 제1항 및 제3항에 따른 (㉡)를 받은 자 • 축사는 적법한 건물(시설 포함)로 건축물관리대장 또는 가설건축물관리대장이 있어야 하고, 가축 주계약 가입금액 최소 (㉢) 이상인 경우 정부 지원 가능
지원비율	• 가축재해보험에 가입한 재해보험가입자의 납입 보험료의 (㉣)% 지원 • 단, 농업인(주민등록번호) 또는 법인별(법인등록번호) (㉤) 한도 지원

06 농작물재해보험 업무방법에 따른 적과전 종합위험방식Ⅱ 나무손해보장 특별약관에서 정하는 보상하는 손해와 보상하지 않는 손해를 답란에 각각 서술하시오. [15점] 기출수정

보상하는 손해	
보상하지 않는 손해	

07 농작물재해보험 원예시설 및 시설작물 업무방법에서 정하는 자기부담금과 소손해면책금에 대하여 서술하시오. [15점] 기출수정

08 농작물재해보험 종합위험방식 벼 품목의 업무방법에서 정하는 보험금 지급사유와 지급금액 산출식을 답란에 서술하시오(단, 자기부담비율은 15%형 기준임). [15점]

구 분	지급사유	지급금액 산출식
경작불능 보험금		
수확감소 보험금		
수확불능 보험금		

09 농업수입감소보장방식 포도 품목 캠벨얼리(노지)의 기준가격(원/kg)과 수확기가격(원/kg)을 구하고, 산출식을 답란에 서술하시오(단, 2017년에 수확하는 포도를 2016년 11월에 보험가입하였고, 농가수취비율은 80.0%로 정함). [15점]

연 도	서울 가락도매시장 캠벨얼리(노지) 연도별 평균가격(원/kg)	
	중 품	상 품
2011	3,500	3,700
2012	3,000	3,600
2013	3,200	5,400
2014	2,500	3,200
2015	3,000	3,600
2016	2,900	3,700
2017	3,000	3,900

10 가축재해보험의 업무방법에서 정하는 유량검정젖소의 정의와 가입기준(대상농가, 대상젖소)에 관하여 답란에 서술하시오. [15점]

※ **단답형 문제에 대해 답하시오. (11 ~ 15번 문제)**

11 다음은 업무방법에서 사용하는 용어의 정의이다. 설명하는 내용에 알맞은 용어를 답란에 쓰시오.

[5점] 기출수정

> ⊙ 실제경작면적 중 보상하는 재해로 수확이 불가능한 면적을 의미한다.
> ⓒ 하나의 보험가입금액에 해당하는 농지 또는 과수원에서 경작한 목적물(수확물)을 모두 조사하는 것을 말한다.
> ⓒ 실제결과나무수에서 고사나무수, 미보상나무수 및 기수확나무수, 수확불능나무수를 뺀 나무 수로 표본조사의 대상이 되는 나무수를 의미한다.
> ⓔ 실제경작면적 중 조사일자를 기준으로 수확이 완료된 면적을 의미한다.
> ⓜ 실제결과나무수 중 보상하는 손해 이외의 원인으로 수확량(착과량)이 현저하게 감소한 나무수를 의미한다.

12 종합위험 수확감소보장방식 과수 품목의 과중조사를 실시하고자 한다. 아래 농지별 최소 표본과 실수를 답란에 쓰시오(단, 해당 기준의 절반 조사는 고려하지 않는다). [5점]

계약사항			최소 표본과실수(개)
농 지	품 목	품종수	
A	포 도	1	⊙
B	포 도	2	ⓒ
C	자 두	1	ⓒ
D	복숭아	3	ⓔ
E	자 두	4	ⓜ

13 다음은 업무방법에서 정하는 종합위험 수확감소보장방식 밭작물 품목별 수확량조사 적기에 관한 내용이다. 밑줄 친 부분에 알맞은 내용을 답란에 쓰시오. [5점]

품 목	수확량조사 적기
양 파	양파의 비대가 종료된 시점(식물체의 ㉠ 이 완료된 때)
고구마	고구마의 비대가 종료된 시점(삽식일로부터 ㉡ 일 이후에 농지별로 적용)
감자(고랭지재배)	감자의 비대가 종료된 시점(파종일로부터 ㉢ 일 이후)
콩	콩의 수확 적기[콩잎이 누렇게 변하여 떨어지고 ㉣ 의 80~90% 이상이 고유한 성숙(황색)색깔로 변하는 시기인 생리적 성숙기로부터 7~14일이 지난 시기]
양배추	양배추의 수확 적기(㉤ 형성이 완료된 때)

14 다음은 가축재해보험의 보상하지 않는 손해의 내용 중 일부이다. 답란에 알맞은 내용을 쓰시오. [5점]

○ 계약자, 피보험자 및 이들의 법정대리인의 고의 또는 중대한 과실로 생긴 손해
○ 계약자, 피보험자의 (㉠) 및 (㉡)에 의한 가축폐사로 인한 손해
○ (㉢)에서 정하는 가축전염병에 의한 폐사로 인한 손해 및 정부 및 공공기관의 (㉣) 또는 (㉤)로 발생한 손해

15 업무방법에서 정하는 종합위험 수확감소보장방식 논작물 및 밭작물 품목에 대한 내용이다. ( )에 알맞은 내용을 답란에 쓰시오. [5점]

구 분	품 목
수확량 전수조사 대상 품목	(㉠), (㉡)
경작불능 비해당 품목	(㉢)
병충해를 보장하는 품목(특약 포함)	(㉣), (㉤)

16 가축재해보험의 보상하는 손해 중 계약자 및 피보험자에게 지급할 수 있는 비용의 종류와 지급 한도에 관하여 서술하시오(단, 비용의 종류에 대한 정의 포함). [15점]

17 다음의 계약사항과 보상하는 손해에 따른 조사내용에 관하여 피해수확량, 미보상감수량, 수확감 소보험금을 구하시오(단, 재식시기지수와 재식밀도지수는 각각 1로 가정한다).[15점] 기출수정

○ 계약사항

상품명	보험가입금액	가입면적	표준수확량	가입가격	자기부담비율
수확감소보장 옥수수(미백2호)	15,000,000원	10,000m²	5,000kg	3,000원/kg	20%

○ 조사내용

조사종류	표준중량	실제경작면적	고사면적	기수확면적
수확량조사	180g	10,000m²	1,000m²	2,000m²

표본구간 '상'품 옥수수 개수	표본구간 '중'품 옥수수 개수	표본구간 '하'품 옥수수 개수	표본구간 면적 합계	미보상비율
10개	10개	20개	10m²	10%

(1) 피해수확량(kg단위로 소수점 셋째짜리에서 반올림하여 둘째자리까지 다음 예시와 같이 구하시오. 예시 : 3.456kg → 3.46kg로 기재)

(2) 미보상감수량

(3) 수확감소보험금

18 아래 조건에 의해 농업수입감소보장 포도 품목의 피해율 및 농업수입감소보험금을 산출하시오.

[15점]

> ○ 평년수확량 : 1,000kg
> ○ 조사수확량 : 500kg
> ○ 미보상감수량 : 100kg
> ○ 농지별 기준가격 : 4,000원/kg
> ○ 농지별 수확기가격 : 3,000원/kg
> ○ 보험가입금액 : 4,000,000원
> ○ 자기부담비율 : 20%

(1) 피해율(피해율은 %단위로 소수점 셋째자리에서 반올림하여 둘째자리까지 다음 예시와 같이 구하시오.
  예시 : 0.12345 → 12.35%로 기재)

(2) 농업수입감소보험금

19 다음의 계약사항과 조사내용에 관한 적과후착과수를 산정한 후 누적감수과실수와 기준착과수를 구하시오(단, 감수과실수와 기준착과수는 소수점 첫째자리에서 반올림하여 정수단위로, 피해율은 %단위로 소수점 셋째자리에서 반올림하여 다음 예시와 같이 구하시오. 예시 : 0.12345 → 12.35%).

[15점] 기출수정

○ 계약사항

상품명	가입 특약	평년착과수	가입과실수	실제결과주수
적과전 종합위험방식Ⅱ 단감	특정위험 5종 한정보장 특약	15,000개	9,000개	100주

○ 적과후착과수 조사내용(조사일자 : 7월 25일)

품 종	수 령	실제결과주수	표본주수	표본주 착과수 합계
부 유	10년	20주	3주	240개
부 유	15년	60주	8주	960개
서촌조생	20년	20주	3주	330개

구 분	재해 종류	사고 일자	조사 일자	조사내용
적과 종료 이전	우 박	5월 15일	5월 16일	• 유과타박률조사, 유과타박률 28% • 미보상비율 : 20% • 미보상주수 감수과실수 : 0개

구 분	재해 종류	사고 일자	조사 일자	조사내용				
적과 종료 이후	강 풍	7월 30일	7월 31일	• 낙과피해조사(전수조사) 총 낙과과실수 : 1,000개 / 나무피해 없음 / 미보상감수과실수 0개				
				피해과실 구분	100%	80%	50%	정 상
				과실수	1,000개	0개	0개	0개
				• 낙엽피해조사 낙엽률 50%(경과일수 60일) / 미보상비율 0%				
	태 풍	10월 8일	10월 9일	• 낙과피해조사(전수조사) 총 낙과과실수 : 500개, 나무피해 없음, 미보상감수과실수 0개				
				피해과실 구분	100%	80%	50%	정 상
				과실수	200개	100개	100개	100개
				• 낙엽피해조사 낙엽률 60%(경과일수 130일) / 미보상비율 0%				
	우 박	5월 15일	10월 29일	• 착과피해조사 단, 태풍 사고 이후 착과수는 변동 없음				
				피해과실 구분	100%	80%	50%	정 상
				과실수	20개	20개	20개	40개
	가을 동상해	10월 30일	10월 31일	• 가을동상해 착과피해조사 사고 당시 착과과실수 : 3,000개 가을동상해로 인한 잎 피해율 : 70% 잔여일수 : 10일				
				피해과실 구분	100%	80%	50%	정 상
				과실수	10개	20개	20개	50개

20 아래의 계약사항과 조사내용에 따른 표본구간 유효중량, 피해율 및 보험금을 구하시오.

[15점] 기출수정

○ 계약사항

품목명	가입 특약	가입금액	가입면적	가입 수확량	평년 수확량	자기부담 비율	품종 구분
벼	병해충 보장 특약	5,500,000원	5,000m²	3,950kg	3,850kg	15%	새누리 (메벼)

○ 조사내용

조사 종류	재해 내용	실제경작 면적	고사 면적	타작물 및 미보상 면적	기수확 면적	표본구간 면적	표본구간 작물중량 합계	함수율
수확량 (표본)조사	병해충 (도열병) / 호우	5,000m²	1,000m²	0m²	0m²	0.5m²	300g	23.5%

(1) 표본구간 유효중량(표본구간 유효중량은 g단위로 소수점 첫째자리에서 반올림하여 다음 예시와 같이 구하시오. 예시 : 123.4g → 123g로 기재)

(2) 피해율(피해율은 % 단위로 소수점 셋째자리에서 반올림하여 둘째자리까지 다음 예시와 같이 구하시오. 예시 : 0.12345는 → 12.35%로 기재)

(3) 보험금

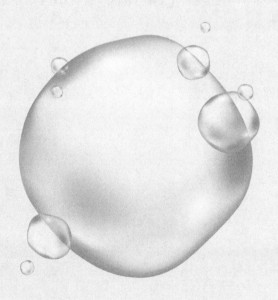

나에게 나무를 벨 시간 8시간이 주어진다면
그중 6시간은 도끼를 가는 것에 사용하겠다.

- 에이브러햄 링컨 -

2018년도 제4회 손해평가사 2차 시험문제

시험과목	① 농작물재해보험 및 가축재해보험의 이론과 실무 ② 농작물재해보험 및 가축재해보험 손해평가의 이론과 실무

○ 2차 시험문제 및 답안은 2024년 3월 농업정책보험금융원에서 발표한 「농업재해보험·손해평가의
   이론과 실무」 이론서를 기준으로 작성하였습니다.

농작물재해보험 및 가축재해보험의 이론과 실무

※ 단답형 문제에 대해 답하시오. (1 ∼ 5번 문제)

01 다음은 계약인수 현지조사 요령에서 현지조사 항목에 관한 내용이다. (   )에 들어갈 용어를 순서대로 쓰시오. [5점]

> ○ 과수작물 현지조사 항목 : 면적, 품종, 수령, 주수, (①), (②), (③), 기타 적정성
> ○ 밭작물, 원예시설 현지조사 항목 : 가입면적, 식재, (④), (⑤)의 적정성 등

02 종합위험보장 원예시설 보험의 계약인수와 관련하여 맞는 내용은 "O"로, 틀린 내용은 "×"로 표기하여 순서대로 나열하시오. [5점]

> ① 단동하우스와 연동하우스는 최소 가입면적이 200m² 로 같고, 유리온실은 가입면적의 제한이 없다.
> ② 6개월 후에 철거 예정인 고정식 시설은 인수제한 목적물에 해당하지 않는다.
> ③ 작물의 재배면적이 시설면적의 50% 미만인 경우 인수제한 된다.
> ④ 고정식하우스는 존치기간이 1년 미만인 하우스로 시설작물 경작 후 하우스를 철거하여 노지작물을 재배하는 농지의 하우스를 말한다.

03 적과전 종합위험방식 II 과수 상품에서 다음 조건에 따라 올해 2020년의 평년착과량을 구하시오 (단, 제시된 조건 외의 다른 조건은 고려하지 않음). [5점] 기출+정

(단위 : 개)

구 분	2015년	2016년	2017년	2018년	2019년
표준수확량	7,900	7,300	8,700	8,900	9,200
적과후착과량	미가입	6,500	5,600	미가입	7,100

※ 기준표준수확량은 2015년부터 2019년까지 8,500개로 매년 동일한 것으로 가정함
※ 2020년 기준표준수확량은 9,350개임

04 다음 밭작물의 품목별 보장내용에 관한 표의 빈칸에 담보가능은 "○"로, 부담보는 "×"로 표시할 때 다음 물음에 답하시오(단, '차' 품목 예시를 포함하여 개수를 산정함). [5점]

밭작물	재파종 보장	경작불능 보장	수확감소 보장	수입보장	생산비 보장	해가림 시설보장
차	×	×	○	×	×	×
인 삼						
고구마, 감자						
콩, 양파						
마 늘						
고 추						

① '재파종보장' 열에서 "○"의 개수
② '경작불능보장' 열에서 "○"의 개수
③ '수입보장' 열에서 "○"의 개수
④ '인삼' 행에서 "○"의 개수
⑤ '고구마, 감자' 행에서 "○"의 개수

05 종합위험담보방식 대추 품목 비가림시설에 관한 내용이다. 다음 조건에서 계약자가 가입할 수 있는 보험가입금액의 ① 최솟값과 ② 최댓값을 구하고, ③ 계약자가 부담할 보험료의 최솟값은 얼마인지 쓰시오(단, 화재위험보장 특약은 제외하고, m^2당 시설비는 19,000원임). [5점] [기출수정]

○ 가입면적 : 2,500m^2
○ 지역별 보험요율(순보험요율) : 5%
○ 순보험료 정부 보조금 비율 : 50%
○ 순보험료 지방자치단체 보조금 비율 : 30%
○ 손해율에 따른 할인·할증과 방재시설 할인 없음

06 적과전 종합위험방식Ⅱ 과수 품목의 과실손해보장 보험가입금액에 관하여 다음 내용을 서술하시오. [15점] 기출수정

① 보험가입금액 설정방법
② 가입가격
③ 보험가입금액의 감액

07 종합위험방식 고추 품목에 관한 다음 내용을 각각 서술하시오. [15점]

① 다음 독립된 A, B, C 농지 각각의 보험가입 가능 여부와 그 이유(단, 각각 제시된 조건 이외는 고려하지 않음)

○ A농지 : 가입금액이 100만원으로 농지 10a당 재식주수가 4,000주로 고추정식 1년전 인삼을 재배

○ B농지 : 가입금액이 200만원, 농지 10a당 재식주수가 2,000주로 4월 2일 고추를 터널재배 형식만으로 식재

○ C농지 : 연륙교가 설치된 도서 지역에 위치하여 10a당 재식주수가 5,000주로 전 농지가 비닐멀칭이 된 노지재배

② 병충해가 있는 경우 생산비보장보험금 계산식
③ 수확기 이전에 보험사고가 발생한 경우 경과비율 계산식

08 과실손해보장의 일소피해보장 보통약관에 관한 다음 내용을 각각 서술하시오. [15점] 기출수정

① 일소피해의 정의
② 일소피해보장 보통약관의 담보조건
③ 적과전 종합위험방식Ⅱ 과수 상품의 일소피해보장 보통약관의 보험기간

09 보험회사에 의한 보험계약 해지에 관한 다음 내용을 각각 서술하시오. [15점]

① 보험회사에 의한 보험계약 해지 불가 사유 4가지
② 보험회사에 의한 보험계약 해지시 보험회사가 지급할 환급보험료 산출식
③ 보험회사에 의한 보험계약 해지시 보험료 환급에 따른 적용이율

10 가축재해보험(젖소) 사고시 월령에 따른 보험가액을 산출하고자 한다. 각 사례별(① ~ ⑤)로 보험가액 계산과정과 값을 쓰시오(단, 유량검정젖소 가입시는 제외, 만원 미만 절사). [15점]

〈사고 전전월 전국산지 평균가격〉

○ 분유떼기 암컷 : 100만원
○ 수정단계 : 300만원
○ 초산우 : 350만원
○ 다산우 : 480만원
○ 노산우 : 300만원

① 월령 2개월 질병사고 폐사
② 월령 11개월 대사성 질병 폐사
③ 월령 20개월 유량감소 긴급 도축
④ 월령 35개월 급성고창 폐사
⑤ 월령 60개월 사지골절 폐사

※ 단답형 문제에 대해 답하시오. (11 ~ 15번 문제)

11 적과전 종합위험방식(Ⅱ) 사과 품목에서 「적과종료 이후부터 수확기 종료」에 발생한 「태풍(강풍), 지진, 집중호우, 화재 피해」의 「낙과피해조사」 관련 설명이다. 다음 (   )의 용어를 쓰시오.
[5점] 기출수정

> ○ 나무수조사는 과수원내 품종·재배방식·수령별 실제결과주수에서 (①), (②), (③), 수확완료주수 및 일부침수주수를 파악한다.
> ○ 낙과수조사는 (④)을(를) 원칙으로 하며, (④)가 어려운 경우 (⑤)을(를) 실시한다.

12 「종합위험 수확감소보장방식 밭작물 품목」에 관한 내용이다. 다음 (   )의 알맞은 용어를 순서대로 쓰시오.
[5점] 기출수정

> ○ 적용 품목은 (①), 마늘, 고구마, 옥수수, 감자(봄재배, 가을재배, 고랭지재배), 차, 콩, 팥, 양배추 품목으로 한다.
> ○ (②)는 마늘 품목에만 해당한다. (③)시 (②)가 필요하다고 판단된 농지에 대하여 실시하는 조사로, 조사시기는 (③) 직후로 한다.
> ○ (④)는 양배추 품목에만 해당한다. (③)시 (④)가 필요하다고 판단된 농지에 대하여 실시하는 조사로, 손해평가반은 피해농지를 방문하여 보장하는 재해 여부 및 (⑤)을 조사한다.

13 복분자 농사를 짓고 있는 △△마을의 A와 B농가는 4월에 저온으로 인해 큰 피해를 입어 경작이 어려운 상황에서 농작물재해보험 가입사실을 기억하고 경작불능보험금을 청구하였다. 두 농가의 피해를 조사한 결과에 따른 경작불능보험금을 구하시오(단, 피해는 면적 기준으로 조사하였으며 미보상 사유는 없다).
[5점]

구 분	가입금액	가입면적	피해면적	자기부담비율
A농가	3,000,000원	1,200m²	900m²	20%
B농가	4,000,000원	1,500m²	850m²	10%

14 아래 조건의 적과전 종합위험방식(Ⅱ) 배 품목의 과실손해보장 담보 계약의 적과종료 이전 동상해 (4월 3일), 우박사고(5월 15일)를 입은 경우 착과감소과실수와 기준착과수를 구하시오.

[5점] 기출수정

○ 평년착과수 : 20,000개
○ 적과후착과수 : 10,000개
○ 적과종료 이전 특정위험 5종 한정보장 특별약관 : 가입
○ 동상해 피해사실확인조사 : 피해 있음
○ 우박 유과타박률 : 50%
○ 미보상감수과실수 : 없음

15 가축재해보험에서 정의하는 다음 (   )의 용어를 순서대로 쓰시오. [5점]

○ (①) : 식용불가 판정을 받아 권역별 소각장에서 소각하거나 사료용으로 판매, 매몰처리 하는 것을 말한다.
○ (②) : 사체를 고온·고압 처리하여 기름과 고형분으로 분리, 사료·공업용 유지 및 육분·육골분을 생산하는 공정을 말한다.
○ (③) : 고객이 보험금 부지급 결정에 동의하지 않는 경우 소비자보호실로 재청구하는 제도를 말한다.
○ (④) : 허위진술을 하거나 진실을 은폐하는 것을 말한다.
○ (⑤) : 제3자의 행위로 피보험자의 손해가 생긴 경우 보험금액을 지급한 보험자는 지급한 보험금액의 한도 내에서 제3자에 대한 피보험자의 권리를 취득하는 것을 말한다.

16 농업수입보장보험 마늘 품목에 한해와 조해피해가 발생하여 아래와 같이 수확량조사를 하였다. 계약사항과 조사내용을 토대로 하여 ① 표본구간 단위면적당 수확량, ② 수확량, ③ 실제수입, ④ 피해율, ⑤ 보험가입금액 및 농업수입감소보험금의 계산과정과 값을 각각 구하시오(단, 품종에 따른 환산계수는 미적용하고, 소수점 셋째자리에서 반올림하여 둘째자리까지 다음 예시와 같이 구하시오. 예시 : 수확량 3.456kg → 3.46kg, 피해율 0.12345 → 12.35%로 기재).

[15점] 기출수정

〈계약사항〉

○ 품종 : 남도
○ 평년수확량 : 10,000kg
○ 실제경작면적 : 3,300m²
○ 가입수확량 : 10,000kg
○ 자기부담비율 : 20%
○ 기준가격 : 3,000원/kg

〈조사내용〉

○ 실제경작면적 : 3,300m²
○ 고사(수확불능)면적 : 300m²
○ 타작물 및 미보상면적 : 500m²
○ 표본구간 : 7구간
○ 표본구간 면적 : 10.50m²
○ 표본구간 수확량 : 30kg
○ 미보상비율 : 20%
○ 수확기가격 : 2,500원/kg

---

17 가축재해보험 보험가액 및 손해액 평가에서 ① 보험가액 및 손해액의 적용가격, ② 보험사에서 지급할 보험금의 계산, ③ 잔존물처리비용과 보험금 등의 지급한도에 관하여 각각 서술하시오.

[15점]

18 종합위험 수확감소보장방식 논작물 벼 품목의 통상적인 영농활동 중 보상하는 손해가 발생하였다. 아래 조사종류별 조사시기, 보험금 지급사유 및 지급보험금 계산식을 각각 쓰시오. [15점]

조사종류	조사시기	지급사유	지급보험금 계산식
① 이앙·직파불능조사			
② 재이앙·재직파조사			
③ 경작불능조사 (자기부담비율 20%형)			
④ 수확불능확인조사 (자기부담비율 20%형)			

19 종합위험 수확감소보장방식 벼 품목의 가입농가가 보상하는 재해로 피해를 입어 수확량조사 방법 중 수량요소조사를 실시하였다. 아래 계약사항 및 조사내용을 기준으로 주어진 조사표의 ① ~ ⑫항의 해당 항목값을 구하시오(단, 조사수확비율 결정은 해당 구간의 가장 큰 비율을 적용하고 미보상 사유는 없으며, 항목별 요소점수는 조사표본포기 순서대로 기재하고, 소수점 셋째자리에서 반올림하여 둘째자리까지 다음 예시와 같이 구하시오. 예시 : 수확량 3.456kg → 3.46kg, 피해율 0.12345 → 12.35%로 기재). [15점] 기출수정

○ 이삭상태 점수표

포기당 이삭수	16개 미만	16개 이상
점 수	1	2

○ 완전낟알상태 점수표

이삭당 완전낟알수	51개 미만	51개 이상 61개 미만	61개 이상 71개 미만	71개 이상 81개 미만	81개 이상
점 수	1	2	3	4	5

○ 조사수확비율 환산표

점수 합계(점)	10점 미만	10~11	12~13	14~15	16~18	19~21	22~23	24점 이상
조사수확비율 (%)	0~20	21~40	41~50	51~60	61~70	71~80	81~90	91~100

○ 조사내용

표본포기	1포기	2포기	3포기	4포기
포기당 이삭수	19	22	18	13
완전낟알수	75	85	45	62

○ 수량요소조사 조사표

실제경작 면적(m^2)	항목별 요소점수조사									조사 수확 비율 (%)	표준 수확량 (kg)	조사 수확량 (kg)	평년 수확량 (kg)	피해율 (%)
	이삭상태				완전 낟알상태				합계					
3,500	①	②	③	④	⑤	⑥	⑦	⑧	⑨	⑩	1,600	⑪	1,650	⑫

20 다음의 계약사항과 조사내용으로 ① 적과후착과수, ② 누적감수과실수, ③ 기준착과수의 계산 과정과 값을 각각 구하시오(단, 적과후착과수, 누적감수과실수, 기준착과수는 소수점 첫째자리 에서 반올림하여 정수단위로 구하시오). [15점] 기출+정

○ 계약사항

상품명	가입 특약	적과종료 이전 최대 인정피해율	평년착과수	가입과실수	실제결과주수
적과전 종합위험방식Ⅱ 사과	적과종료 이전 특정 위험 5종 한정보장 특약	100%	60,000개	40,000개	500주

○ 조사내용

구 분	재해 종류	사고 일자	조사 일자	조사내용
적과 종료 이전	강 풍	5월 30일	6월 1일	• 피해사실확인조사 : 피해 있음(풍속 20.0m/s) • 미보상감수과실수 : 없음
적과후 착과수	–	–	7월 3일	<표 아래 참조>
적과 종료 이후	일 소	8월 15일	8월 16일	<표 아래 참조>
		8월 15일	10월 25일	<표 아래 참조>
	우 박	11월 10일	11월 11일	<표 아래 참조>

적과후 착과수 (조사일자 7월 3일):

품종	재배 방식	수 령	실제 결과주수	표본 주수	표본주 착과수 합계
A품종	밀식	9	200	7	840
B품종	밀식	9	300	13	1,690

※ 고사주수 : A품종 50주(A품종 1주당 평년착과수 100개)
　　　　　　 B품종 0주(B품종 1주당 평년착과수 100개)
※ 미보상주수, 수확불능주수 : 없음

적과 종료 이후 (일소, 8월 15일 / 8월 16일):
• 낙과피해조사(전수조사)
　총 낙과과실수 : 1,000개

피해과실 구분	병해충 과실	100%	80%	50%	정 상
과실수	20개	80개	0개	0개	0개

적과 종료 이후 (일소, 8월 15일 / 10월 25일):
• 착과피해조사
　단, 일소 사고 이후 착과수 : 변동 없음

피해과실 구분	병해충 과실	100%	80%	50%	정 상
과실수	30개	0개	50개	20개	100개

적과 종료 이후 (우박, 11월 10일 / 11월 11일):
• 착과피해조사
　사고 당시 착과과실수 : 5,000개

피해과실 구분	병해충 과실	100%	80%	50%	정 상
과실수	10개	0개	100개	40개	50개

• 낙과피해조사(전수조사)
　총 낙과과실수 : 500개

피해과실 구분	병해충 과실	100%	80%	50%	정 상
과실수	10개	90개	0개	0개	0개

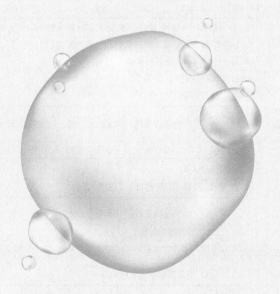

얄팍한 사람은 행운을 믿으며,

강한 사람은 원인과 결과를 믿는다.

- 랠프 월도 에머슨 -

2019년도 제5회 손해평가사 2차 시험문제

시험과목	① 농작물재해보험 및 가축재해보험의 이론과 실무 ② 농작물재해보험 및 가축재해보험 손해평가의 이론과 실무

수험자 확인사항	1. 답안지 인적사항 기재란 외에 수험번호 및 성명 등 특정인임을 암시하는 표시가 　 없음을 확인하였습니다.　확인 □ 2. 연필류, 유색필기구 등을 사용하지 않았습니다.　확인 □ 3. 답안지 작성시 유의사항을 읽고 확인하였습니다.　확인 □

[수험자 유의사항]

1. 답안지 표지 앞면 빈칸에는 시행연도·자격시험명·과목명을 정확히 기재하여야 합니다.

2. 답안지 작성은 반드시 검정색 필기구만을 계속 사용하여야 합니다.
   (그 외 연필류, 유색필기구 등을 사용한 답항은 채점하지 않으며, 0점 처리됩니다)

3. 수험번호 및 성명은 반드시 연습지 첫 장 좌측 인적사항 기재란에만 작성하여야 하며, 답안지의
   인적사항 기재란 외의 부분에 특정인임을 암시하거나 답안과 관련 없는 특수한 표시를 하는 경우
   답안지 전체를 채점하지 않으며, 0점 처리합니다.

4. 계산문제는 반드시 계산과정, 답, 단위를 정확히 기재하여야 합니다.

5. 답안 정정 시에는 두 줄(=)로 긋고 다시 기재 또는 수정테이프 사용이 가능하며, 수정액을 사용할
   경우 채점상의 불이익을 받을 수 있으므로 사용하지 마시기 바랍니다.

6. 기 작성한 문항 전체를 삭제하고자 할 경우 반드시 해당 문항의 답안 전체에 명확하게 ×를 하시기
   바랍니다. (× 표시한 답안은 채점대상에서 제외)

7. 답안 작성시 문제번호 순서에 관계없이 답안을 작성하여도 되나, 문제번호 및 문제를 기재(긴 경우
   요약기재 가능)하고, 해당 답안을 기재하여야 합니다.

8. 각 문제의 답안작성이 끝나면 바로 옆에 "끝"이라고 쓰고, 최종 답안작성이 끝나면 줄을 바꾸어 중앙에
   "이하 여백"이라고 써야 합니다.

9. 수험자는 시험시간이 종료되면 즉시 답안작성을 멈춰야 하며, 종료시간 이후 계속 답안을 작성하거나
   감독위원의 답안지 제출지시에 불응할 때에는 당회 시험을 무효처리 합니다.

○ 2차 시험문제 및 답안은 2024년 3월 농업정책보험금융원에서 발표한 「농업재해보험·손해평가의
　이론과 실무」 이론서를 기준으로 작성하였습니다.

농작물재해보험 및 가축재해보험의 이론과 실무

※ 단답형 문제에 대해 답하시오. (1 ~ 5번 문제)

01 농작물재해보험의 업무방법 통칙에서 정하는 용어의 정의로 (　)에 들어갈 내용을 쓰시오.
[5점]

> ○ "보험가액"이란 농작물재해보험에 있어 (　①　)을(를) (　②　)으로 평가한 금액으로 보험목적에 발생할 수 있는 (　③　)을(를) 말한다.
> ○ "적과후착과수"란 통상적인 (　④　) 및 (　⑤　) 종료시점의 나무에 달린 과실수(착과수)를 말한다.

02 농업수입감소보장 양파 상품의 내용 중 보험금의 계산식에 관한 것이다. 다음 내용에서 (　)의 ① 용어와 ② 정의를 쓰시오.
[5점]

> ○ 실제수입 = {조사수확량 + (　　)} × Min(농지별 기준가격, 농지별 수확기가격)

03 종합위험보장 참다래 상품에서 다음 조건에 따라 2020년의 평년수확량을 구하시오(단, 주어진 조건 외의 다른 조건은 고려하지 않음).
[5점]

(단위 : kg)

구 분	2015년	2016년	2017년	2018년	2019년	합 계	평 균
평년수확량	8,000	8,100	8,100	8,300	8,400	40,900	8,180
표준수확량	8,200	8,200	8,200	8,200	8,200	41,000	8,200
조사수확량	7,000	4,000	무사고	무사고	8,500	–	–
가입 여부	가 입	가 입	가 입	가 입	가 입	–	–

※ 2020년의 표준수확량은 8,200kg임

04 돼지를 기르는 축산농 A씨는 ① 폭염으로 폐사된 돼지와 ② 축사 화재로 타인에게 배상할 손해를 대비하기 위해 가축재해보험에 가입하고자 한다. 이 때, 반드시 가입해야 하는 2가지 특약을 ①의 경우와 ②의 경우로 나누어 각각 쓰시오. [5점]

05 가축재해보험 소, 돼지 상품에 관한 다음 내용을 쓰시오. [5점]

> ① 협정보험가액 특약을 가입할 수 있는 세부 축종명
> ② 공통 인수제한 계약사항

※ 서술형 문제에 대해 답하시오. (6 ~ 10번 문제)

06 적과전 종합위험방식(Ⅱ) 과수 상품의 부보비율에 따른 보험금 계산에 관한 다음 내용을 서술하시오. [15점]

> ① 가입수확량이 기준수확량의 80% 미만인 경우 부보비율에 따른 보험금을 다시 계산하여 지급하는 사례
> ② 가입수확량이 기준수확량의 80% 미만임에도 불구하고 보험금을 다시 계산하여 지급하지 않는 사례
> ③ 부보비율에 따른 보험금 계산식

07 ○○도 △△시 관내 농업용 시설물에서 딸기를 재배하는 A씨, 시금치를 재배하는 B씨, 부추를 재배하는 C씨, 장미를 재배하는 D씨는 모두 농작물재해보험 종합위험방식 원예시설 상품에 가입한 상태에서 자연재해로 시설물이 직접적인 피해를 받았다. 이 때, A, B, C, D씨의 작물에 대한 지급보험금 산출식을 각각 쓰시오(단, D씨의 장미는 보상하는 재해로 나무가 죽은 경우에 해당함). [15점]

08 농작물재해보험 종합위험 수확감소보장 상품에 관한 내용이다. 다음 보장방식에 대한 보험의 목적과 보험금 지급사유를 서술하고, 보험금 산출식을 쓰시오. [15점]

> ① 재이앙·재직파보장
> ② 재파종보장
> ③ 재정식보장

09 농작물재해보험 종합위험 수확감소보장 복숭아 상품에 관한 내용이다. 다음 조건에 대한 ① 보험금 지급사유와 ② 지급시기를 서술하고, ③ 보험금을 구하시오(단, 보험금은 계산과정을 반드시 쓰시오). [15점] 기출+정

> 1. **계약사항**
>   ○ 보험가입 품목 : (종합)복숭아
>   ○ 품종 : 백도
>   ○ 수령 : 10년
>   ○ 가입주수 : 150주
>   ○ 보험가입금액 : ₩25,000,000
>   ○ 평년수확량 : 9,000kg
>   ○ 가입수확량 : 9,000kg
>   ○ 자기부담비율 : 2년 연속가입 및 2년간 수령보험금이 순보험료의 120% 미만인 과수원으로 최저 자기부담비율 선택
>   ○ 특별약관 : 수확량감소 추가보장
>
> 2. **조사내용**
>   ○ 사고접수 : 2019. 7. 5. 기타 자연재해, 병충해
>   ○ 조사일 : 2019. 7. 6.
>   ○ 사고조사내용 : 강풍, 병충해(복숭아순나방)
>   ○ 수확량 : 4,500kg(병충해과실무게 포함)
>   ○ 병충해과실무게 : 1,200kg
>   ○ 미보상비율 : 10%

10 종합위험보장 유자, 무화과, 포도, 감귤(온주밀감류) 상품을 요약한 내용이다. 다음 (　　)에 들어갈 내용을 쓰시오. [15점] 기출수정

품 목	구 분	대상재해	보험기간	
			보장개시	보장종료
유 자	수확감소보장	자연재해, 조수해, 화재	계약체결일 24시	(①)
	나무손해보장		판매개시연도 12월 1일 다만, 12월 1일 이후 보험에 가입하는 경우에는 계약체결일 24시	(②)
무화과	과실손해보장	자연재해, 조수해, 화재	계약체결일 24시	(③)
		(④)	(⑤)	(⑥)
	나무손해보장	자연재해, 조수해, 화재	판매개시연도 12월 1일	(⑦)
포 도	종합위험 수확감소보장	자연재해, 조수해, 화재	계약체결일 24시	(⑧)
	나무손해보장		판매개시연도 12월 1일 다만, 12월 1일 이후 보험에 가입하는 경우에는 계약체결일 24시	(⑨)
감 귤 (온주밀감류)	종합위험 과실손해보장	자연재해, 조수해, 화재	계약체결일 24시	(⑩)
	나무손해보장		계약체결일 24시	(⑪)

※ 단답형 문제에 대해 답하시오. (11 ~ 15번 문제)

11 적과전 종합위험방식 Ⅱ 적과종료 이전 특정 5종 위험한정 특약 사과 품목에서 적과전 우박피해 사고로 피해사실 확인을 위해 표본조사를 실시하고자 한다. 과수원의 품종과 주수가 다음과 같이 확인되었을 때 아래의 표본조사값(①~⑥)에 들어갈 표본주수, 나뭇가지 총수 및 유과 총수의 최솟값을 각각 구하시오(단, 표본주수는 소수점 첫째자리에서 올림하여 다음 예시와 같이 구하시오. 예시 : 12.6 → 13로 기재). [5점] 기출수정

○ 과수원의 품종과 주수

품 목	품 종		주 수	피해내용	피해조사내용
사 과	조생종	쓰가루	440	우 박	유과타박률
	중생종	감 홍	250		

○ 표본조사값

품 종	표본주수	나뭇가지 총수	유과 총수
쓰가루	①	②	③
감 홍	④	⑤	⑥

12 다음은 수확량 산출식에 관한 내용이다. ① ~ ④에 들어갈 작물을 〈보기〉에서 선택하여 쓰고, '마늘' 수확량 산출식의 ⑤ 환산계수를 쓰시오. [5점]

┌─〈보기〉────────────────────────────
│　　　　　마늘(난지형)　　감자　　고구마　　양파
└────────────────────────────────

○ 표본구간 수확량 산출식에서 50% 피해형이 포함되는 품목 ………… (①), (②)
○ 표본구간 수확량 산출식에서 80% 피해형이 포함되는 품목 ………… (③), (④)
○ 마늘(난지형)의 표본구간 단위면적당 수확량 : 표본구간 수확량 합계 ÷ 표본구간 면적
　　※ 환산계수 : (⑤)

13 다음의 계약사항 및 조사내용에 따라 참다래 수확량(kg)을 구하시오(단, 수확량은 소수점 첫째 자리에서 반올림하여 다음 예시와 같이 구하시오. 예시 : 수확량 1.6kg → 2kg로 기재). [5점]

○ 계약사항

실제결과주수(주)	고사주수(주)	재식면적	
		주간거리(m)	열간거리(m)
300	50	4	5

○ 조사내용(수확전 사고)

표본 주수	표본구간 면적조사			표본구간 착과수 합계	착과피해 구성률(%)	과중조사	
	윗변(m)	아랫변(m)	높이(m)			50g 이하	50g 초과
8주	1.2	1.8	1.5	850	30	1,440g/36개	2,160g/24개

14 돼지를 사육하는 축산농가에서 화재가 발생하여 사육장이 전소되고 사육장내 돼지가 모두 폐사 하였다. 다음의 계약 및 조사내용을 참조하여 보험금을 구하시오. [5점]

○ 계약 및 조사내용

보험가입금액 (만원)	사육두수 (두)	두당 단가 (만원)	자기부담금	잔존물처리비용 (만원)	잔존물보전비용 (만원)
1,000	30	50	보험금의 10%	150	10

15 다음의 계약사항 및 조사내용을 참조하여 피해율을 구하시오(단, 피해율은 소수점 셋째자리에서 반올림하여 둘째자리까지 다음 예시와 같이 구하시오. 예시 : 피해율 12.345% → 12.35%로 기 재). [5점] 기출수정

○ 계약사항

상품명	보험가입금액(만원)	평년수확량(kg)	수확량(kg)	미보상감수량(kg)
무화과	1,000	200	150	10

○ 조사내용

보상고사결과지수 (개)	미보상고사결과지수 (개)	정상결과지수 (개)	사고일	수확전 사고피해율(%)
12	8	20	2019. 9. 7.	20

○ 잔여수확량(경과)비율 = [(100 − 33) − (1.13 × 사고발생일)]

16 작물특정 및 시설종합위험 인삼손해보장 해가림시설에 관한 내용이다. 태풍으로 인삼 해가림시설에 일부 파손 사고가 발생하여 아래와 같은 피해를 입었다. 가입조건이 아래와 같을 때 ① 감가율, ② 손해액, ③ 자기부담금, ④ 보험금, ⑤ 잔존보험가입금액을 계산과정과 답을 각각 쓰시오.
[15점] 기출수정

○ 보험가입내용

재배칸수	칸당 면적(m²)	시설 재료	설치비용(원/m²)	설치 연월	가입금액(원)
2,200칸	3.3	목 재	5,500	2017. 6.	39,930,000

○ 보험사고내용

파손칸수	사고원인	사고 연월
800칸(전부 파손)	태 풍	2019. 7.

※ 2019년 설치비용은 설치연도와 동일한 것으로 함
※ 손해액과 보험금은 원 단위 이하 버림

17 종합위험 수확감소보장 과수 비가림시설 피해조사에 관한 것으로 ① 해당되는 3가지 품목, ② 조사기준, ③ 조사방법에 대하여 각각 서술하시오.
[15점]

18 종합위험 수확감소보장 논작물 벼보험에 관한 내용이다. 아래와 같이 보험가입을 하고 보험사고가 발생한 것을 가정한 경우 다음의 물음에 답하시오.
[15점]

○ 보험가입내용

구 분	농지면적 (m²)	가입면적 (m²)	평년수확량 (kg/m²)	가입가격 (원/kg)	자기부담비율 (%)	가입비율
A농지	18,000	16,000	0.85	1,300	20	평년수확량의 100%
B농지	12,500	12,500	0.84	1,400	15	평년수확량의 110%

※ 실제경작면적은 가입면적과 동일한 것으로 조사됨

○ 보험사고내용

구 분	사고내용	조사방법	수확량(kg)	미보상비율(%)	미보상사유
A농지	도열병	전수조사	4,080	10	방재 미흡
B농지	벼멸구	전수조사	4,000	10	방재 미흡

※ 위 보험사고는 각각 병해충 단독사고이며, 모두 병해충 특약에 가입함
※ 함수율은 배제하고 계산함
※ 피해율 계산은 소수점 셋째자리에서 반올림하여 둘째자리까지 구함(예시 : 123.456% → 123.46%)
※ 보험금은 원 단위 이하 버림

(1) 병해충담보 특약에서 담보하는 7가지 병충해를 쓰시오.

(2) 수확감소에 따른 A농지 ① 피해율, ② 보험금과 B농지 ③ 피해율, ④ 보험금을 각각 구하시오.

(3) 각 농지의 식물체가 65% 이상 고사하여 경작불능보험금을 받을 경우, A농지 ⑤ 보험금과 B농지 ⑥ 보험금을 구하시오.

19 종합위험방식 원예시설작물 딸기에 관한 내용이다. 아래의 내용을 참조하여 물음에 답하시오.
[15점] 기출수정

○ 계약사항

품 목	보험가입금액(원)	가입면적(m²)	전작기 지급보험금(원)
종합위험방식 원예시설(딸기)	12,300,000	1,000	2,300,000

○ 조사내용

피해작물 재배면적(m²)	손해정도 (%)	피해비율 (%)	정식일로부터 수확개시일까지의 기간	수확개시일로부터 수확종료일까지의 기간
1,000	30	30	90일	50일

(1) 수확일로부터 수확종료일까지의 기간 중 1/5 경과시점에서 사고가 발생한 경우 경과비율을 구하시오. (단, 풀이과정 기재)

(2) 정식일로부터 수확개시일까지의 기간 중 1/5 경과시점에서 사고가 발생한 경우 보험금을 구하시오. (단, 풀이과정 기재)

20 다음의 계약사항과 조사내용에 따른 ① 착과감소보험금, ② 과실손해보험금, ③ 나무손해보험금을 구하시오(단, 감수과실수 산정시 소수점 이하 반올림함). [15점] 기출수정

○ 계약사항

상품명	특 약	평년착과수	가입과중	가입가격	실제결과주수	자기부담비율	
적과전 종합위험 방식Ⅱ단감	5종 한정보장 나무손해보장	75,000개	0.4kg	1,000원/kg	750주	과 실	10%
						나 무	5%

○ 조사내용

구 분	재해 종류	사고 일자	조사 일자	조사내용
계약일 24시 ~ 적과전	우 박	5월 3일	5월 4일	〈피해사실확인조사〉 • 표본주의 피해유과, 정상유과는 각각 66개, 234개 • 미보상비율 : 10%
	집중 호우	6월 25일	6월 26일	〈피해사실확인조사〉 <table><tr><td>피해형태</td><td>유 실</td><td>매 몰</td><td>침 수</td><td>고 사</td><td>미보상</td></tr><tr><td>주 수</td><td>100</td><td>10</td><td>40</td><td>90</td><td>20</td></tr></table>※ 침수피해로 고사된 나무는 없음 • 침수꽃(눈)·유과수의 합계 : 210개 • 미침수꽃(눈)·유과수의 합계 : 90개 • 미보상비율 : 20%
적과후 착과수 조사	–		6월 26일	〈적과후착과수조사〉 <table><tr><td>품 종</td><td>실제결과주수</td><td>조사대상주수</td><td>표본주 1주당 착과수</td></tr><tr><td>A 품목</td><td>390</td><td>300</td><td>140</td></tr><tr><td>B 품목</td><td>360</td><td>200</td><td>100</td></tr></table>
적과 종료 이후	태 풍	9월 8일	9월 10일	〈낙과피해조사〉 • 총 낙과과실수 : 5,000개(전수조사) <table><tr><td>피해과실구성</td><td>100%</td><td>80%</td><td>50%</td><td>정 상</td></tr><tr><td>과실수(개)</td><td>1,000</td><td>2,000</td><td>0</td><td>2,000</td></tr></table>• 조사대상주수 중 50주는 강풍으로 1/2 이상 절단(A 품목 30주, B 품목 20주) • 낙엽피해 표본조사 : 낙엽수 180개, 착엽수 120개 • 경과일수 : 100일 • 미보상비율 : 0%
	우 박	5월 3일	11월 4일	〈착과피해조사〉 <table><tr><td>피해과실구성</td><td>100%</td><td>80%</td><td>50%</td><td>정 상</td><td>병충해</td></tr><tr><td>과실수(개)</td><td>20</td><td>10</td><td>10</td><td>50</td><td>10</td></tr></table>

※ 적과 이후 자연낙과 등은 감안하지 않으며, 무피해나무의 평균착과수는 적과후착과수의 1주당 평균착과수와 동일한 것으로 본다.
※ 나무 특약의 보험가입금액은 1주당 10만원을 적용한 것으로 본다.
※ 착과감소보험금 보장수준은 70%로 선택한다.

2020년도 제6회 손해평가사 2차 시험문제

시험과목	① 농작물재해보험 및 가축재해보험의 이론과 실무 ② 농작물재해보험 및 가축재해보험 손해평가의 이론과 실무

○ 2차 시험문제 및 답안은 2024년 3월 농업정책보험금융원에서 발표한 「농업재해보험·손해평가의 이론과 실무」 이론서를 기준으로 작성하였습니다.

농작물재해보험 및 가축재해보험의 이론과 실무

※ 단답형 문제에 대해 답하시오. (1 ~ 5번 문제)

01 농작물재해보험의 업무방법 통칙에서 정하는 용어의 정의로 ( )에 들어갈 내용을 쓰시오.
[5점]

> ○ "과수원(농지)"이라 함은 (①)의 토지의 개념으로 (②)와는 관계없이 과실(농작물)을 재배하는 하나의 경작지를 의미한다.
> ○ (③)이란 보험사고로 인하여 발생한 손해에 대하여 계약자 또는 피보험자가 부담하는 일정비율로 보험가입금액에 대한 비율을 말한다.
> ○ "신초 발아기"란 과수원에서 전체 신초가 (④)% 정도 발아한 시점을 말한다.
> ○ "개화기"란 꽃이 피는 시기를 말하며, 작물의 생물조사에서의 개화기는 꽃이 (⑤)% 정도 핀 날의 시점을 말한다.

02 농작물재해보험 종합위험보장 밭작물 품목 중 출현율이 90% 미만인 농지를 인수제한 하는 품목 4가지를 모두 쓰시오(단, 농작물재해보험 판매상품 기준으로 한다). [5점]

03 농작물재해보험 종합위험보장 과수 품목의 보험기간에 대한 기준이다. ( )에 들어갈 내용을 쓰시오.
[5점]

구 분		보장개시	보장종료
해당 보장 및 약관	목적물		
수확감소보장, 보통약관	밤	(①) 단, (①)가 경과한 경우에는 계약체결일 24시	수확기종료 시점 단, (②)을 초과할 수 없음
보통약관	이듬해에 맺은 참다래 과실	(③) 단, (③)가 지난 경우에는 계약체결일 24시	해당 꽃눈이 성장하여 맺은 과실의 수확기종료 시점 단, 이듬해 (④)을 초과할 수 없음
비가림과수 손해보장	대 추	(⑤) 단, (⑤)가 경과한 경우에는 계약체결일 24시	수확기종료 시점 단, (②)을 초과할 수 없음

04 종합위험보장 쪽파(실파) 상품은 사업지역, 파종 및 수확시기에 따라 1형과 2형으로 구분된다. (   )에 들어갈 내용을 쓰시오. [5점]

> ○ 1형 : (①) 지역에서 (②) 이전에 파종하거나, (③) 지역에서 재배하여 (④)에 수확하는 노지 쪽파(실파)
> ○ 2형 : (①) 지역에서 (②) 이후에 파종하여 (⑤)에 수확하는 노지 쪽파(실파)

05 종합위험보장 고추 상품의 계약인수 관련 생산비 산출방법이다. (   )에 들어갈 내용을 쓰시오. [5점]

> ○ 농촌진흥청에서 매년 발행하는 "지역별 농산물 소득자료"의 경영비와 (①)에 (②)와 (③)를 합산하여 표준생산비를 도 또는 전국 단위로 산출
> ○ 산출한 표준생산비를 (④)별(준비기, 생장기, 수확기)로 배분
> ○ 수확기에 투입되는 생산비는 수확과 더불어 회수되므로 표준생산비에서 (⑤)를 차감하여 보험가입대상 생산비 산출

※ **서술형 문제에 대해 답하시오. (6 ~ 10번 문제)**

06 종합위험과수 자두 상품에서 수확감소보장의 자기부담비율과 그 적용 기준을 각 비율별로 서술하시오. [15점]

07 종합위험보장 ① 복숭아 상품의 평년수확량 산출식을 쓰고, ② 산출식 구성요소에 대해 설명하시오[단, 과거수확량 자료가 있는 경우(최근 5년 이내 2회의 보험가입 경험이 있는 경우)에 해당하며, 과거수확량 산출 관련 다른 조건은 배제한다]. [15점]

08 종합위험과수 밤 상품의 ① 표준수확량 산출식을 쓰고, 다음 조건에 따라 가입한 과수원의 ② 재식밀도지수와 ③ 표준수확량(kg)을 구하시오. [15점]

○ 기준주수 면적 : 27,000㎡
○ 지역·품종·수령별 표준수확량 : 30kg
○ 최대 인정주수 면적 : 18,000㎡
○ 가입주수 : 500주
○ 밤나무 재배면적 : 20,000㎡

09 농작물재해보험 상품 중 비가림시설 또는 해가림시설에 관한 다음 보험가입금액을 구하시오.
[15점] 기출수정

(1) 포도(단지 단위) 비가림시설의 최소 가입면적에서 최소 보험가입금액(단, ㎡당 시설비는 18,000원임)

(2) 대추(단지 단위) 비가림시설의 가입면적 300㎡에서 최대 보험가입금액(단, ㎡당 시설비는 19,000원임)

(3) 단위면적당 시설비 : 30,000원, 가입(재식)면적 : 300㎡, 시설유형 : 목재, 내용연수 : 6년, 시설연도 : 2014년 4월, 가입시기 : 2019년 11월일 때, 인삼 해가림시설의 보험가입금액

10 가축재해보험 축사 특약에 관한 다음 내용을 쓰시오. [15점]

(1) 보험가액 계산식

(2) 수정잔가율 적용 사유와 적용 비율

(3) 수정잔가율 적용 예외 경우와 그 적용 비율

농작물재해보험 및 가축재해보험 손해평가의 이론과 실무

※ 단답형 문제에 대해 답하시오. (11 ～ 15번 문제)

11 가축재해보험 약관에서 설명하는 보상하지 않는 손해에 관한 내용이다. 다음 (   )에 들어갈 용어(약관의 명시된 용어)를 각각 쓰시오. [5점]

○ 계약자, 피보험자 또는 이들의 (①)의 고의 또는 중대한 과실
○ 계약자 또는 피보험자의 (②) 및 (③)에 의한 가축폐사로 인한 손해
○ 「가축전염병예방법」 제2조(정의)에서 정하는 가축전염병에 의한 폐사로 인한 손해 및 정부 및 공공기관의 (④) 또는 (⑤)(으)로 발생한 손해

12 다음은 종합위험 수확감소보장방식 논작물(벼)에 관한 내용이다. 아래의 내용을 참조하여 다음 물음에 답하시오. [5점]

(1) A농지의 재이앙 · 재직파보험금을 구하시오.

구 분	보험가입금액	보험가입면적	실제경작면적	피해면적
A농지	5,000,000원	2,000m^2	2,000m^2	500m^2

(2) B농지의 수확감소보험금을 구하시오(수량요소조사, 표본조사, 전수조사가 모두 실시됨).

구 분	보험가입금액	조사방법에 따른 피해율	자기부담비율
B농지	8,000,000원	• 수량요소조사 : 피해율 30% • 표본조사 : 피해율 40% • 전수조사 : 피해율 35%	20%

13 농작물재해보험 보험금 지급과 관련하여 회사는 지급기일 내에 보험금을 지급하지 아니하였을 때에는 그 다음날로부터 지급일까지의 기간에 대하여 〈보험금을 지급할 때의 적립이율표〉에 따라 연단위 복리로 계산한 금액을 더하여 지급한다. 다음 (   )에 들어갈 내용을 각각 쓰시오.

[5점]

기 간	지급이자
지급기일의 다음 날부터 30일 이내 기간	(①)이율
지급기일의 31일 이후부터 60일 이내 기간	(①)이율 + 가산이율(②)%
⋮	⋮

14 다음의 계약사항과 조사내용을 참조하여 아래 착과수조사 결과에 들어갈 값(① ~ ③)을 각각 구하시오(단, 해당 과수원에 있는 모든 나무의 품종 및 수령은 계약사항과 동일한 것으로 함).

[5점]

○ 계약사항

품 목	품종 / 수령	가입일자(계약일자)
자 두	A / 9년생	2019년 11월 14일

○ 조사내용

※ 조사종류 : 착과수조사
※ 조사일자 : 2020년 8월 18일
※ 조사사항
  • 상기 조사일자 기준 과수원에 살아있는 모든 나무수(고사된 나무수 제외) : 270주
  • 2019년 7월 발생한 보상하는 재해로 2019년 7월에 고사된 나무수 : 30주
  • 2019년 12월 발생한 보상하는 재해로 2020년 3월에 고사된 나무수 : 25주
  • 2020년 6월 발생한 보상하는 손해 이외의 원인으로 2020년 7월에 고사된 나무수 : 15주
  • 2020년 6월 발생한 보상하는 손해 이외의 원인으로 착과량이 현저하게 감소한 나무수 : 10주

○ 착과수조사 결과

구 분	실제결과주수 (실제결과나무수)	미보상주수 (미보상나무수)	고사주수 (고사나무수)
주 수	(①)주	(②)주	(③)주

15 다음의 계약사항과 조사내용을 참조하여 착과감소보험금을 구하시오(단, 착과감소량은 소수점 첫째자리에서 반올림하여 다음 예시와 같이 구하시오. 예시 : 123.4kg → 123kg). [5점]

○ 계약사항(해당 과수원의 모든 나무는 단일 품종, 단일 재배방식, 단일 수령으로 함)

품 목	가입금액	평년착과수	자기부담비율
사 과 (적과전 종합위험방식Ⅱ)	24,200,000원	27,500개	15%

가입과중	가입가격	나무손해보장 특별약관	적과종료 이전 특정위험 5종 한정보장 특별약관
0.4kg	2,200원/kg	미가입	미가입

○ 조사내용

구 분	재해종류	사고일자	조사일자	조사내용
계약일 ~ 적과종료 이전	조수해	5월 5일	5월 7일	• 피해규모 : 일부 • 금차 조수해로 죽은 나무수 : 44주 • 미보상비율 : 5%
	냉 해	6월 7일	6월 8일	• 피해규모 : 전체 • 냉해피해 확인 • 미보상비율 : 10%
적과후 착과수 조사	–		7월 23일	• 실제결과주수 : 110주 • 적과후착과수 : 15,500개 • 1주당 평년착과수 : 250개

16 피보험자 A가 운영하는 △△한우농장에서 한우 1마리가 인근 농장주인 B의 과실에 의해 폐사 (보상하는 손해)되어 보험회사에 사고보험금을 청구하였다. 다음의 내용을 참조하여 피보험자 청구항목 중 비용(①~④)에 대한 보험회사의 지급 여부를 각각 지급 또는 지급불가로 기재하고 ⑤ 보험회사의 최종 지급금액(보험금 + 비용)을 구하시오. [15점]

피보험자(A) 청구항목			보험회사 조사내용
보험금	소(牛)		폐사 시점의 손해액 300만원(전손)은 보험가입금액 및 보험가액과 같은 것으로 확인(자기부담금비율 : 20%)
비 용	(①)	잔존물처리비용	A가 폐사로 인한 인근 지역의 수질오염물질 제거를 위해 지출한 비용 (30만원)으로 확인
	(②)	손해방지비용	A가 손해의 경감을 위해 지출한 유익한 비용(40만원)으로서 보험목적의 관리의무를 위하여 지출한 비용에 해당하지 않는 것으로 확인
	(③)	대위권보전비용	A가 B에게 손해배상을 받을 수 있는 권리를 행사하기 위해 지출한 유익한 비용(30만원)으로 확인
	(④)	기타 협력비용	A가 회사의 요구 또는 협의 없이 지출한 비용(40만원)으로 확인

최종 지급금액(보험금 + 비용)	(⑤)

17 다음의 계약사항과 조사내용을 참조하여 ① 수확량(kg), ② 피해율(%) 및 ③ 보험금을 구하시오 (단, 품종에 따른 환산계수 및 비대추정지수는 미적용하고, 수확량과 피해율은 소수점 셋째자리 에서 반올림하여 다음 예시와 같이 구하시오. 예시 : 12.345kg → 12.35kg, 12.345% → 12.35%). [15점]

○ 계약사항

품 목	가입금액	가입면적	평년수확량	기준가격	자기부담비율
마 늘 (수입감소보장)	2,000만원	2,500m²	8,000kg	2,800원/kg	20%

○ 조사내용

재해종류	조사종류	실제경작면적	수확불능면적	타작물 및 미보상면적	기수확면적
냉 해	수확량조사	2,500m²	500m²	200m²	0m²

표본구간 수확량	표본구간 면적	미보상비율	수확기가격
5.5kg	5m²	15%	2,900원/kg

18 다음은 종합위험 생산비보장방식 고추에 관한 내용이다. 아래의 조건을 참조하여 다음 물음에 답하시오. [15점] 기출+정

○ 조건 1

잔존보험 가입금액	가입면적 (재배면적)	자기부담비율	표준생장일수	준비기생산비 계수	정식일
8,000,000원	3,000m²	5%	100일	55.6%	2020년 5월 10일

○ 조건 2

재해종류	내 용
한 해 (가뭄피해)	• 보험사고 접수일 : 2020년 8월 7일(정식일로부터 경과일수 89일) • 조사일 : 2020년 8월 8일(정식일로부터 경과일수 90일) • 수확개시일 : 2020년 8월 18일(정식일로부터 경과일수 100일) • 가뭄 이후 첫 강우일 : 2020년 8월 20일(수확개시일로부터 경과일수 2일) • 수확종료(예정)일 : 2020년 10월 7일(수확개시일로부터 경과일수 50일)

○ 조건 3

피해비율	손해정도비율(심도)	미보상비율
50%	30%	20%

(1) 위 조건에서 확인되는 ① 사고(발생)일자를 기재하고, 그 일자를 사고(발생)일자로 하는 ② 근거를 쓰시오.

(2) 경과비율(%)을 구하시오(단, 경과비율은 소수점 셋째자리에서 반올림하여 다음 예시와 같이 구하시오. 예시 : 12.345% → 12.35%).

(3) 보험금을 구하시오.

19 금차 조사일정에 대하여 손해평가반을 구성하고자 한다. 아래의 '계약사항', '과거 조사사항', '조사자 정보'를 참조하여 〈보기〉의 손해평가반(①~⑤)별 구성가능 여부를 각 반별로 가능 또는 불가능으로 기재하고 불가능한 반은 그 사유를 각각 쓰시오(단, 제시된 내용외 다른 사항은 고려하지 않음). [15점]

○ 금차 조사일정

구 분	조사종류	조사일자
㉮계약(사과)	낙과피해조사	2020년 9월 7일

○ 계약사항

구 분	계약자(가입자)	모집인	계약일
㉮계약(사과)	H	E	2020년 2월 18일
㉯계약(사과)	A	B	2020년 2월 17일

○ 과거 조사사항

구 분	조사종류	조사일자	조사자
㉮계약(사과)	적과후착과수조사	2020년 8월 13일	D, F
㉯계약(사과)	적과후착과수조사	2020년 8월 18일	C, F, H

○ 조사자 정보(조사자간 생계를 같이하는 친족관계는 없음)

성 명	A	B	C	D	E	F	G	H
구 분	손해평가인	손해평가인	손해평가사	손해평가인	손해평가인	손해평가사	손해평가인	손해평가사

○ 손해평가반 구성

〈 보 기 〉
①반 : A, B   ②반 : C, H   ③반 : G   ④반 : C, D, E   ⑤반 : D, F

20 다음은 종합위험 수확감소보장방식 복숭아에 관한 내용이다. 아래의 계약사항과 조사내용을 참조하여 ① A품종 수확량(kg), ② B품종 수확량(kg), ③ 수확감소보장 피해율(%)을 구하시오(단, 피해율은 소수점 셋째자리에서 반올림하여 다음 예시와 같이 구하시오. 예시 : 12.345% → 12.35%). [15점]

○ 계약사항

품 목	가입금액	평년수확량	자기부담비율	수확량감소 추가보장 특약	나무손해보장 특약
복숭아	15,000,000원	4,000kg	20%	미가입	미가입

품종 / 수령	가입주수	1주당 표준수확량	표준과중
A / 9년생	200주	15kg	300g
B / 10년생	100주	30kg	350g

○ 조사내용(보상하는 재해로 인한 피해가 확인됨)

조사종류	품종 / 수령	실제결과주수	미보상주수	품종별·수령별 착과수(합계)
착과수조사	A / 9년생	200주	8주	5,000개
	B / 10년생	100주	5주	3,000개

조사종류	품 종	품종별 과중	미보상비율
과중조사	A	290g	5%
	B	310g	10%

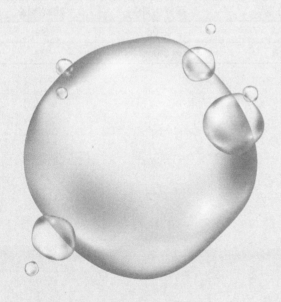

인생은 자전거를 타는 것과 같다.
균형을 잡으려면 움직여야 한다.

- 알버트 아인슈타인 -

2021년도 제7회 손해평가사 2차 시험문제

시험과목	① 농작물재해보험 및 가축재해보험의 이론과 실무 ② 농작물재해보험 및 가축재해보험 손해평가의 이론과 실무

○ 2차 시험문제 및 답안은 2024년 3월 농업정책보험금융원에서 발표한 「농업재해보험·손해평가의 이론과 실무」 이론서를 기준으로 작성하였습니다.

농작물재해보험 및 가축재해보험의 이론과 실무

01 종합위험보장 벼(조사료용 벼 제외) 상품의 병해충보장 특별약관에서 보장하는 병해충 5가지만
쓰시오. [5점]

02 콩, 마늘, 양파 품목에서 종합위험보장 상품과 비교하여 농업수입감소보장 상품에 추가로 적용
되는 농지의 보험가입자격을 쓰시오. [5점]

03 보험가입금액 100,000,000원, 자기부담비율 20%의 종합위험보장 마늘 상품에 가입하였다. 보
험계약 후 당해 연도 10월 31일까지 보상하는 재해로 인해 마늘이 10a당 27,000주가 출현되어
10a당 33,000주로 재파종을 한 경우 재파종보험금의 계산과정과 값을 쓰시오. [5점]

04 돼지를 사육하는 A농장의 계약자가 가축재해보험에 가입하려고 한다. 다음 물음에 답하시오(단, 보험사업자가 제시한 기준가액으로 계산할 것). [5점]

농 장	사육두수		
	비육돈	모 돈	웅 돈
A농장	50두	20두	10두

물음 1) 일괄가입방식 보험가입금액의 계산과정과 값을 쓰시오. [2점]

물음 2) 질병위험보장 특약 보험가입금액의 계산과정과 값을 쓰시오. [3점]

05 종합위험보장 상품에서 보험가입시 과거수확량 자료가 없는 경우 산출된 표준수확량의 70%를 평년수확량으로 결정하는 품목 중 특약으로 나무손해보장을 가입할 수 있는 품목 2가지를 모두 쓰시오. [5점]

06 종합위험보장 논벼에 관한 내용이다. 계약내용과 조사내용을 참조하여 다음 물음에 답하시오. [15점]

○ 계약내용
- 보험가입금액 : 3,500,000원
- 가입면적 : 7,000m²
- 자기부담비율 : 15%

○ 조사내용
- 재이앙 전 피해면적 : 2,100m²
- 재이앙 후 식물체 피해면적 : 4,900m²

물음 1) 재이앙·재직파보험금과 경작불능보험금을 지급하는 경우를 각각 서술하시오. [4점]

물음 2) 재이앙·재직파보장과 경작불능보장의 보장종료시점을 각각 쓰시오. [2점]

물음 3) 재이앙·재직파보험금의 계산과정과 값을 쓰시오. [6점]

물음 4) 경작불능보험금의 계산과정과 값을 쓰시오. [3점]

07 농작물재해보험 종합위험보장 양파 상품에 가입하려는 농지의 최근 5년간 수확량 정보이다. 다음 물음에 답하시오. [15점]

(단위 : kg)

연 도	2016년	2017년	2018년	2019년	2020년	2021년
평년수확량	1,000	800	900	1,000	1,100	?
표준수확량	900	950	950	900	1,000	1,045
조사수확량			300	무사고	700	
보험가입 여부	미가입	미가입	가 입	가 입	가 입	

물음 1) 2021년 평년수확량 산출을 위한 과거 평균수확량의 계산과정과 값을 쓰시오. [8점]

물음 2) 2021년 평년수확량의 계산과정과 값을 쓰시오. [7점]

08 다음 계약들에 대하여 각각 정부지원액의 계산과정과 값을 쓰시오. [15점]

(단위 : 원)

구 분	농작물재해보험	농작물재해보험	가축재해보험
보험목적물	사 과	옥수수	국산 말 1필
보험가입금액	100,000,000	150,000,000	60,000,000
자기부담비율	15%	10%	약관에 따름
영업보험료	12,000,000	1,800,000	5,000,000
순보험료	10,000,000	1,600,000	
정부지원액	(①)	(②)	(③)

○ 주계약 가입기준임
○ 가축재해보험의 영업보험료는 업무방법에서 정하는 납입보험료와 동일함
○ 정부지원액이란 재해보험가입자가 부담하는 보험료의 일부와 재해보험사업자의 재해보험의 운영 및 관리에 필요한 비용의 전부 또는 일부를 정부가 지원하는 금액임(지방자치단체의 지원액은 포함되지 않음)
○ 재해보험사업자의 재해보험의 운영 및 관리에 필요한 비용은 부가보험료와 동일함

09 종합위험보장 원예시설 상품에서 정하는 시설작물에 대하여 다음 물음에 답하시오. [15점]

물음 1) 자연재해와 조수해로 입은 손해를 보상하기 위한 3가지 경우를 서술하시오. [9점]

물음 2) 소손해면책금 적용에 대하여 서술하시오. [3점]

물음 3) 시설작물 인수제한 내용이다. (　)에 들어갈 내용을 각각 쓰시오. [3점] 기출+정

> 작물의 재배면적이 시설면적의 (　①　)인 경우 인수제한 한다. 다만, 백합, 카네이션의 경우 하우스 면적의 (　①　)이라도 동당 작기별 (　②　) 재배시 가입 가능하다.

---

10 종합위험 비가림과수 포도에 관한 내용이다. 계약내용과 조사내용을 참조하여 다음 물음에 답하시오. [15점] 기출+정

1. 계약내용	2. 조사내용
○ 보험가입 품목 : 포도, 비가림시설 ○ 특별약관 : 나무손해보장, 수확량감소추가보장 ○ 품종 : 캠밸얼리 ○ 수령 : 8년 ○ 가입주수 : 100주 ○ 평년수확량 : 1,500kg ○ 가입수확량 : 1,500kg ○ 비가림시설 가입면적 : 1,000m² ○ 자기부담비율 : 3년 연속가입 및 3년간 수령한 보험금이 순보험료의 120% 미만인 과수원으로 최저 자기부담비율 선택 ○ 포도 보험가입금액 : 20,000,000원 ○ 나무손해보장 보험가입금액 : 4,000,000원 ○ 비가림시설 보험가입금액 : 18,000,000원	○ 사고접수 : 2021. 8. 10. 호우, 강풍 ○ 조사일 : 2021. 8. 13. ○ 재해 : 호우 ○ 조사결과 　• 실제결과주수 : 100주 　• 고사된 나무 : 30주 　• 수확량 : 700kg 　• 미보상비율 : 10% 　• 비가림시설 : 피해 없음

물음 1) 계약내용과 조사내용에 따라 지급 가능한 3가지 보험금에 대하여 각각 계산과정과 값을 쓰시오. [9점]

물음 2) 포도 상품 비가림시설에 대한 보험가입기준과 인수제한 내용이다. (　)에 들어갈 내용을 각각 쓰시오. [6점]

> ○ 비가림시설 보험가입기준 : (　①　) 단위로 가입(구조체＋피복재)하고 최소 가입면적은 (　②　) 이다. 단위면적당 시설단가를 기준으로 80% ～ 130% 범위에서 가입금액 선택(10% 단위 선택)
> ○ 비가림시설 인수제한 : 비가림폭이 2.4m±15%, 동고가 (　③　)의 범위를 벗어나는 비가림시설(과수원의 형태 및 품종에 따라 조정)

11 업무방법에서 정하는 보험사기 방지에 관한 내용이다. (   )에 들어갈 내용을 각각 쓰시오.

[5점]

성립요건	○ (①) 또는 보험대상자에게 고의가 있을 것 : (①) 또는 보험대상자의 고의에 회사를 기망하여 착오에 빠뜨리는 고의와 그 착오로 인해 승낙의 의사표시를 하게 하는 것이 있음 ○ (②)행위가 있을 것 : (②)이란 허위진술을 하거나 진실을 은폐하는 것, 통상 진실이 아닌 사실을 진실이라 표시하는 행위를 말하거나 알려야 할 경우에 침묵, 진실을 은폐하는 것도 (②)행위에 해당 ○ 상대방인 회사가 착오에 빠지는 것 : 상대방인 회사가 착오에 빠지는 것에 대하여 회사의 (③) 유무는 문제되지 않음
보험사기 조치	○ 청구한 사고보험금 (④) 가능 ○ 약관에 의거하여 해당 (⑤)할 수 있음

12 업무방법에서 정하는 종합위험 수확감소보장방식 밭작물 품목의 품목별 표본구간별 수확량조사 방법에 관한 내용이다. (   )에 들어갈 내용을 각각 쓰시오.

[5점]

품 목	표본구간별 수확량조사 방법
옥수수	표본구간내 작물을 수확한 후 착립장 길이에 따라 상(①)·중(②)·하(③)로 구분한 후 해당 개수를 조사
차(茶)	표본구간 중 두 곳에 (④) 테를 두고 테 내의 수확이 완료된 새싹의 수를 세고, 남아있는 모든 새싹(1심2엽)을 따서 개수를 세고 무게를 조사
감 자	표본구간내 작물을 수확한 후 정상 감자, 병충해별 20% 이하, 21%~40% 이하, 41%~60% 이하, 61%~80% 이하, 81%~100% 이하 발병 감자로 구분하여 해당 병충해명과 무게를 조사하고, 최대 지름이 (⑤) 미만이거나 피해정도 50% 이상인 감자의 무게는 실제 무게의 50%를 조사 무게로 함

13 적과전 종합위험방식(Ⅱ) 사과 품목에서 적과후착과수조사를 실시하고자 한다. 과수원의 현황 (품종, 재배방식, 수령, 주수)이 다음과 같이 확인되었을 때 ①, ②, ③, ④에 대해서는 계산과정과 값을 쓰고, ⑤에 대해서는 산정식을 쓰시오(단, 적정표본주수 최솟값은 소수점 첫째자리에서 올림하여 다음 예시와 같이 구하시오. 예시 : 10.2 → 11로 기재). [5점]

○ 과수원의 현황

품 종	재배방식	수 령	실제결과주수	고사주수
스가루	반밀식	10	620	10
후 지	밀 식	5	60	30

○ 적과후착과수 적정표본주수

품 종	재배방식	수 령	조사대상주수	적정표본주수	적정표본주수 산정식
스가루	반밀식	10	(①)	(③)	(⑤)
후 지	밀 식	5	(②)	(④)	–

14 종합위험 수확감소보장방식 논작물 관련 내용이다. 계약사항과 조사내용을 참조하여 피해율의 계산과정과 값을 쓰시오. [5점]

○ 계약사항

품 목	가입면적	평년수확량	표준수확량
벼	2,500m^2	6,000kg	5,000kg

○ 조사내용

조사종류	조사수확비율	피해정도	피해면적비율	미보상비율
수확량조사 (수량요소조사)	70%	경 미	10% 이상 30% 미만	10%

15 업무방법에서 정하는 가축재해보험 구상권의 의의 및 발생유형에 관한 내용이다. ( )에 들어갈 용어를 각각 쓰시오. [5점]

의 의	구상권이라 함은 보험금 지급 후 피보험자가 제3자(타인)에게 가지는 손해배상청구권을 (①) 취득하여 그 타인에 대하여 가지는 (②)의 권리를 말한다.
발생 유형	○ 생산물(제조물)의 (③)(으)로 인한 화재 ○ (④)에 대하여 선 보상처리 후 타 보험사에 분담금 청구 ○ 무보험차량에 의한 (⑤)

16 농업수입감소보장방식 콩에 관한 내용이다. 계약사항과 수확량조사내용을 참조하여 다음 물음에 답하시오. [15점]

○ 계약사항

보험가입금액	자기부담비율	가입면적	평년수확량	농지별 기준가격
10,000,000원	20%	10,000m^2	2,000kg	5,000원/kg

○ 수확량조사내용

[면적조사]

실제경작면적	수확불능면적	기수확면적
10,000m^2	1,000m^2	2,000m^2

[표본조사]

표본구간 면적	종실중량	함수율
10m^2	2kg	22.6%

[미보상비율] : 10%

※ 수확기가격은 4,500원/kg임

물음 1) 수확량의 계산과정과 값을 쓰시오. [5점]

물음 2) 피해율의 계산과정과 값을 쓰시오. [5점]

물음 3) 농업수입감소보험금의 계산과정과 값을 쓰시오. [5점]

17 종합위험방식 원예시설 · 버섯 품목에 관한 내용이다. 각 내용을 참조하여 다음 물음에 답하시오. [15점] 기출수정

○ 표고버섯(원목재배)

표본원목의 전체면적	표본원목의 피해면적	재배원목(본)수	피해원목(본)수	원목(본)당 보장생산비
40m²	20m²	2,000개	400개	7,000원

○ 표고버섯(톱밥배지재배)

준비기생산비계수	피해배지(봉)수	재배배지(봉)수	손해정도비율
79.8%	500개	2,000개	50%

배지(봉)당 보장생산비	생장일수	비 고
2,800원	45일	수확기 이전 사고임

○ 느타리버섯(균상재배)

준비기생산비계수	피해면적	재배면적	손해정도
72.3%	500m²	2,000m²	55%

단위면적당 보장생산비	생장일수	비 고
16,400원	14일	수확기 이전 사고임

물음 1) 표고버섯(원목재배) 생산비보장보험금의 계산과정과 값을 쓰시오. [5점]

물음 2) 표고버섯(톱밥배지재배) 생산비보장보험금의 계산과정과 값을 쓰시오. [5점]

물음 3) 느타리버섯(균상재배) 생산비보장보험금의 계산과정과 값을 쓰시오. [5점]

18 과실손해조사(감귤)에 관한 내용이다. 다음 물음에 답하시오. [15점]

○ 계약사항

보험가입금액	가입면적	자기부담비율
25,000,000원	4,800m²	10%

○ 표본주 조사내용(단위 : 개)

구 분	정상 과실수	30%형 피해과실수	50%형 피해과실수	80%형 피해과실수	100%형 피해과실수	보상하지 않는 손해(병해충)로 인한 과실수
등급내	690	80	120	120	60	60
등급외	360	110	130	90	140	40

※ 수확전 사고조사는 실시하지 않았음

○ 표본조사 방법

> **표본조사**
> 1) 표본주 선정 : 농지별 가입면적을 기준으로 품목별 표본주수표(별표 1-4)에 따라 농지별 전체 표본주수를 과수원에 고루 분포되도록 선정한다(단, 필요하다고 인정되는 경우 표본주수를 줄일 수도 있으나 최소 (①)주 이상 선정한다).
>
> 2) 표본주 조사
>   가) 선정한 표본주에 리본을 묶고 주지별(원가지) 아주지(버금가지) (②)개를 수확한다.

물음 1) 위의 계약사항 및 표본주 조사내용을 참조하여 과실손해 피해율의 계산과정과 값을 쓰시오. [7점]

물음 2) 위의 계약사항 및 표본주 조사내용을 참조하여 과실손해보험금의 계산과정과 값을 쓰시오. [6점]

물음 3) 위의 표본조사 방법에서 ( )에 들어갈 내용을 각각 쓰시오. [2점]

19 특정위험방식 인삼에 관한 내용이다. 계약사항과 조사내용을 참조하여 다음 물음에 답하시오.

[15점]

○ 계약사항

인삼 가입금액	경작 칸수	연 근	기준수확량 (5년근 표준)	자기부담 비율	해가림시설 가입금액	해가림시설 보험가액
120,000,000원	500칸	5년	0.73kg	20%	20,000,000원	25,000,000원

○ 조사내용

사고원인	피해칸	표본칸	표본수확량	지주목간격	두둑폭	고랑폭
화 재	350칸	10칸	9.636kg	3m	1.5m	0.7m

해가림시설 피해액	잔존물제거비용	손해방지비용	대위권보전비용
5,000,000원	300,000원	300,000원	200,000원

물음 1) 인삼 피해율의 계산과정과 값을 쓰시오. [5점]

물음 2) 인삼 보험금의 계산과정과 값을 쓰시오. [5점]

물음 3) 해가림시설 보험금(비용 포함)의 계산과정과 값을 쓰시오. [5점]

20 계약사항과 조사내용을 참조하여 다음 물음에 답하시오. [15점]

○ 계약사항

상품명	특약 및 주요사항	평년착과수	가입과중
적과전 종합위험방식(Ⅱ) 배 품목	• 나무손해보장 특약 • 착과감소 50% 선택	100,000개	450g

가입가격	가입주수	자기부담률	
1,200원/kg	750주	과 실	10%
		나 무	5%

※ 나무손해보장 특약의 보험가입금액은 1주당 10만원 적용

○ 조사내용

구 분	재해 종류	사고 일자	조사 일자	조사내용
계약일 24시 ~ 적과전	우 박	5월 30일	5월 31일	〈피해사실확인조사〉 • 피해발생 인정 • 미보상비율 : 0%
적과후 착과수 조사	–		6월 10일	〈적과후착과수조사〉

품 종	실제결과주수	조사대상주수	표본주 1주당 착과수
화 산	390주	390주	60개
신 고	360주	360주	90개

※ 화산, 신고는 배의 품종임

구 분	재해 종류	사고 일자	조사 일자	조사내용
적과 종료 이후	태 풍	9월 1일	9월 2일	〈낙과피해조사〉 • 총 낙과수 : 4,000개(전수조사)

피해과실구성	정 상	50%	80%	100%
과실수(개)	1,000	0	2,000	1,000

	조수해	9월 18일	9월 20일	〈나무피해조사〉 • 화산 30주, 신고 30주 조수해로 고사
	우 박	5월 30일	10월 1일	〈착과피해조사〉

피해과실구성	정 상	50%	80%	100%
과실수(개)	50	10	20	20

※ 적과 이후 자연낙과 등은 감안하지 않으며, 무피해나무의 평균착과수는 적과후착과수의 1주당 평균착과수와 동일한 것으로 본다.

물음 1) 착과감소보험금의 계산과정과 값을 쓰시오. [5점]

물음 2) 과실손해보험금의 계산과정과 값을 쓰시오. [5점]

물음 3) 나무손해보험금의 계산과정과 값을 쓰시오. [5점]

2022년도 제8회 손해평가사 2차 시험문제

시험과목	① 농작물재해보험 및 가축재해보험의 이론과 실무 ② 농작물재해보험 및 가축재해보험 손해평가의 이론과 실무

수험자 확인사항	1. 답안지 인적사항 기재란 외에 수험번호 및 성명 등 특정인임을 암시하는 표시가 없음을 확인하였습니다. 확인 ☐ 2. 연필류, 유색필기구 등을 사용하지 않았습니다. 확인 ☐ 3. 답안지 작성시 유의사항을 읽고 확인하였습니다. 확인 ☐

[수험자 유의사항]

1. 답안지 표지 앞면 빈칸에는 시행연도·자격시험명·과목명을 정확히 기재하여야 합니다.

2. 답안지 작성은 반드시 검정색 필기구만을 계속 사용하여야 합니다.
   (그 외 연필류, 유색필기구 등을 사용한 답항은 채점하지 않으며, 0점 처리됩니다)

3. 수험번호 및 성명은 반드시 연습지 첫 장 좌측 인적사항 기재란에만 작성하여야 하며, 답안지의 인적사항 기재란 외의 부분에 특정인임을 암시하거나 답안과 관련 없는 특수한 표시를 하는 경우 답안지 전체를 채점하지 않으며, 0점 처리합니다.

4. 계산문제는 반드시 계산과정, 답, 단위를 정확히 기재하여야 합니다.

5. 답안 정정 시에는 두 줄(=)로 긋고 다시 기재 또는 수정테이프 사용이 가능하며, 수정액을 사용할 경우 채점상의 불이익을 받을 수 있으므로 사용하지 마시기 바랍니다.

6. 기 작성한 문항 전체를 삭제하고자 할 경우 반드시 해당 문항의 답안 전체에 명확하게 ×를 하시기 바랍니다. (× 표시한 답안은 채점대상에서 제외)

7. 답안 작성시 문제번호 순서에 관계없이 답안을 작성하여도 되나, 문제번호 및 문제를 기재(긴 경우 요약기재 가능)하고, 해당 답안을 기재하여야 합니다.

8. 각 문제의 답안작성이 끝나면 바로 옆에 "끝"이라고 쓰고, 최종 답안작성이 끝나면 줄을 바꾸어 중앙에 "이하 여백"이라고 써야 합니다.

9. 수험자는 시험시간이 종료되면 즉시 답안작성을 멈춰야 하며, 종료시간 이후 계속 답안을 작성하거나 감독위원의 답안지 제출지시에 불응할 때에는 당회 시험을 무효처리 합니다.

○ 2차 시험문제 및 답안은 2024년 3월 농업정책보험금융원에서 발표한 「농업재해보험·손해평가의 이론과 실무」 이론서를 기준으로 작성하였습니다.

농작물재해보험 및 가축재해보험의 이론과 실무

01 위험관리 방법 중 물리적 위험관리(위험통제를 통한 대비) 방법 5가지를 쓰시오. [5점]

02 농업재해의 특성 5가지만 쓰시오. [5점]

03 보통보험약관의 해석에 관한 내용이다. ( )에 들어갈 내용을 쓰시오. [5점]

> ○ **기본원칙**
> 　보험약관은 보험계약의 성질과 관련하여 (①)에 따라 공정하게 해석되어야 하며, 계약자에 따라 다르게 해석되어서는 안 된다. 보험약관상의 (②)조항과 (③)조항간에 충돌이 발생하는 경우 (③)조항이 우선한다.
>
> ○ **작성자불이익의 원칙**
> 　보험약관의 내용이 모호한 경우에는 (④)에게 엄격·불리하게 (⑤)에게 유리하게 풀이해야 한다.

04 농작물재해보험대상 밭작물 품목 중 자기부담금이 잔존보험가입금액의 3% 또는 5%인 품목 2가지를 쓰시오. [5점]

05 인수심사의 인수제한 목적물에 관한 내용이다. (   )에 들어갈 내용을 쓰시오.   [5점]

○ 오미자 – 주간거리가 (①)cm 이상으로 과도하게 넓은 과수원
○ 포도 – 가입하는 해의 나무 수령이 (②)년 미만인 과수원
○ 복분자 – 가입연도 기준, 수령이 1년 이하 또는 (③)년 이상인 포기로만 구성된 과수원
○ 보리 – 파종을 10월 1일 이전과 11월 (④)일 이후에 실시한 농지
○ 양파 – 재식밀도가 (⑤)주/10a 미만, 40,000주/10a 초과한 농지

06 농업수입감소보장방식 '콩'에 관한 내용이다. 계약내용과 조사내용을 참조하여 다음 물음에 답하시오(피해율은 %로 소수점 둘째자리 미만 절사. 예시 : 12.678% → 12.67 %).   [15점]

○ **계약내용**
  • 보험가입일 : 2021년 6월 20일
  • 평년수확량 : 1,500kg
  • 가입수확량 : 1,500kg
  • 자기부담비율 : 20%
  • 농가수취비율 : 80%
  • 전체 재배면적 : 2,500m^2(백태 1,500m^2, 서리태 1,000m^2)

○ **조사내용**
  • 조사일 : 2021년 10월 20일
  • 전체 재배면적 : 2,500m^2(백태 1,500m^2, 서리태 1,000m^2)
  • 수확량 : 1,000kg

■ 서울 양곡도매시장 연도별 '백태' 평균가격(원/kg)

등급＼연도	2016	2017	2018	2019	2020	2021
상 품	6,300	6,300	7,200	7,400	7,600	6,400
중 품	6,100	6,000	6,800	7,000	7,100	6,200

■ 서울 양곡도매시장 연도별 '서리태' 평균가격(원/kg)

등급＼연도	2016	2017	2018	2019	2020	2021
상 품	7,800	8,400	7,800	7,500	8,600	8,400
중 품	7,400	8,200	7,200	6,900	8,200	8,200

물음 1) 기준가격의 계산과정과 값을 쓰시오. [5점]

물음 2) 수확기가격의 계산과정과 값을 쓰시오. [5점]

물음 3) 농업수입감소보장보험금의 계산과정과 값을 쓰시오. [5점]

07 농작물재해보험 '벼'에 관한 내용이다. 다음 물음에 답하시오(단, 보통약관과 특별약관 보험가입 금액은 동일하며, 병해충 특약에 가입되어 있음). [15점]

○ 계약사항 등
- 보험가입일 : 2022년 5월 22일
- 품목 : 벼
- 재배방식 : 친환경 직파 재배
- 가입수확량 : 4,500kg
- 보통약관 기본 영업요율 : 12%
- 특별약관 기본 영업요율 : 5%
- 손해율에 따른 할인율 : −13%
- 직파재배 농지 할증률 : 10%
- 친환경 재배시 할증률 : 8%

○ 조사내용
- 민간 RPC(양곡처리장) 지수 : 1.2
- 농협 RPC 계약재배 수매가(원/kg)

연 도	수매가	연 도	수매가	연 도	수매가
2016	1,300	2018	1,600	2020	2,000
2017	1,400	2019	1,800	2021	2,200

※ 계산시 민간 RPC 지수는 농협 RPC 계약재배 수매가에 곱하여 산출할 것

물음 1) 보험가입금액의 계산과정과 값을 쓰시오. [5점]

물음 2) 수확감소보장 보통약관(주계약) 적용보험료의 계산과정과 값을 쓰시오(천원 단위 미만 절사). [5점]

물음 3) 병해충보장 특별약관 적용보험료의 계산과정과 값을 쓰시오(천원 단위 미만 절사) [5점]

08 다음은 '사과'의 적과전 종합위험방식 계약에 관한 사항이다. 다음 물음에 답하시오(단, 주어진 조건외 다른 조건은 고려하지 않음). [15점] 기출+정

구 분	품 목	보장수준(%)				
		60	70	80	85	90
국고보조율(%)	사과, 배, 단감, 떫은감	60	60	50	38	33

〈조건〉
○ 품목 : 사과(적과전 종합위험방식)　　○ 가입금액 : 1,000만원(주계약)
○ 순보험요율 : 15%　　　　　　　　　○ 부가보험요율 : 2.5%
○ 할인·할증률 : 100%　　　　　　　　○ 자기부담비율 : 20%형
○ 착과감소보험금 보장수준 : 70%형

물음 1) 영업보험료의 계산과정과 값을 쓰시오. [5점]

물음 2) 부가보험료의 계산과정과 값을 쓰시오. [5점]

물음 3) 농가부담보험료의 계산과정과 값을 쓰시오. [5점]

09 다음과 같은 '인삼'의 해가림시설이 있다. 다음 물음에 답하시오(단, 주어진 조건외 다른 조건은 고려하지 않음). [15점]

○ 가입시기 : 2022년 6월
○ 농지내 재료별(목재, 철재)로 구획되어 해가림시설이 설치되어 있음

〈해가림시설(목재)〉

○ 시설연도 : 2015년 9월
○ 면적 : 4,000m²
○ 단위면적당 시설비 : 30,000원/m²
※ 해가림시설 정상 사용 중

〈해가림시설(철재)〉

○ 전체면적 : 6,000m²
 • 면적 ① : 4,500m²(시설연도 : 2017년 3월)
 • 면적 ② : 1,500m²(시설연도 : 2019년 3월)
○ 단위면적당 시설비 : 50,000원/m²
※ 해가림시설 정상 사용 중이며, 면적 ①, ②는 동일 농지에 설치

물음 1) 해가림시설(목재)의 보험가입금액의 계산과정과 값을 쓰시오. [5점]

물음 2) 해가림시설(철재)의 보험가입금액의 계산과정과 값을 쓰시오. [10점]

10 다음의 내용을 참고하여 물음에 답하시오(단, 주어진 조건외 다른 조건은 고려하지 않음).

[15점]

> 甲은 A보험회사의 가축재해보험(소)에 가입했다. 보험가입 기간 중 甲과 동일한 마을에 사는 乙소유의 사냥개 3마리가 견사를 탈출하여 甲소유의 축사에 있는 소 1마리를 물어 죽이는 사고가 발생했다. 조사 결과 폐사한 소는 가축재해보험에 정상적으로 가입되어 있었다.
> • A보험회사의 면·부책 : 부책
> • 폐사한 소의 가입금액 및 손해액 : 500만원(자기부담금 20%)
> • 乙의 과실 : 100%

물음 1) A보험회사가 甲에게 지급할 보험금의 계산과정과 값을 쓰시오.　　　　　　[5점]

물음 2) A보험회사의 ① 보험자대위의 대상(손해발생 책임자), ② 보험자대위의 구분(종류), ③ 대위금액을 쓰시오.　　　　　　[10점]

11 적과전 종합위험방식의 적과종료 이후 보상하지 않는 손해에 관한 내용의 일부이다. (　　)에 들어갈 내용을 쓰시오. [5점]

○ 제초작업, 시비관리 등 통상적인 (①)을 하지 않아 발생한 손해
○ 최대 순간풍속 (②)의 바람으로 발생한 손해
○ 농업인의 부적절한 (③)로 인하여 발생한 손해
○ 병으로 인해 낙엽이 발생하여 (④)에 과실이 노출됨으로써 발생한 손해
○ 「식물방역법」 제36조(방제명령 등)에 의거 금지 병해충인 과수 (⑤) 발생에 의한 폐원으로 인한 손해 및 정부 및 공공기관의 매립으로 발생한 손해

12 종합위험 수확감소보장방식의 품목별 과중조사에 관한 내용의 일부이다. (　　)에 들어갈 내용을 쓰시오. [5점]

○ 밤(수확개시전 수확량조사시 과중조사)
　품종별 개당 과중 = 품종별 {정상 표본과실 무게 합 + (소과 표본과실 무게 합 × (①))} ÷ 표본과실수
○ 참다래
　품종별 개당 과중 = 품종별 {50g 초과 표본과실 무게 합 + (50g 이하 표본과실 무게 합 × (②))} ÷ 표본과실수
○ 오미자(수확개시후 수확량조사시 과중조사)
　선정된 표본구간별로 표본구간내 (③)된 과실과 (④)된 과실의 무게를 조사한다.
○ 유자(수확개시전 수확량조사시 과중조사)
　농지에서 품종별로 착과가 평균적인 3개 이상의 표본주에서 크기가 평균적인 과실을 품종별 (⑤) 개 이상(농지당 최소 60개 이상) 추출하여 품종별 과실개수와 무게를 조사한다.

13 논작물에 대한 피해사실확인조사시 추가조사 필요 여부 판단에 관한 내용이다. (   )에 들어갈 내용을 쓰시오. [5점]

> 보상하는 재해 여부 및 피해 정도 등을 감안하여 이앙·직파불능조사(농지 전체 이앙·직파불능 시), 재이앙·재직파조사(①), 경작불능조사(②), 수확량조사(③) 중 필요한 조사를 판단하여 해당 내용에 대하여 계약자에게 안내하고, 추가조사가 필요할 것으로 판단된 경우에는 (④) 구성 및 (⑤) 일정을 수립한다.

14 종합위험 수확감소보장방식 감자에 관한 내용이다. 다음 계약사항과 조사내용을 참조하여 피해율(%)의 계산과정과 값을 쓰시오(피해율은 소수점 셋째자리에서 반올림). [5점]

○ 계약사항

품 목	보험가입금액	가입면적	평년수확량	자기부담비율
감자(고랭지재배)	5,000,000원	3,000m²	6,000kg	20%

○ 조사내용

재 해	조사방법	실제경작 면적	타작물 면적	미보상 면적	미보상 비율	표본구간 총 면적	표본구간 총 수확량조사 내용
호 우	수확량 조사 (표본조사)	3,000m²	100m²	100m²	20%	10m²	• 정상 감자 5kg • 최대 지름 5cm 미만 감자 2kg • 병충해(무름병) 감자 4kg • 병충해 손해정도비율 40%

15 종합위험 수확감소보장방식 과수 및 밭작물 품목 중 (   )에 들어갈 해당 품목을 쓰시오.

[5점]

구 분	내 용	해당 품목
과수 품목	경작불능조사를 실시하는 품목	(①)
	병충해를 보장하는 품목(특약 포함)	(②)
밭작물 품목	전수조사를 실시해야 하는 품목	(③), 팥
	재정식 보험금을 지급하는 품목	(④)
	경작불능조사 대상이 아닌 품목	(⑤)

16 농업용 원예시설물(고정식 하우스)에 강풍이 불어 피해가 발생되었다. 다음 조건을 참조하여 물음에 답하시오.

[15점]

구 분	손해내역	내용 연수	경년 감가율	경과 연월	보험가입 금액	손해액	비 고
1동	단동하우스 (구조체 손해)	10년	8%	2년	500만원	300만원	피복재 손해 제외
2동	장수PE (피복재 단독사고)	1년	40%	1년	200만원	100만원	–
3동	장기성PO (피복재 단독사고)	5년	16%	1년	200만원	100만원	• 재조달가액 보장 특약 • 미복구

물음 1) 1동의 지급보험금 계산과정과 값을 쓰시오. [5점]

물음 2) 2동의 지급보험금 계산과정과 값을 쓰시오. [5점]

물음 3) 3동의 지급보험금 계산과정과 값을 쓰시오. [5점]

17 벼 농사를 짓고 있는 甲은 가뭄으로 농지내 일부 면적의 벼가 고사되는 피해를 입어 재이앙조사 후 모가 없어 경작면적의 일부만 재이앙을 하였다. 이후 수확전 태풍으로 도복피해가 발생해 수확량조사 방법 중 표본조사를 하였으나, 甲이 결과를 불인정하여 전수조사를 실시하였다. 계약사항(종합위험 수확감소보장방식)과 조사내용을 참조하여 다음 물음에 답하시오. [15점]

○ 계약사항

품 종	보험가입금액	가입면적	평년수확량	표준수확량	자기부담비율
동진찰벼	3,000,000원	2,500m²	3,500kg	3,200kg	20%

○ 조사내용
• 재이앙조사

재이앙전 조사내용		재이앙후 조사내용	
실제경작면적	2,500m²	재이앙 면적	800m²
피해면적	1,000m²	–	–

• 수확량조사

표본조사 내용		전수조사 내용	
표본구간 총 중량 합계	0.48kg	전체 조곡중량	1,200kg
표본구간 면적	0.96m²	미보상비율	10%
함수율	16%	함수율	20%

물음 1) 재이앙보험금의 지급가능한 횟수를 쓰시오. [2점]

물음 2) 재이앙보험금의 계산과정과 값을 쓰시오. [3점]

물음 3) 수확량감소보험금의 계산과정과 값을 쓰시오[무게(kg) 및 피해율(%)은 소수점 이하 절사. 예시 : 12.67% → 12%]. [10점]

18 배 과수원은 적과전 과수원 일부가 호우에 의한 유실로 나무 50주가 고사되는 피해(자연재해)가 확인되었고, 적과 이후 봉지작업을 마치고 태풍으로 낙과피해조사를 받았다. 계약사항(적과전 종합위험방식)과 조사내용을 참조하여 다음 물음에 답하시오[감수과실수와 착과피해 인정개수, 피해율(%)은 소수점 이하 절사. 예시 : 12.67% → 12%]. [15점]

○ 계약사항 및 적과후착과수 조사내용

계약사항			적과후착과수 조사내용	
품 목	가입주수	평년착과수	실제결과주수	1주당 평균착과수
배(단일 품종)	250주	40,000개	250주	150개

※ 적과종료 이전 특정위험 5종 한정보장 특약 미가입

○ 낙과피해 조사내용

사고일자	조사방법	전체 낙과과실수	낙과피해 구성비율(100개)				
			정상 10개	50%형 80개	80%형 0개	100%형 2개	병해충 과실 8개
9월 18일	전수조사	7,000개					

물음 1) 적과종료 이전 착과감소과실수의 계산과정과 값을 쓰시오. [5점]

물음 2) 적과종료 이후 착과손해 감수과실수의 계산과정과 값을 쓰시오. [5점]

물음 3) 적과종료 이후 낙과피해 감수과실수와 착과피해 인정개수의 계산과정과 합계 값을 쓰시오. [5점]

19 가축재해보험 소에 관한 내용이다. 다음 물음에 답하시오. [15점]

○ 조건 1

- 甲은 가축재해보험에 가입 후 A축사에서 소를 사육하던 중, 사료 자동급여기를 설정하고 5일 간 A축사를 비우고 여행을 다녀왔음
- 여행을 다녀와 A축사의 출입문이 파손되어 있어 CCTV를 확인해 보니 신원불상자에 의해 한우(암컷) 1마리를 도난당한 것을 확인하고, 바로 경찰서에 도난신고 후 재해보험사업자에게 도난신고확인서를 제출함
- 금번 사고는 보험기간내 사고이며, 甲과 그 가족 등의 고의 또는 중과실은 없었고, 또한 사고예방 및 안전대책에 소홀히 한 점도 없었음

○ 조건 2

- 보험목적물 : 한우(암컷)
- 자기부담비율 : 20%
- 출생일 : 2021년 11월 4일
- 보험가입금액 : 2,000,000원
- 소재지 : A축사(보관장소)
- 사고일자 : 2022년 8월 14일

○ 조건 3
- 발육표준표

한우 암컷	월 령	7월령	8월령	9월령	10월령	11월령
	체 중	230kg	240kg	250kg	260kg	270kg

- 2022년 월별 산지가격 동향

한우 암컷	구 분	5월	6월	7월	8월
	350kg	330만원	350만원	340만원	340만원
	600kg	550만원	560만원	550만원	550만원
	송아지(4~5월령)	220만원	230만원	230만원	230만원
	송아지(6~7월령)	240만원	240만원	250만원	250만원

물음 1) 조건 2~3을 참조하여 한우(암컷) 보험가액의 계산과정과 값을 쓰시오. [5점]

물음 2) 조건 1~3을 참조하여 지급보험금과 그 산정 이유를 쓰시오. [5점]

물음 3) 다음 ( )에 들어갈 내용을 쓰시오. [5점]

소의 보상하는 손해 중 긴급도축은 "사육하는 장소에서 부상, (①), (②), (③) 및 젖소의 유량 감소 등이 발생하는 소(牛)를 즉시 도축장에서 도살하여야 할 불가피한 사유가 있는 경우"에 한한다.

20 수확전 종합위험보장방식 무화과에 관한 내용이다. 다음 계약사항과 조사내용을 참조하여 물음에 답하시오[피해율(%)은 소수점 셋째자리에서 반올림]. [15점]

○ 계약사항

품 목	보험가입금액	가입주수	평년수확량	표준과중(개당)	자기부담비율
무화과	10,000,000원	300주	6,000kg	80g	20%

○ 수확개시전 조사내용

① 사고내용
  • 재해종류 : 우박
  • 사고일자 : 2022년 5월 10일
② 나무수조사
  • 보험가입일자 기준 과수원에 식재된 모든 나무수 300주(유목 및 인수제한 품종 없음)
  • 보상하는 손해로 고사된 나무수 10주
  • 보상하는 손해 이외의 원인으로 착과량이 현저하게 감소된 나무수 10주
  • 병해충으로 고사된 나무수 20주
③ 착과수조사 및 미보상비율조사
  • 표본주수 9주
  • 표본주 착과수 총 개수 1,800개
  • 제초상태에 따른 미보상비율 10%
④ 착과피해조사(표본주 임의과실 100개 추출하여 조사)
  • 가공용으로도 공급될 수 없는 품질의 과실 10개(일반시장 출하 불가능)
  • 일반시장 출하시 정상과실에 비해 가격하락(50% 정도)이 예상되는 품질의 과실 20개
  • 피해가 경미한 과실 50개
  • 가공용으로 공급될 수 있는 품질의 과실 20개(일반시장 출하 불가능)

○ 수확개시후 조사내용

  • 재해종류 : 우박
  • 사고일자 : 2022년 9월 5일
  • 표본주 3주의 결과지조사
    [고사결과지수 5개, 정상결과지수(미고사결과지수) 20개, 병해충 고사결과지수 2개]
  • 착과피해율 30%
  • 농지의 상태 및 수확정도 등에 따라 조사자가 기준일자를 2022년 8월 20일로 수정함
  • 잔여수확량비율

사고발생 월	잔여수확량 산정식(%)
8월	{100 − (1.06 × 사고발생일자)}
9월	{(100 − 33) − (1.13 × 사고발생일자)}

물음 1) 수확전 피해율(%)의 계산과정과 값을 쓰시오. [6점]

물음 2) 수확후 피해율(%)의 계산과정과 값을 쓰시오. [6점]

물음 3) 지급보험금의 계산과정과 값을 쓰시오. [3점]

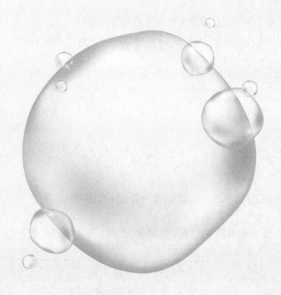

얄팍한 사람은 행운을 믿으며,

강한 사람은 원인과 결과를 믿는다.

－랠프 월도 에머슨－

2023년도 제9회 손해평가사 2차 시험문제

시험과목	① 농작물재해보험 및 가축재해보험의 이론과 실무 ② 농작물재해보험 및 가축재해보험 손해평가의 이론과 실무

수험자 확인사항	1. 답안지 인적사항 기재란 외에 수험번호 및 성명 등 특정인임을 암시하는 표시가 　없음을 확인하였습니다.　확인 □ 2. 연필류, 유색필기구 등을 사용하지 않았습니다.　확인 □ 3. 답안지 작성시 유의사항을 읽고 확인하였습니다.　확인 □

[수험자 유의사항]

1. 답안지 표지 앞면 빈칸에는 시행연도·자격시험명·과목명을 정확히 기재하여야 합니다.

2. 답안지 작성은 반드시 검정색 필기구만을 계속 사용하여야 합니다.
   (그 외 연필류, 유색필기구 등을 사용한 답항은 채점하지 않으며, 0점 처리됩니다)

3. 수험번호 및 성명은 반드시 연습지 첫 장 좌측 인적사항 기재란에만 작성하여야 하며, 답안지의
   인적사항 기재란 외의 부분에 특정인임을 암시하거나 답안과 관련 없는 특수한 표시를 하는 경우
   답안지 전체를 채점하지 않으며, 0점 처리합니다.

4. 계산문제는 반드시 계산과정, 답, 단위를 정확히 기재하여야 합니다.

5. 답안 정정 시에는 두 줄(=)로 긋고 다시 기재 또는 수정테이프 사용이 가능하며, 수정액을 사용할
   경우 채점상의 불이익을 받을 수 있으므로 사용하지 마시기 바랍니다.

6. 기 작성한 문항 전체를 삭제하고자 할 경우 반드시 해당 문항의 답안 전체에 명확하게 ×를 하시기
   바랍니다. (× 표시한 답안은 채점대상에서 제외)

7. 답안 작성시 문제번호 순서에 관계없이 답안을 작성하여도 되나, 문제번호 및 문제를 기재(긴 경우
   요약기재 가능)하고, 해당 답안을 기재하여야 합니다.

8. 각 문제의 답안작성이 끝나면 바로 옆에 "끝"이라고 쓰고, 최종 답안작성이 끝나면 줄을 바꾸어 중앙에
   "이하 여백"이라고 써야 합니다.

9. 수험자는 시험시간이 종료되면 즉시 답안작성을 멈춰야 하며, 종료시간 이후 계속 답안을 작성하거나
   감독위원의 답안지 제출지시에 불응할 때에는 당회 시험을 무효처리 합니다.

○ 2차 시험문제 및 답안은 2024년 3월 농업정책보험금융원에서 발표한 「농업재해보험·손해평가의
이론과 실무」 이론서를 기준으로 작성하였습니다.

농작물재해보험 및 가축재해보험의 이론과 실무

01 가축재해보험에 가입한 A축사에 다음과 같은 지진 피해가 발생하였다. 보상하는 손해내용에 해당하는 경우에는 "해당"을, 보상하지 않는 손해내용에 해당하는 경우에는 "미해당"을 쓰시오(다만, 주어진 조건외 다른 사항은 고려하지 않음). [5점]

> ○ 지진으로 축사의 급배수설비가 파손되어 이를 복구하는 비용 500만원 : (①)
> ○ 지진으로 축사 벽의 2m 균열을 수리한 비용 150만원 : (②)
> ○ 지진 발생시 축사의 기계장치 도난 손해 200만원 : (③)
> ○ 지진으로 축사내 배전반이 물리적으로 파손되어 복구한 비용 150만원 : (④)
> ○ 지진으로 축사의 대문이 파손되어 이를 복구한 비용 130만원 : (⑤)

02 종합위험 생산비보장 품목의 보험기간 중 보장개시일에 관한 내용이다. 다음 해당 품목의 ( )에 들어갈 내용을 쓰시오. [5점]

품 목	보장개시일	초과할 수 없는 정식(파종)완료일 (판매개시연도 기준)
대 파	정식완료일 24일. 다만, 보험계약시 정식완료일이 경과한 경우 계약체결일 24시	(①)
고랭지배추	정식완료일 24일. 다만, 보험계약시 정식완료일이 경과한 경우 계약체결일 24시	(②)
당 근	파종완료일 24일. 다만, 보험계약시 파종완료일이 경과한 경우 계약체결일 24시	(③)
브로콜리	정식완료일 24일. 다만, 보험계약시 정식완료일이 경과한 경우 계약체결일 24시	(④)
시금치	파종완료일 24일. 다만, 보험계약시 파종완료일이 경과한 경우 계약체결일 24시	(⑤)

03 작물특정 및 시설종합위험 인삼손해보장방식의 자연재해에 대한 설명이다. (   )에 들어갈 내용을 쓰시오. [5점]

○ 폭설은 기상청에서 대설에 대한 특보(대설주의보, 대설경보)를 발령한 때 해당 지역의 눈 또는 (①)시간 신적설이 (②)cm 이상인 상태
○ 냉해는 출아 및 전엽기(4~5월) 중에 해당 지역에 최저 기온 (③)℃ 이하의 찬 기온으로 인하여 발생하는 피해를 말하며, 육안으로 판별 가능한 냉해 증상이 있는 경우에 피해를 인정
○ 폭염은 해당 지역의 최고 기온 (④)℃ 이상이 7일 이상 지속되는 상태를 말하며, 잎에 육안으로 판별 가능한 타들어간 증상이 (⑤)% 이상 있는 경우에 인정

04 가축재해보험 협정보험가액 특별약관이 적용되는 가축 중 유량검정젖소에 관한 내용이다. (   )에 들어갈 내용을 쓰시오. [5점]

유량검정젖소란 젖소개량사업소의 검정사업에 참여하는 농가 중에서 일정한 요건을 충족하는 농가(직전 월 (①)일 평균유량이 (②)kg 이상이고 평균체세포수가 (③)만 마리 이하를 충족하는 농가)의 소(최근 산차 305일 유량이 (④)kg 이상이고, 체세포수가 (⑤)만 마리 이하인 젖소)를 의미하며, 요건을 충족하는 유량검정젖소는 시가에 관계없이 협정보험가액 특약으로 보험가입이 가능하다.

05 농작물재해보험 보험료 방재시설 할인율의 방재시설 판정기준에 관한 내용이다. (   )에 들어갈 내용을 쓰시오. [5점]

○ 방풍림은 높이가 (①)미터 이상의 영년생 침엽수와 상록활엽수가 (②)미터 이하의 간격으로 과수원 둘레 전체에 식재되어 과수원의 바람 피해를 줄일 수 있는 나무
○ 방풍망은 망구멍 가로 및 세로가 6~10mm의 망목네트를 과수원 둘레 전체나 둘레 일부(1면 이상 또는 전체 둘레의 (③)% 이상)에 설치
○ 방충망은 망구멍이 가로 및 세로가 (④)mm 이하의 망목네트로 과수원 전체를 피복
○ 방조망은 망구멍의 가로 및 세로가 (⑤)mm를 초과하고 새의 입출이 불가능한 그물, 주 지주대와 보조 지주대를 설치하여 과수원 전체를 피복

06 甲의 사과과수원에 대한 내용이다. 조건 1~3을 참조하여 다음 물음에 답하시오(단, 주어진 조건외 다른 사항은 고려하지 않음). [15점]

○ 조건 1

- 2018년 사과(홍로/3년생/밀식재배) 300주를 농작물재해보험에 신규로 보험가입 함
- 2019년과 2021년도에는 적과전에 우박과 냉해피해로 과수원의 적과후착과량이 현저하게 감소하였음
- 사과(홍로)의 일반재배방식 표준수확량은 아래와 같음

수 령	5년	6년	7년	8년	9년
표준수확량	6,000kg	8,000kg	8,500kg	9,000kg	10,000kg

○ 조건 2

[甲의 과수원 과거수확량 자료]

구 분	2018년	2019년	2020년	2021년	2022년
평년착과량	1,500kg	3,200kg	–	4,000kg	3,700kg
표준수확량	1,500kg	3,000kg	4,500kg	5,700kg	6,600kg
적과후착과량	2,000kg	800kg	–	950kg	6,000kg
보험가입 여부	가 입	가 입	미가입	가 입	가 입

○ 조건 3

[2023년 보험가입 내용 및 조사결과 내용]
- 적과전 종합위험방식 Ⅱ 보험가입(적과종료 이전 특정위험 5종 한정보장 특별약관 미가입)
- 가입가격 : 2,000원/kg
- 보험가입 당시 계약자부담보험료 : 200,000원(미납보험료 없음)
- 자기부담비율 : 20%
- 착과감소보험금 보장수준 50%형 가입
- 2023년 과수원의 적과전 냉해피해로, 적과후착과량이 2,500kg으로 조사됨
- 미보상감수량 없음

물음 1) 2023년 평년착과량의 계산과정과 값(kg)을 쓰시오. [5점]

물음 2) 2023년 착과감소보험금의 계산과정과 값(원)을 쓰시오. [5점]

물음 3) 만약 2023년 적과전 사고가 없이 적과후착과량이 2,500kg으로 조사되었다면, 계약자 甲에게 환급해야 하는 차액보험료의 계산과정과 값(원)을 쓰시오(보험료는 일원 단위 미만 절사, 예시 : 12,345.678 → 12,345원). [5점]

07 종합위험 과실손해보장방식 감귤에 관한 내용이다. 다음의 조건 1~2를 참조하여 다음 물음에 답하시오(단, 주어진 조건외 다른 사항은 고려하지 않음). [15점]

○ 조건 1

- 감귤(온주밀감) / 5년생
- 보험가입금액 : 10,000,000원(자기부담비율 20%)
- 가입 특별약관 : 동상해과실손해보장 특별약관

○ 조건 2

① 과실손해조사(수확전 사고조사는 없었음. 주품종 수확 이후 사고발생 함)
- 사고일자 : 2022년 11월 15일
- 피해사실확인조사를 통해 보상하는 재해로 확인됨
- 표본주수 2주 선정 후 표본조사내용
  - 등급내 피해과실수 30개
  - 등급외 피해과실수 24개
  - 기준과실수 280개
- 미보상비율 : 20%

② 동상해과실손해조사
- 사고일자 : 2022년 12월 20일
- 피해사실확인조사를 통해 보상하는 재해(동상해)로 확인됨
- 표본주수 2주 선정 후 표본조사내용

기수확과실	정상과실	80%형 피해과실	100%형 피해과실
86개	100개	50개	50개

- 수확기 잔존비율(%) : 100 − 1.5 × 사고발생일자[사고발생 월 12월 기준]
- 미보상비율 : 10%

물음 1) 과실손해보장 보통약관 보험금의 계산과정과 값(원)을 쓰시오. [5점]

물음 2) 동상해과실손해보장 특별약관 보험금의 계산과정과 값(원)을 쓰시오. [10점]

08 다음은 손해보험계약의 법적 특성이다. 각 특성에 대하여 서술하시오. [15점]

> ○ 유상계약성 :
> ○ 쌍무계약성 :
> ○ 상행위성 :
> ○ 최고선의성 :
> ○ 계속계약성 :

09 작물특정 및 시설종합위험 인삼손해보장방식의 해가림시설에 관한 내용이다. 다음 물음에 답하시오(단, A시설과 B시설은 별개 계약임). [15점]

시 설	시설유형	재배면적	시설년도	가입시기
A시설	목재B형	3,000m²	2017년 4월	2022년 10월
B시설	07-철인-A-2형	1,250m²	2014년 5월	2022년 11월

물음 1) A시설의 보험가입금액의 계산과정과 값(원)을 쓰시오. [7점]

물음 2) B시설의 보험가입금액의 계산과정과 값(원)을 쓰시오. [8점]

10 종합위험 밭작물(생산비보장) 고추 품목의 인수제한 목적물에 대한 내용이다. 다음 각 농지별 보험가입 가능 여부를 "가능" 또는 "불가능"으로 쓰고, 불가능한 농지는 그 사유를 쓰시오. [15점]

> ○ A농지 : 고추 정식 5개월 전 인삼을 재배하는 농지로, 가입금액 300만원으로 가입 신청 (①)
> ○ B농지 : 직파하고 재식밀도가 1,000m²당 1,500주로 가입 신청 (②)
> ○ C농지 : 해당 연도 5월 1일 터널재배로 정식하여 풋고추 형태로 판매하기 위해 재배하는 농지로 가입 신청 (③)
> ○ D농지 : 군사시설보험구역 중 군사시설의 최외곽 경계선으로부터 200미터 내의 농지이나, 통상적인 영농활동이나 손해평가가 가능한 보험가입금액이 200만원인 시설재배 농지로 가입 신청 (④)
> ○ E농지 : m²당 2주의 재식밀도로 4월 30일 노지재배로 식재하고 가입 신청 (⑤)

11 종합위험 수확감소보장에서 '감자'(봄재배, 가을재배, 고랭지재배) 품목의 병·해충등급별 인정비율이 90%에 해당하는 병·해충을 5개 쓰시오. [5점]

12 적과전 종합위험방식 '떫은감' 품목이 적과종료일 이후 태풍피해를 입었다. 다음 조건을 참조하여 물음에 답하시오(단, 주어진 조건외 다른 사항은 고려하지 않음). [5점]

○ 조건

조사대상주수	총표본주의 낙엽수 합계	표본주수
550주	120개	12주

※ 모든 표본주의 각 결과지(신초, 1년생 가지)당 착엽수와 낙엽수의 합계 : 10개

물음 1) 낙엽률의 계산과정과 값(%)을 쓰시오. [2점]

물음 2) 낙엽률에 따른 인정피해율의 계산과정과 값(%)을 쓰시오(단, 인정피해율(%)은 소수점 셋째자리에서 반올림. 예시 : 12.345% → 12.35%로 기재). [3점]

13 종합위험 생산비보장방식 '브로콜리'에 관한 내용이다. 보험금 지급사유에 해당하며, 아래 조건을 참조하여 보험금의 계산과정과 값(원)을 쓰시오(단, 주어진 조건외 다른 사항은 고려하지 않음). [5점]

○ 조건 1

보험가입금액	자기부담비율
15,000,000원	3%

○ 조건 2

실제경작면적 (재배면적)	피해면적	정식일로부터 사고발생일까지 경과일수
1,000m^2	600m^2	65일

※ 수확기 이전에 보험사고가 발생하였고, 기발생 생산비보장보험금은 없음

○ 조건 3
• 피해 조사결과

정 상	50%형 피해송이	80%형 피해송이	100%형 피해송이
22개	30개	15개	33개

14 종합위험 수확감소보장방식 '유자'(동일 품종, 동일 수령) 품목에 관한 내용으로 수확개시전 수확량조사를 실시하였다. 보험금 지급사유에 해당하며, 아래의 조건을 참조하여 보험금의 계산과정과 값(원)을 쓰시오(단, 주어진 조건외 다른 사항은 고려하지 않음). [5점]

○ 조건 1

보험가입금액	평년수확량	자기부담비율	미보상비율
20,000,000원	8,000kg	20%	10%

○ 조건 2

조사대상주수	고사주수	미보상주수	표본주수	총표본주의 착과량
370주	10주	20주	8주	160kg

○ 조건 3
  • 착과피해 조사결과

정상과	50%형 피해과실	80%형 피해과실	100%형 피해과실
30개	20개	20개	30개

15 종합위험 수확감소보장 밭작물(마늘, 양배추) 상품에 관한 내용이다. 보험금 지급사유에 해당하며, 아래의 조건을 참조하여 다음 물음에 답하시오. [5점]

○ 조건

품 목	재배지역	보험가입금액	보험가입면적	자기부담비율
마 늘	의 성	3,000,000원	1,000m^2	20%
양배추	제 주	2,000,000원	2,000m^2	10%

물음 1) '마늘'의 재파종 전조사 결과는 1a당 출현주수 2,400주이고, 재파종 후조사 결과는 1a당 출현주수 3,100주로 조사되었다. 재파종보험금(원)을 구하시오. [3점]

물음 2) '양배추'의 재정식 전조사 결과는 피해면적 500m2이고, 재정식 후조사 결과는 재정식면적 500m2으로 조사되었다. 재정식보험금(원)을 구하시오. [2점]

16 다음은 가축재해보험에 관한 내용이다. 다음 물음에 답하시오. [15점]

물음 1) 가축재해보험에서 모든 부문 축종에 적용되는 보험계약자 등의 계약 전·후 알릴 의무와 관련한 내용의 일부분이다. 다음 (   )에 들어갈 내용을 쓰시오. [5점]

[계약전 알릴의무]

계약자, 피보험자 또는 이들의 대리인은 보험계약을 청약할 때 청약서에서 질문한 사항에 대하여 알고 있는 사실을 반드시 사실대로 알려야 할 의무이다. 보험계약자 또는 피보험자가 고의 또는 중대한 과실로 계약전 알릴의무를 이행하지 않은 경우에 보험자는 그 사실을 안 날로부터 (①)월 내에, 계약을 체결한 날로부터 (②)년 내에 한하여 계약을 해지할 수 있다. 그러나 보험자가 계약 당시에 그 사실을 알았거나 중대한 과실로 인하여 알지 못한 때에는 그러하지 아니하다.

[계약후 알릴의무]

○ 보험목적 또는 보험목적 수용장소로부터 반경 (③)km 이내 지역에서 가축전염병 발생(전염병으로 의심되는 질환 포함) 또는 원인 모를 질병으로 집단 폐사가 이루어진 경우

○ 보험의 목적 또는 보험의 목적을 수용하는 건물의 구조를 변경, 개축, 증축하거나 계속하여 (④) 일 이상 수선할 때

○ 보험의 목적 또는 보험의 목적이 들어 있는 건물을 계속하여 (⑤)일 이상 비워두거나 휴업하는 경우

물음 2) 가축재해보험 소에 관한 내용이다. 다음 조건을 참조하여 한우(수컷)의 지급보험금(원)을 쓰시오 (단, 주어진 조건외 다른 사항은 고려하지 않음). [10점]

[조건]
• 보험목적물 : 한우(수컷, 2021. 4. 1. 출생)
• 가입금액 : 6,500,000원, 자기부담비율 : 20%, 중복보험 없음
• 사고일 : 2023. 7. 3.(경추골절의 부상으로 긴급도축)
• 보험금 청구일 : 2023. 8. 1.
• 이용물처분액 : 800,000원(도축장발행 정산자료의 지육금액)
• 2023년 한우(수컷) 월별 산지가격 동향

구 분	4월	5월	6월	7월	8월
350kg	3,500,000원	3,220,000원	3,150,000원	3,590,000원	3,600,000원
600kg	3,780,000원	3,600,000원	3,654,000원	2,980,000원	3,200,000원

17 종합위험 시설작물 손해평가 및 보험금 산정에 관하여 다음 물음에 답하시오. [15점]

물음 1) 농업용 시설물 감가율과 관련하여 아래 (　　)에 들어갈 내용을 쓰시오. [5점]

고정식 하우스			
구 분		내용연수	경년감가율
구조체	단동하우스	10년	(①)%
	연동하우스	15년	(②)%
피복재	장수 PE	(③)년	(④)% 고정감가
	장기성 Po	5년	(⑤)%

물음 2) 다음은 원예시설 작물 중 '쑥갓'에 관련된 내용이다. 아래의 조건을 참조하여 생산비보장보험금(원)을 구하시오(단, 아래 제시된 조건 이외의 다른 사항은 고려하지 않음). [10점]

○ 조건

품 목	보험가입금액	피해면적	재배면적	손해정도	보장생산비
쑥 갓	2,600,000원	500m²	1,000m²	50%	2,600원/m²

• 보상하는 재해로 보험금 지급사유에 해당(1사고, 1동, 기상특보재해)
• 구조체 및 부대시설 피해 없음
• 수확기 이전 사고이며, 생장일수는 25일
• 중복보험은 없음

18 종합위험 수확감소보장방식 '논작물'에 관한 내용으로 보험금 지급사유에 해당하며, 아래 물음에 답하시오(단, 주어진 조건외 다른 사항은 고려하지 않음). [15점]

물음 1) 종합위험 수확감소보장방식 논작물(조사료용 벼)에 관한 내용이다. 다음 조건을 참조하여 경작불능보험금의 계산식과 값(원)을 쓰시오. [3점]

○ 조건

보험가입금액	보장비율	사고발생일
10,000,000원	계약자는 최대 보장비율 가입조건에 해당되어 이를 선택하여 보험가입을 하였다.	7월 15일

물음 2) 종합위험 수확감소보장방식 논작물(벼)에 관한 내용이다. 다음 조건을 참조하여 표본조사에 따른 수확량감소보험금의 계산과정과 값(원)을 쓰시오(단, 표본구간 조사시 산출된 유효중량은 g단위로 소수점 첫째자리에서 반올림. 예시 : 123.4g → 123g, 피해율은 %단위로 소수점 셋째자리에서 반올림. 예시 : 12.345% → 12.35%로 기재). [6점]

○ 조건 1

보험가입금액	가입면적 (실제경작면적)	자기부담비율	평년수확량	품 종
10,000,000원	3,000m²	10%	1,500kg	메 벼

○ 조건 2

기수확면적	표본구간면적 합계	표본구간작물중량 합계	함수율	미보상비율
500m²	1.3m²	400g	22%	20%

물음 3) 종합위험 수확감소보장방식 논작물(벼)에 관한 내용이다. 다음 조건은 참조하여 전수조사에 따른 수확량감소보험금의 계산과정과 값(원)을 쓰시오(단, 조사대상면적 수확량과 미보상감수량은 kg단위로 소수점 첫째자리에서 반올림. 예시 : 123.4kg → 123kg, 단위면적당 평년수확량은 소수점 첫째자리까지 kg단위로 기재, 피해율은 %단위로 소수점 셋째자리에서 반올림. 예시 : 12.345% → 12.35%로 기재). [6점]

○ 조건 1

보험가입금액	가입면적 (실제경작면적)	자기부담비율	평년수확량	품 종
10,000,000원	3,000m²	10%	1,500kg	찰 벼

○ 조건 2

고사면적	기수확면적	작물중량 합계	함수율	미보상비율
300m²	300m²	540kg	18%	10%

19 종합위험 수확감소보장 밭작물 '옥수수' 품목에 관한 내용이다. 보험금 지급사유에 해당하며, 아래의 조건을 참조하여 물음에 답하시오(단, 주어진 조건외 다른 사항은 고려하지 않음).

[15점]

○ 조건

품 종	보험가입금액	보험가입면적	표준수확량	
대학찰(연농2호)	20,000,000원	8,000m^2	2,000kg	
가입가격	재식시기지수	재식밀도지수	자기부담비율	표본구간 면적합계
2,000원/kg	1	1	10%	16m^2

면적조사 결과			
조사대상면적	고사면적	타작물면적	기수확면적
7,000m^2	500m^2	200m^2	300m^2

표본구간내 수확한 옥수수				
착립장 길이 (13cm)	착립장 길이 (14cm)	착립장 길이 (15cm)	착립장 길이 (16cm)	착립장 길이 (17cm)
8개	10개	5개	9개	2개

물음 1) 피해수확량의 계산과정과 값(kg)을 쓰시오.   [5점]

물음 2) 손해액의 계산과정과 값(원)을 쓰시오.   [5점]

물음 3) 수확감소보험금의 계산과정과 값(원)을 쓰시오.   [5점]

20 수확전 과실손해보장방식 '복분자' 품목에 관한 내용이다. 다음 물음에 답하시오. [15점]

물음 1) 아래 표는 복분자의 과실손해보험금 산정시 수확일자별 잔여수확량 비율(%)을 구하는 식이다. 다음 ( )에 들어갈 계산식을 쓰시오. [10점]

사고일자	경과비율(%)
6월 1일~7일	(①)
6월 8일~20일	(②)

물음 2) 아래 조건을 참조하여 과실손해보험금(원)을 구하시오(단, 피해율은 %단위로 소수점 셋째자리에서 반올림. 예시 : 12.345% → 12.35%로 기재, 주어진 조건외 다른 사항은 고려하지 않음). [5점]

○ 조건

품 목	보험가입금액	가입포기수	자기부담비율	평년결과모지수
복분자	5,000,000원	1,800포기	20%	7개

사고 일자	사고 원인	표본구간 살아있는 결과모지수 합계	표본조사 결과		표본 구간수	비보상 비율
			전체 결실수	수정불량 결실수		
4월 10일	냉해	250개	400개	200개	10	20%

'이봐, 해보기나 했어?'

– 故 정주영 회장 –

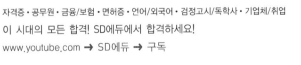

손해평가사 2차 시험문제

손해평가사 2차 시험문제

농작물재해보험 이론과 실무

※ 단답형 문제에 답하시오. (1 ~ 5번 문제)

01 농작물재해보험 업무방법에서 정하는 용어를 순서대로 답란에 쓰시오. [5점]

> ○ (   ) : 영양조건, 기간, 기온, 일조시간 등 필요조건이 다차서 꽃눈이 형성되는 현상
>
> ○ (   ) : 가입수확량 산정 및 적과종료전 보험사고시 감수량 산정의 기준이 되는 수확량
>
> ○ (   ) : 햇가지가 1~2mm 정도 자라기 시작하는 현상
>
> ○ (   ) : 보장하는 재해 이외의 원인으로 수확량이 감소되었다고 평가되는 부분을 말하며, 계약
> 당시 이미 발생한 피해, 병해충으로 인한 피해 및 제초상태 불량 등으로 인한 수확감소량
> 으로서 피해율 산정시 감수량에서 제외되는 것
>
> ○ (   ) : 보험의 목적에 대한 피보험이익을 금전으로 평가한 금액 또는 보험의 목적에 발생할 수
> 있는 최대 손해액

정답

<u>꽃눈 분화</u>, <u>평년착과량</u>, <u>신초 발아</u>, <u>미보상감수량</u>, <u>보험가액</u>

해설

- **꽃눈 분화** : 영양조건, 기간, 기온, 일조시간 등 필요조건이 다차서 꽃눈이 형성되는 현상을 말한다.
- **평년착과량** : 가입수확량 산정 및 적과종료전 보험사고시 감수량 산정의 기준이 되는 수확량으로, 해당 과수원의 과거 적과후착과량 조사자료를 감안하여 산출한다.
- **신초 발아** : 신초(新梢, 햇가지)가 1~2mm 정도 자라기 시작하는 현상을 말한다.
- **미보상감수량** : 보장하는 재해 이외의 원인으로 수확량이 감소되었다고 평가되는 부분을 말하며, 계약 당시 이미 발생한 피해나 병해충으로 인한 피해 및 제초상태 불량 등으로 인한 수확감소량으로서 피해율 산정시 감수량에서 제외한다.
- **보험가액** : 농작물재해보험에 있어 피보험이익을 금전으로 평가한 금액으로 보험의 목적에 발생할 수 있는 최대 손해액을 말한다. 회사가 실제 지급하는 보험금은 보험가액을 초과할 수 없다.

02 다음 종합위험보장 상품의 보험가입자격 및 기준으로 (   )의 내용을 순서대로 쓰시오.

[5점] 기출수정

○ 콩 : 개별 농지당 최저 보험가입금액은 (   ) 이상
○ 고구마 : 개별 농지당 최저 보험가입금액은 (   ) 이상
○ 가을감자 : 개별 농지당 최저 보험가입금액은 (   ) 이상
○ 차 : 개별 농지당 최저 보험가입면적은 (   ) 이상
○ 옥수수 : 개별 농지당 최저 보험가입금액은 (   ) 이상

정답

• 콩 : <u>100만원</u>
• 고구마 : <u>200만원</u>
• 가을감자 : <u>200만원</u>
• 차 : <u>1,000m²</u>
• 옥수수 : <u>100만원</u>

03 종합위험보장 벼 상품 및 업무방법에서 정하는 용어를 순서대로 답란에 쓰시오.

[5점] 기출수정

○ (   ) : 못자리 등에서 기른 모를 농지로 옮겨 심는 일
○ (   ) : 물이 있는 논에 종자를 파종하는 방법
○ (   ) : 벼(조곡)의 이삭이 줄기 밖으로 자란 상태
○ (   ) : 개간, 복토 등을 통해 논으로 변경한 농지
○ (   ) : 자연현상으로 인하여 간석지 등 연안지대에 바닷물의 유입으로 발생하는 피해

정답

<u>이앙</u>, <u>직파(담수점파)</u>, <u>출수</u>, <u>전환지</u>, <u>조해(潮害)</u>

04 다음 적과전 종합위험방식 Ⅱ 과수 품목별 보험가입이 가능한 주수의 합을 구하시오.

[5점] 기출수정

구 분	재배형태	가입하는 해의 수령	주 수
사 과	밀식재배	2년	200주
배	–	3년	250주
단 감	–	4년	180주
떫은감	–	5년	260주
사 과	일반재배	6년	195주

정답

705주

해설

가입하는 해의 나무의 수령(나이)이 다음 기준 미만인 경우 보험가입이 제한된다.
• 사과 : 밀식재배 3년, 반밀식재배 4년, 일반재배 5년
• 배 : 3년
• 단감·떫은감 : 5년
따라서, 보험가입이 가능한 품목은 배, 떫은감, 사과(일반재배)이므로,
∴ 주수의 합 = 250주 + 260주 + 195주 = **705주**

05 다음 농작물재해보험의 청약철회 기준에 관한 설명 중 괄호 안에 들어갈 내용을 순서대로 답란에 쓰시오. [5점]

청약철회는 보험증권을 받은 날부터 (　　)일 이내에서 그 청약을 철회할 수 있다. 다만, (　　)로부터 (　　)일을 초과한 경우에는 청약을 철회할 수 없다.

정답

※ 본 문제는 농작물재해보험의 일반적인 개념문제로 출제 당시 2017년 업무방법서에 따라 서술하였다.

15, 청약을 한 날, 30

해설

청약철회 기준

청약철회는 보험증권을 받은 날부터 (**15**)일(계약을 체결할 때 15일보다 긴 기간을 약정한 경우에는 그 기간) 이내에서 그 청약을 철회할 수 있다. 다만, (**청약을 한 날**)로부터 (**30**)일을 초과한 경우에는 청약을 철회할 수 없으며, 법인은 청약철회가 불가하다.

06 다음은 보험가입 거절 사례이다. 농작물재해보험 가입이 거절된 사유를 보험가입자격과 인수제한 과수원 기준으로 모두 서술하시오. [15점] 기출수정

> 2013년 A씨는 아내와 경북 ○○시로 귀농하여 B씨 소유의 농지를 아내명의로 임차하였다. 해당 농지는 하천에 소재하는 면적 990㎡의 과수원으로 2015년 태풍으로 제방과 둑이 유실되어 2019년 현재 복구되지 않은 상태이다. A씨는 2017년 4월 반밀식재배방식으로 사과 1년생 묘목 300주를 가식한 후 2019년 3월 농작물재해보험 적과전 종합위험방식Ⅱ로 가입하려 한다. 실제 경작은 A씨 본인이 하지만 보험계약자를 서울에서 직장생활하는 아들 명의로 요청하였다.

정답

※ 본 문제는 2020년 개정된 업무방법서에 따라 서술하였다.

1. **보험가입자격 기준**
   보험가입자격 기준은 농업인 및 임차농 여부와 관계없이 국내에서 보험대상 농작물을 통상의 영농방법으로 실제 경작하는 주된 경작자이어야 하며, 보험계약자를 주된 경작자가 아닌 가족 등의 명의로 할 수 없다. 따라서 보험계약자를 서울에서 직장생활하는 아들 명의로 요청하였기 때문에 거절 사유에 해당된다.

2. **인수제한 과수원 기준**
   적과전 종합위험방식Ⅱ 농작물재해보험 가입할 때 사과 품목의 경우 나무의 수령이 반밀식재배시 4년 미만인 경우 인수제한 과수원에 해당된다. 또한, A씨가 임차한 농지는 태풍으로 제방과 둑이 유실되었고, 실질적으로 하천부지에 소재한 과수원으로 이 경우에도 인수제한 과수원에 해당하며, 과수원에 식재한 사과나무는 가식되어 있는 상태로 역시 인수제한 과수원에 해당한다.

해설

농작물재해보험 적과전 종합위험방식Ⅱ 과수 품목(사과, 배, 단감 · 떫은감)
(1) 보험가입자격
   ① 「농어업경영체 육성 및 지원에 관한 법률」 제4조에 따른 농업경영체로 등록한 자(농업인, 농업법인)로서 농업인 및 임차농 여부와 관계없이 국내에서 보험대상 농작물을 통상의 영농방법으로 실제 경작하는 주된 경작자
      • 계약자를 주된 경작자가 아닌 가족 등의 명의로 할 수 없다.
      • 과수원을 다른 사람에게 임대한 경우에 임차농은 보험에 가입할 수 있지만, 과수원 소유자는 가입할 수 없다.
   ② 법인, 외국인, 미성년자, 피한정후견인, 피성년후견인의 보험가입
      미성년자, 피한정후견인은 법정대리인(친권자, 후견인)의 동의 또는 대리가 있어야 하며, 피성년후견인은 법정대리인이 대리하여야 한다.

(2) 인수제한 목적물
   ① 보험가입금액이 200만원 미만인 과수원
   ② 가입하는 해의 나무 수령(나이)이 다음 기준 미만인 경우
      • 사과 : 밀식재배 3년, 반밀식재배 4년, 일반재배 5년
      • 배 : 3년
      • 단감 · 떫은감 : 5년
   ③ 품목이 혼식된 과수원(다만, 주력 품목의 결과주수가 90% 이상인 과수원은 해당 품목에 한하여 가입 가능)

④ 전정, 비배관리 잘못 또는 품종갱신 등의 이유로 수확량이 현저하게 감소할 것이 예상되는 과수원

⑤ 시험연구를 위해 재배되는 과수원

⑥ 하나의 과수원에 식재된 나무 중 일부 나무만 가입하는 과수원

⑦ 통상적인 영농활동(병충해방제, 시비관리, 전지·전정, 적과 등)을 하지 않는 과수원

⑧ 하천부지 및 상습침수 지역에 소재한 과수원

⑨ 판매를 목적으로 경작하지 않는 과수원

⑩ 가식(假植)되어 있는 과수원

⑪ 보험가입 이전에 자연재해 등의 피해로 인하여 당해 연도의 정상적인 결실에 영향이 있는 과수원

⑫ 가입사무소 또는 계약자를 달리하여 중복 가입하는 과수원

⑬ 도서지역의 경우 연륙교가 설치되어 있지 않고 정기선이 운항하지 않는 등 신속한 손해평가가 불가능한 지역에 소재한 과수

⑭ 도시계획 등에 편입되어 수확종료 전에 소유권 변동 또는 과수원 형질변경 등이 예정되어 있는 과수원

⑮ 기타 인수가 부적절한 과수원

07 다음 상품에 해당하는 보장방식을 보기에서 모두 선택하고 보장종료일을 (예)와 같이 서술하시오.

[15점]

> (예) 양파 : 수확감소보장 – 이듬해 수확기종료 시점(단, 6월 30을 초과할 수 없음)
>   경작불능보장 – 이듬해 수확개시 시점

─〈보기〉─

수확감소보장, 생산비보장, 경작불능보장, 과실손해보장, 재파종보장

옥수수	
마 늘	
고구마	
차	
복분자	

옥수수	① 수확감소보장 – 수확기종료 시점(단, 판매개시연도 9월 30일을 초과할 수 없음) ② 경작불능보장 – 수확개시 시점
마 늘	① 수확감소보장 – 수확기종료 시점(단, 이듬해 6월 30일을 초과할 수 없음) ② 경작불능보장 – 수확개시 시점 ③ 재파종보장 – 판매개시연도 10월 31일
고구마	① 수확감소보장 – 수확기종료 시점(단, 판매개시연도 10월 31일을 초과할 수 없음) ② 경작불능보장 – 수확개시 시점
차	수확감소보장 – 햇차 수확기종료 시점(단, 이듬해 5월 10일을 초과할 수 없음)
복분자	① 경작불능보장 – 수확개시 시점(단, 이듬해 5월 31일을 초과할 수 없음) ② 과실손해보장 　• 수확개시전 – 이듬해 5월 31일 　• 수확개시후 – 이듬해 수확기종료 시점(단, 이듬해 6월 20일을 초과할 수 없음)

08 종합위험방식 원예시설 업무방법에서 정하는 잔가율에 관하여 서술하시오. [15점]

정답

※ 본 문제는 출제 당시 2017년 업무방법서에 따라 서술하였다.

잔가율
① 유형고정자산의 내용연수 만료시에 있어서의 잔존가액의 재조달가액에 대한 비율로 보통 10~20% 정도로 정하는데 하우스의 경우 20%를 적용한다.
② 내용연수가 경과한 경우라도 현재 정상 사용 중에 있는 하우스는 당해 목적물의 경제성을 고려하여 최대 30%로 수정한다.
③ 고정식하우스의 경우 보험가입전 5년 이내 구조체의 20% 이상을 교체하는 개보수가 이루어진 경우에는 그 경과연수와 관계없이 현재가액을 재조달가액의 50%까지 수정하여 평가할 수 있다.

기출수정 최근 개정된 이론서(2024년 3월 기준)에 따른 기출수정 문제

> ## 08 작물특정 및 시설종합위험 인삼손해보장방식 해가림시설에서 정하는 잔가율에 관하여 서술하시오. [15점]
>
> **정답**
>
> 잔가율
> 잔가율 20%와 자체 유형별 내용연수를 기준으로 경년감가율을 산출하였고, 내용연수가 경과한 경우라도 현재 정상 사용 중에 있는 시설을 당해 목적물의 경제성을 고려하여 잔가율을 최대 30%로 수정할 수 있다.

09 농작물재해보험 업무방법에서 정하는 적과전 종합위험방식 Ⅱ 과수 상품의 보상하지 않는 손해에 관하여 서술하시오(단, 적과종료 이후에 한함). [15점] 기출수정

정답

적과종료 이후에 보상하지 않는 손해
① 계약자, 피보험자 또는 이들의 법정대리인의 고의 또는 중대한 과실로 생긴 손해
② 수확기에 계약자 또는 피보험자의 고의 또는 중대한 과실로 수확하지 못하여 발생한 손해
③ 제초작업, 시비관리 등 통상적인 영농활동을 하지 않아 발생한 손해
④ 원인의 직·간접을 묻지 아니하고 병해충으로 발생한 손해
⑤ 보상하지 않는 재해로 제방, 댐 등이 붕괴되어 발생한 손해
⑥ 최대 순간풍속 14m/sec 미만의 바람으로 발생한 손해
⑦ 보상하는 자연재해로 인하여 발생한 동녹(과실에 발생하는 검은 반점 병) 등 간접손해
⑧ 보상하는 손해에 해당하지 않은 재해로 발생한 손해
⑨ 저장한 과실에서 나타나는 손해
⑩ 저장성 약화, 과실경도 약화 등 육안으로 판별되지 않는 손해
⑪ 농업인의 부적절한 잎소지(잎제거)로 인하여 발생한 손해
⑫ 병으로 인해 낙엽이 발생하여 태양광에 과실이 노출됨으로써 발생한 손해
⑬ 「식물방역법」 제36조(방제명령 등)에 의거 금지 병해충인 과수 화상병 발생에 의한 폐원으로 인한 손해 및 정부 및 공공기관의 매립으로 발생한 손해
⑭ 전쟁, 혁명, 내란, 사변, 폭동, 소요, 노동쟁의, 기타 이들과 유사한 사태로 생긴 손해

10 다음 사례를 읽고 농작물재해보험 업무방법에서 정하는 기준에 따라 인수가능 여부와 해당 사유를 서술하시오. [15점]

> A씨는 ○○시에서 6년전 간척된 △△리 1번지(본인소유 농지 4,200m²)와 4년전 간척된 △△리 100번지(임차한 농지 1,000m², △△리 1번지와 인접한 농지)에 벼를 경작하고 있다. 최근 3년 연속으로 ○○시에 집중호우가 내려 호우경보가 발령되었고, A씨가 경작하고 있는 농지(△△리 1번지, △△리 100번지)에도 매년 침수피해가 발생하였다. 이에 A씨는 농작물재해보험에 가입하고자 가입금액을 산출한 결과 △△리 1번지 농지는 180만원, △△리 100번지 농지는 50만원이 산출되었다.

(1) 인수가능 여부 :

(2) 해당 사유 :

(1) 인수가능 여부

△△리 1번지 농지는 인수가능하지만, △△리 100번지 농지는 인수불가능하다.

(2) 해당 사유

① 보험계약인수 단위는 개별 농지당 가입금액은 50만원 이상이어야 하므로, △△리 1번지 농지와 △△리 100번지 농지는 인수가능하다.

② 최근 3년 연속 침수피해를 입은 농지는 인수제한되지만, 호우주의보 및 호우경보 등 기상특보에 해당되는 재해로 피해를 입은 경우는 제외하기 때문에 인수가능하다.

③ 그런데 최근 5년 이내에 간척된 농지는 인수제한 농지에 해당되므로 4년전 간척된 △△리 100번지 농지는 인수제한된다.

④ 또한, 출제 당시 업무방법서에는 '농가당 농지의 가입금액 합계가 200만원 이상이어야 한다'는 조건이 있어 △△리 1번지 농지도 보험가입이 불가능하였다. 그런데 2024년 3월 기준 이론서에는 **개별 농지당 가입금액은 50만원 이상이면 가입가능하게 되어** 결과적으로 △△리 1번지 농지는 보험인수가 가능하게 되었다.

논작물(벼)의 보험가입 기준 및 인수제한 목적물

(1) 보험가입 기준

① 개별 농지당 최저 보험가입금액은 50만원 이상이다.

② 다만, 가입금액 50만원 미만의 농지라도 인접농지의 면적과 합하여 50만원 이상이 되면 통합하여 하나의 농지로 가입할 수 있다. 통합하는 농지의 개수 제한은 없으나, 가입 후 농지를 분리할 수 없다.

(2) 인수제한 목적물

① 보험가입금액이 50만원 미만인 농지(조사료용 벼는 제외)

② 하천부지에 소재한 농지

③ 최근 3년 연속 침수피해를 입은 농지(다만, 호우주의보 및 호우경보 등 기상특보에 해당되는 재해로 피해를 입은 경우는 제외함)

④ 오염 및 훼손 등의 피해를 입어 복구가 완전히 이루어지지 않은 농지

⑤ 최근 5년 이내에 간척된 농지

⑥ 밭벼를 재배하는 농지

⑦ 농업용지가 다른 용도로 전용되어 수용예정농지로 결정된 농지

⑧ 보험가입전 벼의 피해가 확인된 농지

⑨ 통상적인 재배 및 영농활동을 하지 않는 농지

⑩ 보험목적물을 수확하여 판매를 목적으로 경작하지 않는 농지(채종농지 등)

⑪ 전환지(개간, 복토 등을 통해 논으로 변경한 농지), 휴경지 등 농지로 변경하여 경작한지 3년 이내인 농지

⑫ 기타 인수가 부적절한 농지

※ 단답형 문제에 답하시오. (11 ~ 15번 문제)

11 다음은 농작물재해보험 업무방법에서 정하는 손해평가 업무 절차상 손해평가반 구성 및 손해평가 일정계획 수립에 관한 내용이다. 괄호에 알맞은 내용을 답란에 쓰시오. [5점] 기출수정

> 재해보험사업자 등은 사고 접수가 된 계약에 대하여 (   ), (   ), (   ) 등에 따라 조사종류를 결정하고, 이에 따른 손해평가반 구성 및 손해평가 일정을 수립한다.

정답

품목, 생육시기, 재해종류

해설

손해평가반 구성 및 손해평가 일정계획 수립
재해보험사업자 등은 사고 접수가 된 계약에 대하여 (**품목**), (**생육시기**), (**재해종류**) 등에 따라 조사종류를 결정하고, 이에 따라 손해평가반 구성 및 손해평가 일정을 수립한다.
① 손해평가반은 손해평가인, 손해사정사, 손해평가사에 해당하는 자를 1인 이상 포함하여 5인 이내로 구성한다.
② 손해평가 일정은 손해평가반별로 수립한다.
③ 다음의 어느 하나에 해당하는 손해평가에 대하여는 해당자를 손해평가반 구성에서 배제하여야 한다.
　가. 자기 또는 자기와 생계를 같이하는 친족(이하 "이해관계자"라 한다)이 가입한 보험계약에 관한 손해평가
　나. 자기 또는 이해관계자가 모집한 보험계약에 관한 손해평가
　다. 직전 손해평가일로부터 30일 이내의 보험가입자간 상호 손해평가
　라. 자기가 실시한 손해평가에 대한 검증조사 및 재조사

12 A과수원의 종합위험방식 복숭아 품목의 과중조사를 실시하고자 한다. 다음 조건을 이용하여 과중조사 횟수, 최소 표본주수 및 최소 추출과실개수를 답란에 쓰시오. [5점]

> ─〈조건〉──────────
> ○ A과수원의 품종은 4종이다.
> ○ 각 품종별 수확시기는 다르다.
> ○ 최소 표본주수는 회차별 표본주수의 합계로 본다.
> ○ 최소 추출과실개수는 회차별 추출과실개수의 합계로 본다.
> ○ 위 조건외 단서조항은 고려하지 않는다.

① 과중조사 횟수 : <u>4회</u>
② 최소 표본주수 : <u>12주수</u>
③ 최소 추출과실개수 : <u>80개</u>

농지에서 품종별로 착과가 평균적인 3주 이상의 표본주에서 크기가 평균적인 과실을 품종별 20개 이상(포도는 농지당 30개 이상, 복숭아·자두는 농지당 60개 이상) 추출하여 품종별 과실 개수와 무게를 조사한다.
① A과수원의 품종은 4종이므로, 과중조사 횟수는 **4회** 실시한다.
② 최소 표본주수는 회차별 표본주수의 합계로 하므로, 4 × 3주 = **12주수**
③ 품종별 20개 이상(농지별 60개 이상) 추출하므로, 최소 추출과실개수는 4 × 20개 = **80개**

13 종합위험방식 과수 품목별 피해인정계수를 다음 (예)와 같이 빈칸에 쓰시오. [5점] 기출수정

(예)	복숭아	정상과(0)	50%(0.5)	80%(0.8)	피해과(1)	병충해(0.5)

참다래				
포 도				
밤				

참다래	정상과(0)	50%(0.5)	80%(0.8)	피해과(1)
포 도	정상과(0)	50%(0.5)	80%(0.8)	피해과(1)
밤	정상과(0)	50%(0.5)	80%(0.8)	피해과(1)

과실 분류에 따른 피해인정계수(복숭아 외)

과실의 분류	피해인정계수	비 고
정상과	0	피해가 없거나 경미한 과실
50%형 피해과실	0.5	일반시장에 출하할 때 정상과실에 비해 50% 정도의 가격하락이 예상되는 품질의 과실(단, 가공공장 공급 및 판매 여부와 무관)
80%형 피해과실	0.8	일반시장 출하가 불가능하나 가공용으로 공급될 수 있는 품질의 과실(단, 가공공장 공급 및 판매 여부와 무관)
100%형 피해과실	1.0	일반시장 출하가 불가능하고 가공용으로도 공급될 수 없는 품질의 과실

14 다음은 농작물재해보험 업무방법에서 정하는 농작물의 손해평가와 관련한 내용이다. 괄호에 알맞은 내용을 답란에 순서대로 쓰시오. [5점]

> ○ 인삼 품목의 수확량을 산출할 경우 기초자료인 칸넓이 산정은 두둑폭과 고랑폭을 더한 합계에
> ( )을/를 곱하여 산출한다.
> ○ 매실 품목의 경우 적정 수확시기 이전에 수확하는 경우에는 품종별로 과실 ( )을/를 조사한다.
> ○ 복분자의 피해율은 ( )을/를 ( )로/으로 나누어 산출한다.

[정답]

지주목간격, 비대추정지수, 고사결과모지수, 평년결과모지수

[해설]

- 인삼 품목의 수확량을 산출할 경우 기초자료인 칸넓이 산정은 두둑폭과 고랑폭을 더한 합계에 (**지주목간격**)을 곱하여 산출한다.
  ※ 칸 넓이 = 지주목간격 × (두둑폭 + 고랑폭)
- 매실 품목의 경우 적정 수확시기 이전에 수확하는 경우에는 품종별로 과실 (**비대추정지수**)를 조사한다.
  ※ 표본주 착과무게 = 조사착과량 × 품종별 비대추정지수(매실) × 2(절반조사시)
- 복분자의 피해율은 (**고사결과모지수**)를 (**평년결과모지수**)로 나누어 산출하며, 고사결과모지수는 종합위험 과실손해조사와 특정위험 과실손해조사를 통해 계산된 고사결과모지수를 합하여 산출한다.

15 다음은 농작물재해보험 업무방법에서 정하는 종합위험방식 밭작물 품목별 수확량조사 적기에 관한 내용이다. 괄호에 알맞은 내용을 답란에 순서대로 쓰시오. [5점]

> ○ 고구마 : ( )로/으로부터 120일 이후에 농지별로 조사
> ○ 감자(고랭지재배) : ( )로/으로부터 110일 이후 농지별로 조사
> ○ 마늘 : ( )와/과 ( )이/가 1/2~2/3 황변하여 말랐을 때와 해당 지역에 통상 수확기가 도래하
> 였을 때 농지별로 조사
> ○ 옥수수 : ( )이/가 나온 후 25일 이후 농지별로 조사

[정답]

삽식일, 파종일, 잎, 줄기, 수염

품목별 수확량조사 적기

품 목	수확량조사 적기
양 파	양파의 비대가 종료된 시점(식물체의 도복이 완료된 때)
마 늘	마늘의 비대가 종료된 시점(잎과 줄기가 1/2~2/3 황변하여 말랐을 때와 해당 지역의 통상 수확기가 도래하였을 때)
고구마	고구마의 비대가 종료된 시점(삽식일로부터 120일 이후에 농지별로 적용)
감 자 (고랭지재배)	감자의 비대가 종료된 시점(파종일로부터 110일 이후)
감 자 (봄재배)	감자의 비대가 종료된 시점(파종일로부터 95일 이후)
감 자 (가을재배)	감자의 비대가 종료된 시점(파종일로부터 제주지역은 110일 이후, 이외 지역은 95일 이후)
옥수수	옥수수의 수확적기(수염이 나온 후 25일 이후)
차(茶)	조사 가능일 직전[조사 가능일은 대상 농지에 식재된 차나무의 대다수 신초가 1심2엽의 형태를 형성하며 수확이 가능할 정도의 크기(신초장 4.8cm 이상, 엽장 2.8cm 이상, 엽폭 0.9cm 이상)로 자란 시기를 의미하며, 해당 시기가 5월 10일을 초과하는 경우에는 5월 10일을 기준으로 함]
콩	콩의 수확 적기[콩잎이 누렇게 변하여 떨어지고 꼬투리의 80~90% 이상이 고유한 성숙(황색) 색깔로 변하는 시기인 생리적 성숙기로부터 7~14일이 지난 시기]
팥	팥의 수확적기(꼬투리가 70~80% 이상이 성숙한 시기)
양배추	양배추의 수확 적기(결구 형성이 완료된 때)

16 농작물재해보험 업무방법에서 정하는 적과전 종합위험방식(Ⅱ) 과수 품목에 관한 다음 조사방법에 관하여 서술하시오. [15점] 기출수정

피해사실 확인조사	
적과후 착과수조사	
태풍(강풍) 낙엽률조사 (단감, 떫은감)	
우박 착과피해조사	

정답

피해사실확인조사	① 보상하는 재해로 인한 피해 여부 확인 : 기상청 자료 확인 및 현지 방문 등을 통하여 보상하는 재해로 인한 피해가 맞는지 확인한다. 단, 태풍 등과 같이 재해 내용이 명확하거나 사고 접수 후 바로 추가조사가 필요한 경우 등에는 피해사실확인조사를 생략할 수 있다. ② 나무피해 확인 : 고사나무와 수확불능나무를 확인하고, 5종 한정 특약 가입 건에 한해 유실·매몰·도복·절단(1/2)·소실(1/2)·침수로 인한 피해나무를 확인한다. ③ 피해규모 확인 : 조수해 및 화재 등으로 전체 나무 중 일부 나무에만 피해가 발생된 경우 실시하고, 피해대상주수(고사주수, 수확불능주수, 일부피해주수) 확인한다. ④ 추가조사 필요 여부 판단 및 해당 조사 실시 : 재해종류 및 특별약관 가입 여부에 따라 추가 확인 사항을 조사한다.
적과후 착과수조사	① 과수원내 품종·재배방식·수령별 실제결과주수에서 미보상주수, 고사주수, 수확불능주수를 파악한다. ② 품종·재배방식·수령별 실제결과주수에서 미보상주수, 고사주수, 수확불능주수를 빼고 조사대상주수를 계산한다. ③ 조사대상주수 기준으로 품목별 표본주수표에 따라 과수원별 전체 적정표본주수를 산정한다. ④ 적정표본주수는 품종·재배방식·수령별 조사대상주수에 비례하여 배정하며, 품종·재배방식·수령별 적정표본주수의 합은 전체 표본주수보다 크거나 같아야 한다. ⑤ 품종·재배방식·수령별 조사대상주수의 특성이 골고루 반영될 수 있도록 표본주를 선정 후 조사용 리본을 부착하고 조사내용 및 조사자를 기재한다. ⑥ 선정된 표본주의 품종, 수령, 재배방식 및 착과수(착과과실수)를 조사하고, 리본 및 현지조사서에 조사내용을 기재한다. ⑦ 미보상비율 확인 : 보상하는 손해 이외의 원인으로 인해 감소한 과실의 비율을 조사한다.
태풍(강풍) 낙엽률조사 (단감, 떫은감)	① 조사대상주수 기준으로 품목별 표본주수표의 표본주수에 따라 주수를 산정한다. ② 표본주 간격에 따라 표본주를 정하고, 선정된 표본주에 리본을 묶고 동서남북 4곳의 결과지(신초, 1년생 가지)를 무작위로 정하여 각 결과지별로 낙엽수와 착엽수를 조사하여 리본에 기재한 후 낙엽률을 산정한다(낙엽수는 잎이 떨어진 자리를 센다). ③ 사고 당시 착과수에 낙엽률에 따른 인정피해율을 곱하여 해당 감수과실수로 산정한다.

우박 착과피해조사	① 착과피해조사는 착과된 과실에 대한 피해정도를 조사하는 것으로 해당 피해에 대한 확인이 가능한 시기에 실시하며, 대표품종(적과후착과수 기준 60% 이상 품종) 또는 품종별로 각각 실시할 수 있다. ② 착과피해조사에서는 가장 먼저 착과수를 확인하여야 하며, 이때 확인할 착과수는 적과후 착과수조사와는 별개의 조사를 의미한다. 다만, 이전 실시한 착과수조사(이전 착과피해 조사시 실시한 착과수조사 포함)의 착과수와 착과피해조사 시점의 착과수가 큰 차이가 없는 경우에는 별도의 착과수 확인 없이 이전에 실시한 착과수조사 값으로 대체할 수 있다. ③ 착과수 확인은 실제결과주수에서 고사주수, 수확불능주수, 미보상주수 및 수확완료주수를 뺀 조사대상주수를 기준으로 적정표본주수를 산정하며, 이후 조사방법은 위「적과후 착과수조사」방법과 같다. ④ 착과수 확인이 끝나면 수확이 완료되지 않은 품종별로 표본 과실을 추출한다. 이 때 추출하는 표본 과실수는 품종별 1주 이상(과수원당 3주 이상)으로 하며, 추출한 표본 과실을 「과실 분류에 따른 피해인정계수」에 따라 품종별로 정상과, 50%형 피해과, 80%형 피해과, 100%형 피해과로 구분하여 해당 과실 개수를 조사한다(다만, 거대재해 등 필요시에는 해당 기준 표본수의 1/2만 조사도 가능). ⑤ 조사 당시 수확이 완료된 품종이 있거나 피해가 경미하여 피해구성조사가 의미가 없을 때에는 품종별로 피해구성조사를 생략할 수 있다. 대표품종만 조사한 경우에는 품종별 피해상태에 따라 대표품종의 조사 결과를 동일하게 적용할 수 있다.

17 다음의 계약사항과 조사내용에 관한 누적감수과실수를 구하시오(단, 계약사항은 계약 1, 2 조건에 따르고, 조사내용은 아래 표와 같으며, 감수과실수는 소수점 이하에서 반올림함).

[20점] 기출+정

○ 계약사항

구 분	상품명	특 약	평년착과수	가입과실수	실제결과주수
계약 1	적과전 종합위험방식(Ⅱ) 배	적과종료 이전 특정 위험 5종 한정보장 특별약관	10,000개	8,000개	100주
계약 2	적과전 종합위험방식(Ⅱ) 배	없 음	20,000개	15,000개	200주

구 분	재해 종류	사고 일자	조사 일자	조사내용	
				적과전 종합위험방식(Ⅱ)(계약 1)	적과전 종합위험방식(Ⅱ)(계약 2)
적과 종료 이전	태 풍	4월 20일	4월 21일	〈피해사실확인조사〉 최대 인정피해율 : 50% 미보상감수과실수 : 없음	해당 조사 : 없음 미보상감수과실수 : 없음
	우 박	5월 15일	5월 16일	〈유과타박률조사〉 유과타박률 : 28% 미보상감수과실수 : 없음	해당 조사 : 없음 미보상감수과실수 : 없음
적과후 착과수	–		7월 10일	적과후착과수 : 6,000개	적과후착과수 : 9,000개

〈낙과피해조사(전수조사)〉 (계약 1)
총 낙과과실수 : 1,000개 / 나무피해 없음

피해과실 구분	100%	80%	50%	정상
과실수 (개)	500	300	120	80

미보상감수과실수 : 없음

〈낙과피해조사(전수조사)〉 (계약 2)
총 낙과과실수 : 2,000개 / 나무피해 없음

피해과실 구분	100%	80%	50%	정상
과실수 (개)	700	800	320	180

미보상감수과실수 : 없음

적과 종료 이후 / 태 풍 / 8월 25일 / 8월 26일

〈착과피해조사〉 (계약 1)

피해과실 구분	100%	80%	50%	정상
과실수 (개)	10	10	14	66

미보상감수과실수 : 없음

〈착과피해조사〉 (계약 2)

피해과실 구분	100%	80%	50%	정상
과실수 (개)	20	50	20	10

미보상감수과실수 : 없음

적과 종료 이후 / 우 박 / 5월 15일 / 9월 10일

[계약1(적과전 종합위험방식 II 배)]

① 계산과정 :

② 누적감수과실수 : _____개

[계약2(적과전 종합위험방식 II 배)]

① 계산과정 :

② 누적감수과실수 : _____개

정답

[계약1(적과전 종합위험방식 II 배)]

① 계산과정 :

- 적과종료 이전 착과감소과실수

  착과감소과실수 = 최솟값(평년착과수 − 적과후착과수, 최대 인정감소과실수)

  = 최솟값(10,000개 − 6,000개, 5,000개) = **4,000개**

  ※ 최대 인정감소과실수 = 평년착과수 × 최대 인정피해율

  = 10,000개 × 0.5 = **5,000개**

  ※ 최대 인정피해율은 가장 큰 값을 적용

- 적과종료 이후 태풍 낙과피해 감수과실수(전수조사)

  총 낙과과실수 × (낙과피해구성률 − max A) × 1.07

  $$= 1,000개 \times \left[\frac{(500 \times 1) + (300 \times 0.8) + (120 \times 0.5)}{1,000개} - 0 \right] \times 1.07$$

  = **856개**

  ※ 낙과피해구성률

  $$= \frac{(100\%형\ 피해과실수 \times 1) + (80\%형\ 피해과실수 \times 0.8) + (50\%형\ 피해과실수 \times 0.5)}{100\%형\ 피해과실수 + 80\%형\ 피해과실수 + 50\%형\ 피해과실수 + 정상과실수}$$

  ※ max A : 금차 사고전 기조사된 착과피해구성률 중 최댓값(= 0)

- 우박 착과피해 감수과실수

  사고 당시 착과과실수 × (착과피해구성률 − max A)

  ※ 사고 당시 착과과실수

  = 적과후착과수 − 총 낙과과실수 − 총 적과종료후 나무피해과실수 − 총 기수확과실수

  = 6,000개 − 1,000개 − 0개 − 0개 = 5,000개

  ※ 착과피해구성률

  $$= \frac{(100\%형\ 피해과실수 \times 1) + (80\%형\ 피해과실수 \times 0.8) + (50\%형\ 피해과실수 \times 0.5)}{100\%형\ 피해과실수 + 80\%형\ 피해과실수 + 50\%형\ 피해과실수 + 정상과실수}$$

  ※ max A : 금차 사고전 기조사된 착과피해구성률 중 최댓값(= 0)

  우박 착과피해 감수과실수

  $$= 5,000개 \times \left[\frac{(10 \times 1) + (10 \times 0.8) + (14 \times 0.5)}{100개} - 0 \right]$$

  = **1,250개**

  ∴ 누적감수과실수 = 856개 + 1,250개 = **2,106개**

② 누적감수과실수 : <u>**2,106개**</u>

[계약2(적과전 종합위험방식 Ⅱ 배)]

① 계산과정 :

- 적과종료 이전 감수과실수 : 적과후착과수가 평년착과수의 60% 미만인 경우

  감수과실수 = 적과후착과수 × 5%

  ※ 착과율 = 적과후착과수 ÷ 평년착과수 = 9,000개 ÷ 20,000개 = 0.45

  감수과실수 = 9,000개 × 0.05 = 450개

  ※ 착과피해율 = 감수과실수 ÷ 적과후착과수 = 450개 ÷ 9,000개 = 0.05(= 5%)

- 적과종료 이후 태풍 낙과피해 감수과실수(전수조사)

  총 낙과과실수 × (낙과피해구성률 − max A) × 1.07

  $$= 2,000개 \times \left[\frac{(700 \times 1) + (800 \times 0.8) + (320 \times 0.5)}{2,000개} - 0.05 \right] \times 1.07$$

  = 1,498개

  ※ max A : 금차 사고전 기조사된 착과피해구성률 중 최고값(= 0.05)

- 우박 착과피해 감수과실수

  사고 당시 착과과실수 × (착과피해구성률 − max A)

  ※ 사고 당시 착과과실수

  = 적과후착과수 − 총 낙과과실수 − 총 적과종료후 나무피해과실수 − 총 기수확과실수

  = 9,000개 − 2,000개 − 0개 − 0개 = 7,000개

  ※ 착과피해구성률

  $$= \frac{(100\%형\ 피해과실수 \times 1) + (80\%형\ 피해과실수 \times 0.8) + (50\%형\ 피해과실수 \times 0.5)}{100\%형\ 피해과실수 + 80\%형\ 피해과실수 + 50\%형\ 피해과실수 + 정상과실수}$$

  ※ max A : 금차 사고전 기조사된 착과피해구성률 중 최고값(= 0.05)

  우박 착과피해 감수과실수

  $$= 7,000개 \times \left[\frac{(20 \times 1) + (50 \times 0.8) + (20 \times 0.5)}{100개} - 0.05 \right]$$

  = 4,550개

  ∴ 누적감수과실수 = 450개 + 1,498개 + 4,550개 = 6,498개

② 누적감수과실수 : **6,498개**

18 종합위험방식 밭작물 고추에 관하여 수확기 이전에 보험사고가 발생한 경우 〈보기〉의 조건에 따른 생산비보장보험금을 산정하시오. [10점] 기출수정

─〈조건〉─────────────────────────────────

○ 잔존보험가입금액 : 10,000,000원
○ 자기부담금 : 500,000원
○ 준비기생산비계수 : 52.7%
○ 병충해 등급별 인정비율 : 70%
○ 생장일수 : 50일
○ 표준생장일수 : 100일
○ 피해비율 : 50%
○ 손해정도비율 : 80%
○ 미보상비율 : 0%

───────────────────────────────────────

① 계산과정 :
② 생산비보장보험금 : ＿＿＿＿＿＿＿＿원

정답

① 계산과정 :

　보험금 = 잔존보험가입금액 × 경과비율 × 피해율 × 병충해 등급별 인정비율 − 자기부담금

　• 경과비율 = 준비기생산비계수 + (1 − 준비기생산비계수) × $\dfrac{생장일수}{표준생장일수}$

　　　　　　 = $0.527 + (1 - 0.527) \times \dfrac{50}{100} = 0.7635$

　• 피해율 = 피해비율 × 손해정도비율 × (1 − 미보상비율)
　　　　　 = $0.5 \times 0.8 \times (1 - 0) = 0.4$

　∴ 생산비보장보험금 = 10,000,000원 × 0.7635 × 0.4 × 0.7 − 500,000원
　　　　　　　　　　 = 1,637,800원

② 생산비보장보험금 : 1,637,800원

19 업무방법에서 정하는 종합위험방식 벼 상품에 관한 다음 2가지 물음에 답하시오. [15점]

(1) 재이앙·재직파보험금, 경작불능보험금, 수확감소보험금의 지급사유를 각각 서술하시오.

〈지급사유〉

재이앙·재직파보험금	
경작불능보험금	
수확감소보험금	

(2) 아래 조건(1, 2, 3)에 따른 보험금을 산정하시오(단, 아래의 조건들은 지급사유에 해당된다고 가정한다).

┌ 〈조건 1 : 재이앙·재직파보험금〉

○ 보험가입금액 : 2,000,000원
○ 자기부담비율 : 20%
○ (면적)피해율 : 50%
○ 미보상감수면적 : 없음

① 계산과정 :
② 보험금 : _____원

┌ 〈조건 2 : 경작불능보험금〉

○ 보험가입금액 : 2,000,000원
○ 자기부담비율 : 15%
○ 식물체 80% 고사

① 계산과정 :
② 보험금 : _____원

┌ 〈조건 3 : 수확감소보험금〉

○ 보험가입금액 : 2,000,000원
○ 자기부담비율 : 20%
○ 평년수확량 : 1,400kg
○ 수확량 : 500kg
○ 미보상감수량 : 200kg

① 계산과정 :
② 보험금 : _____원

정답

(1) 재이앙·재직파보험금, 경작불능보험금, 수확감소보험금의 지급사유

〈지급사유〉

재이앙·재직파보험금	보상하는 재해로 면적피해율이 10%를 초과하고, 재이앙·재직파를 한 경우에 1회 지급한다.
경작불능보험금	보상하는 재해로 인해 식물체 피해율이 65% 이상이고, 계약자가 경작불능보험금을 신청한 경우에 지급한다.
수확감소보험금	보상하는 재해로 인해 피해율이 자기부담비율을 초과하는 경우 수확감소보험금을 지급한다.

(2) 아래 조건에 따른 보험금 산정

┌─ 〈조건 1 : 재이앙·재직파보험금〉 ─────────────────────
│ ○ 보험가입금액 : 2,000,000원
│ ○ 자기부담비율 : 20%
│ ○ (면적)피해율 : 50%
│ ○ 미보상감수면적 : 없음
└──

① 계산과정 :
   지급금액 = 보험가입금액 × 25% × 면적피해율
          = 2,000,000원 × 0.25 × 0.5 = 250,000원
② 보험금 : **250,000원**

┌─ 〈조건 2 : 경작불능보험금〉 ─────────────────────
│ ○ 보험가입금액 : 2,000,000원
│ ○ 자기부담비율 : 15%
│ ○ 식물체 80% 고사
└──

① 계산과정 :
   지급금액 = 자기부담비율별 경작불능보험금
   자기부담비율이 15%일 때
   지급금액 = 보험가입금액 × 42% = 2,000,000원 × 0.42 = 840,000원
② 보험금 : **840,000원**

TIP 자기부담비율별 경작불능보험금

자기부담비율	경작불능보험금
10%형	보험가입금액 × 45%
15%형	보험가입금액 × 42%
20%형	보험가입금액 × 40%
30%형	보험가입금액 × 35%
40%형	보험가입금액 × 30%

○ 보험가입금액 : 2,000,000원
○ 자기부담비율 : 20%
○ 평년수확량 : 1,400kg
○ 수확량 : 500kg
○ 미보상감수량 : 200kg

① 계산과정 :

지급금액 = 보험가입금액 × (피해율 − 자기부담비율)
피해율 = (평년수확량 − 수확량 − 미보상감수량) ÷ 평년수확량
= (1,400kg − 500kg − 200kg) ÷ 1,400kg = 0.5
지급금액 = 2,000,000원 × (0.5 − 0.2) = 600,000원

② 보험금 : **600,000원**

---

20 벼 상품의 수확량조사 3가지 유형을 구분하고, 각 유형별 수확량조사 시기와 조사방법에 관하여 서술하시오. [15점]

유 형	조사시기	조사방법

정답

유 형	조사시기	조사방법
수량요소조사	수확전 14일 전후	① 표본포기수 : 4포기(가입면적과 무관함) ② 표본포기 선정 : 재배방법 및 품종 등을 감안하여 조사대상면적에 동일한 간격으로 골고루 배치될 수 있도록 표본포기를 선정한다. 다만, 선정한 포기가 표본으로서 부적합한 경우(해당 포기의 수확량이 현저히 많거나 적어서 표본으로서의 대표성을 가지기 어려운 경우 등)에는 가까운 위치의 다른 포기를 표본으로 선정한다. ③ 표본포기 조사 : 선정한 표본 포기별로 이삭상태 점수 및 완전낟알상태 점수를 조사한다.

수량요소조사	수확전 14일 전후	④ 수확비율 산정 　㉠ 표본포기별 이삭상태 점수(4개) 및 완전낟알상태 점수(4개)를 합 　　산한다. 　㉡ 합산한 점수에 따라 조사수확비율 환산표에서 해당하는 수확비 　　율구간을 확인한다. 　㉢ 해당하는 수확비율구간 내에서 조사 농지의 상황을 감안하여 적 　　절한 수확비율을 산정한다. ⑤ 피해면적 보정계수 산정 : 피해정도에 따른 보정계수를 산정한다. ⑥ 병해충 단독사고 여부 확인 : 농지의 피해가 자연재해, 조수해 및 　화재와는 상관없이 보상하는 병해충만으로 발생한 병해충 단독사고 　인지 여부를 확인한다. 이 때, 병해충 단독사고로 판단될 경우에는 　가장 주된 병해충명을 조사한다.
표본조사	알곡이 여물어 수확이 가능한 시기	① 표본구간수 선정 : 조사대상면적에 따라 적정 표본구간수 이상의 　표본구간수를 선정한다. 다만, 가입면적과 실제경작면적이 10% 이 　상 차이가 날 경우(계약 변경 대상)에는 실제경작면적을 기준으로 　표본구간수를 선정한다. ② 표본구간 선정 : 선정한 표본구간수를 바탕으로 재배방법 및 품종 　등을 감안하여 조사대상면적에 동일한 간격으로 골고루 배치될 수 　있도록 표본구간을 선정한다. 다만, 선정한 구간이 표본으로서 부적 　합한 경우(해당 작물의 수확량이 현저히 많거나 적어서 표본으로서 　의 대표성을 가지기 어려운 경우 등)에는 가까운 위치의 다른 구간을 　표본구간으로 선정한다. ③ 표본구간 면적 및 수량 조사 　㉠ 표본구간 면적 : 표본구간마다 4포기의 길이와 포기당 간격을 　　조사한다(단, 농지 및 조사 상황 등을 고려하여 4포기를 2포기로 　　줄일 수 있다). 　㉡ 표본중량 조사 : 표본구간의 작물을 수확하여 해당 중량을 측정 　　한다. 　㉢ 함수율 조사 : 수확한 작물에 대하여 함수율을 3회 이상 실시하여 　　평균값을 산출한다. ④ 병해충 단독사고 여부 확인 : 농지의 피해가 자연재해, 조수해 및 　화재와는 상관없이 보상하는 병해충만으로 발생한 병해충 단독사고 　인지 여부를 확인한다. 이 때, 병해충 단독사고로 판단될 경우에는 　가장 주된 병해충명을 조사한다.
전수조사	수확시	① 전수조사 대상 농지 여부 확인 : 전수조사는 기계수확(탈곡 포함)을 　하는 농지에 한한다. ② 조곡의 중량 조사 : 대상 농지에서 수확한 전체 조곡의 중량을 조사 　하며, 전체 중량 측정이 어려운 경우에는 콤바인, 톤백, 콤바인용 　포대, 곡물적재함 등을 이용하여 중량을 산출한다. ③ 조곡의 함수율 조사 : 수확한 작물에 대하여 함수율을 3회 이상 실시 　하여 평균값을 산출한다. ④ 병해충 단독사고 여부 확인 : 농지의 피해가 자연재해, 조수해 및 　화재와는 상관없이 보상하는 병해충만으로 발생한 병해충 단독사고 　인지 여부를 확인한다. 이 때, 병해충 단독사고로 판단될 경우에는 　가장 주된 병해충명을 조사한다.

농작물재해보험 이론과 실무

※ **단답형 문제에 대해 답하시오. (1 ~ 5번 문제)**

01 다음은 농작물재해보험 업무방법 통칙내 용어의 정의로 괄호 안에 들어갈 옳은 내용을 답란에 쓰시오. [5점]

> "평년수확량"이란 가입연도 직전 (㉠) 중 보험에 가입한 연도의 (㉡)와(과) (㉢)을(를) (㉣)에 따라 가중평균하여 산출한 해당 과수원(농지)에 기대되는 수확량을 말한다.

[정답]

㉠ 5년, ㉡ 실제수확량, ㉢ 표준수확량, ㉣ 가입횟수

[해설]

> "평년수확량"이란 가입연도 직전 (**5년**) 중 보험에 가입한 연도의 (**실제수확량**)과 (**표준수확량**)을 (**가입횟수**)에 따라 가중평균하여 산출한 해당 과수원(농지)에 기대되는 수확량을 말하며, 평년수확량의 산출과 관련된 세부 사항은 회사가 작성한 업무방법서를 따른다.
> ※ **표준수확량** : 가입품목의 품종, 수령, 재배방식 등에 따라 정해진 수확량

02 다음과 같이 4개의 사과 과수원을 경작하고 있는 A씨가 적과전 종합위험방식Ⅱ 보험상품에 가입하고자 할 경우, 계약인수단위 규정에 따라 보험가입이 가능한 과수원 구성과 그 이유를 쓰시오(단, 밀식재배 조건임). [5점] **[기출수정]**

구 분	가입조건	소재지
1번 과수원	'후지' 품종 4년생 보험가입금액 120만원	서울시 종로구 부암동
2번 과수원	'홍로' 품종 3년생 보험가입금액 70만원	서울시 종로구 부암동
3번 과수원	'미얀마' 품종 5년생 보험가입금액 110만원	서울시 종로구 부암동
4번 과수원	'쓰가루' 품종 6년생 보험가입금액 190만원	서울시 종로구 신영동

① 과수원 구성 :
② 이유 :

정답

① **과수원 구성 : 1번 과수원 + 3번 과수원**

1번, 2번, 3번, 4번 과수원은 모두 최저 보험가입금액이 200만원 미만으로 가입이 불가하다. 다만, 하나의 리, 동 안에 있는 각각 보험가입금액 200만원 미만의 두 개의 과수원은 하나의 과수원으로 취급하여 계약 가능하다. 따라서, 서울시 종로구 부암동 안에 있는 1번 과수원과 3번 과수원의 보험가입금액을 합하면, 120만원 + 110만원 = 230만원이 되므로, 이를 하나의 과수원으로 계약 가능하다.

② **이유** : 계약인수는 과수원 단위로 가입하고, 개별 과수원당 최저 보험가입금액은 200만원 이상이다. 다만, 하나의 리, 동 안에 있는 각각 보험가입금액 200만원 미만의 두 개의 과수원은 하나의 과수원으로 취급하여 계약 가능하다.

하나의 동 안에 있는 1번 과수원 + 2번 과수원, 2번 과수원 + 3번 과수원, 4번 과수원은 모두 200만원 미만이므로 가입이 불가하다.

---

03 다음의 조건으로 농업용 시설물 및 시설작물을 종합위험방식 원예시설보험에 가입하려고 하는 경우 보험가입 여부를 판단하고, 그 이유를 쓰시오(단, 주어진 조건 외에는 고려하지 않는다).

[5점] 기출수정

○ 시설하우스 조건 : 폭 10m, 높이 3.5m, 길이 100m, 구조안전성 분석결과 허용풍속 10.2m/s
○ 시설작물의 재식밀도 : 오이 1,600주/10a

정답

(1) 보험가입 여부

출제 당시 2016년 업무방법서에 따르면 인수제한 되지만, 2024년 3월 기준 이론서에 따르면 인수제한 조건에 해당하지 않아 보험가입이 가능하다.

(2) 이 유

① 출제 당시 2016년 업무방법서에는 '구조안전성 분석결과 허용풍속이 10.5m/s 미만인 시설은 인수제한 된다'는 규정으로 보험가입이 거절되었으나, 2017년 업무방법서의 개정으로 이 규정이 삭제되었다.

② 또한, '시설 폭 3m 미만, 시설 높이 1.5m 미만, 시설 길이 5m 미만인 시설일 경우 인수제한 된다'는 규정이 있었으나, 이 규정도 삭제되었다.

③ 시설작물인 오이의 재식밀도가 1,500주/10a 미만일 경우 인수제한 되지만, 이 인수제한 조건에는 해당되지 않는다.

(3) 결 론

2024년 3월 기준 이론서에 따르면, 인수제한 조건에 해당하지 않으므로 보험가입이 가능하다.

해설

1. **농업용 시설물(버섯재배사 포함) 및 부대시설의 인수제한 목적물**
   ① 판매를 목적으로 하는 작물을 경작하지 않는 시설
   ② 작업동, 창고동 등 작물 경작용으로 사용되지 않는 시설(단, 농업용 시설물 한 동 면적의 80% 이상을 작물재배용으로 사용하는 경우 가입 가능)
   ③ 피복재가 없거나 작물을 재배하고 있지 않은 시설(단, 지역적 기후특성에 따른 한시적 휴경은 제외)
   ④ 목재, 죽재로 시공된 시설
   ⑤ 비가림시설
   ⑥ 구조체, 피복재 등 목적물이 변형되거나 훼손된 시설
   ⑦ 목적물의 소유권에 대한 확인이 불가능한 시설
   ⑧ 건축 또는 공사 중인 시설
   ⑨ 1년 이내에 철거 예정인 고정식 시설
   ⑩ 하천부지 및 상습침수지역에 소재한 시설(다만, 수재위험부보장 특약에 가입하여 풍재만을 보장하는 것은 가능함)
   ⑪ 정부에서 보험료의 일부를 지원하는 다른 계약에 이미 가입되어 있는 시설
   ⑫ 기타 인수가 부적절한 하우스 및 부대시설

2. **시설작물의 인수제한 목적물**
   ① 작물의 재배면적이 시설면적의 50% 미만인 경우(단, 백합·카네이션의 경우 하우스 면적의 50% 미만이라도 동당 작기별 200m² 이상 재배시 가입 가능)
   ② 분화류의 국화, 장미, 백합, 카네이션을 재배하는 경우
   ③ 판매를 목적으로 재배하지 않는 시설작물
   ④ 한 시설에서 화훼류와 비화훼류를 혼식 재배중이거나, 또는 재배 예정인 경우
   ⑤ 통상적인 재배시기, 재배품목, 재배방식이 아닌 경우
   　　예 여름재배 토마토가 불가능한 지역에서 여름재배 토마토를 가입하는 경우
   　　　　파프리카 토경재배가 불가능한 지역에서 토경재배 파프리카를 가입하는 경우
   ⑥ 시설작물별 10a당 인수제한 재식밀도 미만인 경우 예 오이 : 1,500주/10a 미만

04 농작물재해보험계약이 무효로 되었을 때의 보험료 환급에 관한 설명이다. 괄호 안에 들어갈 내용을 답란에 쓰시오. [5점]

ㄱ. 계약자 또는 피보험자의 책임 없는 사유에 의하는 경우에는 계약자가 납입한 보험료를 (㉠) 환급한다.

ㄴ. 계약자 또는 피보험자의 책임 있는 사유에 의하는 경우에는 품목별 해당 월 (㉡)에 따라 계산된 환급보험료를 지급한다.

ㄷ. 계약자 또는 피보험자의 고의 또는 (㉢)로 무효가 된 경우는 보험료를 환급하지 않는다.

ㄹ. 회사의 고의 또는 과실로 인하여 계약이 무효로 된 경우와 회사가 승낙 전에 무효임을 알았거나 알 수 있었음에도 불구하고 보험료를 반환하지 않은 경우에는 보험료를 납입한 날의 다음날부터 반환일까지의 기간에 대하여 보험개발원이 공시하는 (㉣)을(를) 연단위 복리로 계산한 금액을 더하여 환급한다.

㉠ 전액, ㉡ 미경과비율, ㉢ 중대한 과실, ㉣ 보험계약대출이율

ㄱ. 계약자 또는 피보험자의 책임 없는 사유에 의하는 경우에는 계약자가 납입한 보험료를 (**전액**) 환급하며, 환급전 본사의 승인을 받아야 한다.

ㄴ. 계약자 또는 피보험자의 책임 있는 사유에 의하는 경우에는 품목별 해당 월 (**미경과비율**)에 따라 계산된 환급보험료를 지급한다.

ㄷ. 계약자 또는 피보험자의 고의 또는 (**중대한 과실**)로 무효가 된 경우는 보험료를 환급하지 않는다.

ㄹ. 회사의 고의 또는 과실로 인하여 계약이 무효로 된 경우와 회사가 승낙 전에 무효임을 알았거나 알 수 있었음에도 불구하고 보험료를 반환하지 않은 경우에는 보험료를 납입한 날의 다음날부터 반환일까지의 기간에 대하여 보험개발원이 공시하는 (**보험계약대출이율**)을 연단위 복리로 계산한 금액을 더하여 환급한다.

---

05 다음 조건에 따라 적과전 종합위험방식Ⅱ 보험상품에 가입할 경우, 과실손해보장 보통약관 적용 보험료를 산출하시오. [5점] 기출수정

○ 품목 : 사과
○ 보험가입금액 : 10,000,000원
○ 지역별 보통약관 보험요율 : 20%
○ 손해율에 따른 할증률 : 20%
○ 방재시설할인율 : 10%
○ 부보장 및 한정보장 특별약관 할인율 : 10%

보험료 : 1,944,000원

보험료
= 보험가입금액 × 지역별 보통약관 보험요율 × (1 − 부보장 및 한정보장 특별약관 할인율) × (1 + 손해율에 따른 할인
· 할증률) × (1 − 방재시설할인율)
= 10,000,000원 × 0.2 × (1 − 0.1) × (1 + 0.2) × (1 − 0.1)
= 1,944,000원

※ 서술형 문제에 대해 답하시오. (6 ~ 10번 문제)

06 적과전 종합위험방식Ⅱ 보험상품에 가입하는 경우 다음과 같은 조건에서 과실손해보장의 자기 부담금과 태풍(강풍)·집중호우 나무손해보장 특약의 보험가입금액 및 자기부담금을 산출하시오(단, 결과주수 1주당 가입가격은 10만원이다). [15점] 기출수정

> '신고' 배 6년생 700주를 실제 경작하고 있는 A씨는 최근 3년간 동 보험에 가입하였으며, 3년간 수령한 보험금이 순보험료의 100% 미만이었다. 과실손해보장의 보험가입금액은 1,000만원으로서 최저 자기 부담비율을 선택하고, 특약으로는 태풍(강풍)·집중호우 나무손해보장 특약만을 선택하여 보험에 가입하고자 한다.

구 분	내 용
과실손해보장의 자기부담금	① 풀이과정 : ② 답 :
태풍(강풍)·집중호우 나무손해보장 특약의 보험가입금액	① 풀이과정 : ② 답 :
태풍(강풍)·집중호우 나무손해보장 특약의 자기부담금	① 풀이과정 : ② 답 :

정답

구 분	내 용
과실손해보장의 자기부담금	① 풀이과정 : 과실손해보장의 자기부담비율은 지급보험금을 계산할 때 피해율에서 차감하는 비율로서, 계약할 때 계약자가 선택한 비율(10%, 15%, 20%, 30%, 40%)로 한다. 자기부담비율의 적용 기준은 다음과 같다. • 10%형 : 최근 3년간 연속 보험가입 과수원으로서 3년간 수령한 보험금이 순보험료의 100% 미만인 경우에 한하여 선택 가능 • 15%형 : 최근 2년간 연속 보험가입 과수원으로서 2년간 수령한 보험금이 순 보험료의 100% 미만인 경우에 한하여 선택 가능 • 20%형, 30%형, 40%형 : 제한 없음 따라서, 최근 3년간 연속 보험가입 과수원으로서 3년간 수령한 보험금이 순 보험료의 100% 미만인 경우에 해당하므로 10%형 자기부담비율을 선택한다. 자기부담금 = 1,000만원 × 0.1 = 100만원 ② 답 : **100만원**
태풍(강풍)·집중호우 나무손해보장 특약의 보험가입금액	① 풀이과정 : 나무손해보장 특약의 보험가입금액은 결과주수 1주당 가입가격(10만원)을 곱하여 산정한다. 보험가입금액 = 700주 × 10만원/주 = 7,000만원 ② 답 : **7,000만원**
태풍(강풍)·집중호우 나무손해보장 특약의 자기부담금	① 풀이과정 : 나무손해보장 특약의 자기부담비율은 5%로 한다. 자기부담금 = 7,000만원 × 0.05 = 350만원 ② 답 : **350만원**

07 종합위험방식 포도 품목의 표준수확량, 면적에 대한 산출식을 쓰고, 주간거리·열간거리 측정방법에 관하여 서술하시오(단, 단위를 사용할 경우는 반드시 기입하시오).

[15점] 기출수정

구 분	내 용
표준수확량	
면 적	
주간거리·열간거리 측정방법	

정답

※ 본 문제는 2020년 개정된 업무방법서에 따라 서술하였다.

구 분	내 용
표준수확량	품종별·수령별 표준수확량 × 면적
면 적	주간거리(m) × 열간거리(m) × 주수(주)
주간거리·열간거리 측정방법	① 전체 이랑의 약 30% 수준으로 표본이랑을 선정한다. ② 한 이랑당 연속되는 4개 나무의 주간거리·열간거리를 측정한다. ③ 전체 조사된 주간거리·열간거리의 평균을 소수점 첫째자리까지 m로 입력한다.

08 단감 '부유' 품종을 경작하는 A씨는 적과전 종합위험방식Ⅱ 보험에 가입하면서 적과종료 이전 특정위험 5종 한정보장 특별약관에도 가입하였다. (1) 보험가입금액이 감액된 경우의 차액보험료 산출방법에 대해 서술하고, (2) 다음 조건의 차액보험료를 계산하시오(단, 풀이과정을 반드시 쓰시오). [15점] 기출수정

> ○ 적과후착과량 : 1,000kg
> ○ 평년착과량 : 1,300kg
> ○ 기준수확량 : 1,100kg
> ○ 주계약 보험가입금액 : 1,000만원
> ○ 계약자부담보험금 : 100만원
> ○ 착과감소보험금 보장수준 : 50%형
> ○ 감액분 계약자부담보험료 : 10만원
> ○ 감액미경과비율 : 90%
> ○ 미납입보험료 : 없음

(1) 차액보험료 산출방법 :

(2) 차액보험료 계산 :

정답

(1) 차액보험료 산출방법

적과전 사고가 없으나, 적과후착과량이 평년착과량보다 적게 되는 경우 보험가입금액을 감액한다. 보험가입금액을 감액한 경우 아래와 같이 계산한 차액보험료를 환급한다.

① 차액보험료 = (감액분 계약자부담보험료 × 감액미경과비율) − 미납입보험료

　　※ 감액분 계약자부담보험료는 감액한 가입금액에 해당하는 계약자부담보험료이다.

② 차액보험료는 적과후착과수 조사일이 속한 달의 다음달 말일 이내에 지급한다.

(2) 차액보험료 계산

　　차액보험료 = (감액분 계약자부담보험료 × 감액미경과비율) − 미납입보험료
　　　　　　 = (10만원 × 90%) − 0원 = 90,000원

∴ 차액보험료 = <u>90,000원</u>

해설

감액미경과비율

① 적과종료 이전 특정위험 5종 한정보장 특별약관에 가입하지 않은 경우

품 목	착과감소보험금 보장수준 50%형	착과감소보험금 보장수준 70%형
사과, 배	70%	63%
단감, 떫은감	84%	79%

② 적과종료 이전 특정위험 5종 한정보장 특별약관에 가입한 경우

품 목	착과감소보험금 보장수준 50%형	착과감소보험금 보장수준 70%형
사과, 배	83%	78%
단감, 떫은감	90%	88%

09 강원도 철원으로 귀농한 A씨는 100,000m² 논의 '오대벼'를 주계약 보험가입금액 1억원, 병충해 보장 특약 보험가입금액 5천만원을 선택하여 친환경재배방식으로 농작물재해보험에 가입하고자 한다. 다음의 추가조건에 따른 (1) 주계약 보험료와 (2) 병충해보장 특약 보험료를 계산하시오.

[15점] 기출수정

―〈추가조건〉―

철원지역 주계약 기본영업요율(1%), 손해율에 따른 할인율(25%) 및 전년도 무사고 할인율(5%), 친환경 재배시 할증률(30%), 직파재배 농지할증률(20%), 평년수확량 초과가입시 할증률(5%), 정부보조보험 료는 순보험료의 50%와 부가보험료를 지원하고 지자체지원 보험료는 순보험료의 30%를 지원한다. 상기 보험요율은 순보험요율이다.

(1) 주계약 보험료
  ① 풀이과정 :
  ② 답 :

(2) 병충해보장 특약 보험료
  ① 풀이과정 :
  ② 답 :

정답

(1) 주계약 보험료
  ① 풀이과정 :
  주계약 보험료 = 주계약 보험가입금액 × 지역별 기본영업요율 × (1 ± 손해율에 따른 할인 · 할증률) × (1 + 친환경재배시 할증률) × (1 + 직파재배 농지할증률)
  주계약 보험료 = 1억원 × 0.01 × (1 − 0.25) × (1 + 0.3) × (1 + 0.2)
          = 1,170,000원
  ② 답 : <u>1,170,000원</u>

(2) 병충해보장 특약 보험료
  ① 풀이과정 :
  병충해보장 특약 보험료 = 특약 보험가입금액 × 지역별 기본영업요율 × (1 ± 손해율에 따른 할인 · 할증률) × (1 + 친환경재배시 할증률) × (1 + 직파재배 농지할증률)
  병충해보장 특약 보험료 = 5천만원 × 0.01 × (1 − 0.25) × (1 + 0.3) × (1 + 0.2)
          = 585,000원
  ② 답 : <u>585,000원</u>

10 농업수입감소보장방식의 양파 품목에 있어 경작불능보험금과 인수제한 농지(10개 이상)를 쓰시오(단, 경작불능보험금은 자기부담비율에 따른 지급액 포함). [15점]

구 분	내 용
경작불능보험금	
인수제한 목적물 (10개 이상)	

정답

구 분	내 용
경작불능보험금	① 경작불능보험금은 보상하는 재해로 식물체의 피해율이 65% 이상이고, 계약자가 경작불능보험금을 신청한 경우 아래의 표와 같이 계산한다. **자기부담비율 / 경작불능보험금** 20%형 / 보험가입금액 × 40% 30%형 / 보험가입금액 × 35% 40%형 / 보험가입금액 × 30% ② 경작불능보험금을 지급한 경우 그 손해보상의 원인이 생긴 때로부터 해당 농지의 계약은 소멸된다(수입감소보험금 미지급). ③ 경작불능보험금은 회사가 보험목적물이 산지폐기된 것을 확인하고 지급한다. ④ 계약자 또는 피보험자가 보험목적물을 수확하여 시장 등으로 유통한 것이 확인되는 경우에는 경작불능보험금을 지급하지 않는다.
인수제한 목적물 (10개 이상)	① 보험가입금액이 200만원 미만인 농지 ② 통상적인 재배 및 영농활동을 하지 않는 농지 ③ 극조생종, 조생종, 중만생종을 혼식한 농지 ④ 재식밀도가 23,000주/10a 미만, 40,000주/10a 초과한 농지 ⑤ 9월 30일 이전 정식한 농지 ⑥ 양파 식물체가 똑바로 정식되지 않은 농지(70° 이하로 정식된 농지) ⑦ 부적절한 품종을 재배하는 농지 ⑧ 다른 작물과 혼식되어 있는 농지 ⑨ 무멀칭 농지 ⑩ 시설재배 농지 ⑪ 하천부지 및 상습침수 지역에 소재한 농지 ⑫ 판매를 목적으로 경작하지 않는 농지 ⑬ 기타 인수가 부적절한 농지

손해평가사 2차 2016년도 제2회

※ 단답형 문제에 대해 답하시오. (11 ~ 15번 문제)

11 다음의 조건에 따른 적과전 종합위험방식 Ⅱ 사과 품목의 실제결과주수와 태풍(강풍)·집중호우 나무손해보장 특별약관에 의한 보험금을 구하시오. [5점] 기출+정

태풍(강풍)·집중호우 나무손해보장 특별약관 보험가입금액	8,000만원
가입일자 기준 과수원에 식재된 모든 나무주수	1,000주
인수조건에 따라 보험에 가입할 수 없는 나무주수	50주
보상하는 손해(태풍)로 고사된 나무주수	95주
보상하는 손해 이외의 원인으로 고사한 나무주수	100주

(1) 실제결과주수 : _____주

(2) 나무손해보장 특별약관 보험금 : _____원

정답

(1) 실제결과주수 : 950주

(2) 나무손해보장 특별약관 보험금 : 400만원

해설

(1) **실제결과주수**

"실제결과주수"라 함은 가입일자를 기준으로 농지(과수원)에 식재된 모든 나무 수를 의미한다. 다만, 인수조건에 따라 보험에 가입할 수 없는 나무(유목 및 제한 품종 등) 수는 제외한다.

실제결과주수 = 1,000주 − 50주 = **950주**

(2) **나무손해보장 특별약관 보험금**

① 피해율 = 피해주수(고사된 나무) ÷ 실제결과주수 = 95주 ÷ 950주 = 0.10 = 10%

② 지급보험금 = 보험가입금액 × (피해율 − 자기부담비율)에서 자기부담비율은 5%로 하므로

지급보험금 = 8,000만원 × (10% − 5%) = **400만원**

12 다음은 작물특정 및 시설종합위험 인삼손해보장방식 해가림시설의 손해조사에 관한 내용이다. 밑줄 친 틀린 내용을 알맞은 내용으로 수정하시오. [5점] 기출수정

○ 피해 칸에 대하여 전체파손 및 ㉠ 부분파손(30%형, 60%형, 90%형)로 나누어 각 칸수를 조사한다.
○ 산출된 피해액에 대하여 감가상각을 적용하여 손해액을 산정한다. 다만, 피해액이 보험가액의 20%를 초과하면서 감가 후 피해액이 보험가액의 20% 미만인 경우에는 ㉡ 감가상각을 적용하지 않는다.
○ 해가림시설 보험금과 잔존물제거비용의 합은 보험가입금액을 한도로 한다. 단, 잔존물제거비용은 ㉢ 보험가입금액의 20%를 초과할 수 없다.

정답

㉠ 부분파손(20%형, 40%형, 60%형, 80%형)
㉡ 보험가액의 20%를 손해액으로 산출한다.
㉢ 손해액의 10%

해설

• 피해 칸에 대하여 전체파손 및 ㉠ 부분파손(20%형, 40%형, 60%형, 80%형)로 나누어 각 칸수를 조사한다.
• 산출된 피해액에 대하여 감가상각을 적용하여 손해액을 산정한다. 다만, 피해액이 보험가액의 20% 이하인 경우에는 감가를 적용하지 않고, 피해액이 보험가액의 20%를 초과하면서 감가 후 피해액이 보험가액의 20% 미만인 경우에는 ㉡ 보험가액의 20%를 손해액으로 산출한다.
• 해가림시설 보험금과 잔존물제거비용의 합은 보험가입금액을 한도로 한다. 단, 잔존물제거비용은 ㉢ 손해액의 10%를 초과할 수 없다.

13 다음은 업무방법에서 정하는 종합위험방식 복분자 품목의 고사결과모지수 산정방법에 관한 내용이다. 괄호에 알맞은 내용을 답란에 쓰시오. [5점]

고사결과모지수는 기준 살아있는 결과모지수에서 (㉠) 고사결과모지수를 뺀 후 (㉡)고사결과모지수를 더한 값을 (㉢)결과모지수에서 빼어 산출한다.

정답

㉠ 수정불량환산, ㉡ 미보상, ㉢ 평년

해설

고사결과모지수는 기준 살아있는 결과모지수에서 (**수정불량환산**) 고사결과모지수를 뺀 후 (**미보상**)고사결과모지수를 더한 값을 (**평년**)결과모지수에서 빼어 산출한다.

14 종합위험 수확감소보장방식 감자 품목의 병충해에 의한 피해사실 확인 후 보험금 산정을 위한 표본조사를 실시하였다. 한 표본구간에서 가루더뎅이병으로 입은 괴경의 무게가 10kg이고 손해정도가 50%인 경우 이 표본구간의 병충해감수량은?(단, 병충해감수량은 kg단위로 소수점 둘째자리에서 반올림하여 첫째자리까지 다음 예시와 같이 구하시오. 예시 : 1.234kg → 1.2kg)

[5점] 기출+정

정답

병충해 강수량 : <u>5.4kg</u>

해설

(1) 병충해감수량 산정

병충해감수량은 병충해를 입은 괴경의 무게에 손해정도비율과 인정비율을 곱하여 산출한다.

> 병충해감수량 = 병충해를 입은 괴경의 무게 × 손해정도비율 × 인정비율

(2) 손해정도비율

손해정도가 50%인 경우 손해정도비율은 **60%**이다.

[손해정도에 따른 손해정도 비율]

품 목	손해정도	손해정도비율	손해정도	손해정도비율
감 자	1~20%	20%	61~80%	80%
	21~40%	40%	81~100%	100%
	41~60%	**60%**		

(3) 인정비율

가루더뎅이병의 경우 인정비율은 **90%**이다.

[병·해충 등급별 인정비율]

구 분		병·해충	인정비율
품 목	급 수		
감 자	1급	역병, 갈쭉병, 모자이크병, 무름병, 둘레썩음병, **가루더뎅이병**, 잎말림병, 감자뿔나방	**90%**
	2급	홍색부패병, 시들음병, 마른썩음병, 풋마름병, 줄기검은병, 더뎅이병, 균핵병, 검은무늬썩음병, 줄기기부썩음병, 진딧물류, 아메리카잎굴파리, 방아벌레류	70%
	3급	반쪽시들음병, 흰비단병, 잿빛곰팡이병, 탄저병, 겹둥근무늬병, 오이총채벌레, 뿌리혹선충, 파밤나방, 큰28점박이무당벌레, 기타	50%

∴ 병충해감수량 = 10kg × 0.6 × 0.9 = **5.4kg**

15 업무방법에서 정하는 종합위험 수확감소보장방식 밭작물 품목의 표본구간별 수확량조사 방법에 관한 내용이다. 밑줄 친 부분에 알맞은 내용을 답란에 순서대로 쓰시오.

[5점] 기출수정

품 목	표본구간별 수확량조사 방법
양 파	표본구간내 작물을 수확한 후, 종구 __㉠__ cm 윗부분 줄기를 절단하여 해당 무게를 조사(단, 양파의 최대 지름이 __㉡__ cm 미만인 경우에는 80%, 100% 피해로 인정하고 해당 무게의 20%, 0%를 수확량으로 인정)
마 늘	표본구간내 작물을 수확한 후, 종구 __㉢__ cm 윗부분을 절단하여 무게를 조사(단, 마늘통의 최대 지름이 __㉣__ cm(한지형), __㉤__ cm(난지형) 미만인 경우에는 80%, 100% 피해로 인정하고 해당 무게의 20%, 0%를 수확량으로 인정)
고구마	표본구간내 작물을 수확한 후 정상 고구마와 __㉥__ %형 피해 고구마, 80% 피해 고구마, 100% 피해 고구마로 구분하여 무게를 조사
감 자	표본구간내 작물을 수확한 후 정상 감자, 병충해별 20% 이하, 21%~40% 이하, 41%~ 60% 이하, 61%~80% 이하, 81%~100% 이하 발병 감자로 구분하여 해당 병충해명과 무게를 조사하고, 최대 지름이 5cm 미만이거나 피해정도 50% 이상인 감자의 무게는 실제 무게의 __㉦__ %를 조사 무게로 함

정답

㉠ 5, ㉡ 6, ㉢ 3, ㉣ 2, ㉤ 3.5, ㉥ 50, ㉦ 50

해설

품목별 표본구간별 수확량조사 방법

품 목	표본구간별 수확량조사 방법
양 파	표본구간내 작물을 수확한 후, 종구 5cm 윗부분 줄기를 절단하여 해당 무게를 조사한다(단, 양파의 최대 지름이 6cm 미만인 경우에는 80%, 100% 피해로 인정하고 해당 무게의 20%, 0%를 수확량으로 인정).
마 늘	표본구간내 작물을 수확한 후, 종구 3cm 윗부분을 절단하여 무게를 조사한다[단, 마늘통의 최대 지름이 2cm(한지형), 3.5cm(난지형) 미만인 경우에는 80%, 100% 피해로 인정하고 해당 무게의 20%, 0%를 수확량으로 인정].
고구마	표본구간내 작물을 수확한 후 정상 고구마와 50%형 피해 고구마(일반시장에 출하할 때, 정상 고구마에 비해 50% 정도의 가격하락이 예상되는 품질. 단, 가공공장 공급 및 판매 여부와 무관), 80% 피해 고구마(일반시장에 출하가 불가능하나, 가공용으로 공급될 수 있는 품질. 단, 가공공장 공급 및 판매 여부와 무관), 100% 피해 고구마(일반시장 출하가 불가능하고 가공용으로 공급될 수 없는 품질)로 구분하여 무게를 조사한다.
감 자	표본구간내 작물을 수확한 후 정상 감자, 병충해별 20% 이하, 21%~40% 이하, 41%~ 60% 이하, 61%~80% 이하, 81%~100% 이하 발병 감자로 구분하여 해당 병충해명과 무게를 조사하고, 최대 지름이 5cm 미만이거나 피해정도 50% 이상인 감자의 무게는 실제 무게의 50%를 조사 무게로 한다.

16 업무방법에서 정하는 종합위험 수확감소보장방식 과수 품목 중 자두 품목 수확량조사의 착과수 조사 방법에 관하여 서술하시오. [15점]

정답

착과수조사 방법
① 착과수조사는 사고 여부와 관계없이 보험에 가입한 농지에 대하여 실시한다.
② 조사시기는 최초 수확 품종 수확기 직전으로 한다.
③ 품종별·수령별로 실제결과주수, 미보상주수 및 고사나무주수를 파악하고, 실제결과주수에서 미보상주수 및 고사나무주수를 빼서 조사대상주수를 계산한다.
④ 농지별 전체 조사대상주수를 기준으로 품목별 표본주수표에 따라 농지별 전체 표본주수를 산정한다.
⑤ 적정 표본주수는 품종별·수령별 조사대상주수에 비례하여 산정하며, 품종별·수령별 적정표본주수의 합은 전체 표본주수보다 크거나 같아야 한다.
⑥ 조사대상주수를 농지별 표본주수로 나눈 표본주 간격에 따라 표본주 선정 후 해당 표본주에 표시리본을 부착한다.
⑦ 동일품종·동일재배방식·동일수령의 농지가 아닌 경우에는 품종별·재배방식별·수령별 조사대상주수의 특성이 골고루 반영될 수 있도록 표본주를 선정한다.
⑧ 선정된 표본주별로 착과된 전체 과실수를 세고 표시리본에 기재한다.
⑨ 품목별 미보상비율 적용표에 따라 미보상비율을 조사한다.

17 다음의 계약사항과 조사내용으로 누적감수과실수와 기준착과수를 구하시오(단, 감수과실수와 기준착과수는 소수점 첫째자리에서 반올림하여 정수단위로 하여 구하시오). [20점] 기출수정

○ 계약사항

상품명	가입 특약	평년착과수	가입과실수	실제결과주수
적과전 종합위험방식Ⅱ 단감	적과종료 이전 특정위험 5종 한정보장 특별약관 가입	10,000개	8,000개	100주

○ 조사내용

구 분	재해 종류	사고 일자	조사 일자	조사내용
적과 종료 이전	우 박	5월 10일	5월 11일	〈유과타박률조사〉 유과타박률 15% 미보상감수과실수 : 없음 / 미보상비율 : 0%
적과후 착과수	-		7월 10일	적과후착과수 5,000개

			〈낙과피해조사(전수조사)〉 총 낙과과실수 : 1,000개 / 나무피해 없음 / 미보상감수과실수 없음			
적과 종료 이후	태풍	9월 8일	9월 9일			

〈낙과피해조사(전수조사)〉
총 낙과과실수 : 1,000개 /
나무피해 없음 / 미보상감수과실수 없음

피해과실 구분	100%	80%	50%	정 상
과실수	1,000개	0	0	0

〈낙엽피해조사〉
낙엽률 30%(경과일수 100일) / 미보상비율 0%

우 박 5월 10일 10월 30일

〈착과피해조사〉
단, 태풍 사고 이후 착과수는 변동 없음

피해과실 구분	100%	80%	50%	정 상
과실수	4개	20개	20개	56개

가을
동상해 10월 30일 10월 31일

〈가을동상해 착과피해조사〉
사고 당시 착과과실수 : 3,000개

피해과실 구분	100%	80%	50%	정 상
과실수	6개	30개	20개	44개

정답

1. **누적감수과실수**
   (1) **계산과정 :**
      ① 적과종료 이전
         착과감소과실수 = 최솟값(평년착과수 − 적과후착과수, 최대 인정감소과실수)
                      = 최솟값(10,000개 − 5,000개, 1,500개) = **1,500개**
      ※ 최대 인정피해율 = 유과타박률 15%
      ※ 최대 인정감소과실수 = 평년착과수 × 최대 인정피해율 = 10,000개 × 0.15 = **1,500개**
      ② 적과후착과수 = 5,000개
      ③ 적과종료 이후 태풍피해조사
         ㉠ 낙과피해조사
            총 낙과과실수 = **1,000개**
         ㉡ 낙엽피해조사
            사고 당시 착과과실수 × (인정피해율 − max A) × (1 − 미보상비율)
         ※ 사고 당시 착과과실수
            = 적과후착과수 − 총 낙과과실수 − 총 적과종료후 나무피해과실수 − 총 기수확과실수
            = 5,000개 − 1,000개 − 0개 − 0개 = 4,000개
         ※ 인정피해율
            = (1.0115 × 낙엽률) − (0.0014 × 경과일수)
            = (1.0115 × 0.3) − (0.0014 × 100) = 0.30345 − 0.14 = 0.16345
      ※ max A : 금차 사고전 기조사된 착과피해구성률 또는 인정피해율 중 최댓값(= 0)
      ※ "(인정피해율 − max A)"이 영(0)보다 작은 경우 금차 감수과실수는 영(0)으로 한다.

      낙엽피해조사 감수과실수 = (5,000개 − 1,000개) × (0.16345 − 0) × (1 − 0) ≒ **654개**

      태풍피해 감수과실수 = 1,000개 + 654개 = **1,654개**

④ 적과종료 이후 우박 착과피해조사

사고 당시 착과과실수 × (착과피해구성률 − max A)

※ 착과피해구성률

$$= \frac{(100\%형\ 피해과실수 \times 1) + (80\%형\ 피해과실수 \times 0.8) + (50\%형\ 피해과실수 \times 0.5)}{100\%형\ 피해과실수 + 80\%형\ 피해과실수 + 50\%형\ 피해과실수 + 정상과실수}$$

$$= \frac{(4 \times 1) + (20 \times 0.8) + (20 \times 0.5)}{100}$$

$$= 0.3$$

※ max A : 금차 사고전 기조사된 착과피해구성률 또는 인정피해율 중 최댓값(= 0.16345)

우박 착과피해 감수과실수 = (5,000개 − 1,000개) × (0.3 − 0.16345) = **546개**

⑤ 가을동상해 착과피해조사

사고 당시 착과과실수 × (착과피해구성률 − max A)

※ 착과피해구성률 $= \dfrac{(6 \times 1) + (30 \times 0.8) + (20 \times 0.5)}{100} = 0.4$

※ max A : 금차 사고전 기조사된 착과피해구성률 또는 인정피해율 중 최댓값(= 0.3)

가을동상해피해 감수과실수 = 3,000개 × (0.4 − 0.3) = **300개**

∴ 누적감수과실수 = 1,654개 + 546개 + 300개 = **2,500개**

(2) 답 : **2,500개**

2. 기준착과수

(1) 계산과정 :

기준착과수 = 적과후착과수 + 착과감소과실수
= 5,000개 + 1,500개 = **6,500개**

(2) 답 : **6,500개**

18 종합위험 수확감소보장방식 벼 품목에서 사고가 접수된 농지의 수량요소조사 방법에 의한 수확량조사 결과가 다음과 같을 경우 수확량과 피해율을 구하시오. [15점] 기출수정

평년수확량	2,100kg	조사수확비율	70%
표준수확량	2,200kg	미보상비율	20%
기준수확량	2,000kg	피해면적 보정계수	0.95

(1) 수확량(단, kg단위로 소수점 첫째자리에서 반올림하여 다음 예시와 같이 구하시오. 예시 : 994.55kg → 995kg)

(2) 피해율(단, %단위로 소수점 둘째자리에서 반올림하여 첫째자리까지 다음 예시와 같이 구하시오. 예시 : 12.345% → 12.3%)

(1) 수확량 : <u>1,463kg</u>
(2) 피해율 : <u>24.3%</u>

(1) 수확량

조사수확량(kg) = 표준수확량(kg) × 조사수확비율(%) × 피해면적 보정계수
= 2,200kg × 0.7 × 0.95 = <u>1,463kg</u>

(2) 피해율

피해율(%) = (평년수확량 − 수확량 − 미보상감수량) ÷ 평년수확량
미보상감수량 = (평년수확량 − 수확량) × 미보상비율
= (2,100kg − 1,463kg) × 0.2 = 127.4kg = 127kg
피해율(%) = (2,100kg − 1,463kg − 127kg) ÷ 2,100kg ≒ 0.24285(= <u>24.3%</u>)

19 업무방법에서 정하는 종합위험방식 마늘 품목에 관한 다음 2가지 물음에 답하시오. [10점]

○ 계약사항

상품명	보험가입금액	가입면적	평년수확량	자기부담비율
종합위험방식 마늘	1,000만원	4,000m^2	5,000kg	20%

○ 조사내용

조사종류	조사방식	1m^{2}당 출현주수(1차조사)	1m^{2}당 재파종주수(2차조사)
재파종조사	표본조사	18주	32주

(1) 재파종보험금 산정방법을 서술하시오.

(2) 다음의 계약사항과 보상하는 손해에 따른 조사내용에 관하여 재파종보험금을 구하시오(단, 1a는 100m^2 이다).

(1) 재파종보험금 산정방법

① 재파종보험금은 재파종조사 결과 10a당 출현주수가 30,000주보다 작고, 10a당 30,000주 이상으로 재파종을 한 경우에 1회 지급하며, 보험금은 보험가입금액에 35%를 곱한 후 다시 표준출현 피해율을 곱하여 산정한다.

② 표준출현 피해율은 10a 기준 출현주수를 30,000에서 뺀 후 이 값을 30,000으로 나누어 산출한다.

(2) 재파종보험금

① 계산과정 :
  - 재파종보험금 = 보험가입금액 × 0.35 × 표준출현 피해율
  - 출현주수(1차조사)
    10a(1,000㎡)당 출현주수 = 1,000 × 18주 = 18,000주
  - 표준출현 피해율(10a 기준) = (30,000주 − 출현주수) ÷ 30,000주
    = (30,000주 − 18,000주) ÷ 30,000주 = 0.4
  - ∴ 재파종보험금 = 1,000만원 × 0.35 × 0.4 = 140만원

② 답 : <u>140만원</u>

---

20 다음의 계약사항과 보상하는 손해에 따른 조사내용에 관하여 수확량, 기준수입, 실제수입, 피해율, 농업수입감소보험금을 구하시오(단, 피해율은 % 단위로 소수점 셋째자리에서 반올림하여 둘째자리까지 다음 예시와 같이 구하시오. 예시 : 0.12345 → 12.35%). [15점]

○ 계약사항

상품명	보험가입금액	가입면적	평년수확량	자기부담비율	기준가격
농업수입감소 보장보험 콩	900만원	10,000㎡	2,470kg	20%	3,900원/kg

○ 조사내용

조사종류	조사방식	실제경작면적	수확불능면적	타작물 및 미보상면적
수확량조사	표본조사	10,000㎡	1,000㎡	0㎡

기수확면적	표본구간 수확량 합계	표본구간 면적 합계	미보상감수량	수확기가격
2,000㎡	1.2kg	12㎡	200kg	4,200원/kg

정답

(1) 수확량

① 계산과정 :
  수확량(표본조사) = (표본구간 단위면적당 수확량 × 조사대상면적) + {단위면적당 평년수확량 × (타작물 및
    미보상면적 + 기수확면적)}
  표본구간 단위면적당 수확량 = 표본구간 수확량 합계 ÷ 표본구간 면적 = 1.2kg ÷ 12㎡ = 0.1kg/㎡
  조사대상면적 = 실제경작면적 − 수확불능면적 − 타작물 및 미보상면적 − 기수확면적
    = 10,000㎡ − 1,000㎡ − 0㎡ − 2,000㎡ = 7,000㎡
  단위면적당 평년수확량 = 평년수확량 ÷ 실제경작면적 = 2,470kg ÷ 10,000㎡ = 0.247kg/㎡
  ∴ 수확량(표본조사) = (0.1kg/㎡ × 7,000㎡) + {0.247kg/㎡ × (0㎡ + 2,000㎡)} = **1,194kg**

② 답 : <u>1,194kg</u>

(2) 기준수입

    ① 계산과정 :

       기준수입 = 평년수확량 × 농지별 기준가격

            = 2,470kg × 3,900원/kg = **9,633,000원**

    ② 답 : **9,633,000원**

(3) 실제수입

    ① 계산과정 :

       실제수입 = (수확량 + 미보상감수량) × Min(농지별 기준가격, 농지별 수확기가격)

            = (1,194kg + 200kg) × 3,900원/kg = **5,436,600원**

    ② 답 : **5,436,600원**

(4) 피해율

    ① 계산과정 :

       피해율 = (기준수입 − 실제수입) ÷ 기준수입

          = (9,633,000원 − 5,436,600원) ÷ 9,633,000원 ≒ 0.43563 = **43.56%**

    ② 답 : **43.56%**

(5) 농업수입감소보험금

    ① 계산과정 :

       농업수입감소보험금 = 보험가입금액 × (피해율 − 자기부담비율)

               = 9,000,000원 × (0.4356 − 0.2) = **2,120,400원**

    ② 답 : **2,120,400원**

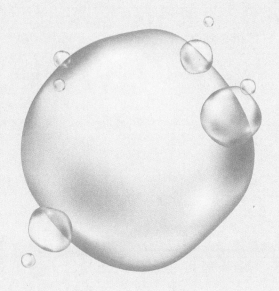

최고의 순간은 아직 오지 않았다.

- 제리 로이스터 -

2017년도 제3회 손해평가사 2차 시험문제

농작물재해보험 및 가축재해보험의 이론과 실무

※ 단답형 문제에 대해 답하시오. (1 ~ 5번 문제)

01 농작물재해보험약관에서 정하는 용어의 정의로 (   )에 들어갈 내용을 답란에 쓰시오.

[5점] 기출수정

○ "보험의 목적"은 가입대상 품목 중 약관에 따라 보험에 가입한 농작물로 보험증권에 기재된 농작물의 (㉠) 또는 (㉡)을(를) 말한다.
○ "표준수확량"이란 가입품목의 (㉢), (㉣), (㉤) 등에 따라 정해진 수확량을 말한다.

정답

㉠ 과실, ㉡ 나무, ㉢ 품종, ㉣ 수령, ㉤ 재배방식

해설

• "보험의 목적"은 가입대상 품목 중 약관에 따라 보험에 가입한 농작물로 보험증권에 기재된 농작물의 (**과실**) 또는 (**나무**)를 말한다.
• "표준수확량"이란 가입품목의 (**품종**), (**수령**), (**재배방식**) 등에 따라 정해진 수확량을 말한다.

02 다음은 농작물재해보험 적과전 종합위험방식Ⅱ 과수품목의 과실손해보장 보통약관의 대상재해별 보험기간에 대한 기준이다. (   )에 들어갈 알맞은 날짜를 답란에 쓰시오.

[5점] [기출수정]

구 분		보험기간	
		보장개시	보장종료
적과종료 이전	자연재해	계약체결일 24시	사과, 배 : (㉠)
적과종료 이후	가을동상해	(㉡)	사과, 배 : (㉢)
			단감, 떫은 감 : 수확기종료 시점 (다만, 판매개시연도 11월 15일을 초과할 수 없음)

정답

㉠ 적과종료 시점(다만, 판매개시연도 6월 30일을 초과할 수 없음)
㉡ 판매개시연도 9월 1일
㉢ 수확기종료 시점(다만, 판매개시연도 11월 10일을 초과할 수 없음)

해설

적과전 종합위험방식Ⅱ 과수품목의 과실손해보장 보통약관

구 분		대상재해		대상품목	보험기간	
보 장	약 관				보장개시	보장종료
과실 손해 보장	보통 약관	적과 종료 이전	자연재해, 조수해, 화재	사과, 배	계약체결일 24시	적과종료 시점 다만, 판매개시연도 6월 30 일을 초과할 수 없음
				단감, 떫은감	계약체결일 24시	적과종료 시점 다만, 판매개시연도 7월 31일 을 초과할 수 없음
		적과 종료 이후	태풍(강풍), 우박, 집중호우, 화재, 지진	사과, 배, 단감, 떫은감	적과종료 이후	수확기종료 시점 다만, 판매개시연도 11월 30 일을 초과할 수 없음
			가을동상해	사과, 배	판매개시연도 9월 1일	수확기종료 시점 다만, 판매개시연도 11월 10 일을 초과할 수 없음
				단감, 떫은감	판매개시연도 9월 1일	수확기종료 시점 다만, 판매개시연도 11월 15 일을 초과할 수 없음
			일소피해	사과, 배, 단감, 떫은감	적과종료 이후	판매개시연도 9월 30일

03 농작물재해보험 자두 품목의 아래 손해 중 보상하는 손해는 "○"로, 보상하지 않는 손해는 "×"로 ( )에 표기하시오. [5점]

① 원인의 직·간접을 묻지 아니하고 병해충으로 발생한 손해 ·· ( )
② 제초작업, 시비관리 등 통상적인 영농활동을 하지 않아 발생한 손해 ····························· ( )
③ 기온이 0℃ 이상에서 발생한 이상저온에 의한 손해 ·· ( )
④ 계약 체결 시점 현재 기상청에서 발령하고 있는 기상특보 발령지역의 기상특보 관련 재해로 인한 손해
·· ( )
⑤ 최대 순간풍속 14m/sec 미만의 바람으로 발생한 손해 ·· ( )

[정답]

① ×, ② ×, ③ ○, ④ ×, ⑤ ×

[해설]

①·②·④ 자두 품목의 보상하지 않는 손해에 해당된다.
③ 기온이 0℃ 이상에서 발생한 이상저온에 의한 손해는 보상하는 자연재해 중 '**냉해**'에 해당되므로 보상하는 손해이다.
⑤ 최대 순간풍속 14m/sec 미만의 바람으로 발생한 손해는 보상하는 자연재해 중 '**강풍**'에 해당하지 않으므로 보상하지 않는다.

TIP 자두 품목의 보상하는 손해와 보상하지 않는 손해

보상하는 손해	• 자연재해 : 태풍피해, 우박피해, 동상해, 호우피해, 강풍피해, 냉해, 한해(가뭄피해), 조해, 설해, 폭염, 기타 자연재해 • 조수(鳥獸)해 • 화재
보상하지 않는 손해	• 계약자, 피보험자 또는 이들의 법정대리인의 고의 또는 중대한 과실로 생긴 손해 • 수확기에 계약자 또는 피보험자의 고의 또는 중대한 과실로 수확하지 못하여 발생한 손해 • 제초작업, 시비관리 등 통상적인 영농활동을 하지 않아 발생한 손해 • 원인의 직·간접을 묻지 아니하고 병해충으로 발생한 손해 • 보상하지 않는 재해로 제방, 댐 등이 붕괴되어 발생한 손해 • 하우스, 부대시설 등의 노후 및 하자로 인하여 발생한 손해 • 계약 체결 시점 현재 기상청에서 발령하고 있는 기상특보 발령지역의 기상특보 관련 재해로 인한 손해 • 위의 보상하는 손해(자연재해, 조수해, 화재)에 해당하지 않은 재해로 발생한 손해 • 전쟁, 혁명, 내란, 사변, 폭동, 소요, 노동쟁의, 기타 이들과 유사한 사태로 생긴 손해

04 ○○도 △△시 관내에서 매실과수원(천매 10년생, 200주)을 하는 A씨는 농작물재해보험 매실 품목의 나무손해보장 특약에 200주를 가입한 상태에서 보험기간내 침수로 50주가 고사되는 피해를 입었다. A씨의 피해에 대한 나무손해보장 특약의 보험금 산출식을 쓰고, 해당 보험금을 계산하시오(단, 1주당 가입가격은 50,000원임). [5점] 기출수정

정답

① 산출식 :

보험금 = 보험가입금액 × [피해율 - 자기부담비율(5%)]

  ※ 피해율 = 피해주수(고사된 나무) ÷ 실제결과주수

② 보험금 : 2,000,000원

해설

- 나무손해보장 특약 보험가입금액은 보험에 가입한 결과주수에 1주당 가입가격(50,000원)을 곱하여 산출한다.
- 피해율 = 피해주수(고사된 나무) ÷ 실제결과주수 = 50주 ÷ 200주 = 0.25(= **25%**)
- 보험금 = 보험가입금액 × [피해율 - 자기부담비율(5%)]
  = 200주 × 50,000원/주 × (25% - 5%) = **2,000,000원**

05 가축재해보험(한우 · 육우 · 젖소)의 정부지원 기준 중 (   )에 들어갈 내용을 답란에 쓰시오. [5점] 기출수정

지원요건	• 「농어업경영체법」 제4조에 따라 해당 축종으로 (㉠)를 등록한 자 • 「축산법」 제22조 제1항 및 제3항에 따른 (㉡)를 받은 자 • 축사는 적법한 건물(시설 포함)로 건축물관리대장 또는 가설건축물관리대장이 있어야 하고, 건축물관리대장상 (㉢)은(는) 정부지원 제외
지원비율	• 가축재해보험에 가입한 재해보험가입자의 납입 보험료의 (㉣)% 지원 • 단, 농업인(주민등록번호) 또는 법인별(법인등록번호) (㉤) 한도 지원

정답

㉠ 농업경영정보, ㉡ 축산업 허가(등록), ㉢ 주택용도, ㉣ 50, ㉤ 5천만원

해설

가축재해보험(한우 · 육우 · 젖소)의 정부지원 기준

지원요건	• 「농어업경영체법」 제4조에 따라 해당 축종으로 (**농업경영정보**)를 등록한 자 • 「축산법」 제22조 제1항 및 제3항에 따른 (**축산업 허가(등록)**)를 받은 자 • 축사는 적법한 건물(시설 포함)로 건축물관리대장 또는 가설건축물관리대장이 있어야 하고, 건축물관리대장상 (**주택용도**)는 정부지원 제외
지원비율	• 가축재해보험에 가입한 재해보험가입자의 납입 보험료의 (**50**)% 지원 • 단, 농업인(주민등록번호) 또는 법인별(법인등록번호) (**5천만원**) 한도 지원

※ 서술형 문제에 대해 답하시오. (6 ～ 10번 문제)

06 농작물재해보험 업무방법에 따른 적과전 종합위험방식 Ⅱ 나무손해보장 특별약관에서 정하는 보상하는 손해와 보상하지 않는 손해를 답란에 각각 서술하시오. [15점] `기출+정`

보상하는 손해	
보상하지 않는 손해	

`정답`

보상하는 손해	보험의 목적(나무)이 보통약관에서 보상하는 손해로 정한 재해로 인하여 입은 손해
보상하지 않는 손해	① 계약자, 피보험자 또는 이들의 법정대리인의 고의 또는 중대한 과실로 인한 손해 ② 제초작업, 시비관리 등 통상적인 영농활동을 하지 않아 발생한 손해 ③ 보상하지 않는 재해로 제방, 댐 등이 붕괴되어 발생한 손해 ④ 피해를 입었으나 회생 가능한 나무 손해 ⑤ 토양관리 및 재배기술의 잘못된 적용으로 인해 생기는 나무 손해 ⑥ 병충해 등 간접손해에 의해 생긴 나무 손해 ⑦ 하우스, 부대시설 등의 노후 및 하자로 생긴 손해 ⑧ 계약 체결 시점 현재 기상청에서 발령하고 있는 기상특보 발령 지역의 기상특보 관련 재해로 인한 손해 ⑨ 보상하는 재해에 해당하지 않은 재해로 발생한 손해 ⑩ 전쟁, 혁명, 내란, 사변, 폭동, 소요, 노동쟁의, 기타 이들과 유사한 사태로 생긴 손해

07 농작물재해보험 원예시설 및 시설작물 업무방법에서 정하는 자기부담금과 소손해면책금에 대하여 서술하시오. [15점] `기출+정`

`정답`

(1) 자기부담금
　① 최소 자기부담금(30만원)과 최대 자기부담금(100만원)을 한도로 보험사고로 인하여 발생한 손해액의 10%에 해당하는 금액을 자기부담금으로 한다.
　② 피복재단독사고는 최소 자기부담금(10만원)과 최대 자기부담금(30만원)을 한도로 한다.
　③ 농업용 시설물(버섯재배사 포함)과 부대시설 모두를 보험의 목적으로 하는 보험계약은 두 보험의 목적의 손해액 합계액을 기준으로 자기부담금을 산출한다.
　④ 자기부담금은 단지 단위, 1사고 단위로 적용한다.
　⑤ 화재손해는 자기부담금을 적용하지 않는다(농업용 시설물 및 버섯재배사, 부대시설에 한함).

(2) 소손해면책금
　① 시설작물 및 버섯작물에 적용한다.
　② 보상하는 재해로 1사고당 생산비보험금이 10만원 미만인 경우 보험금이 지급되지 않고, 소손해면책금을 초과하는 경우 손해액 전액을 보험금으로 지급한다.

08 농작물재해보험 종합위험방식 벼 품목의 업무방법에서 정하는 보험금 지급사유와 지급금액 산출식을 답란에 서술하시오(단, 자기부담비율은 15%형 기준임). [15점]

구 분	지급사유	지급금액 산출식
경작불능 보험금		
수확감소 보험금		
수확불능 보험금		

정답

구 분	지급사유	지급금액 산출식
경작불능 보험금	보상하는 재해로 식물체 피해율이 65% 이상이고, 계약자가 경작불능보험금을 신청한 경우에 지급한다.	보험가입금액 × 42%
수확감소 보험금	보상하는 재해로 피해율이 자기부담비율을 초과하는 경우에 지급한다.	보험가입금액 × (피해율 − 자기부담비율)
수확불능 보험금	보상하는 재해로 벼(조곡) 제현율이 65%(분질미의 경우 70%) 미만으로 떨어져 정상 벼로써 출하가 불가능하게 되고, 계약자가 수확불능보험금을 신청한 경우에 지급한다.	보험가입금액 × 57%

해설

보험금 지급금액 산출식
① **경작불능보험금**

> 보험금 = 보험가입금액 × 자기부담비율에 따른 일정비율

자기부담비율	경작불능보험금
10%형	보험가입금액 × 45%
15%형	보험가입금액 × 42%
20%형	보험가입금액 × 40%
30%형	보험가입금액 × 35%
40%형	보험가입금액 × 30%

② **수확감소보험금**

> 보험금 = 보험가입금액 × (피해율 − 자기부담비율)

※ 피해율 = (평년수확량 − 수확량 − 미보상감수량) ÷ 평년수확량

③ 수확불능보험금

보험금 = 보험가입금액 × 자기부담비율에 따른 일정비율

자기부담비율	수확불능보험금
10%	보험가입금액 × 60%
15%	보험가입금액 × 57%
20%	보험가입금액 × 55%
30%	보험가입금액 × 50%
40%	보험가입금액 × 45%

09 농업수입감소보장방식 포도 품목 캠벨얼리(노지)의 기준가격(원/kg)과 수확기가격(원/kg)을 구하고, 산출식을 답란에 서술하시오(단, 2017년에 수확하는 포도를 2016년 11월에 보험가입하였고, 농가수취비율은 80.0%로 정함). [15점]

연 도	서울 가락도매시장 캠벨얼리(노지) 연도별 평균가격(원/kg)	
	중 품	상 품
2011	3,500	3,700
2012	3,000	3,600
2013	3,200	5,400
2014	2,500	3,200
2015	3,000	3,600
2016	2,900	3,700
2017	3,000	3,900

정답

• 기준가격 : 2,640원
  산출식 : 기준가격 = 올림픽 평균값 × 농가수취비율 = 3,300원 × 0.8 = 2,640원
• 수확기가격 : 2,760원
  산출식 : 수확기가격 = 수확연도 서울 가락도매시장 중품과 상품 평균가격 × 농가수취비율
  = 3,450원 × 0.8 = 2,760원

1. **기준가격**

   서울시 농수산식품공사 가락도매시장 연도별 중품과 상품 평균가격의 보험가입 직전 5년(가입연도 포함) 올림픽 평균값에 농가수취비율을 곱하여 산출한다.

   ① 연도별 평균가격 : 연도별 가격구분별 기초통계기간의 일별 가격을 평균하여 산출

   ② 올림픽 평균값 : 최댓값과 최솟값을 제외한 평균값

   ③ 농가수취비율 : 80%

   우선, 보험가입 직전 5년(가입연도 포함) 연도별 중품과 상품 평균가격을 구해보면,

연 도	서울 가락도매시장 캠벨얼리(노지) 연도별 평균가격(원/kg)		
	중 품	상 품	평균가격
2012	3,000	3,600	3,300
2013	3,200	5,400	4,300
2014	2,500	3,200	2,850
2015	3,000	3,600	3,300
2016	2,900	3,700	3,300

   올림픽 평균값은 최댓값(4,300원)과 최솟값(2,850원)을 제외한 평균값이므로,
   - 올림픽 평균값 = 3,300원
   - 기준가격 = 3,300원 × 0.8 = 2,640원

2. **수확기가격**

   수확연도의 서울시 농수산식품공사 가락도매시장 중품과 상품 평균가격에 농가수취비율을 곱하여 산출한다.
   - 수확연도 서울 가락도매시장 중품과 상품 평균가격 = (3,000원 + 3,900원) ÷ 2 = 3,450원
   - 수확기가격 = 수확연도 서울 가락도매시장 중품과 상품 평균가격 × 농가수취비율
     = 3,450원 × 0.8 = 2,760원

10 가축재해보험의 업무방법에서 정하는 유량검정젖소의 정의와 가입기준(대상농가, 대상젖소)에 관하여 답란에 서술하시오. [15점]

1. **정 의**

   유량검정젖소란 검정농가의 젖소 중 유량이 우수하여 상품성이 높은 젖소를 말하며, 시가에 관계없이 협정보험가액 특약으로 가입한다.

2. **가입기준**

   ① **대상농가**

   농가 기준 직전 월의 305일 평균유량이 10,000kg 이상이고, 평균체세포수가 30만 마리 이하를 충족하는 농가가 대상이다.

   ② **대상젖소**

   대상농가 기준을 충족하는 농가의 젖소 중 최근 산차 305일 유량이 11,000kg 이상이고, 체세포수가 20만 마리 이하인 젖소가 대상이다.

※ 단답형 문제에 대해 답하시오. (11 ~ 15번 문제)

11 다음은 업무방법에서 사용하는 용어의 정의이다. 설명하는 내용에 알맞은 용어를 답란에 쓰시오.

[5점] 기출+정

> ㉠ 실제경작면적 중 보상하는 재해로 수확이 불가능한 면적을 의미한다.
> ㉡ 하나의 보험가입금액에 해당하는 농지 또는 과수원에서 경작한 목적물(수확물)을 모두 조사하는 것을 말한다.
> ㉢ 실제결과나무수에서 고사나무수, 미보상나무수 및 기수확나무수, 수확불능나무수를 뺀 나무 수로 표본조사의 대상이 되는 나무수를 의미한다.
> ㉣ 실제경작면적 중 조사일자를 기준으로 수확이 완료된 면적을 의미한다.
> ㉤ 실제결과나무수 중 보상하는 손해 이외의 원인으로 수확량(착과량)이 현저하게 감소한 나무수를 의미한다.

정답

㉠ 수확불능(고사)면적, ㉡ 전수조사, ㉢ 조사대상주수 또는 조사대상나무수, ㉣ 기수확면적, ㉤ 미보상주수 또는 미보상나무수

12 종합위험 수확감소보장방식 과수 품목의 과중조사를 실시하고자 한다. 아래 농지별 최소표본과 실수를 답란에 쓰시오(단, 해당 기준의 절반 조사는 고려하지 않는다). [5점]

계약사항			최소 표본과실수(개)
농 지	품 목	품종수	
A	포 도	1	㉠
B	포 도	2	㉡
C	자 두	1	㉢
D	복숭아	3	㉣
E	자 두	4	㉤

정답

㉠ 30개, ㉡ 40개, ㉢ 60개, ㉣ 60개, ㉤ 80개

과중조사

과중조사는 사고 접수가 된 농지에 한하여 품종별로 수확시기에 각각 실시한다.

농지에서 과실을 추출할 때, 품종별로 착과가 평균적인 3주 이상의 표본주에서 크기가 평균적인 과실을 품종별 20개 이상(포도는 농지당 30개 이상, 복숭아·자두는 농지당 60개 이상) 추출하여 품종별 과실 개수와 무게를 조사한다.

계약사항			최소 표본과실수(개)
농 지	품 목	품종수	
A	포 도	1	30개×1=30개
B	포 도	2	20개×2=40개
C	자 두	1	60개×1=60개
D	복숭아	3	20개×3=60개
E	자 두	4	20개×4=80개

13 다음은 업무방법에서 정하는 종합위험 수확감소보장방식 밭작물 품목별 수확량조사 적기에 관한 내용이다. 밑줄 친 부분에 알맞은 내용을 답란에 쓰시오. [5점]

품 목	수확량조사 적기
양 파	양파의 비대가 종료된 시점(식물체의 ㉠ 이 완료된 때)
고구마	고구마의 비대가 종료된 시점(삽식일로부터 ㉡ 일 이후에 농지별로 적용)
감자(고랭지재배)	감자의 비대가 종료된 시점(파종일로부터 ㉢ 일 이후)
콩	콩의 수확 적기[콩잎이 누렇게 변하여 떨어지고 ㉣ 의 80~90% 이상이 고유한 성숙(황색)색깔로 변하는 시기인 생리적 성숙기로부터 7~14일이 지난 시기]
양배추	양배추의 수확 적기(㉤ 형성이 완료된 때)

㉠ <u>도복</u>, ㉡ <u>120</u>, ㉢ <u>110</u>, ㉣ <u>꼬투리</u>, ㉤ <u>결구</u>

품목별 수확량조사 적기

품 목	수확량조사 적기
양 파	양파의 비대가 종료된 시점(식물체의 **도복**이 완료된 때)
고구마	고구마의 비대가 종료된 시점(삽식일로부터 **120**일 이후에 농지별로 적용)
감자(고랭지재배)	감자의 비대가 종료된 시점(파종일로부터 **110**일 이후)
콩	콩의 수확 적기[콩잎이 누렇게 변하여 떨어지고 **꼬투리**의 80~90% 이상이 고유한 성숙(황색)색깔로 변하는 시기인 생리적 성숙기로부터 7~14일이 지난 시기]
양배추	양배추의 수확 적기(**결구** 형성이 완료된 때)

14 다음은 가축재해보험의 보상하지 않는 손해의 내용 중 일부이다. 답란에 알맞은 내용을 쓰시오.

[5점]

○ 계약자, 피보험자 및 이들의 법정대리인의 고의 또는 중대한 과실로 생긴 손해
○ 계약자, 피보험자의 (㉠) 및 (㉡)에 의한 가축폐사로 인한 손해
○ (㉢)에서 정하는 가축전염병에 의한 폐사로 인한 손해 및 정부 및 공공기관의 (㉣) 또는
   (㉤)로 발생한 손해

정답

㉠ 도살, ㉡ 위탁도살, ㉢「가축전염병예방법」제2조(정의), ㉣ 살처분, ㉤ 도태권고

해설

보상하지 않는 손해
① 계약자, 피보험자 및 이들의 법정대리인의 고의 또는 중대한 과실로 생긴 손해
② 계약자, 피보험자의 **도살** 및 **위탁도살**에 의한 가축폐사로 인한 손해
③「**가축전염병예방법**」**제2조(정의)**에서 정하는 가축전염병에 의한 폐사로 인한 손해 및 정부 및 공공기관의 **살처분**
   또는 **도태권고**로 발생한 손해
④ 보험목적이 유실 또는 매몰되어 보험목적을 객관적으로 확인할 수 없는 손해. 다만, 풍수해 사고로 인한 직접손해
   등 회사가 인정하는 경우에는 보상한다.
⑤ 원인의 직접·간접을 묻지 않고 전쟁, 혁명, 내란, 사변, 폭동, 소요, 노동쟁의, 기타 유사한 사태로 인한 손해
⑥ 지진의 경우 보험계약일 현재 이미 진행 중인 지진(본진, 여진을 포함한다)으로 인한 손해
⑦ 핵연료물질 또는 핵연료물질에 의하여 오염된 물질의 방사성, 폭발성 그 밖의 유해한 특성에 의한 사고로 인한
   손해
⑧ 위 ⑦ 이외의 방사선을 쬐는 것 또는 방사능 오염으로 인한 손해
⑨ 계약 체결 시점 현재 기상청에서 발령하고 있는 기상특보 발령 지역의 기상특보 관련 재해(풍재, 수재, 설해,
   지진, 폭염)로 인한 손해

15 업무방법에서 정하는 종합위험 수확감소보장방식 논작물 및 밭작물 품목에 대한 내용이다.
(   )에 알맞은 내용을 답란에 쓰시오.

[5점]

구 분	품 목
수확량 전수조사 대상 품목	(㉠), (㉡)
경작불능 비해당 품목	(㉢)
병충해를 보장하는 품목(특약 포함)	(㉣), (㉤)

정답

㉠ 벼, 밀, 보리 ㉡ 콩 또는 팥, ㉢ 차(茶), ㉣ 벼, ㉤ 감자

구 분	품 목
수확량 전수조사 대상 품목	수확량 전수조사 대상 품목은 논작물의 경우 **벼, 밀, 보리**이고, 밭작물의 경우 **콩과 팥**이다.
경작불능 비해당 품목	경작불능조사 대상 품목은 논작물의 경우 벼, 조사료용 벼, 밀, 보리, 귀리이고, 밭작물의 경우 **차(茶)를 제외**한 양파, 마늘, 고구마, 옥수수, 사료용 옥수수, 감자(봄재배, 가을재배, 고랭지재배), 콩, 팥, 양배추 품목만 해당한다.
병충해를 보장하는 품목 (특약 포함)	병충해를 보장하는 품목(특약 포함)은 논작물의 경우 **벼**만 해당하고, 밭작물의 경우 **감자**만 해당한다.

※ 서술형 문제에 대해 답하시오. (16 ~ 20번 문제)

16 가축재해보험의 보상하는 손해 중 계약자 및 피보험자에게 지급할 수 있는 비용의 종류와 지급한도에 관하여 서술하시오(단, 비용의 종류에 대한 정의 포함). [15점]

[정답]

(1) 비용의 종류
　① 잔존물처리비용 : 보험목적물이 폐사한 경우 사고현장에서의 잔존물의 견인비용 및 차에 싣는 비용
　　• 사고현장 및 인근지역의 토양, 대기, 수질 오염물질 제거비용과 차에 실은 후 폐기물 처리비용은 포함하지 않는다.
　　• 적법한 시설에서의 랜더링 비용을 포함한다.
　　　※ 랜더링 : 사체를 고온 · 고압 처리하여 기름과 고형분으로 분리함으로써 유지(사료 · 공업용) 및 육분 · 육골분(사료 · 비료용)을 생산하는 과정
　② 손해방지비용 : 손해의 방지 또는 경감을 위하여 지출한 필요 또는 유익한 비용. 다만, 보험목적의 관리의무(약관 제25조)를 위하여 지출한 비용은 제외한다.
　③ 대위권보전비용 : 제3자로부터 손해의 배상을 받을 수 있는 경우에는 그 권리를 지키거나 행사하기 위하여 지출한 필요 또는 유익한 비용
　④ 잔존물보전비용 : 잔존물을 보전하기 위하여 지출한 필요 또는 유익한 비용. 다만, 회사가 잔존물을 취득한 경우에 한한다.
　⑤ 기타 협력비용 : 회사의 요구에 따르기 위하여 지출한 필요 또는 유익한 비용

(2) 지급한도
　① 손해에 의한 보험금 및 잔존물처리비용의 합계액은 보험증권에 기재된 보험가입금액 한도 내에서 보상한다. 잔존물처리비용은 손해액의 10%를 초과할 수 없다.
　② 비용손해 중 손해방지비용, 대위권보전비용, 잔존물보전비용은 보험가입금액을 초과하는 경우에도 지급한다.

17 다음의 계약사항과 보상하는 손해에 따른 조사내용에 관하여 피해수확량, 미보상감수량, 수확감소보험금을 구하시오(단, 재식시기지수와 재식밀도지수는 각각 1로 가정한다).

[15점] 기출수정

○ **계약사항**

상품명	보험가입금액	가입면적	표준수확량	가입가격	자기부담비율
수확감소보장 옥수수(미백2호)	15,000,000원	10,000m²	5,000kg	3,000원/kg	20%

○ **조사내용**

조사종류	표준중량	실제경작면적	고사면적	기수확면적
수확량조사	180g	10,000m²	1,000m²	2,000m²

표본구간 '상'품 옥수수 개수	표본구간 '중'품 옥수수 개수	표본구간 '하'품 옥수수 개수	표본구간 면적 합계	미보상비율
10개	10개	20개	10m²	10%

(1) 피해수확량(kg단위로 소수점 셋째자리에서 반올림하여 둘째자리까지 다음 예시와 같이 구하시오. 예시 : 3.456kg → 3.46kg로 기재)

(2) 미보상감수량

(3) 수확감소보험금

정답

(1) **피해수확량**
① 계산과정 :
   - 표본구간 피해수확량 합계 = (표본구간 '하'품 옥수수 개수 + 표본구간 '중'품 옥수수 개수 × 0.5)
     × 표준중량 × 재식시기지수 × 재식밀도지수
     = (20 + 10 × 0.5) × 180g × 1 × 1 = 4,500g = 4.5kg
   - 표본구간 단위면적당 피해수확량 = 표본구간 피해수확량 합계 ÷ 표본구간 면적
     = 4.5kg ÷ 10m² = 0.45kg/m²
   - 표본조사대상면적 = 실제경작면적 − 고사면적 − 타작물 및 미보상면적 − 기수확면적
     = 10,000m² − 1,000m² − 0 − 2,000m² = 7,000m²
   - 단위면적당 표준수확량 = 표준수확량 ÷ 실제경작면적 = 5,000kg ÷ 10,000m² = 0.5kg/m²
   - 피해수확량 = (표본구간 단위면적당 피해수확량 × 표본조사대상면적) + (단위면적당 표준수확량 × 고사면적)
     = (0.45kg/m² × 7,000m²) + (0.5kg/m² × 1,000m²)
     = 3,650kg
② 답 : <u>3,650kg</u>

(2) **미보상감수량**
① 계산과정 :
   미보상감수량 = 피해수확량 × 미보상비율
     = 3,650kg × 0.1 = 365kg
② 답 : <u>365kg</u>

(3) 수확감소보험금

① 계산과정 :

수확감소보험금 = Min[보험가입금액, 손해액] − 자기부담금
- 손해액 = (피해수확량 − 미보상감수량) × 가입가격

  $= (3,650kg − 365kg) × 3,000원/kg = 9,855,000원$
- 자기부담금 = 보험가입금액 × 자기부담비율 = 15,000,000원 × 20% = 3,000,000원
- 수확감소보험금 = Min[15,000,000원, 9,855,000원] − 3,000,000원

  $= 9,855,000원 − 3,000,000원 = 6,855,000원$

② 답 : <u>6,855,000원</u>

---

18 아래 조건에 의해 농업수입감소보장 포도 품목의 피해율 및 농업수입감소보험금을 산출하시오.

[15점]

> ○ 평년수확량 : 1,000kg
> ○ 조사수확량 : 500kg
> ○ 미보상감수량 : 100kg
> ○ 농지별 기준가격 : 4,000원/kg
> ○ 농지별 수확기가격 : 3,000원/kg
> ○ 보험가입금액 : 4,000,000원
> ○ 자기부담비율 : 20%

(1) 피해율(피해율은 %단위로 소수점 셋째자리에서 반올림하여 둘째자리까지 다음 예시와 같이 구하시오.
예시 : 0.12345 → 12.35%로 기재)

(2) 농업수입감소보험금

[정답]

(1) 피해율

① 계산과정 :
- 기준수입 = 평년수확량 × 농지별 기준가격 = 1,000kg × 4,000원/kg = 4,000,000원
- 실제수입 = (수확량 + 미보상감수량) × Min(농지별 기준가격, 농지별 수확기가격)

  $= (500kg + 100kg) × 3,000원/kg = 1,800,000원$
- 피해율 = (기준수입 − 실제수입) ÷ 기준수입

  $= (4,000,000원 − 1,800,000원) ÷ 4,000,000원 = 0.55(= 55\%)$

② 답 : <u>55%</u>

(2) 농업수입감소보험금

① 계산과정 :

농업수입감소보험금 = 보험가입금액 × (피해율 − 자기부담비율)

$= 4,000,000원 × (55\% − 20\%) = 1,400,000원$

② 답 : <u>1,400,000원</u>

19 다음의 계약사항과 조사내용에 관한 적과후착과수를 산정한 후 누적감수과실수와 기준착과수를 구하시오(단, 감수과실수와 기준착과수는 소수점 첫째자리에서 반올림하여 정수단위로, 피해율은 %단위로 소수점 셋째자리에서 반올림하여 다음 예시와 같이 구하시오. 예시 : 0.12345 → 12.35%). [15점] 기출수정

○ 계약사항

상품명	가입특약	평년착과수	가입과실수	실제결과주수
적과전 종합위험방식Ⅱ 단감	특정위험 5종 한정보장 특약	15,000개	9,000개	100주

○ 적과후착과수 조사내용(조사일자 : 7월 25일)

품 종	수 령	실제결과주수	표본주수	표본주 착과수 합계
부 유	10년	20주	3주	240개
부 유	15년	60주	8주	960개
서촌조생	20년	20주	3주	330개

구 분	재해 종류	사고 일자	조사 일자	조사내용
적과 종료 이전	우 박	5월 15일	5월 16일	• 유과타박률조사, 유과타박률 28% • 미보상비율 : 20% • 미보상주수 감수과실수 : 0개
적과 종료 이후	강 풍	7월 30일	7월 31일	• 낙과피해조사(전수조사) 총 낙과과실수 : 1,000개 / 나무피해 없음 / 미보상감수과실수 0개 | 피해과실 구분	100%	80%	50%	정 상 | | 과실수 | 1,000개 | 0개 | 0개 | 0개 | • 낙엽피해조사 낙엽률 50%(경과일수 60일) / 미보상비율 0%
	태 풍	10월 8일	10월 9일	• 낙과피해조사(전수조사) 총 낙과과실수 : 500개, 나무피해 없음, 미보상감수과실수 0개 | 피해과실 구분	100%	80%	50%	정 상 | | 과실수 | 200개 | 100개 | 100개 | 100개 | • 낙엽피해조사 낙엽률 60%(경과일수 130일) / 미보상비율 0%
	우 박	5월 15일	10월 29일	• 착과피해조사 단, 태풍 사고 이후 착과수는 변동 없음 | 피해과실 구분	100%	80%	50%	정 상 | | 과실수 | 20개 | 20개 | 20개 | 40개 |
	가을 동상해	10월 30일	10월 31일	• 가을동상해 착과피해조사 사고 당시 착과과실수 : 3,000개 가을동상해로 인한 잎 피해율 : 70% 잔여일수 : 10일 | 피해과실 구분	100%	80%	50%	정 상 | | 과실수 | 10개 | 20개 | 20개 | 50개 |

[정답]

(1) 적과후착과수

① 계산과정 :

- 품종 · 재배방식 · 수령별 착과수

$$= \frac{\text{품종 · 재배방식 · 수령별 표본주의 착과수 합계}}{\text{품종 · 재배방식 · 수령별 표본주 합계}} \times \text{품종 · 재배방식 · 수령별 조사대상주수}$$

- 적과후착과수 $= \left(\frac{240}{3} \times 20 \right) + \left(\frac{960}{8} \times 60 \right) + \left(\frac{330}{3} \times 20 \right) = \textbf{11,000개}$

② 답 : **11,000개**

(2) 누적감수과실수

① 계산과정 :

㉠ 적과종료 이전 착과감소과실수

- 최대 인정감소과실수 = 평년착과수 × 최대 인정피해율

  = 15,000개 × 유과타박률(28%) = 4,200개

- 착과감소과실수 = 최솟값(평년착과수 − 적과후착과수, 최대 인정감소과실수)

  = 최솟값(15,000개 − 11,000개, 4,200개) = **4,000개**

㉡ 적과후착과수 = **11,000개**

㉢ 강풍피해조사

- 낙과피해조사(전수조사)

  총 낙과과실수 × (낙과피해구성률 − max A)

  $= 1,000개 \times \left[\frac{(1,000 \times 1) + (0 \times 0.8) + (0 \times 0.5)}{1,000 + 0 + 0 + 0} - 0 \right] = \textbf{1,000개}$

- 낙엽피해조사

  사고 당시 착과과실수 × (인정피해율 − max A) × (1 − 미보상비율)

  ※ 사고 당시 착과과실수

  = 적과후착과수 − 총 낙과과실수 − 총 적과종료후 나무피해과실수 − 총 기수확과실수

  ※ 인정피해율 = (1.0115 × 낙엽률) − (0.0014 × 경과일수)

  ※ max A : 금차 사고전 기조사된 착과피해구성률 또는 인정피해율 중 최댓값(= 0)

  사고 당시 착과과실수 × {[(1.0115 × 낙엽률) − (0.0014 × 경과일수)] − max A} × (1 − 미보상비율)

  = (11,000개 − 1,000개 − 0개 − 0개) × {[(1.0115 × 0.5) − (0.0014 × 60)] − 0} × (1 − 0)

  = 4,217.5개 = **4,218개**

  강풍피해 감수과실수 = 1,000개 + 4,218개 = **5,218개**

㉣ 태풍피해조사

- 낙과피해조사(전수조사)

  총 낙과과실수 × (낙과피해구성률 − max A)

  $= 500개 \times \left[\frac{(200 \times 1) + (100 \times 0.8) + (100 \times 0.5)}{200 + 100 + 100 + 100} - 0.4218 \right] = 119.1개 = \textbf{119개}$

  ※ max A : 금차 사고전 기조사된 착과피해구성률 또는 인정피해율 중 최댓값

  인정피해율 = [(1.0115 × 0.5) − (0.0014 × 60)] = **0.42175(= 42.18%)**

※ 낙과피해구성률

$$= \frac{(100\%형\ 피해과실수 \times 1) + (80\%형\ 피해과실수 \times 0.8) + (50\%형\ 피해과실수 \times 0.5)}{100\%형\ 피해과실수 + 80\%형\ 피해과실수 + 50\%형\ 피해과실수 + 정상과실수}$$

- 낙엽피해조사

  사고 당시 착과과실수 × (인정피해율 − max A) × (1 − 미보상비율)

  ※ 사고 당시 착과과실수 = 11,000개 − 1,000개 − 500개 = 9,500개

  ※ 인정피해율 = [(1.0115 × 낙엽률) − (0.0014 × 경과일수)]

  $\qquad$ = [(1.0115 × 0.6) − (0.0014 × 130)] = 0.4249(= 42.49%)

  ※ max A : 금차 사고전 기조사된 착과피해구성률 또는 인정피해율 중 최댓값(= **0.4218**)

  낙엽피해 감수과실수 = 9,500개 × (0.4249 − 0.4218) × (1 − 0) = 29.45개 = **29개**

  태풍피해 감수과실수 = 119개 + 29개 = **148개**

ⓜ 우박 착과피해조사

- 사고 당시 착과과실수 × (착과피해구성률 − max A)

  ※ 착과피해구성률

  $$= \frac{(100\%형\ 피해과실수 \times 1) + (80\%형\ 피해과실수 \times 0.8) + (50\%형\ 피해과실수 \times 0.5)}{100\%형\ 피해과실수 + 80\%형\ 피해과실수 + 50\%형\ 피해과실수 + 정상과실수}$$

  $$= \frac{(20 \times 1) + (20 \times 0.8) + (20 \times 0.5)}{100}$$

  $$= 0.46$$

  ※ max A : 금차 사고전 기조사된 착과피해구성률 또는 인정피해율 중 최댓값(= **0.4249**)

- 우박 착과피해 감수과실수

  = 9,500개 × (0.46 − 0.4249) = 333.45개 = **333개**

ⓗ 가을동상해 착과피해조사

  사고 당시 착과과실수 × (착과피해구성률 − max A)

  ※ 착과피해구성률

  $$= \frac{(100\%형\ 피해과실수 \times 1) + (80\%형\ 피해과실수 \times 0.8) + (50\%형\ 피해과실수 \times 0.5) + (정상과실수 \times 0.0031 \times 잔여일수)}{100\%형\ 피해과실수 + 80\%형\ 피해과실수 + 50\%형\ 피해과실수 + 정상과실수}$$

  $$= \frac{(10 \times 1) + (20 \times 0.8) + (20 \times 0.5) + (50 \times 0.0031 \times 10)}{100} = 0.3755$$

  ※ max A : 금차 사고전 기조사된 착과피해구성률 또는 인정피해율 중 최댓값(= **0.46**)

  가을동상해 감수과실수 = 사고 당시 착과과실수 × (착과피해구성률 − max A)

  $\qquad$ = 3,000개 × (0.3755 − 0.46) = **0개**

  즉, (착과피해구성률 − max A)의 값이 영(0)보다 작은 경우 금차 감수과실수는 "영(0)"으로 한다.

  ∴ 누적감수과실수 = 5,218개 + 148개 + 333개 + 0개 = **5,699개**

② 답 : **5,699개**

(3) 기준착과수

① 계산과정 :

  기준착과수 = 적과후착과수 + 착과감소과실수

  $\qquad$ = 11,000개 + 4,000개 = **15,000개**

② 답 : **15,000개**

20 아래의 계약사항과 조사내용에 따른 표본구간 유효중량, 피해율 및 보험금을 구하시오.

[15점] 기출수정

○ 계약사항

품목명	가입 특약	가입금액	가입면적	가입 수확량	평년 수확량	자기부담 비율	품종 구분
벼	병해충 보장 특약	5,500,000원	5,000m²	3,950kg	3,850kg	15%	새누리 (메벼)

○ 조사내용

조사 종류	재해 내용	실제경작 면적	고사 면적	타작물 및 미보상 면적	기수확 면적	표본구간 면적	표본구간 작물중량 합계	함수율
수확량 (표본)조사	병해충 (도열병) / 호우	5,000m²	1,000m²	0m²	0m²	0.5m²	300g	23.5%

(1) 표본구간 유효중량(표본구간 유효중량은 g단위로 소수점 첫째자리에서 반올림하여 다음 예시와 같이 구하시오. 예시 : 123.4g → 123g로 기재)

(2) 피해율(피해율은 % 단위로 소수점 셋째자리에서 반올림하여 둘째자리까지 다음 예시와 같이 구하시오. 예시 : 0.12345는 → 12.35%로 기재)

(3) 보험금

정답

(1) 표본구간 유효중량
① 계산과정 :
표본구간 유효중량 = 표본구간 작물중량 합계 × (1 − Loss율) × {(1 − 함수율) ÷ (1 − 기준함수율)}
※ Loss율 : 7%
※ 기준함수율 : 메벼(15%), 찰벼(13%)
표본구간 유효중량 = 300g × (1 − 0.07) × {(1 − 0.235) ÷ (1 − 0.15)}
= 251.1g
② 답 : <u>251g</u>

(2) 피해율
① 계산과정 :
- 표본구간 단위면적당 유효중량 = 251g ÷ 0.5m² = 502g/m² = 0.502kg/m²
- 표본조사대상면적 = 실제경작면적 − 고사면적 − 타작물 및 미보상면적 − 기수확면적
= 5,000m² − 1,000m² − 0 − 0 = 4,000m²
- 단위면적당 평년수확량 = 평년수확량 ÷ 실제경작면적 = 3,850kg ÷ 5,000m² = 0.77kg/m²

- 수확량 = (표본구간 단위면적당 유효중량 × 표본조사대상면적) + {단위면적당 평년수확량 × (타작물 및 미보상면적 + 기수확면적)}

$$= (0.502\text{kg/m}^2 \times 4,000\text{m}^2) + \{0.77\text{kg/m}^2 \times (0+0)\text{m}^2\}$$

$$= 2,008\text{kg}$$

- 미보상감수량 = (평년수확량 − 수확량) × 미보상비율

$$= (3,850\text{kg} - 2,008\text{kg}) \times 0\% = 0\text{kg}$$

- 피해율 = (평년수확량 − 수확량 − 미보상감수량) ÷ 평년수확량

$$= (3,850\text{kg} - 2,008\text{kg} - 0\text{kg}) \div 3,850\text{kg} = 0.47844 = \textbf{47.84\%}$$

② 답 : <u>47.84%</u>

(3) 보험금

① 계산과정 :

보험금 = 보험가입금액 × (피해율 − 자기부담비율)

$$= 5,500,000원 \times (47.84\% - 15\%) = 1,806,200원$$

② 답 : <u>1,806,200원</u>

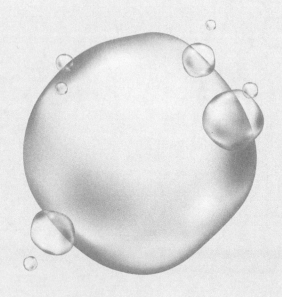

시련은 기회가 될 수 있다.

－류중일－

농작물재해보험 및 가축재해보험의 이론과 실무

※ 단답형 문제에 대해 답하시오. (1 ~ 5번 문제)

01 다음은 계약인수 현지조사 요령에서 현지조사 항목에 관한 내용이다. (   )에 들어갈 용어를 순서대로 쓰시오. [5점]

> ○ 과수작물 현지조사 항목 : 면적, 품종, 수령, 주수, (①), (②), (③), 기타 적정성
> ○ 밭작물, 원예시설 현지조사 항목 : 가입면적, 식재, (④), (⑤)의 적정성 등

[정답]

※ 본 문제는 2020년 업무방법서에서 생략된 내용으로, 2019년 업무방법서에 따라 서술하였다.

① 재식간격, ② 인수제한사항, ③ 방재시설, ④ 재배, ⑤ 농지구분

[해설]

계약인수 현지조사 요령
1. 과수작물
   • 재해보험에 가입하고자 하는 모든 과수원을 대상으로 보험료 수납전에 과수원 방문을 통해 실시한다.
   • 현지조사 항목 : 면적, 품종, 수령, 주수, **(재식간격)**, **(인수제한사항)** **(방재시설)**, 기타 적정성

2. 밭작물, 원예시설
   • 재해보험에 가입하고자 하는 모든 농지를 대상으로 보험료 수납 전에 농지(하우스) 방문을 통해 실시한다. 벼의 경우 서류확인을 원칙으로 하되, 본사 인수심사 건에 한하여 현지조사를 실시한다.
   • 현지조사 항목 : 가입면적, 식재, **(재배)**, **(농지구분)**의 적정성 등

02 종합위험보장 원예시설 보험의 계약인수와 관련하여 맞는 내용은 "○"로, 틀린 내용은 "×"로 표기하여 순서대로 나열하시오. [5점]

> ① 단동하우스와 연동하우스는 최소 가입면적이 200m²로 같고, 유리온실은 가입면적의 제한이 없다.
> ② 6개월 후에 철거 예정인 고정식 시설은 인수제한 목적물에 해당하지 않는다.
> ③ 작물의 재배면적이 시설면적의 50% 미만인 경우 인수제한 된다.
> ④ 고정식하우스는 존치기간이 1년 미만인 하우스로 시설작물 경작 후 하우스를 철거하여 노지작물을 재배하는 농지의 하우스를 말한다.

[정답]

① ×, ② ×, ③ ○, ④ ×

[해설]

① 단동하우스와 연동하우스는 최소 가입면적이 **300m²**로 같고, 유리온실은 가입면적의 제한이 없다.
② **1년 이내에** 철거 예정인 고정식 시설은 인수제한 목적물에 해당한다.
③ 작물의 재배면적이 시설면적의 50% 미만인 경우 인수제한 된다.
④ **이동식하우스**는 존치기간이 1년 미만인 하우스로 시설작물 경작 후 하우스를 철거(피복재만의 철거 포함)하여 노지작물을 재배하는 농지의 하우스를 말한다. **고정식하우스**는 존치기간이 1년 이상인 하우스로 한시적 휴경기간을 포함한다.

03 적과전 종합위험방식 Ⅱ 과수 상품에서 다음 조건에 따라 올해 2020년의 평년착과량을 구하시오 (단, 제시된 조건 외의 다른 조건은 고려하지 않음). [5점] [기출수정]

(단위 : 개)

구 분	2015년	2016년	2017년	2018년	2019년
표준수확량	7,900	7,300	8,700	8,900	9,200
적과후착과량	미가입	6,500	5,600	미가입	7,100

※ 기준표준수확량은 2015년부터 2019년까지 8,500개로 매년 동일한 것으로 가정함
※ 2020년 기준표준수확량은 9,350개임

[정답]

평년착과량 : **7,920개**

해설

평년착과량 산출방법

평년착과량 $= [A + (B-A) \times (1 - Y / 5)] \times C / D$

- $A =$ ∑과거 5년간 적과후착과량 ÷ 과거 5년간 가입횟수
  $= (6,500개 + 5,600개 + 7,100개) ÷ 3 = 6,400개$
- $B =$ ∑과거 5년간 표준수확량 ÷ 과거 5년간 가입횟수
  $= (7,300개 + 8,700개 + 9,200개) ÷ 3 = 8,400개$
- $Y =$ 과거 5년간 가입횟수 = 3회
- $C =$ 당해 연도(2020년) 기준표준수확량 = 9,350개
- $D =$ ∑과거 5년간 기준표준수확량 ÷ 과거 5년간 가입횟수
  $= (8,500개 + 8,500개 + 8,500개) ÷ 3 = 8,500개$
- 평년착과량 $= \{6,400개 + (8,400개 - 6,400개) \times (1 - 3 / 5)\} \times 9,350개 / 8,500개$
  $= \{6,400개 + 2,000개 \times 0.4\} \times 1.1 = \mathbf{7,920개}$

---

04 다음 밭작물의 품목별 보장내용에 관한 표의 빈칸에 담보가능은 "○"로, 부담보는 "×"로 표시할 때 다음 물음에 답하시오(단, '차' 품목 예시를 포함하여 개수를 산정함). [5점]

밭작물	재파종 보장	경작불능 보장	수확감소 보장	수입보장	생산비 보장	해가림 시설보장
차	×	×	○	×	×	×
인 삼						
고구마, 감자						
콩, 양파						
마 늘						
고 추						

① '재파종보장' 열에서 "○"의 개수
② '경작불능보장' 열에서 "○"의 개수
③ '수입보장' 열에서 "○"의 개수
④ '인삼' 행에서 "○"의 개수
⑤ '고구마, 감자' 행에서 "○"의 개수

정답

① '재파종보장' 열에서 "○"의 개수 : <u>1</u>
② '경작불능보장' 열에서 "○"의 개수 : <u>3</u>
③ '수입보장' 열에서 "○"의 개수 : <u>3</u>
④ '인삼' 행에서 "○"의 개수 : <u>1</u>
⑤ '고구마, 감자' 행에서 "○"의 개수 : <u>3</u>

밭작물	재파종 보장	경작불능 보장	수확감소 보장	수입보장	생산비 보장	해가림 시설보장
차	×	×	○	×	×	×
인 삼	×	×	×	×	×	○
고구마, 감자	×	○	○	○	×	×
콩, 양파	×	○	○	○	×	×
마 늘	○	○	○	○	×	×
고 추	×	×	×	×	○	×

05 종합위험담보방식 대추 품목 비가림시설에 관한 내용이다. 다음 조건에서 계약자가 가입할 수 있는 보험가입금액의 ① 최솟값과 ② 최댓값을 구하고, ③ 계약자가 부담할 보험료의 최솟값은 얼마인지 쓰시오(단, 화재위험보장 특약은 제외하고, m^2당 시설비는 19,000원임).

[5점] 기출수정

○ 가입면적 : 2,500m^2
○ 지역별 보험요율(순보험요율) : 5%
○ 순보험료 정부 보조금 비율 : 50%
○ 순보험료 지방자치단체 보조금 비율 : 30%
○ 손해율에 따른 할인·할증과 방재시설 할인 없음

정답

① 보험가입금액의 최솟값 = 38,000,000원
② 보험가입금액의 최댓값 = 61,750,000원
③ 계약자가 부담할 보험료의 최솟값 = 380,000원

해설

① **보험가입금액의 최솟값**
보험가입금액은 대추비가림시설의 m^2당 시설비(19,000원)에 비가림시설 면적을 곱하여 산정한다. 산정된 금액의 80%~130% 범위 내에서 보험가입금액을 결정한다.
• 보험가입금액의 최솟값 = 2,500m^2 × 19,000원/m^2 × 0.8 = **38,000,000원**
② **보험가입금액의 최댓값**
• 보험가입금액의 최댓값 = 2,500m^2 × 19,000원/m^2 × 1.3 = **61,750,000원**
③ **계약자가 부담할 보험료의 최솟값**
• 보험료 산출(비가림시설보장) = 보험가입금액 × 지역별 영업요율(보험요율)
• 지역별 영업요율(보험요율) = 5% × {1 − (50% + 30%)}
따라서, 계약자가 부담할 보험료의 최솟값 = 38,000,000원 × 0.05 × 0.2 = **380,000원**

※ 서술형 문제에 대해 답하시오. (6 ∼ 10번 문제)

06 적과전 종합위험방식Ⅱ 과수 품목의 과실손해보장 보험가입금액에 관하여 다음 내용을 서술하시오. [15점] 기출수정

① 보험가입금액 설정방법
② 가입가격
③ 보험가입금액의 감액

정답

① **보험가입금액 설정방법**
가입수확량에 가입가격을 곱하여 산출하며, 천원 단위 미만은 절사한다.
② **가입가격**
보험에 가입할 때 결정한 과실의 kg당 평균가격으로 한 과수원에 다수의 품종이 혼식된 경우에도 품종과 관계없이 동일하다.
③ **보험가입금액의 감액**
적과종료후 적과후착과량(약관상 '기준수확량')이 평년착과량(약관상 '가입수확량')보다 적은 경우 가입수확량 조정을 통해 보험가입금액을 감액한다.

07 종합위험방식 고추 품목에 관한 다음 내용을 각각 서술하시오. [15점]

① 다음 독립된 A, B, C 농지 각각의 보험가입 가능 여부와 그 이유(단, 각각 제시된 조건 이외는 고려하지 않음)

> ○ A농지 : 가입금액이 100만원으로 농지 10a당 재식주수가 4,000주로 고추정식 1년전 인삼을 재배
>
> ○ B농지 : 가입금액이 200만원, 농지 10a당 재식주수가 2,000주로 4월 2일 고추를 터널재배 형식만으로 식재
>
> ○ C농지 : 연륙교가 설치된 도서 지역에 위치하여 10a당 재식주수가 5,000주로 전 농지가 비닐멀칭이 된 노지재배

② 병충해가 있는 경우 생산비보장보험금 계산식
③ 수확기 이전에 보험사고가 발생한 경우 경과비율 계산식

① **독립된 A, B, C 농지 각각의 보험가입 가능 여부와 그 이유**
- **A농지** : 보험가입금액이 200만원 이상인 농지가 가입 가능하기 때문에 보험가입이 불가능하다.
- **B농지** : 보험가입이 가능하다. 그 이유는 가입금액이 200만원이고, 농지 10a당 재식주수가 1,500주 이상이고 4,000주 이하인 농지에 해당하며, 4월 1일 이전과 5월 31일 이후에 고추를 식재한 농지가 아니며, 터널 재배형 식만으로 식재한 농지이기 때문이다.
- **C농지** : 10a당 재식주수가 1,500주 이상이고 4,000주 이하인 농지가 가입 가능하기 때문에 보험가입이 불가능하다.

② **병충해가 있는 경우 생산비보장보험금 계산식**
생산비보장보험금 = (잔존보험가입금액 × 경과비율 × 피해율 × 병충해 등급별 인정비율) − 자기부담금
- 잔존보험가입금액 = 보험가입금액 − 보상액(기발생 생산비보장보험금 합계액)
- 자기부담금 : 잔존보험가입금액에 보험가입을 할 때 계약자가 선택한 비율을 곱한 금액(잔존보험가입금액의 3% 또는 5%)

③ **수확기 이전에 보험사고가 발생한 경우 경과비율 계산식**
준비기생산비계수 + {(1 − 준비기생산비계수) × (생장일수 ÷ 표준생장일수)}
- 준비기생산비계수는 52.7%로 한다.
- 생장일수는 정식일로부터 사고발생일까지 경과일수로 한다.
- 표준생장일수(정식일로부터 수확개시일까지 표준적인 생장일수)는 사전에 설정된 값으로 100일로 한다.
- 생장일수를 표준생장일수로 나눈 값은 1을 초과할 수 없다.

08 과실손해보장의 일소피해보장 보통약관에 관한 다음 내용을 각각 서술하시오. [15점] 기출수정

① 일소피해의 정의
② 일소피해보장 보통약관의 담보조건
③ 적과전 종합위험방식 Ⅱ 과수 상품의 일소피해보장 보통약관의 보험기간

① **일소피해의 정의**
폭염(暴炎)으로 인해 보험의 목적에 일소(日燒)가 발생하여 생긴 피해를 말하며, '일소'란 과실이 태양광에 노출되어 과피 또는 과육이 괴사되어 검게 그을리거나 변색되는 현상을 말한다.

② **일소피해보장 보통약관의 담보조건**
폭염은 대한민국 기상청에서 폭염특보(폭염주의보 또는 폭염경보)를 발령한 때 과수원에서 가장 가까운 3개소의 기상관측장비(기상청 설치 또는 기상청이 인증하고 실시간 관측 자료를 확인할 수 있는 관측소)로 측정한 낮 최고기온이 연속 2일 이상 33℃ 이상으로 관측된 경우를 말하며, 폭염특보가 발령한 때부터 해제 한 날까지 일소가 발생한 보험의 목적에 한하여 보상한다. 이때 폭염특보는 과수원이 위치한 지역의 폭염특보를 적용한다.

③ **적과전 종합위험방식 Ⅱ 과수 상품의 일소피해보장 보통약관의 보험기간**

구 분	보험기간	
	보장개시	보장종료
일소피해보장	적과종료 이후	판매개시연도 9월 30일

09 보험회사에 의한 보험계약 해지에 관한 다음 내용을 각각 서술하시오. [15점]

① 보험회사에 의한 보험계약 해지 불가 사유 4가지
② 보험회사에 의한 보험계약 해지시 보험회사가 지급할 환급보험료 산출식
③ 보험회사에 의한 보험계약 해지시 보험료 환급에 따른 적용이율

정답

① **보험회사에 의한 보험계약 해지 불가 사유 4가지**
1. 회사가 계약 당시에 그 사실을 알았거나 과실로 인하여 알지 못하였을 때
2. 회사가 그 사실을 안 날부터 1개월 이상 지났거나 또는 제1회 보험료 등을 받은 때부터 보험금 지급사유가 발생하지 않고 2년이 지났을 때
3. 계약을 체결한 날부터 3년이 지났을 때
4. 보험을 모집한 자가 계약자 또는 피보험자에게 알릴 기회를 주지 않았거나 계약자 또는 피보험자가 사실대로 알리는 것을 방해한 경우, 계약자 또는 피보험자에게 사실대로 알리지 않게 하였거나 부실한 사항을 알릴 것을 권유했을 때

② **보험회사에 의한 보험계약 해지시 보험회사가 지급할 환급보험료 산출식**
보험료 환급은 품목별 해당 월 미경과비율에 따라 계산된 환급보험료를 지급한다.
- 환급보험료 = 계약자부담보험료 × [해당 담보별 미경과비율]

③ **보험회사에 의한 보험계약 해지시 보험료 환급에 따른 적용이율**
해지로 인하여 회사가 반환해야할 보험료가 있을 때에는 계약자는 환급금을 청구하여야 하며, 회사는 청구일의 다음 날부터 지급일까지의 기간에 대하여 <u>보험개발원이 공시하는 보험계약대출이율을 연단위 복리로 계산한 금액</u>을 더하여 지급한다.

10 가축재해보험(젖소) 사고시 월령에 따른 보험가액을 산출하고자 한다. 각 사례별(① ~ ⑤)로 보험가액 계산과정과 값을 쓰시오(단, 유량검정젖소 가입시는 제외, 만원 미만 절사). [15점]

〈사고 전전월 전국산지 평균가격〉
○ 분유떼기 암컷 : 100만원
○ 수정단계 : 300만원
○ 초산우 : 350만원
○ 다산우 : 480만원
○ 노산우 : 300만원

① 월령 2개월 질병사고 폐사
② 월령 11개월 대사성 질병 폐사
③ 월령 20개월 유량감소 긴급 도축
④ 월령 35개월 급성고창 폐사
⑤ 월령 60개월 사지골절 폐사

정답

① **월령 2개월 질병사고 폐사**

연령(월령)이 2개월 미만(질병사고는 3개월 미만)일 때는 분유떼기 암컷 가격의 50%를 적용하므로,

보험가액 = 100만원 × 50% = **50만원**

② **월령 11개월 대사성 질병 폐사**

$$분유떼기\ 암컷가격 + \frac{수정단계가격\ -\ 분유떼기\ 암컷가격}{6} \times (사고월령 - 7개월)$$

$$= 100만원 + \frac{300만원\ -\ 100만원}{6} \times (11개월 - 7개월) = 233.33만원$$

$$= \textbf{233만원}(\text{※ 만원 미만 절사})$$

③ **월령 20개월 유량감소 긴급 도축**

$$수정단계가격 + \frac{초산우가격\ -\ 수정단계가격}{6} \times (사고월령 - 18개월)$$

$$= 300만원 + \frac{350만원\ -\ 300만원}{6} \times (20개월 - 18개월) = 316.67만원$$

$$= \textbf{316만원}(\text{※ 만원 미만 절사})$$

④ **월령 35개월 급성고창 폐사**

$$초산우가격 + \frac{다산우가격\ -\ 초산우가격}{9} \times (사고월령 - 31개월)$$

$$= 350만원 + \frac{480만원\ -\ 350만원}{9} \times (35개월 - 31개월) = 407.78만원$$

$$= \textbf{407만원}(\text{※ 만원 미만 절사})$$

⑤ **월령 60개월 사지골절 폐사**

$$다산우가격 + \frac{노산우가격\ -\ 다산우가격}{12} \times (사고월령 - 55개월)$$

$$= 480만원 + \frac{300만원\ -\ 480만원}{12} \times (60개월 - 55개월)$$

$$= 480만원 - 75만원 = \textbf{405만원}$$

※ 단답형 문제에 대해 답하시오. (11 ~ 15번 문제)

11 적과전 종합위험방식(Ⅱ) 사과 품목에서 「적과종료 이후부터 수확기 종료」에 발생한 「태풍(강풍), 지진, 집중호우, 화재 피해」의 「낙과피해조사」 관련 설명이다. 다음 (   )의 용어를 쓰시오.

[5점] 기출+정정

> ○ 나무수조사는 과수원내 품종 · 재배방식 · 수령별 실제결과주수에서 (①), (②), (③), 수확완료주수 및 일부침수주수를 파악한다.
> ○ 낙과수조사는 (④)을(를) 원칙으로 하며, (④)가 어려운 경우 (⑤)을(를) 실시한다.

정답

① <u>고사주수</u>, ② <u>수확불능주수</u>, ③ <u>미보상주수</u>, ④ <u>전수조사</u>, ⑤ <u>표본조사</u>

해설

낙과피해조사

(1) 나무수조사

과수원내 품종 · 재배방식 · 수령별 실제결과주수에서 (**고사주수**), (**수확불능주수**), (**미보상주수**), 수확완료주수 및 일부침수주수(금번 침수로 인한 피해주수 중 침수로 인한 고사주수 및 수확불능주수는 제외한 주수) 를 파악한다.

(2) 낙과수조사

낙과수조사는 (**전수조사**)를 원칙으로 하며, (**전수조사**)가 어려운 경우 (**표본조사**)를 실시한다.

12 「종합위험 수확감소보장방식 밭작물 품목」에 관한 내용이다. 다음 (   )의 알맞은 용어를 순서대로 쓰시오.

[5점] 기출+정정

> ○ 적용품목은 (①), 마늘, 고구마, 옥수수, 감자(봄재배, 가을재배, 고랭지재배), 차, 콩, 팥, 양배추 품목으로 한다.
> ○ (②)는 마늘 품목에만 해당한다. (③)시 (②)가 필요하다고 판단된 농지에 대하여 실시하는 조사로, 조사시기는 (③) 직후로 한다.
> ○ (④)는 양배추 품목에만 해당한다. (③)시 (④)가 필요하다고 판단된 농지에 대하여 실시하는 조사로, 손해평가반은 피해농지를 방문하여 보장하는 재해 여부 및 (⑤)을 조사한다.

정답

① <u>양파</u>, ② <u>재파종조사</u>, ③ <u>피해사실확인조사</u>, ④ <u>재정식조사</u>, ⑤ <u>피해면적</u>

정답

해설

종합위험 수확감소보장방식 밭작물 품목

- 적용품목은 (**양파**), 마늘, 고구마, 옥수수, 감자(봄재배, 가을재배, 고랭지재배), 차, 콩, 팥, 양배추 품목으로 한다.
- (**재파종조사**)는 마늘 품목에만 해당한다. (**피해사실확인조사**)시 (**재파종조사**)가 필요하다고 판단된 농지에 대하여 실시하는 조사로, 조사시기는 (**피해사실확인조사**) 직후로 한다.
- (**재정식조사**)는 양배추 품목에만 해당한다. (**피해사실확인조사**)시 (**재정식조사**)가 필요하다고 판단된 농지에 대하여 실시하는 조사로, 손해평가반은 피해농지를 방문하여 보장하는 재해 여부 및 (**피해면적**)을 조사한다.

13 복분자 농사를 짓고 있는 △△마을의 A와 B농가는 4월에 저온으로 인해 큰 피해를 입어 경작이 어려운 상황에서 농작물재해보험 가입사실을 기억하고 경작불능보험금을 청구하였다. 두 농가의 피해를 조사한 결과에 따른 경작불능보험금을 구하시오(단, 피해는 면적 기준으로 조사하였으며 미보상 사유는 없다). [5점]

구 분	가입금액	가입면적	피해면적	자기부담비율
A농가	3,000,000원	1,200m²	900m²	20%
B농가	4,000,000원	1,500m²	850m²	10%

정답

- A농가의 경작불능보험금 : 1,200,000원
- B농가의 경작불능보험금 : 경작불능보험금을 지급하지 않음

해설

경작불능보험금
경작불능보험금은 경작불능조사 결과 식물체 피해율이 65% 이상이고, 계약자가 경작불능보험금을 신청한 경우에 지급하며, 보험금은 가입금액에 자기부담비율별 지급비율을 곱하여 산출한다.

[자기부담비율별 경작불능보험금 지급비율표]

자기부담비율	10%형	15%형	20%형	30%형	40%형
지급비율	45%	42%	40%	35%	30%

- A농가

면적피해율 $=\dfrac{900m^2}{1,200m^2}=0.75(=75\%)$이므로 경작불능보험금을 지급한다.

A농가의 경작불능보험금 $=3,000,000원 \times 40\% = $ **1,200,000원**

- B농가

면적피해율 $=\dfrac{850m^2}{1,500m^2} ≒ 0.5667(=56.67\%)$로 피해율이 65% 미만이므로 경작불능보험금을 지급하지 않는다.

14 아래 조건의 적과전 종합위험방식(Ⅱ) 배 품목의 과실손해보장 담보 계약의 적과종료 이전 동상해(4월 3일), 우박사고(5월 15일)를 입은 경우 착과감소과실수와 기준착과수를 구하시오.

[5점] 기출수정

○ 평년착과수 : 20,000개
○ 적과후착과수 : 10,000개
○ 적과종료 이전 특정위험 5종 한정보장 특별약관 : 가입
○ 동상해 피해사실확인조사 : 피해 있음
○ 우박 유과타박률 : 50%
○ 미보상감수과실수 : 없음

정답

· 착과감소과실수 : <u>10,000개</u>
· 기준착과수 : <u>20,000개</u>

해설

(1) 착과감소과실수

적과종료 이전 사고는 보상하는 재해(자연재해, 조수해, 화재)가 중복해서 발생한 경우에도 아래 산식을 한번만 적용한다.

착과감소과실수 = 최솟값(평년착과수 − 적과후착과수, 최대 인정감소과실수)
= 최솟값(20,000개 − 10,000개, 10,000개) = <u>10,000개</u>

※ 최대 인정감소과실수 = 평년착과수 × 최대 인정피해율 = 20,000개 × 0.5 = **10,000개**

※ 최대 인정피해율 : 우박 유과타박률 50%

(2) 기준착과수

적과종료 전에 인정된 착과감소과실수가 있는 과수원의 기준착과수는 다음과 같다.

기준착과수 = 적과후착과수 + 착과감소과실수
= 10,000개 + 10,000개 = **20,000개**

15 가축재해보험에서 정의하는 다음 (   )의 용어를 순서대로 쓰시오.　　　　[5점]

○ (①) : 식용불가 판정을 받아 권역별 소각장에서 소각하거나 사료용으로 판매, 매몰처리 하는 것을 말한다.
○ (②) : 사체를 고온·고압 처리하여 기름과 고형분으로 분리, 사료·공업용 유지 및 육분·육골분을 생산하는 공정을 말한다.
○ (③) : 고객이 보험금 부지급 결정에 동의하지 않는 경우 소비자보호실로 재청구하는 제도를 말한다.
○ (④) : 허위진술을 하거나 진실을 은폐하는 것을 말한다.
○ (⑤) : 제3자의 행위로 피보험자의 손해가 생긴 경우 보험금액을 지급한 보험자는 지급한 보험금액의 한도 내에서 제3자에 대한 피보험자의 권리를 취득하는 것을 말한다.

정답

① 폐사축 처리, ② 랜더링, ③ 재심의 청구, ④ 기망, ⑤ 보험자대위

해설

① **폐사축 처리**
　식용불가 판정을 받은 폐사축은 권역별 소각장에서 소각하거나 사료용으로 판매, 매몰처리 한다.
　※ 출제 당시에는 '사망축 처리'가 정답이었으나, 약관 용어 개정으로 '폐사축 처리'가 타당하다고 본다.
② **랜더링**
　사체를 고온·고압 처리하여 기름과 고형분으로 분리하여 사료·공업용 유지 및 육분·육골분을 생산하는 공정을 말한다.
③ **재심의 청구**
　고객이 보험금 부지급 결정에 동의하지 않는 경우 소비자보호실로 재청구하는 제도를 말한다.
④ **기 망**
　허위진술을 하거나 진실을 은폐하는 것을 말한다. 통상 진실이 아닌 사실을 진실이라 표시하는 행위를 말하거나 알려야 할 경우에 침묵, 진실을 은폐하는 것도 기망행위에 해당한다.
⑤ **보험자대위**
　피보험자의 손해가 제3자의 행위로 인하여 생긴 경우에는 보험금액을 지급한 보험자는 그 지급한 금액의 한도 내에서 그 제3자에 대한 보험계약자 또는 피보험자의 권리를 취득하는 것을 말한다(상법 제682조).

16 농업수입보장보험 마늘 품목에 한해와 조해피해가 발생하여 아래와 같이 수확량조사를 하였다. 계약사항과 조사내용을 토대로 하여 ① 표본구간 단위면적당 수확량, ② 수확량, ③ 실제수입, ④ 피해율, ⑤ 보험가입금액 및 농업수입감소보험금의 계산과정과 값을 각각 구하시오(단, 품종에 따른 환산계수는 미적용하고, 소수점 셋째자리에서 반올림하여 둘째자리까지 다음 예시와 같이 구하시오. 예시 : 수확량 3.456kg → 3.46kg, 피해율 0.12345 → 12.35%로 기재).

[15점] 기출수정

〈계약사항〉

○ 품종 : 남도
○ 평년수확량 : 10,000kg
○ 실제경작면적 : 3,300㎡
○ 가입수확량 : 10,000kg
○ 자기부담비율 : 20%
○ 기준가격 : 3,000원/kg

〈조사내용〉

○ 실제경작면적 : 3,300㎡
○ 고사(수확불능)면적 : 300㎡
○ 타작물 및 미보상면적 : 500㎡
○ 표본구간 : 7구간
○ 표본구간 면적 : 10.50㎡
○ 표본구간 수확량 : 30kg
○ 미보상비율 : 20%
○ 수확기가격 : 2,500원/kg

정답

① 표본구간 단위면적당 수확량 : 2.86kg/㎡
② 수확량 : 8,665kg
③ 실제수입 : 22,330,000원
④ 피해율 : 25.57%
⑤ 보험가입금액 및 농업수입감소보험금
 • 보험가입금액 : 30,000,000원
 • 농업수입감소보험금 : 1,671,000원

해설

① 표본구간 단위면적당 수확량

$$(\text{표본구간 수확량} \times \text{환산계수}) \div \text{표본구간 면적} = \frac{30kg}{10.50㎡} ≒ 2.857kg/㎡ = 2.86kg/㎡$$

※ 문제 조건에서 환산계수는 미적용함.

② **수확량**
- 조사대상면적 = 실제경작면적 − 고사(수확불능)면적 − 타작물 및 미보상면적 − 기수확면적

$$= 3,300m^2 - 300m^2 - 500m^2 - 0m^2 = 2,500m^2$$

- 단위면적당 평년수확량 = 평년수확량 ÷ 실제경작면적 $= \dfrac{10,000kg}{3,300m^2} = 3.03kg/m^2$

- 수확량 = (표본구간 단위면적당 수확량 × 조사대상면적) + {단위면적당 평년수확량 × (타작물 및 미보상면적 + 기수확면적)}

$$= (2.86kg/m^2 \times 2,500m^2) + \{3.03kg/m^2 \times (500m^2 + 0m^2)\}$$

$$= 7,150kg + 1,515kg = \mathbf{8,665kg}$$

③ **실제수입**
- 미보상감수량 = (평년수확량 − 수확량) × 미보상비율

$$= (10,000kg - 8,665kg) \times 0.2 = 267kg$$

- 실제수입 = (수확량 + 미보상감수량) × 최솟값(농지별 기준가격, 농지별 수확기가격)

$$= (8,665kg + 267kg) \times 최솟값(3,000원/kg, 2,500원/kg)$$

$$= 8,932kg \times 2,500원/kg = \mathbf{22,330,000원}$$

④ **피해율**
- 기준수입 = 평년수확량 × 농지별 기준가격

$$= 10,000kg \times 3,000원/kg = 30,000,000원$$

- 피해율 = (기준수입 − 실제수입) ÷ 기준수입

$$= (30,000,000원 - 22,330,000원) \div 30,000,000원$$

$$≒ 0.25566 = \mathbf{25.57\%}$$

⑤ **보험가입금액 및 농업수입감소보험금**
- 보험가입금액 = 가입수확량 × 기준가격 = 10,000kg × 3,000원/kg = **30,000,000원**
- 농업수입감소보험금 = 보험가입금액 × (피해율 − 자기부담비율)

$$= 30,000,000원 \times (25.57\% - 20\%) = \mathbf{1,671,000원}$$

17 가축재해보험 보험가액 및 손해액 평가에서 ① 보험가액 및 손해액의 적용가격, ② 보험사에서 지급할 보험금의 계산, ③ 잔존물처리비용과 보험금 등의 지급한도에 관하여 각각 서술하시오.

[15점]

[정답]

(1) 보험가액 및 손해액의 적용가격

① 가축에 대한 보험가액은 보험사고가 발생한 때와 곳에서 평가한 보험목적물의 수량에 적용가격을 곱하여 산정한다.

② 가축에 대한 손해액은 보험사고가 발생한 때와 곳에서 폐사 등 피해를 입은 보험목적물의 수량에 적용가격을 곱하여 산정한다.

③ 보험가액 및 손해액의 적용가격은 보험사고 발생 시간과 장소에서 시장가격(고시가격) 등을 감안하여 보험약관에서 정한 방법에 따라 산정한다. 다만, 보험가입 당시 보험가입자와 재해보험사업자가 보험가액 및 손해액 산정방식을 별도로 정한 경우에 그 방법에 따른다.

(2) 보험사에서 지급할 보험금의 계산

보험사에서 지급할 보험금은 아래 계산한 금액에서 자기부담금을 차감한 금액을 지급한다.

① 보험가입금액(보상한도)이 보험가액(시세)과 같을 때 : 보험가입금액을 한도로 손해액 전액
② 보험가입금액이 보험가액보다 많을 때 : 보험가액을 한도로 손해액 전액
③ 보험가입금액이 보험가액보다 적을 때 : 보험가입금액을 한도로 비례 보상
- 손해액 × (보험가입금액 / 보험가액)으로 계산한 금액
- 손해액은 보험가액에서 이용물처분액 등을 차감한 금액

(3) 잔존물처리비용과 보험금 등의 지급한도

① 손해에 의한 보험금과 잔존물처리비용의 합계액은 보험증권에 기재된 보험가입금액 한도 내에서 보상하며, 잔존물처리비용은 손해액의 10%를 초과할 수 없다.
② 비용손해 중 손해방지비용, 대위권보전비용, 잔존물보전비용은 보험가입금액을 초과하는 경우에도 지급한다.

18 종합위험 수확감소보장방식 논작물 벼 품목의 통상적인 영농활동 중 보상하는 손해가 발생하였다. 아래 조사종류별 조사시기, 보험금 지급사유 및 지급보험금 계산식을 각각 쓰시오. [15점]

조사종류	조사시기	지급사유	지급보험금 계산식
① 이앙 · 직파불능조사			
② 재이앙 · 재직파조사			
③ 경작불능조사 (자기부담비율 20%형)			
④ 수확불능확인조사 (자기부담비율 20%형)			

정답

조사종류	조사시기	지급사유	지급보험금 계산식
① 이앙·직파불능조사	이앙한계일 (7월 31일) 이후	보상하는 재해로 농지 전체를 이앙·직파를 하지 못한 경우에 지급한다.	보험가입금액 × 15%
② 재이앙·재직파조사	사고접수 직후	보상하는 재해로 면적피해율이 10%를 초과하고, 재이앙·재직파를 한 경우에 1회 지급한다.	보험가입금액 × 25% × 면적피해율 ※ 면적피해율 = 피해면적 ÷ 보험가입면적
③ 경작불능조사 (자기부담비율 20%형)	사고후 ~ 출수기	보상하는 재해로 인해 식물체 피해율이 65%(분미질의 경우 60%) 이상이고, 계약자가 경작불능보험금을 신청한 경우 지급한다.	보험가입금액 × 40%
④ 수확불능확인조사 (자기부담비율 20%형)	수확포기가 확인되는 시점	보상하는 재해로 벼(조곡) 제현율이 65%(분미질의 경우 70%) 미만으로 떨어져 정상 벼로서 출하가 불가능하게 되고, 계약자가 수확불능보험금을 신청한 경우 지급한다.	보험가입금액 × 55%

19 종합위험 수확감소보장방식 벼 품목의 가입농가가 보상하는 재해로 피해를 입어 수확량조사 방법 중 수량요소조사를 실시하였다. 아래 계약사항 및 조사내용을 기준으로 주어진 조사표의 ① ~ ⑫항의 해당 항목값을 구하시오(단, 조사수확비율 결정은 해당 구간의 가장 큰 비율을 적용하고 미보상 사유는 없으며, 항목별 요소점수는 조사표본포기 순서대로 기재하고, 소수점 셋째 자리에서 반올림하여 둘째자리까지 다음 예시와 같이 구하시오. 예시 : 수확량 3.456kg → 3.46kg, 피해율 0.12345 → 12.35%로 기재). [15점] 기출수정

○ 이삭상태 점수표

포기당 이삭수	16개 미만	16개 이상
점 수	1	2

○ 완전낟알상태 점수표

이삭당 완전낟알수	51개 미만	51개 이상 61개 미만	61개 이상 71개 미만	71개 이상 81개 미만	81개 이상
점 수	1	2	3	4	5

○ 조사수확비율 환산표

점수 합계(점)	10점 미만	10 ~11	12 ~13	14 ~15	16 ~18	19 ~21	22 ~23	24점 이상
조사수확비율 (%)	0 ~20	21 ~40	41 ~50	51 ~60	61 ~70	71 ~80	81 ~90	91 ~100

○ 조사내용

표본포기	1포기	2포기	3포기	4포기
포기당 이삭수	19	22	18	13
완전낟알수	75	85	45	62

○ 수량요소조사 조사표

실제경작 면적(m²)	항목별 요소점수조사								합계	조사 수확 비율 (%)	표준 수확량 (kg)	조사 수확량 (kg)	평년 수확량 (kg)	피해율 (%)
	이삭상태				완전 낟알상태									
3,500	①	②	③	④	⑤	⑥	⑦	⑧	⑨	⑩	1,600	⑪	1,650	⑫

[정답]

① <u>2점</u>, ② <u>2점</u>, ③ <u>2점</u>, ④ <u>1점</u>, ⑤ <u>4점</u>, ⑥ <u>5점</u>, ⑦ <u>1점</u>, ⑧ <u>3점</u>, ⑨ <u>20점</u>, ⑩ <u>80%</u>, ⑪ <u>1,280kg</u>, ⑫ <u>22.42%</u>

[해설]

① 1포기의 포기당 이삭수가 19이므로 이삭상태 점수표에서 2점에 해당한다.
② 2포기의 포기당 이삭수가 22이므로 이삭상태 점수표에서 2점에 해당한다.
③ 3포기의 포기당 이삭수가 18이므로 이삭상태 점수표에서 2점에 해당한다.
④ 4포기의 포기당 이삭수가 13이므로 이삭상태 점수표에서 1점에 해당한다.
⑤ 1포기의 완전낟알수가 75이므로 완전낟알상태 점수표에서 4점에 해당한다.
⑥ 2포기의 완전낟알수가 85이므로 완전낟알상태 점수표에서 5점에 해당한다.
⑦ 3포기의 완전낟알수가 45이므로 완전낟알상태 점수표에서 1점에 해당한다.
⑧ 4포기의 완전낟알수가 62이므로 완전낟알상태 점수표에서 3점에 해당한다.
⑨ 2점 + 2점 + 2점 + 1점 + 4점 + 5점 + 1점 + 3점 = 20점
⑩ 항목별 요소점수조사 합계가 20점이므로 조사수확비율 환산표에서 71~80%에 해당한다. 그런데 조사수확비율은 해당 구간의 가장 큰 비율을 적용하므로 80%가 된다.
⑪ 조사수확량(kg) = 표준수확량(kg) × 조사수확비율(%) = 1,600kg × 0.8 = 1,280kg
⑫ 피해율(%) = (평년수확량 – 수확량 – 미보상감수량) ÷ 평년수확량
= (1,650kg – 1,280kg – 0) ÷ 1,650kg = 0.2242(= 22.42%)

20 다음의 계약사항과 조사내용으로 ① 적과후착과수, ② 누적감수과실수, ③ 기준착과수의 계산 과정과 값을 각각 구하시오(단, 적과후착과수, 누적감수과실수, 기준착과수는 소수점 첫째자리에서 반올림하여 정수단위로 구하시오). **[15점]** 기출수정

○ 계약사항

상품명	가입특약	적과종료 이전 최대 인정피해율	평년착과수	가입과실수	실제결과주수
적과전 종합위험방식Ⅱ 사과	적과종료 이전 특정 위험 5종 한정보장 특약	100%	60,000개	40,000개	500주

○ 조사내용

구 분	재해 종류	사고 일자	조사 일자	조사내용
적과 종료 이전	강 풍	5월 30일	6월 1일	• 피해사실확인조사 : 피해 있음(풍속 20.0m/s) • 미보상감수과실수 : 없음
적과후 착과수	–	–	7월 3일	<table><tr><th>품종</th><th>재배 방식</th><th>수 령</th><th>실제 결과주수</th><th>표본 주수</th><th>표본주 착과수 합계</th></tr><tr><td>A품종</td><td>밀식</td><td>9</td><td>200</td><td>7</td><td>840</td></tr><tr><td>B품종</td><td>밀식</td><td>9</td><td>300</td><td>13</td><td>1,690</td></tr></table>※ 고사주수 : A품종 50주(A품종 1주당 평년착과수 100개) 　　　　　　B품종 0주(B품종 1주당 평년착과수 100개) ※ 미보상주수, 수확불능주수 : 없음
적과 종료 이후	일 소	8월 15일	8월 16일	• 낙과피해조사(전수조사) 총 낙과과실수 : 1,000개 <table><tr><th>피해과실 구분</th><th>병해충 과실</th><th>100%</th><th>80%</th><th>50%</th><th>정 상</th></tr><tr><td>과실수</td><td>20개</td><td>80개</td><td>0개</td><td>0개</td><td>0개</td></tr></table>
	일 소	8월 15일	10월 25일	• 착과피해조사 단, 일소 사고 이후 착과수 : 변동 없음 <table><tr><th>피해과실 구분</th><th>병해충 과실</th><th>100%</th><th>80%</th><th>50%</th><th>정 상</th></tr><tr><td>과실수</td><td>30개</td><td>0개</td><td>50개</td><td>20개</td><td>100개</td></tr></table>
	우 박	11월 10일	11월 11일	• 착과피해조사 사고 당시 착과과실수 : 5,000개 <table><tr><th>피해과실 구분</th><th>병해충 과실</th><th>100%</th><th>80%</th><th>50%</th><th>정 상</th></tr><tr><td>과실수</td><td>10개</td><td>0개</td><td>100개</td><td>40개</td><td>50개</td></tr></table>• 낙과피해조사(전수조사) 총 낙과과실수 : 500개 <table><tr><th>피해과실 구분</th><th>병해충 과실</th><th>100%</th><th>80%</th><th>50%</th><th>정 상</th></tr><tr><td>과실수</td><td>10개</td><td>90개</td><td>0개</td><td>0개</td><td>0개</td></tr></table>

정답

① 적과후착과수 : <u>57,000개</u>

② 누적감수과실수 : <u>16,375개</u>

③ 기준착과수 : <u>60,000개</u>

해설

① 적과후착과수
- 품종·재배방식·수령별 착과수

$$= \frac{품종·재배방식·수령별\ 표본주의\ 착과수\ 합계}{품종·재배방식·수령별\ 표본주\ 합계} \times 품종·재배방식·수령별\ 조사대상주수$$

- A품종 $= \dfrac{840}{7} \times (200 - 50) = 18,000$개

- B품종 : $\dfrac{1,690}{13} \times (300 - 0) = 39,000$개

- 품종·재배방식·수령별 착과수의 합계를 과수원별 적과후착과수로 하므로,
  적과후착과수 = A품종 + B품종 = 18,000개 + 39,000개 = **57,000개**

② 누적감수과실수
- 일소 낙과피해조사(전수조사)
  총 낙과과실수 × (낙과피해구성률 − max A)

  $$= 1,000개 \times \left[\frac{(80 \times 1) + (0 \times 0.8) + (0 \times 0.5)}{20 + 80} - 0 \right] = \mathbf{800개}$$

  ※ 낙과피해구성률

  $$= \frac{(100\%형\ 피해과실수 \times 1) + (80\%형\ 피해과실수 \times 0.8) + (50\%형\ 피해과실수 \times 0.5)}{100\%형\ 피해과실수 + 80\%형\ 피해과실수 + 50\%형\ 피해과실수 + 정상과실수}$$

  ※ max A : 금차 사고전 기조사된 착과피해구성률 또는 인정피해율 중 최댓값(= 0)
  ※ "(낙과피해구성률 − max A)"의 값이 영(0)보다 작은 경우 : 금차 감수과실수는 영(0)으로 함

- 일소 착과피해조사
  사고 당시 착과과실수 × (착과피해구성률 − max A)

  $$= (57,000개 - 1,000개) \times \left[\frac{(0 \times 1) + (50 \times 0.8) + (20 \times 0.5)}{30 + 50 + 20 + 100} - 0 \right] = \mathbf{14,000개}$$

  ※ 착과피해구성률

  $$= \frac{(100\%형\ 피해과실수 \times 1) + (80\%형\ 피해과실수 \times 0.8) + (50\%형\ 피해과실수 \times 0.5)}{100\%형\ 피해과실수 + 80\%형\ 피해과실수 + 50\%형\ 피해과실수 + 정상과실수}$$

  ※ max A : 금차 사고전 기조사된 착과피해구성률 또는 인정피해율 중 최댓값(= 0)
  ※ "(착과피해구성률 − max A)"의 값이 영(0)보다 작은 경우 : 금차 감수과실수는 영(0)으로 함

- 우박 착과피해조사
  사고 당시 착과과실수 × (착과피해구성률 − max A)

  $$= 5,000개 \times \left[\frac{(0 \times 1) + (100 \times 0.8) + (40 \times 0.5)}{10 + 100 + 40 + 50} - 0.25 \right] = \mathbf{1,250개}$$

  ※ max A : 금차 사고전 기조사된 착과피해구성률 또는 인정피해율 중 최댓값(= 0.25)
  ※ "(착과피해구성률 − max A)"의 값이 영(0)보다 작은 경우 : 금차 감수과실수는 영(0)으로 함

- 우박 낙과피해조사(전수조사)

  총 낙과과실수 × (낙과피해구성률 − max A)

  $$= 500개 \times \left[\frac{(90 \times 1) + (0 \times 0.8) + (0 \times 0.5)}{10 + 90} - 0.25 \right] = 325개$$

  ※ max A : 금차 사고전 기조사된 착과피해구성률 또는 인정피해율 중 최댓값(= 0.25)

  ※ "(낙과피해구성률 − max A)"의 값이 영(0)보다 작은 경우 : 금차 감수과실수는 영(0)으로 함

- 누적감수과실수

  = 낙과피해조사(일소) + 착과피해조사(일소) + 착과피해조사(우박) + 낙과피해조사(우박)

  = 800개 + 14,000개 + 1,250개 + 325개 = **16,375개**

③ **기준착과수**

- 착과감소과실수 = 최솟값(평년착과수 − 적과후착과수, 최대 인정감소과실수)

  ※ 최대 인정감소과실수 = 평년착과수 × 최대 인정피해율

  $$= 60,000개 \times 100\% = 60,000개$$

  착과감소과실수 = 최솟값(60,000개 − 57,000개, 60,000개) = 3,000개

- 기준착과수

  적과종료 이전에 착과감소과실수가 있는 경우

  기준착과수 = 적과후착과수 + 착과감소과실수이므로,

  기준착과수 = 57,000개 + 3,000개 = **60,000개**

농작물재해보험 및 가축재해보험의 이론과 실무

※ 단답형 문제에 대해 답하시오. (1 ~ 5번 문제)

01 농작물재해보험의 업무방법 통칙에서 정하는 용어의 정의로 (   )에 들어갈 내용을 쓰시오.

[5점]

> ○ "보험가액"이란 농작물재해보험에 있어 (①)을(를) (②)으로 평가한 금액으로 보험목적에
> 발생할 수 있는 (③)을(를) 말한다.
> ○ "적과후착과수"란 통상적인 (④) 및 (⑤) 종료시점의 나무에 달린 과실수(착과수)를 말한다.

정답

① 피보험이익, ② 금전, ③ 최대 손해액, ④ 적과, ⑤ 자연낙과

해설

> • "보험가액"이란 농작물재해보험에 있어 (**피보험이익**)을 (**금전**)으로 평가한 금액으로 보험목적에 발생할 수
> 있는 (**최대 손해액**)을 말한다.
> • "적과후착과수"란 통상적인 (**적과**) 및 (**자연낙과**) 종료시점의 나무에 달린 과실수(착과수)를 말한다.

02 농업수입감소보장 양파 상품의 내용 중 보험금의 계산식에 관한 것이다. 다음 내용에서 (   )
의 ① 용어와 ② 정의를 쓰시오.

[5점]

> ○ 실제수입 = {조사수확량 + (   )} × Min(농지별 기준가격, 농지별 수확기가격)

① 용어 : <u>미보상감수량</u>
② 정의 : 미보상감수량이란 보상하는 재해 이외의 원인으로 수확량이 감소되었다고 평가되는 부분을 말하며, 계약 당시 이미 발생한 피해, 병해충으로 인한 피해 및 제초상태 불량 등으로 인한 수확감소량으로서 피해율 산정시 감수량에서 제외한다.
  • (평년수확량 – 수확량) × 미보상비율

실제수입 = { 조사수확량 + (<u>미보상감수량</u>) } × Min(농지별 기준가격, 농지별 수확기가격)

03 종합위험보장 참다래 상품에서 다음 조건에 따라 2020년의 평년수확량을 구하시오(단, 주어진 조건 외의 다른 조건은 고려하지 않음). [5점]

(단위 : kg)

구 분	2015년	2016년	2017년	2018년	2019년	합 계	평 균
평년수확량	8,000	8,100	8,100	8,300	8,400	40,900	8,180
표준수확량	8,200	8,200	8,200	8,200	8,200	41,000	8,200
조사수확량	7,000	4,000	무사고	무사고	8,500	–	–
가입 여부	가 입	가 입	가 입	가 입	가 입	–	–

※ 2020년의 표준수확량은 8,200kg임

2020년 평년수확량 : <u>7,540kg</u>

(1) 과거수확량 산출

구 분	수확량
조사수확량 > 평년수확량 × 50%	조사수확량
조사수확량 ≤ 평년수확량 × 50%	평년수확량 × 50%

• 2015년 = 조사수확량 > 평년수확량 × 50%일 때 조사수확량이므로 <u>7,000kg</u>
• 2016년 = 조사수확량 ≤ 평년수확량 × 50%일 때 평년수확량의 50%이므로 8,100kg × 0.5 = <u>4,050kg</u>
• 2017년 = 보험에 가입된 과수원에 사고가 없어 수확량조사를 하지 않은 경우에는 표준수확량의 1.1배와 평년수확량 1.1배 중 큰 값을 사용한다. 즉 8,200kg × 1.1 = <u>9,020kg</u>
• 2018년 = 8,300kg × 1.1 = <u>9,130kg</u>
• 2019년 = 조사수확량 > 평년수확량 × 50%일 때 조사수확량이므로 <u>8,500kg</u>

(2) 2020년 평년수확량

2020년 평년수확량 산출식 $= \left\{ A + (B-A) \times \left(1 - \dfrac{Y}{5}\right) \right\} \times \dfrac{C}{B}$

- A(과거 평균수확량) $= \Sigma$(과거 5년간 수확량) $\div Y$
  A(과거 평균수확량) $= \Sigma$(7,000kg + 4,050kg + 9,020kg + 9,130kg + 8,500kg) $\div 5 = $ **7,540kg**

- B(과거 평균표준수확량) $= \Sigma$(과거 5년간 표준수확량) $\div Y$
  $= 41,000$kg $\div 5 = $ **8,200kg**

- C(표준수확량) = 가입연도 표준수확량 = **8,200kg**

- Y = 과거 5년간 가입횟수 = 5

- 2020년 평년수확량 $= \left\{ A + (B-A) \times \left(1 - \dfrac{Y}{5}\right) \right\} \times \dfrac{C}{B}$

  $= \left\{ 7,540\text{kg} + (8,200\text{kg} - 7,540\text{kg}) \times \left(1 - \dfrac{5}{5}\right) \right\} \times \dfrac{8,200\text{kg}}{8,200\text{kg}}$

  $= $ **7,540kg**

04 돼지를 기르는 축산농 A씨는 ① 폭염으로 폐사된 돼지와 ② 축사 화재로 타인에게 배상할 손해를 대비하기 위해 가축재해보험에 가입하고자 한다. 이 때, 반드시 가입해야 하는 2가지 특약을 ①의 경우와 ②의 경우로 나누어 각각 쓰시오. [5점]

정답

(1) 폭염으로 폐사된 돼지
  ① 전기적장치위험보장 특별약관
  ② 폭염재해보장 추가특별약관
    (※ 전기적장치위험보장 특별약관 가입자만 가입 가능)

(2) 축사 화재로 타인에게 배상할 손해
  ① 축사 특별약관
  ② 화재대물배상책임 특별약관

TIP 2022년 1월 개정된 가축재해보험 약관에 따르면 화재로 인한 축사 손해는 '특별약관'이 아닌 '보통약관'에서 보상한다.

05 가축재해보험 소, 돼지 상품에 관한 다음 내용을 쓰시오. [5점]

> ① 협정보험가액 특약을 가입할 수 있는 세부 축종명
> ② 공통 인수제한 계약사항

정답

※ 본 문제는 출제 당시 2019년 업무방법서에 따라 서술하였다.

(1) 협정보험가액 특약을 가입할 수 있는 세부 축종명
　　① **소 상품** : 종빈우(種牝牛), 유량검정젖소
　　② **돼지 상품** : 종모돈(種牡豚), 종빈돈(種牝豚), 자돈(仔豚 ; 포유돈, 이유돈)

(2) 공통 인수제한 계약사항
　　① **사육장소내 가축 중 일부만을 보험에 가입하는 경우**
　　　가축재해보험은 사육장소내 모든 소 가축 또는 돼지 가축을 가입하여야 한다.
　　② **사육장소내 일부 축사만 가입하는 경우**
　　　가축재해보험은 사육장소내 모든 축사를 가입하여야 한다. 단, 축사의 경우 가축이 없는 관리사 및 퇴비사는
　　　가입 제외할 수 있다.

※ 서술형 문제에 대해 답하시오. (6 ~ 10번 문제)

06 적과전 종합위험방식(Ⅱ) 과수 상품의 부보비율에 따른 보험금 계산에 관한 다음 내용을 서술하시오. [15점]

> ① 가입수확량이 기준수확량의 80% 미만인 경우 부보비율에 따른 보험금을 다시 계산하여 지급하는 사례
> ② 가입수확량이 기준수확량의 80% 미만임에도 불구하고 보험금을 다시 계산하여 지급하지 않는 사례
> ③ 부보비율에 따른 보험금 계산식

정답

※ 본 문제는 출제 당시 2019년 업무방법서에 따라 서술하였다.

(1) **가입수확량이 기준수확량의 80% 미만인 경우 부보비율에 따른 보험금을 다시 계산하여 지급하는 사례**
　　① 고의 또는 중대한 과실로 중요한 사항에 대하여 사실과 다르게 알린 때
　　　※ 이때, 중요한 사항이란 과수원의 주수, 수령, 품종 등을 의미한다.
　　② 뚜렷한 위험의 변경 또는 증가와 관련된 계약후 알릴의무를 이행하지 않았을 때

(2) 가입수확량이 기준수확량의 80% 미만임에도 불구하고 보험금을 다시 계산하여 지급하지 않는 사례

① 회사가 계약 당시에 그 사실을 알았거나 과실로 인하여 알지 못하였을 때

② 보험을 모집한 자가 계약자 또는 피보험자에게 알릴 기회를 주지 않았거나 사실대로 알리는 것을 방해한 경우, 계약자나 피보험자가 사실대로 알리지 않게 하였거나 부실한 사항을 알릴 것을 권유했을 때

다만, 보험을 모집한 자의 행위가 없었다 하더라도 계약자 또는 피보험자가 사실대로 알리지 않거나 부실한 사항을 알렸다고 인정되는 경우 보험금을 다시 계산하여 지급할 수 있다.

(3) 부보비율에 따른 보험금 계산식

$$보험금 = 계산된 \ 보험금 \times \frac{가입수확량}{기준수확량의 \ 80\%}$$

07 ○○도 △△시 관내 농업용 시설물에서 딸기를 재배하는 A씨, 시금치를 재배하는 B씨, 부추를 재배하는 C씨, 장미를 재배하는 D씨는 모두 농작물재해보험 종합위험방식 원예시설 상품에 가입한 상태에서 자연재해로 시설물이 직접적인 피해를 받았다. 이 때, A, B, C, D씨의 작물에 대한 지급보험금 산출식을 각각 쓰시오(단, D씨의 장미는 보상하는 재해로 나무가 죽은 경우에 해당함). [15점]

정답

① 딸기를 재배하는 A씨

생산비보장보험금 = 피해작물 재배면적 × 피해작물 단위면적당 보장생산비 × 경과비율 × 피해율

② 시금치를 재배하는 B씨

생산비보장보험금 = 피해작물 재배면적 × 피해작물 단위면적당 보장생산비 × 경과비율 × 피해율

③ 부추를 재배하는 C씨

생산비보장보험금 = 부추 재배면적 × 부추 단위면적당 보장생산비 × 피해율 × 70%

④ 장미를 재배하는 D씨(보상하는 재해로 나무가 죽은 경우)

생산비보장보험금 = 장미 재배면적 × 장미 단위면적당 나무고사 보장생산비 × 피해율

08 농작물재해보험 종합위험 수확감소보장 상품에 관한 내용이다. 다음 보장방식에 대한 보험의 목적과 보험금 지급사유를 서술하고, 보험금 산출식을 쓰시오. [15점]

> ① 재이앙·재직파보장
> ② 재파종보장
> ③ 재정식보장

정답

(1) 재이앙·재직파보장
  ① 보험의 목적
   • 보험약관에 따라 보험에 가입한 농작물로서 보험증권에 기재된 품목(벼)
   • 보험료 납입일이 속하는 해에 가입한 농지에 이앙된 벼
  ② 보험금 지급사유 : 보상하는 재해로 면적피해율이 10%를 초과하고, 재이앙·재직파한 경우(1회 지급)
  ③ 보험금 산출식 : 보험가입금액 × 25% × 면적피해율
   ※ 면적피해율 = 피해면적 ÷ 보험가입면적
   ※ 면적피해율 10% 이하는 면책사고임

(2) 재파종보장
  ① 보험의 목적
   • 보험약관에 따라 보험에 가입한 농작물로서 보험증권에 기재된 품목(마늘)
   • 보험료 납입일이 속하는 이듬해에 수확하는 마늘
  ② 보험금 지급사유 : 보상하는 재해로 10a당 출현주수가 30,000주보다 작고, 10a당 30,000주 이상으로 재파종을 한 경우
  ③ 보험금 산출식 : 보험가입금액 × 35% × 표준출현 피해율
   ※ 표준출현 피해율(10a 기준) = (30,000주 − 출현주수) ÷ 30,000주

(3) 재정식보장
  ① 보험의 목적
   • 보험약관에 따라 보험에 가입한 농작물로서 보험증권에 기재된 품목(양배추)
   • 보험료 납입일이 속하는 해에 정식하는 노지 양배추
  ② 보험금 지급사유 : 보상하는 재해로 인해 면적피해율이 자기부담비율을 초과하고 재정식한 경우
  ③ 보험금 산출식 : 보험가입금액 × 20% × 면적피해율
   ※ 면적피해율 = 피해면적 ÷ 보험가입면적

09 농작물재해보험 종합위험 수확감소보장 복숭아 상품에 관한 내용이다. 다음 조건에 대한 ① 보험금 지급사유와 ② 지급시기를 서술하고, ③ 보험금을 구하시오(단, 보험금은 계산과정을 반드시 쓰시오). [15점]

---

1. **계약사항**
   - ○ 보험가입품목 : (종합)복숭아
   - ○ 품종 : 백도
   - ○ 수령 : 10년
   - ○ 가입주수 : 150주
   - ○ 보험가입금액 : ₩25,000,000
   - ○ 평년수확량 : 9,000kg
   - ○ 가입수확량 : 9,000kg
   - ○ 자기부담비율 : 2년 연속가입 및 2년간 수령보험금이 순보험료의 120% 미만인 과수원으로 최저 자기부담비율 선택
   - ○ 특별약관 : 수확량감소 추가보장

2. **조사내용**
   - ○ 사고접수 : 2019. 7. 5. 기타 자연재해, 병충해
   - ○ 조사일 : 2019. 7. 6.
   - ○ 사고조사내용 : 강풍, 병충해(복숭아순나방)
   - ○ 수확량 : 4,500kg(병충해과실무게 포함)
   - ○ 병충해과실무게 : 1,200kg
   - ○ 미보상비율 : 10%

(1) 보험금 지급사유

수확감소보험금은 보상하는 손해로 피해율이 자기부담비율을 초과하는 경우에 지급한다.

(2) 지급시기

① 수확기간 경과 후 보험금 청구서류를 접수하면, 지체 없이 지급할 보험금을 결정하고 지급할 보험금이 결정되면 7일 이내에 지급한다.

② 보험기간 경과 후 보험금 청구서류가 접수되면, 지급할 보험금이 결정되기 전이라도 피보험자의 청구가 있을 때에는 회사가 추정한 보험금의 50% 상당액을 가지급보험금으로 지급한다.

(3) 보험금 계산

① 수확감소보험금

보험금 = 보험가입금액 × (피해율 − 자기부담비율)

- 피해율 = {(평년수확량 − 수확량 − 미보상감수량) + 병충해감수량} ÷ 평년수확량
- 미보상감수량 = (평년수확량 − 수확량) × 최댓값(미보상비율)

  = (9,000kg − 4,500kg) × 10% = **450kg**
- 병충해감수량 = 세균구멍병으로 입은 피해를 보상하므로 0kg
- 피해율 = {(평년수확량 − 수확량 − 미보상감수량) + 병충해감수량} ÷ 평년수확량

  = {(9,000kg − 4,500kg − 450kg) + 0kg} ÷ 9,000kg

  = **45%**
- 보험가입금액 = ₩25,000,000
- 자기부담비율 = 15%

  ※ 2년 연속가입 및 2년간 수령보험금이 순보험료의 120% 미만인 과수원은 자기부담비율이 15%이다.
- 지급액 = ₩25,000,000 × (45% − 15%)

  = **₩7,500,000**

② 수확량감소 추가보장 특약

보험금 = 보험가입금액 × (피해율 × 10%)

- 피해율 = (평년수확량 − 수확량 − 미보상감수량) ÷ 평년수확량

  = (9,000kg − 4,500kg − 450kg) ÷ 9,000kg

  = 45%
- 보험금 = 보험가입금액 × (피해율 × 10%)

  = ₩25,000,000 × (45% × 10%)

  = **₩1,125,000**

③ 총 보험금

① + ② = ₩7,500,000 + ₩1,125,000 = **₩8,625,000**

10 종합위험보장 유자, 무화과, 포도, 감귤(온주밀감류) 상품을 요약한 내용이다. 다음 ( )에 들어갈 내용을 쓰시오. [15점] 기출수정

품 목	구 분	대상재해	보험기간	
			보장개시	보장종료
유 자	수확감소보장	자연재해, 조수해, 화재	계약체결일 24시	(①)
	나무손해보장		판매개시연도 12월 1일 다만, 12월 1일 이후 보험에 가입하는 경우에는 계약체결 일 24시	(②)
무화과	과실손해보장	자연재해, 조수해, 화재	계약체결일 24시	(③)
		(④)	(⑤)	(⑥)
	나무손해보장	자연재해, 조수해, 화재	판매개시연도 12월 1일	(⑦)
포 도	종합위험 수확감소보장	자연재해, 조수해, 화재	계약체결일 24시	(⑧)
	나무손해보장		판매개시연도 12월 1일 다만, 12월 1일 이후 보험에 가입하는 경우에는 계약체결 일 24시	(⑨)
감 귤 (온주밀감류)	종합위험 과실손해보장	자연재해, 조수해, 화재	계약체결일 24시	(⑩)
	나무손해보장		계약체결일 24시	(⑪)

정답

① 수확개시 시점(단, 이듬해 10월 31일을 초과할 수 없음)
② 이듬해 11월 30일
③ 이듬해 7월 31일
④ 태풍(강풍), 우박
⑤ 이듬해 8월 1일
⑥ 이듬해 수확기종료 시점(단, 이듬해 10월 31일을 초과할 수 없음)
⑦ 이듬해 11월 30일
⑧ 수확기종료 시점(단, 이듬해 10월 10일을 초과할 수 없음)
⑨ 이듬해 11월 30일
⑩ 수확기종료 시점(단, 판매개시연도 12월 20일을 초과할 수 없음)
⑪ 이듬해 4월 30일

※ **단답형 문제에 대해 답하시오. (11 ~ 15번 문제)**

11 적과전 종합위험방식 Ⅱ 적과종료 이전 특정 5종 위험한정 특약 사과 품목에서 적과전 우박피해 사고로 피해사실 확인을 위해 표본조사를 실시하고자 한다. 과수원의 품종과 주수가 다음과 같이 확인되었을 때 아래의 표본조사값(①~⑥)에 들어갈 표본주수, 나뭇가지 총수 및 유과 총수의 최솟값을 각각 구하시오(단, 표본주수는 소수점 첫째자리에서 올림하여 다음 예시와 같이 구하시오. 예시 : 12.6 → 13로 기재). [5점] 기출수정

○ 과수원의 품종과 주수

품 목	품 종		주 수	피해내용	피해조사내용
사 과	조생종	쓰가루	440	우 박	유과타박률
	중생종	감 홍	250		

○ 표본조사값

품 종	표본주수	나뭇가지 총수	유과 총수
쓰가루	①	②	③
감 홍	④	⑤	⑥

정답

※ 2019년 출제 당시 문제는 표본주수를 계산할 때 소수점 첫째자리에서 '<u>반올림한다</u>'는 조건이 제시되었으나, 2020년 개정된 업무방법서에는 '<u>올림한다</u>'는 조건으로 변경되었다.

① 표본주수 : $13주 \times \dfrac{440}{(440+250)} = 8.23주 = 9주$

② 나뭇가지 총수 : 9주 × 4가지/주 = 36가지

③ 유과 총수 : 36가지 × 5개/가지 = 180개

④ 표본주수 : $13주 \times \dfrac{250}{(440+250)} = 4.71주 = 5주$

⑤ 나뭇가지 총수 : 5주 × 4가지/주 = 20가지

⑥ 유과 총수 : 20가지 × 5개/가지 = 100개

유과타박률 확인(우박피해시, 적과종료 이전 5종 한정 특약 가입건)

① 적과종료 전의 착과된 유과 및 꽃눈 등에서 우박으로 피해를 입은 유과(꽃눈)의 비율을 표본조사 한다.

② 표본주수는 조사대상주수를 기준으로 품목별 표본주수표에 따라 표본주수를 선정한 후 조사용 리본을 부착한다. 표본주는 수령이나 크기, 착과과실수를 감안하여 대표성이 있는 표본주를 선택하고 과수원내 골고루 분포되도록 한다. 선택된 표본주가 대표성이 없는 경우 그 주변의 나무를 표본주로 대체할 수 있으며, 표본주의 수가 더 필요하다고 판단되는 경우 품목별 표본주수표의 표본주수 이상을 선정할 수 있다.

[표본주(구간)수표(사과)]

조사대상주수	표본주수
50주 미만	5
50주 이상 100주 미만	6
100주 이상 150주 미만	7
150주 이상 200주 미만	8
200주 이상 300주 미만	9
300주 이상 400주 미만	10
400주 이상 500주 미만	11
500주 이상 600주 미만	12
600주 이상 700주 미만	13
700주 이상 800주 미만	14
800주 이상 900주 미만	15
900주 이상 1,000주 미만	16
1,000주 이상	17

③ 선정된 표본주마다 동서남북 4곳의 가지에 각 가지별로 5개 이상의 유과(꽃눈 등)를 표본으로 추출하여 피해유과 (꽃눈 등)와 정상 유과(꽃눈 등)의 개수를 조사한다. 단, 사과, 배는 선택된 과(화)총당 동일한 위치(번호)의 유과 (꽃)에 대하여 우박 피해 여부를 조사한다.

12 다음은 수확량 산출식에 관한 내용이다. ① ~ ④에 들어갈 작물을 〈보기〉에서 선택하여 쓰고, '마늘' 수확량 산출식의 ⑤ 환산계수를 쓰시오. [5점]

> ┌─〈보기〉──────────────────────────────────────┐
> │　　　　　　마늘(난지형)　　　감자　　　고구마　　　양파 │
> └──┘

○ 표본구간 수확량 산출식에서 50% 피해형이 포함되는 품목 ············ (①), (②)
○ 표본구간 수확량 산출식에서 80% 피해형이 포함되는 품목 ··········· (③), (④)
○ 마늘(난지형)의 표본구간 단위면적당 수확량 : 표본구간 수확량 합계 ÷ 표본구간 면적
　※ 환산계수 : (⑤)

정답

① 감 자
② 고구마
③ 양 파
④ 마늘(난지형)
⑤ 0.72

해설

① 감 자
　표본구간 수확량 합계 = 표본구간별 정상 감자 중량 + (최대 지름이 5cm 미만이거나 <u>50%형 피해 감자 중량 ×</u> 0.5) + 병충해 입은 감자 중량
② 고구마
　표본구간 수확량 합계 = 표본구간별 정상 고구마 중량 + (<u>50%형 피해 고구마 중량 × 0.5</u>) + (<u>80%형 피해 고구마 중량 × 0.2</u>)
　※ 2020년 업무방법서 개정으로 고구마는 50% 피해형이 포함되는 품목과 80% 피해형이 포함되는 품목에 모두 해당된다.
③ 양 파
　표본구간 수확량 합계 = (표본구간별 정상 양파 중량 + <u>80% 피해 양파 중량 × 0.2</u>) × (1 + 비대추정지수) × 환산계수
④ 마늘(난지형)
　표본구간 수확량 합계 = (표본구간별 정상 마늘 중량 + <u>80% 피해 마늘 중량 × 0.2</u>) × (1 + 비대추정지수) × 환산계수
⑤ 마늘(난지형)의 표본구간 단위면적당 수확량 = (표본구간 수확량 합계 × 환산계수) ÷ 표본구간 면적
　※ 환산계수 : 0.7(한지형), <u>0.72(난지형)</u>

13 다음의 계약사항 및 조사내용에 따라 참다래 수확량(kg)을 구하시오(단, 수확량은 소수점 첫째 자리에서 반올림하여 다음 예시와 같이 구하시오. 예시 : 수확량 1.6kg → 2kg로 기재). [5점]

○ 계약사항

실제결과주수(주)	고사주수(주)	재식면적	
		주간거리(m)	열간거리(m)
300	50	4	5

○ 조사내용(수확전 사고)

표본 주수	표본구간 면적조사			표본구간 착과수 합계	착과피해 구성률(%)	과중조사	
	윗변(m)	아랫변(m)	높이(m)			50g 이하	50g 초과
8주	1.2	1.8	1.5	850	30	1,440g/36개	2,160g/24개

정답

참다래 수확량(kg) : <u>8,686kg</u>

해설

- 품종 · 수령별 재식면적 = 주간거리 × 열간거리 = 4m × 5m = 20m²/주
- 품종 · 수령별 표본조사 대상주수
  = 품종 · 수령별 실제결과주수 – 품종 · 수령별 미보상주수 – 품종 · 수령별 고사나무주수
  = 300주 – 0주 – 50주 = 250주
- 품종 · 수령별 표본조사 대상면적 = 품종 · 수령별 표본조사 대상주수 × 품종 · 수령별 재식면적
  = 250주 × 20m²/주 = 5,000m²
- 표본구간 넓이 = (표본구간 윗변 길이 + 표본구간 아랫변 길이) × 표본구간 높이 ÷ 2
  = (1.2m + 1.8m) × 1.5m ÷ 2 = 2.25m²
- 품종 · 수령별 m²당 착과수 = 품종 · 수령별 표본구간 착과수 ÷ 품종 · 수령별 표본구간 넓이
  = 850개 ÷ (8 × 2.25m²) = 47.22개/m² = 47개/m²
- 품종 · 수령별 착과수 = 품종 · 수령별 표본조사 대상면적 × 품종 · 수령별 m²당 착과수
  = 5,000m² × 47개/m² = 235,000개
- 품종별 개당 과중 = 품종별 표본과실 무게 합계 ÷ 표본과실수
  = {(1,440g × 0.7) + 2,160g} ÷ (36개 + 24개) = 52.8g
  ※ 중량이 50g 이하인 과실은 조사수확량의 70%로 적용한다.
- 착과피해구성률(%) = 30%
- 품종 · 수령별 m²당 평년수확량 = 0kg
- 품종 · 수령별 미보상주수 = 0kg

∴ 수확량 = {품종 · 수령별 착과수 × 품종별 개당 과중 × (1 – 피해구성률)} + (품종 · 수령별 m²당 평년수확량 × 품종 · 수령별 미보상주수 × 품종 · 수령별 재식면적)
= {235,000개 × 52.8g/개 × (1 – 0.3)} + (0kg × 0kg × 20m²)
= 8,685,600g = 8,685.6kg = <u>8,686kg</u>

14 돼지를 사육하는 축산농가에서 화재가 발생하여 사육장이 전소되고 사육장내 돼지가 모두 폐사하였다. 다음의 계약 및 조사내용을 참조하여 보험금을 구하시오. [5점]

○ 계약 및 조사내용

보험가입금액 (만원)	사육두수 (두)	두당 단가 (만원)	자기부담금	잔존물처리비용 (만원)	잔존물보전비용 (만원)
1,000	30	50	보험금의 10%	150	10

정답

(1) 보험금 : <u>910만원</u>

(2) 보험금 : <u>1,010만원</u>

(3) 보험금 : <u>900만원</u>

별해 보험금 = 1,010만원

해설

한국산업인력공단 답변 내용

(1) 보험금 : 910만원

$$보험금 = 손해액 \times \frac{보험가입금액}{보험가액} - (자기부담금) + (잔존물보전비용)$$

$$= 1,500만원 \times \frac{1,000만원}{1,500만원} - (100만원) + (10만원)$$

$$= 910만원$$

※ **이유** : 2019년 당시 업무방법서에서 잔존물처리비용은 보험가입금액 한도 내에서 보상한다는 부분을 적용함.

(2) 보험금 : 1,010만원

$$보험금 = \{손해액 \times \frac{보험가입금액}{보험가액} - (자기부담금)\} + (잔존물처리비용) + (잔존물보전비용)$$

$$= \{1,500만원 \times \frac{1,000만원}{1,500만원} - (100만원)\} + (100만원) + (10만원)$$

$$= 1,010만원$$

※ **이유** : 잔존물처리비용(150만원)을 보험회사에서 지급할 보험금(900만원)과 합친 다음 보험가입금액 한도(1,000만원) 내에서 산출함.

(3) 보험금 : 900만원

$$보험금 = 손해액 \times \frac{보험가입금액}{보험가액} - (자기부담금)$$

$$= 1,500만원 \times \frac{1,000만원}{1,500만원} - (100만원)$$

$$= 900만원$$

※ **이유** : 비용부분(잔존물처리비용 및 잔존물보전비용)을 제외한 단순 보험금을 900만원으로 계산한 것은 출제문제를 이해하고 업무방법서 내용을 숙지하고 있다고 판단되어 정답으로 인정함.

가축재해보험약관(제3조~제15조)에 따른 해설

① 보험가액 = 30두 × 50만원/두 = 1,500만원

② 손해액

　　모두 폐사하였으므로, 손해액 = 30두 × 50만원/두 = 1,500만원

③ 보험가입금액이 보험가액보다 적을 때 지급할 보험금

　　보험가입금액을 한도로 비례보상하므로, 손해액 × $\dfrac{보험가입금액}{보험가액}$ 으로 계산한다. 즉

　　지급보험금 = 손해액 × $\dfrac{보험가입금액}{보험가액}$ = 1,500만원 × $\dfrac{1,000만원}{1,500만원}$ = 1,000만원

　　계산한 보험금에서 자기부담금(보험금의 10%)을 차감한 금액을 지급하므로,

　　• 보험금 = 1,000만원 − (1,000만원 × 10%) = **900만원**

④ 잔존물처리비용

　　손해에 의한 보험금과 잔존물처리비용은 지급보험금의 계산을 준용하여 계산하며, 그 합계액은 보험증권에 기재된 보험가입금액 한도로 한다. 다만, 잔존물처리비용은 손해액의 10%를 초과할 수 없다(**약관 조항**).

　　그런데 보험금(900만원)과 잔존물처리비용(150만원)의 합은 보험가입금액(1,000만원)을 초과하므로, 잔존물처리비용은 **100만원**이 된다.

⑤ 잔존물보전비용

　　잔존물보전비용은 지급보험금의 계산을 준용하여 계산한 금액이 보험가입금액을 초과하는 경우에도 이를 지급한다. 다만, 회사가 잔존물을 취득한 경우에 한한다(**약관 조항**).

　　• 잔존물보전비용 = 10만원

　　※ 문제 조건에서 회사가 잔존물을 취득했는지 여부는 알 수 없으나, 잔존물보전비용이 조사되었으므로, 잔존물을 취득했다고 본다.

⑥ **총 보험금**

　　③ + ④ + ⑤ = 900만원 + 100만원 + 10만원 = **1,010만원**

15 다음의 계약사항 및 조사내용을 참조하여 피해율을 구하시오(단, 피해율은 소수점 셋째자리에서 반올림하여 둘째자리까지 다음 예시와 같이 구하시오. 예시 : 피해율 12.345% → 12.35%로 기재).

[5점] 기출수정

○ 계약사항

상품명	보험가입금액(만원)	평년수확량(kg)	수확량(kg)	미보상감수량(kg)
무화과	1,000	200	150	10

○ 조사내용

보상고사결과지수 (개)	미보상고사결과지수 (개)	정상결과지수 (개)	사고일	수확전 사고피해율(%)
12	8	20	2019. 9. 7.	20

○ 잔여수확량(경과)비율 = [(100 − 33) − (1.13 × 사고발생일)]

정답

피해율 : <u>34.18%</u>

해설

피해율은 7월 31일 이전 사고피해율과 8월 1일 이후 사고피해율을 합산한다.
① 7월 31일 이전 사고피해율(수확전 사고피해율) = **20%**
  수확전 사고피해율 = (평년수확량 − 수확량 − 미보상감수량) ÷ 평년수확량
            = (200kg − 150kg − 10kg) ÷ 200kg = 0.2 = **20%**
② 8월 1일 이후 사고피해율
  (1 − 수확전 사고피해율) × 잔여수확량비율 × 결과지피해율
  • 잔여수확량(경과)비율 = [(100 − 33) − (1.13 × 7)] = 59.09
   ※ 사고발생일자는 해당 월의 사고발생일자를 의미한다.
  • 결과지피해율 = {고사결과지수 + (미고사결과지수 × 착과피해율) − 미보상고사결과지수} ÷ 기준결과지수
          = (20개 + 0개 − 8개) ÷ 40개 = 0.3
  • 기준결과지수 = 고사결과지수 + 미고사결과지수(정상결과지수) = 20개 + 20개 = 40개
  • 고사결과지수 = 보상고사결과지수 + 미보상고사결과지수 = 12개 + 8개 = 20개
  • 사고피해율 = (1 − 0.2) × 59.09 × 0.3 = 14.1816% = **14.18%**
③ 피해율
  ① + ② = 20% + 14.18% = **34.18%**

※ 서술형 문제에 대해 답하시오. (16 ~ 20번 문제)

16 작물특정 및 시설종합위험 인삼손해보장 해가림시설에 관한 내용이다. 태풍으로 인삼 해가림시설에 일부 파손 사고가 발생하여 아래와 같은 피해를 입었다. 가입조건이 아래와 같을 때 ① 감가율, ② 손해액, ③ 자기부담금, ④ 보험금, ⑤ 잔존보험가입금액을 계산과정과 답을 각각 쓰시오.

[15점] 기출수정

○ 보험가입내용

재배칸수	칸당 면적(m²)	시설 재료	설치비용(원/m²)	설치 연월	가입금액(원)
2,200칸	3.3	목 재	5,500	2017. 6.	39,930,000

○ 보험사고내용

파손칸수	사고원인	사고 연월
800칸(전부 파손)	태 풍	2019. 7.

※ 2019년 설치비용은 설치연도와 동일한 것으로 함
※ 손해액과 보험금은 원 단위 이하 버림

정답

① 감가율 : 13.33%
② 손해액 : 12,584,484원
③ 자기부담금 : 100만원
④ 보험금 : 11,584,484원
⑤ 잔존보험가입금액 : 23,022,000원

해설

① **감가율**
연단위 감가상각을 적용하며, 경과기간이 1년 미만은 적용하지 않는다.
감가율 = 경과기간 × 경년감가율 = 1년 × 13.33%/년 = 13.33%
• 경과기간 = 2018년 11월 – 2017년 6월 = 1년 5월 = 1년
※ 해가림시설의 보험기간은 1년으로 판매개시연도 11월 1일에 보장개시하고, 이듬해 10월 31일 24시에 보장종료하므로, 문제에서 보험가입시기를 2018년 11월로 유추할 수 있다.
• 경년감가율

유 형	내용연수	경년감가율
목 재	6년	13.33%
철 재	18년	4.44%

② **손해액**
산출된 피해액에 대하여 감가상각을 적용하여 손해액을 산정한다. 다만, 피해액이 보험가액의 20% 이하인 경우에는 감가를 적용하지 않고, 피해액이 보험가액의 20%를 초과하면서 감가 후 피해액이 보험가액의 20% 미만인 경우에는 보험가액의 20%를 손해액으로 산출한다.
㉠ 피해액
재조달가액으로 산출한 피해액을 산정한다. 재조달가액은 단위면적(1m²)당 설치비용에 재배면적(m²)을 곱하여 산출한다.
800칸 × 3.3m²/칸 × 5,500원/m² = 14,520,000원

ⓛ 감가 후 피해액 = 피해액 × (1 − 감가상각률) = 14,520,000원 × (1 − 0.1333)

$$= \underline{12,584,484원}$$

ⓒ 재조달가액 = 2,200칸 × 3.3m²/칸 × 5,500원/m² = **39,930,000원**

ⓔ 보험가액 = 재조달가액 × (1 − 감가상각률)

$$= 39,930,000원 × (1 − 0.1333) = 34,607,331원 = \underline{34,607,000원}(※ 천원 미만 절사)$$

ⓜ 보험가입금액 = 재조달가액 × (1 − 감가상각률)

$$= 39,930,000원 × (1 − 0.1333) = \underline{34,607,000원}(※ 천원 미만 절사)$$

※ 인삼 해가림시설의 경우 기평가보험으로 재조달가액에서 감가상각을 적용한 보험가액을 보험가입금액으로 설정하기 때문에 보험가액 = 보험가입금액이다.

ⓗ 보험가액의 20% = 34,607,000원 × 20% = 6,921,400원

ⓜ 손해액 = **12,584,484원**(∵ 감가 후 피해액 > 보험가액의 20%)

③ **자기부담금**

10만원 ≤ 손해액 × 10% ≤ 100만원,

즉 1사고당 손해액의 10%를 자기부담금으로 하되 손해액의 10%가 10만원 이하인 경우 최저 자기부담금으로 10만원을 적용하며, 손해액의 10%가 100만원 이상인 경우 최고 자기부담금으로 100만원을 적용한다.

자기부담금 = 12,584,484원 × 10% = **1,258,448.4원** = **1,258,448원**(※ 원 단위 이하 버림)

따라서, 자기부담금은 100만원 이상이므로 **100만원**으로 한다.

④ **보험금**

보험가입금액이 보험가액과 같으므로, 보험금은 보험가입금액을 한도로 손해액에서 자기부담금을 차감한 금액 이다.

보험금 = 12,584,484원 − 1,000,000원 = **11,584,484원**

⑤ **잔존보험가입금액**

보험가입금액에서 보상액을 뺀 잔액이다.

잔존보험가입금액 = 34,607,000원 − 11,584,484원 = **23,022,516원** = **23,022,000원**(※ 천원 미만 절사)

---

17 종합위험 수확감소보장 과수 비가림시설 피해조사에 관한 것으로 ① 해당되는 3가지 품목, ② 조사기준, ③ 조사방법에 대하여 각각 서술하시오. [15점]

정답

(1) 해당되는 3가지 품목

포도, 대추, 참다래

(2) 조사기준

해당 목적물인 비가림시설의 구조체와 피복재의 재조달가액을 기준금액으로 수리비를 산출한다.

(3) 조사방법

① 피복재 : 피복재의 피해면적을 조사한다.

② 구조체

㉠ 손상된 골조를 재사용할 수 없는 경우 : 교체수량 확인 후 교체비용 산정

㉡ 손상된 골조를 재사용할 수 있는 경우 : 보수면적 확인 후 보수비용 산정

18 종합위험 수확감소보장 논작물 벼보험에 관한 내용이다. 아래와 같이 보험가입을 하고 보험사고
가 발생한 것을 가정한 경우 다음의 물음에 답하시오.　　　　　　　　　　　　　　[15점]

○ 보험가입내용

구 분	농지면적 (m²)	가입면적 (m²)	평년수확량 (kg/m²)	가입가격 (원/kg)	자기부담비율 (%)	가입비율
A농지	18,000	16,000	0.85	1,300	20	평년수확량의 100%
B농지	12,500	12,500	0.84	1,400	15	평년수확량의 110%

※ 실제경작면적은 가입면적과 동일한 것으로 조사됨

○ 보험사고내용

구 분	사고내용	조사방법	수확량(kg)	미보상비율(%)	미보상사유
A농지	도열병	전수조사	4,080	10	방재 미흡
B농지	벼멸구	전수조사	4,000	10	방재 미흡

※ 위 보험사고는 각각 병해충 단독사고이며, 모두 병해충 특약에 가입함
※ 함수율은 배제하고 계산함
※ 피해율 계산은 소수점 셋째자리에서 반올림하여 둘째자리까지 구함(예시 : 123.456% → 123.46%)
※ 보험금은 원 단위 이하 버림

(1) 병해충담보 특약에서 담보하는 7가지 병충해를 쓰시오.

(2) 수확감소에 따른 A농지 ① 피해율, ② 보험금과 B농지 ③ 피해율, ④ 보험금을 각각 구하시오.

(3) 각 농지의 식물체가 65% 이상 고사하여 경작불능보험금을 받을 경우, A농지 ⑤ 보험금과 B농지 ⑥
보험금을 구하시오.

［정답］

(1) 병충해담보 특약에서 담보하는 7가지 병충해
　　① 흰잎마름병, ② 줄무늬잎마름병, ③ 도열병, ④ 벼멸구, ⑤ 먹노린재, ⑥ 깨씨무늬병, ⑦ 세균성벼알마름병

(2) 수확감소에 따른 A농지 ① 피해율, ② 보험금과 B농지 ③ 피해율, ④ 보험금
　　① A농지 피해율 = (평년수확량 − 수확량 − 미보상감수량) ÷ 평년수확량
　　　　• 평년수확량 = 16,000m² × 0.85kg/m² = <u>13,600kg</u>
　　　　• 피해율 = (13,600kg − 4,080kg − 0kg) ÷ 13,600kg = 0.7 = <u>70%</u>
　　　　　※ 병해충 특약에 가입한 경우 미보상감수량을 적용하지 않는다(특약 제2조 제2항).
　　② A농지 보험금 = 보험가입금액 × (피해율 − 자기부담비율)
　　　　• 보험가입금액 = 가입수확량 × 가입가격 = 13,600kg × 1,300원/kg = 17,680,000원
　　　　　※ 가입비율이 평년수확량의 100%이므로 가입수확량과 평년수확량은 같다.
　　　　• 보험금 = 17,680,000원 × (70% − 20%) = <u>8,840,000원</u>

③ B농지 피해율 = (평년수확량 − 수확량 − 미보상감수량) ÷ 평년수확량
- 평년수확량 = $(12,500m^2 \times 0.84kg/m^2) = \underline{\textbf{10,500kg}}$
- 피해율 = $(10,500kg − 4,000kg − 0kg) ÷ 10,500kg = 0.6190 = \underline{\textbf{61.90\%}}$

④ B농지 보험금 = 보험가입금액 × (피해율 − 자기부담비율)
- 보험가입금액 = 가입수확량 × 가입가격 = 11,550kg × 1,400원/kg = **16,170,000원**
  ※ 가입비율이 평년수확량의 110%이므로 가입수확량 = 10,500kg × 1.1 = 11,550kg
- 보험금 = 16,170,000원 × (61.90% − 15%) = **7,583,730원**

(3) 각 농지의 식물체가 65% 이상 고사하여 경작불능보험금을 받을 경우, A농지 ⑤ 보험금과 B농지 ⑥ 보험금
보험금 = 보험가입금액 × 자기부담비율에 따른 일정비율

자기부담비율	경작불능보험금
10%형	보험가입금액 × 45%
15%형	보험가입금액 × 42%
20%형	보험가입금액 × 40%
30%형	보험가입금액 × 35%
40%형	보험가입금액 × 30%

⑤ A농지 보험금
자기부담비율이 20%이므로
보험금 = 보험가입금액 × 40% = 17,680,000원 × 0.4 = **7,072,000원**

⑥ B농지 보험금
자기부담비율이 15%이므로
보험금 = 보험가입금액 × 42% = 16,170,000원 × 0.42 = **6,791,400원**

19 종합위험방식 원예시설작물 딸기에 관한 내용이다. 아래의 내용을 참조하여 물음에 답하시오.

[15점] 기출수정

○ 계약사항

품 목	보험가입금액(원)	가입면적(m²)	전작기 지급보험금(원)
종합위험방식 원예시설(딸기)	12,300,000	1,000	2,300,000

○ 조사내용

피해작물 재배면적(m²)	손해정도 (%)	피해비율 (%)	정식일로부터 수확개시일까지의 기간	수확개시일로부터 수확종료일까지의 기간
1,000	30	30	90일	50일

(1) 수확일로부터 수확종료일까지의 기간 중 1/5 경과시점에서 사고가 발생한 경우 경과비율을 구하시오. (단, 풀이과정 기재)

(2) 정식일로부터 수확개시일까지의 기간 중 1/5 경과시점에서 사고가 발생한 경우 보험금을 구하시오. (단, 풀이과정 기재)

정답

(1) 수확일로부터 수확종료일까지의 기간 중 1/5 경과시점에서 사고가 발생한 경우 경과비율

경과비율 = 1 − (수확일수 ÷ 표준수확일수)
- 수확일수 : 수확개시일부터 사고발생일까지 경과일수 = 50일 × 1/5 = 10일
- 표준수확일수 : 수확개시일부터 수확종료일까지의 일수 = 50일
- 경과비율 = 1 − (10일 ÷ 50일) = 0.8

(2) 정식일로부터 수확개시일까지의 기간 중 1/5 경과시점에서 사고가 발생한 경우 보험금

생산비보장보험금 = 피해작물 재배면적 × 피해작물 단위면적당 보장생산비 × 경과비율 × 피해율
- 피해작물 재배면적 = 1,000m²
- 피해작물 단위면적당 보장생산비 = 보험가입금액 ÷ 피해작물 재배면적 = 12,300,000원 ÷ 1,000m²
  = 12,300원/m²
- 경과비율 = α + (1 − α) × (생장일수 ÷ 표준생장일수)
  = 0.4 + (1 − 0.4) × (18일 ÷ 90일) = 0.52
  ※ α = 준비기생산비계수(40%)
  ※ 생장일수 : 정식(파종)일로부터 사고발생일까지 경과일수 = 90일 × 1/5 = 18일
  ※ 표준생장일수 : 정식일로부터 수확개시일까지 표준적인 생장일수 = 90일
- 피해비율 = 30%
- 손해정도비율 = 40%

손해정도	1~20%	21~40%	41~60%	61~80%	81~100%
손해정도비율	20%	40%	60%	80%	100%

- 피해율 = 피해비율 × 손해정도비율
  = 0.3 × 0.4 = 0.12 = 12%
- 생산비보장보험금 = 1,000m² × 12,300원/m² × 0.52 × 0.12 = **767,520원**

20 다음의 계약사항과 조사내용에 따른 ① 착과감소보험금, ② 과실손해보험금, ③ 나무손해보험금을 구하시오(단, 감수과실수 산정시 소수점 이하 반올림함). [15점] 기출+정

○ 계약사항

상품명	특약	평년착과수	가입과중	가입가격	실제결과주수	자기부담비율	
적과전 종합위험 방식Ⅱ단감	5종 한정보장 나무손해보장	75,000개	0.4kg	1,000원/kg	750주	과 실	10%
						나 무	5%

○ 조사내용

구 분	재해 종류	사고 일자	조사 일자	조사내용
계약일 24시 ~ 적과전	우 박	5월 3일	5월 4일	〈피해사실확인조사〉 • 표본주의 피해유과, 정상유과는 각각 66개, 234개 • 미보상비율 : 10%
	집중 호우	6월 25일	6월 26일	〈피해사실확인조사〉 | 피해형태	유 실	매 몰	침 수	고 사	미보상
주 수	100	10	40	90	20	 ※ 침수피해로 고사된 나무는 없음 • 침수꽃(눈)·유과수의 합계 : 210개 • 미침수꽃(눈)·유과수의 합계 : 90개 • 미보상비율 : 20%
적과후 착과수 조사	–		6월 26일	〈적과후착과수조사〉 	품 종	실제결과주수	조사대상주수	표본주 1주당 착과수
A품목	390	300	140
B품목	360	200	100	
적과 종료 이후	태 풍	9월 8일	9월 10일	〈낙과피해조사〉 • 총 낙과과실수 : 5,000개(전수조사) 	피해과실구성	100%	80%	50%	정 상
과실수(개)	1,000	2,000	0	2,000 | • 조사대상주수 중 50주는 강풍으로 1/2 이상 절단(A품목 30주, B품목 20주) • 낙엽피해 표본조사 : 낙엽수 180개, 착엽수 120개 • 경과일수 : 100일 • 미보상비율 : 0%
	우 박	5월 3일	11월 4일	〈착과피해조사〉 | 피해과실구성	100%	80%	50%	정 상	병충해
과실수(개)	20	10	10	50	10	

※ 적과 이후 자연낙과 등은 감안하지 않으며, 무피해나무의 평균착과수는 적과후착과수의 1주당 평균착과수와 동일한 것으로 본다.

※ 나무특약의 보험가입금액은 1주당 10만원을 적용한 것으로 본다.

※ 착과감소보험금 보장수준은 70%로 선택한다.

전원 정답처리

농작물재해보험 업무에서의 '**품목**'과 '**품종**'은 다른 의미로 쓰이고 있으나, 해당 문제에서 '**품종**'을 '**품목**'으로 표기한 것은 용어의 잘못된 사용으로 인해 농작물재해보험 가입이 불가능한 <u>혼식 과수원으로 인지</u>가 될 수 있습니다. 이는 보험금 지급 대상이 아니므로 보험금 계산은 무의미해집니다. 이러한 문제점을 검토한 결과, 문제 오류가 있다고 판단되어 전원 정답으로 처리합니다.

해설

다음 해설은 '품목'을 '품종'으로 표기하고, 문제의 오류를 수정하여 서술하였다.

(1) 착과감소보험금

보험금 = (착과감소량 − 미보상감수량 − 자기부담감수량) × 가입가격 × (50% or 70%)

① 착과감소량 = 5,200kg

- 착과감소과실수 = 최솟값(평년착과수 − 적과후착과수, 최대 인정감소과실수)

  = 최솟값(75,000개 − 62,000개, 22,800개)

  = **13,000개**

- 적과후착과수 = **62,000개**

  A품종 적과후착과수 = 조사대상주수 × 표본주 1주당 착과수 = 300주 × 140개/주 = 42,000개

  B품종 적과후착과수 = 조사대상주수 × 표본주 1주당 착과수 = 200주 × 100개/주 = 20,000개

- 착과감소량 : 착과감소량은 산출된 착과감소과실수에 가입과중을 곱하여 산출한다.

  착과감소과실수 × 과입과중 = 13,000개 × 0.4kg/개 = **5,200kg**

- 최대 인정피해율

  최대 인정피해율은 적과종료 이전까지 조사한 (나무피해율, 낙엽률에 따른 인정피해율, 우박 발생시 유과타박률) 중 가장 큰 값으로 하므로, **0.304**로 한다.

  ※ 나무피해율 : (고사주수와 수확불능주수) + 유실·매몰·도복·절단(1/2)·소실(1/2)·침수주수를 실제 결과주수로 나눈 값이다. 침수주수는 침수피해를 입은 나무수에 과실침수율을 곱하여 계산한다.

  (유실, 매몰, 도복, 절단(1/2), 소실(1/2), 침수주수) / 실제결과주수

  = (100주 + 10주 + 90주 + 28주) / 750주 = **0.304**

  ※ 침수주수 = (침수피해를 입은 나무수) × 과실침수율

  = 40주 × 0.7 = 28주

  ※ 과실침수율 = $\dfrac{\text{침수 꽃(눈)·유과수의 합계}}{\text{침수 꽃(눈)·유과수의 합계 + 미침수 꽃(눈)·유과수의 합계}} = \dfrac{210}{210 + 90}$

  = 0.7

  ※ 유과타박률 = $\dfrac{\text{표본주의 피해유과수 합계}}{\text{표본주의 피해유과수 합계 + 표본주의 정상유과수 합계}} = \dfrac{66}{66 + 234}$

  = 0.22

- 최대 인정감소과실수 = 평년착과수 × 최대 인정피해율

  = 75,000개 × 0.304 = **22,800개**

- 최대 인정감소량 : 착과감소량이 최대 인정감소량을 초과하는 경우 최대 인정감소량을 착과감소량으로 한다.

  ※ 최대 인정감소량 = 평년착과량 × 최대 인정피해율

  따라서, 최대 인정감소량 = 평년착과량 × 최대 인정피해율

  = (75,000개 × 0.4kg/개) × 0.304 = **9,120kg**

- 결국, 착과감소량이 최대 인정감소량을 초과하지 않으므로, 착과감소량은 **5,200kg**이 된다.

② 미보상감수량

보상하는 재해 이외의 원인으로 감소되었다고 평가되는 부분을 말하며, 계약 당시 이미 발생한 피해, 병해충으로 인한 피해 및 제초상태불량 등으로 인한 수확량감소량으로서 감수량에서 제외된다.

- 미보상주수 감수과실수 = 미보상주수 × 1주당 평년착과수 = 20주 × (75,000개 ÷ 750주) = 2,000개
- 미보상감수과실수 = {(착과감소과실수 × 미보상비율) + 미보상주수 감수과실수}

$$= \{(13,000개 \times 0.2) + 2,000개\} = 4,600개$$

- 미보상감수량 = 4,600개 × 0.4kg/개 = **1,840kg**

③ 자기부담감수량 = 기준수확량 × 자기부담비율

- 기준착과수 = 적과후착과수 + 착과감소과실수 = 62,000개 + 13,000개 = 75,000개
- 기준수확량 = 기준착과수 × 과입과중 = 75,000개 × 0.4kg/개 = 30,000kg
- 자기부담감수량 = 30,000kg × 0.1 = **3,000kg**

④ 가입가격 = 1,000원/kg

⑤ 착과감소보험금

보험금 = (착과감소량 − 미보상감수량 − 자기부담감수량) × 가입가격 × 70%

$$= (5,200kg - 1,840kg - 3,000kg) \times 1,000원/kg \times 0.7 = \textbf{252,000원}$$

(2) 과실손해보험금

보험금 = (적과종료 이후 누적감수량 − 미보상감수량 − 자기부담감수량) × 가입가격

① 적과종료 이후 누적감수량

㉠ 태풍낙과피해 감수과실수(전수조사)

총 낙과과실수 × (낙과피해구성률 − max A)

= 5,000개 × (0.52 − 0) = **2,600개**

※ 낙과피해구성률

$$= \frac{(100\%형\ 피해과실수 \times 1) + (80\%형\ 피해과실수 \times 0.8) + (50\%형\ 피해과실수 \times 0.5)}{100\%형\ 피해과실수 + 80\%형\ 피해과실수 + 50\%형\ 피해과실수 + 정상과실수}$$

$$= \frac{(1,000 \times 1) + (2,000 \times 0.8) + (0 \times 0.5)}{1,000 + 2,000 + 0 + 2,000} = 0.52$$

※ max A : 금차 사고전 기조사된 착과피해구성률 또는 인정피해율 중 최댓값(= 0)

㉡ 태풍나무피해 감수과실수

- 나무의 고사 및 수확불능(유실, 매몰, 도복, 절단, 화재, 침수) 손해

  (고사주수 + 수확불능주수) × 무피해나무 1주당 평균착과수 × (1 − max A)

- A품종 나무피해 감수과실수 = 30주 × 140개/주 × (1 − 0) = 4,200개

  ※ 무피해나무의 평균착과수는 적과후착과수의 1주당 평균착과수와 동일한 것으로 본다.

- B품종 나무피해 감수과실수 = 20주 × 100개/주 × (1 − 0) = 2,000개
- 태풍나무피해 감수과실수 = 4,200개 + 2,000개 = **6,200개**

㉢ 태풍낙엽피해 감수과실수

사고 당시 착과과실수 × (인정피해율 − max A) × (1 − 미보상비율)

- 사고 당시 착과과실수

  = 적과후착과수 − 총 낙과과실수 − 총 적과종료후 나무피해과실수 − 총 기수확과실수

  = 62,000개 − 5,000개 − {(30주 × 140개/주) + (20주 × 100개/주)} − 0개

  = **50,800개**

- 인정피해율 = (1.0115 × 낙엽률) − (0.0014 × 경과일수)

  = (1.0115 × 0.6) − (0.0014 × 100)

  = **0.4669**

※ 낙엽률 = $\dfrac{표본주의\ 낙엽수\ 합계}{표본주의\ 낙엽수\ 합계 + 표본주의\ 착엽수\ 합계} = \dfrac{180}{180 + 120} = 0.6$

※ max A : 금차 사고전 기조사된 착과피해구성률 또는 인정피해율 중 최댓값(= 0)

- 미보상비율은 금차 사고조사의 미보상비율을 적용함(= 0)
- 태풍낙엽피해 감수과실수 = 50,800개 × (0.4669 − 0) × (1 − 0)
$$= 23,718.52개 = \underline{\mathbf{23,719개}}$$

ⓔ 우박착과피해 감수과실수

사고 당시 착과과실수 × (착과피해구성률 − max A)

= 50,800개 × (0.33 − 0.4669) = **0개**

※ 착과피해구성률 = $\dfrac{(20 \times 1) + (10 \times 0.8) + (10 \times 0.5)}{20 + 10 + 10 + 60}$ = **0.33**

※ 보상하지 않는 손해(병충해)에 해당하는 과실은 정상과실로 구분한다.

※ max A : 금차 사고전 기조사된 착과피해구성률 또는 인정피해율 중 최댓값(= **0.4669**)

※ (착과피해구성률 − max A)의 값이 영(0)보다 작은 경우 감수과실수는 "0"으로 한다.

ⓜ 적과종료 이후 누적감수량 : 적과종료 이후 감수과실수의 합계에 가입과중을 곱하여 산출한다.

(2,600개 + 6,200개 + 23,719개 + 0개) × 0.4kg/개 = **13,007.6kg**

② 미보상감수량 : 감수량에서 제외된다.

③ 자기부담감수량 : 기준수확량에 자기부담비율을 곱한 양으로 한다. 다만, 산출된 착과감소량이 존재하는 경우에는 착과감소량에서 적과종료 이전에 산정된 미보상감수량을 뺀 값을 자기부담감수량에서 제외한다. 이때 <u>자기부담감수량은 0보다 작을 수 없다.</u>

- 자기부담감수량

= (기준수확량 × 자기부담비율) − (착과감소량 − 적과종료 이전에 산정된 미보상감수량)

= (30,000kg × 0.1) − (5,200kg − 1,840kg) < 0이므로, **0kg**이다.

④ 과실손해보험금

(적과종료 이후 누적감수량 − 자기부담감수량) × 가입가격

= (13,007.6kg − 0kg) × 1,000원/kg = **13,007,600원**

(3) 나무손해보험금

지급보험금은 보험가입금액에 피해율에서 자기부담비율을 차감한 값을 곱하여 산정하며, 피해율은 피해주수(고사된 나무)를 실제결과주수로 나눈 값으로 한다.

① 피해율 = 피해주수(고사된 나무) ÷ 실제결과주수 = 250주 ÷ 750주 = **0.3333** = **33.33%**

- 피해주수(고사된 나무) = (유실 + 매몰 + 침수 + 고사 + 절단)

= 100주 + 10주 + 0주 + 90주 + 50주 = 250주

※ 문제 조건에서 침수된 나무 중 고사된 나무가 없음

- 실제결과주수 = 750주

② 지급보험금 = 보험가입금액 × (피해율 − 자기부담비율)

- 보험가입금액 = 750주 × 10만원/주 = 7,500만원
- 피해율 = **33.33%**
- 자기부담비율 = 5%(약관 조항)
- 지급보험금 = 75,000,000원 × (33.33% − 5%) = **21,247,500원**

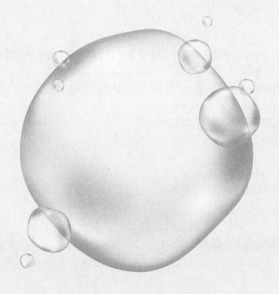

모든 일에 있어서, 시간이 부족하지 않을까를 걱정하지 말고,

다만 내가 마음을 바쳐 최선을 다할 수 있을지, 그것을 걱정하라.

- 정조 -

농작물재해보험 및 가축재해보험의 이론과 실무

※ 단답형 문제에 대해 답하시오. (1 ~ 5번 문제)

01 농작물재해보험의 업무방법 통칙에서 정하는 용어의 정의로 (   )에 들어갈 내용을 쓰시오.

[5점]

> ○ "과수원(농지)"이라 함은 (①   )의 토지의 개념으로 (②   )와는 관계없이 과실(농작물)을 재배하는 하나의 경작지를 의미한다.
> ○ (③   )이란 보험사고로 인하여 발생한 손해에 대하여 계약자 또는 피보험자가 부담하는 일정비율로 보험가입금액에 대한 비율을 말한다.
> ○ "신초 발아기"란 과수원에서 전체 신초가 (④   )% 정도 발아한 시점을 말한다.
> ○ "개화기"란 꽃이 피는 시기를 말하며, 작물의 생물조사에서의 개화기는 꽃이 (⑤   )% 정도 핀 날의 시점을 말한다.

정답

① 한 덩어리, ② 필지(지번), ③ 자기부담비율, ④ 50, ⑤ 40

해설

- "과수원(농지)"이라 함은 (**한 덩어리**)의 토지의 개념으로 (**필지(지번)**)와는 관계없이 과실(농작물)을 재배하는 하나의 경작지를 의미한다.
- (**자기부담비율**)이란 보험사고로 인하여 발생한 손해에 대하여 계약자 또는 피보험자가 부담하는 일정비율로 보험가입금액에 대한 비율을 말한다.
- "신초 발아기"란 과수원에서 전체 신초가 (**50**)% 정도 발아한 시점을 말한다.
- "개화기"란 꽃이 피는 시기를 말하며, 작물의 생물조사에서의 개화기는 꽃이 (**40**)% 정도 핀 날의 시점을 말한다.

02 농작물재해보험 종합위험보장 밭작물 품목 중 출현율이 90% 미만인 농지를 인수제한 하는 품목 4가지를 모두 쓰시오(단, 농작물재해보험 판매상품 기준으로 한다). [5점]

정답

콩, 옥수수, 감자(봄재배), 감자(가을재배), 감자(고랭지재배)

03 농작물재해보험 종합위험보장 과수품목의 보험기간에 대한 기준이다. (　　)에 들어갈 내용을 쓰시오. [5점] 기출수정

구 분		보장개시	보장종료
해당 보장 및 약관	목적물		
수확감소보장, 보통약관	밤	(①) 단, (①)가 경과한 경우에는 계약 체결일 24시	수확기종료 시점 단, 판매개시연도 (②)을 초과할 수 없음
보통약관	이듬해에 맺은 참다래 과실	(③) 단, (③)가 지난 경우에는 계약체 결일 24시	해당 꽃눈이 성장하여 맺은 과실의 수확기종료 시점 단, 이듬해 (④)을 초과할 수 없음
비가림과수 손해보장	대 추	(⑤) 단, (⑤)가 경과한 경우에는 계약 체결일 24시	수확기종료 시점 단, 판매개시연도 (②)을 초과할 수 없음

정답

① 발아기, ② 10월 31일, ③ 꽃눈분화기, ④ 11월 30일, ⑤ 신초발아기

해설

구 분		보장개시	보장종료
해당 보장 및 약관	목적물		
수확감소보장, 보통약관	밤	(발아기) 단, (발아기)가 경과한 경우에는 계약 체결일 24시	수확기종료 시점 단, 판매개시연도 (10월 31일)을 초과할 수 없음
보통약관	이듬해에 맺은 참다래 과실	(꽃눈분화기) 단, (꽃눈분화기)가 지난 경우에는 계 약체결일 24시	해당 꽃눈이 성장하여 맺은 과실의 수확기종료 시점 단, 이듬해 (11월 30일)을 초과할 수 없음
비가림과수 손해보장	대 추	(신초발아기) 단, (신초발아기)가 경과한 경우에는 계약체결일 24시	수확기종료 시점 단, 판매개시연도 (10월 31일)을 초과할 수 없음

04 종합위험보장 쪽파(실파) 상품은 사업지역, 파종 및 수확시기에 따라 1형과 2형으로 구분된다. ( )에 들어갈 내용을 쓰시오. [5점]

○ 1형 : (①) 지역에서 (②) 이전에 파종하거나, (③) 지역에서 재배하여 (④)에 수확하는 노지 쪽파(실파)
○ 2형 : (①) 지역에서 (②) 이후에 파종하여 (⑤)에 수확하는 노지 쪽파(실파)

[정답]

※ 본 문제는 출제 당시 2020년 업무방법서에 따라 서술하였다.

① 충남 아산, ② 9월 15일, ③ 전남 보성, ④ 당해 연도, ⑤ 이듬해 4~5월

[해설]

• 1형 : (**충남 아산**) 지역에서 (**9월 15일**) 이전에 파종하거나, (**전남 보성**) 지역에서 재배하여 (**당해 연도**)에 수확하는 노지 쪽파(실파)
• 2형 : (**충남 아산**) 지역에서 (**9월 15일**) 이후에 파종하여 (**이듬해 4~5월**)에 수확하는 노지 쪽파(실파)

05 종합위험보장 고추 상품의 계약인수 관련 생산비 산출방법이다. ( )에 들어갈 내용을 쓰시오. [5점]

○ 농촌진흥청에서 매년 발행하는 "지역별 농산물 소득자료"의 경영비와 (①)에 (②)와 (③)를 합산하여 표준생산비를 도 또는 전국 단위로 산출
○ 산출한 표준생산비를 (④)별(준비기, 생장기, 수확기)로 배분
○ 수확기에 투입되는 생산비는 수확과 더불어 회수되므로 표준생산비에서 (⑤)를 차감하여 보험가입대상 생산비 산출

[정답]

※ 본 문제는 출제 당시 2020년 업무방법서에 따라 서술하였다.

① 자가노력비, ② 자본용역비, ③ 토지용역비, ④ 재배기간, ⑤ 수확기생산비

[해설]

• 농촌진흥청에서 매년 발행하는 "지역별 농산물 소득자료"의 경영비와 (**자가노력비**)에 (**자본용역비**)와 (**토지용역비**)를 합산하여 표준생산비를 도 또는 전국 단위로 산출
• 산출한 표준생산비를 (**재배기간**)별(준비기, 생장기, 수확기)로 배분
• 수확기에 투입되는 생산비는 수확과 더불어 회수되므로 표준생산비에서 (**수확기생산비**)를 차감하여 보험가입대상 생산비 산출

06 종합위험과수 자두 상품에서 수확감소보장의 자기부담비율과 그 적용 기준을 각 비율별로 서술하시오. [15점]

정답

자기부담비율 적용 기준
① **10%형** : 최근 3년간 연속 보험가입과수원으로서 3년간 수령한 보험금이 순보험료의 120% 미만인 경우에 한하여 선택 가능
② **15%형** : 최근 2년간 연속 보험가입과수원으로서 2년간 수령한 보험금이 순보험료의 120% 미만인 경우에 한하여 선택 가능
③ **20%형, 30%형, 40%형** : 제한 없음

해설

수확감소보장의 자기부담비율은 지급보험금을 계산할 때 피해율에서 차감하는 비율로서, 계약할 때 계약자가 선택한 비율(10%, 15%, 20%, 30%, 40%)이다.

07 종합위험보장 ① 복숭아 상품의 평년수확량 산출식을 쓰고, ② 산출식 구성요소에 대해 설명하시오[단, 과거수확량 자료가 있는 경우(최근 5년 이내 2회의 보험가입 경험이 있는 경우)에 해당하며, 과거수확량 산출 관련 다른 조건은 배제한다]. [15점]

정답

① 복숭아 상품의 평년수확량 산출식

$$\left\{A+(B-A)\times(1-\frac{Y}{5})\right\}\times\frac{C}{B}$$

② 산출식 구성요소
- A(과거 평균수확량) = Σ(과거 5년간 수확량) ÷ Y
- B(과거 평균표준수확량) = Σ(과거 5년간 표준수확량) ÷ Y
- C(표준수확량) = 당해 연도(가입연도)의 표준수확량
- Y = 과거수확량 산출연도 횟수

해설

평년수확량
① 평년수확량은 농지의 기후가 평년수준이고 비배관리 등 영농활동을 평년수준으로 실시하였을 때 기대할 수 있는 수확량을 말하며, 보험가입금액의 결정 및 보험사고발생시 감수량 산정을 위한 기준으로 활용한다.
② 평년수확량은 자연재해가 없는 이상적인 상황에서 수확할 수 있는 수확량이 아니라, 평년수준의 재해가 있다는 것을 전제로 한다.
③ 최근 5년 이내에 보험가입 경험이 있는 과수원은 최근 5개년의 수확량 및 표준수확량에 의해 평년수확량을 산정하며, 신규 가입하는 과수원은 표준수확량을 기준으로 평년수확량을 산정한다.

08 종합위험과수 밤 상품의 ① 표준수확량 산출식을 쓰고, 다음 조건에 따라 가입한 과수원의 ② 재식밀도지수와 ③ 표준수확량(kg)을 구하시오. [15점]

○ 기준주수 면적 : 27,000m²
○ 지역·품종·수령별 표준수확량 : 30kg
○ 최대 인정주수 면적 : 18,000m²
○ 가입주수 : 500주
○ 밤나무 재배면적 : 20,000m²

정답

※ 본 문제는 출제 당시 2020년 업무방법서에 따라 서술하였다.

① **표준수확량 산출식**
  표준수확량 = 지역·품종·수령별 표준수확량 × 재식밀도지수 × 가입주수
② **재식밀도지수**
  재식밀도지수 = $0.64 + (C - B) \div \{(A - B) \div 36\} \div 100$
  (A : 기준주수 면적, B : 최대 인정주수 면적, C : 밤나무 재배면적)
  재식밀도지수 = $0.64 + (20,000\text{m}^2 - 18,000\text{m}^2) \div \{(27,000\text{m}^2 - 18,000\text{m}^2) \div 36\} \div 100$
  $= 0.72$
③ **표준수확량(kg)**
  표준수확량 = 지역·품종·수령별 표준수확량 × 재식밀도지수 × 가입주수
  $= 30\text{kg} \times 0.72 \times 500\text{주} = 10,800\text{kg}$

기출수정 최근 개정된 이론서(2024년 3월 기준)에 따른 기출수정 문제

08 종합위험과수 밤 상품의 수확개시 이전 ① 수확량 산출식을 쓰고, 다음 조건에 따라 가입한 과수원의 ② 품종별 개당 과중과 ③ 수확량(kg)을 구하시오. [15점]

○ 품종별 조사대상주수 : 1,000주
○ 품종별 주당 착과수 : 30개
○ 품종별 주당 낙과수 : 20개
○ 착과피해구성률 : 30%
○ 낙과피해구성률 : 20%
○ 품종별 주당 평년수확량 : 500kg
○ 정상 표본과실 무게 : 100kg
○ 소과 표본과실 무게 : 50kg
○ 표본과실수 : 100개
○ 품종별 미보상주수 : 없음

① 수확량 산출식

수확량 = {품종별 조사대상주수 × 품종별 주당 착과수 × (1 − 착과피해구성률) × 품종별 개당 과중} + {품종별 조사대상주수 × 품종별 주당 낙과수 × (1 − 낙과피해구성률) × 품종별 개당 과중} + (품종별 주당 평년수확량 × 품종별 미보상주수)

② 품종별 개당 과중

품종별 개당 과중 = 품종별 {정상 표본과실 무게 + (소과 표본과실 무게 × 0.8)} ÷ 표본과실수

= {100kg + (50kg × 0.8)} ÷ 100

= 1.4kg

③ 수확량(kg)

수확량 = {1,000주 × 30개/주 × (1 − 0.3) × 1.4kg/개} + {1,000주 × 20개/주 × (1 − 0.2) × 1.4kg/개} + (500kg × 0)

= 29,400kg + 22,400kg + 0kg = **51,800kg**

09 농작물재해보험 상품 중 비가림시설 또는 해가림시설에 관한 다음 보험가입금액을 구하시오.

[15점] 기출수정

(1) 포도(단지 단위) 비가림시설의 최소 가입면적에서 최소 보험가입금액(단, m^2당 시설비는 18,000원임)

(2) 대추(단지 단위) 비가림시설의 가입면적 300m^2에서 최대 보험가입금액(단, m^2당 시설비는 19,000원임)

(3) 단위면적당 시설비 : 30,000원, 가입(재식)면적 : 300m^2, 시설유형 : 목재, 내용연수 : 6년, 시설년도 : 2014년 4월, 가입시기 : 2019년 11월일 때, 인삼 해가림시설의 보험가입금액

(1) **포도(단지 단위) 비가림시설의 최소 가입면적에서 최소 보험가입금액**

포도 비가림시설의 m^2당 시설비(18,000원)에 비가림시설 면적을 곱하여 산정한다.

※ 산정된 금액의 80% ~ 130% 범위 내에서 계약자가 보험가입금액을 결정한다.

최소 가입면적은 200m^2이므로,

최소 보험가입금액 = 200m^2 × 18,000원/m^2 × 80% = **2,880,000원**

(2) **대추(단지 단위) 비가림시설의 가입면적 300m^2에서 최대 보험가입금액**

대추 비가림시설의 m^2당 시설비(19,000원)에 비가림시설의 면적을 곱하여 산정한다.

※ 산정된 금액의 80% ~ 130% 범위 내에서 계약자가 보험가입금액을 결정한다.

최대 보험가입금액 = 300m^2 × 19,000원/m^2 × 130% = **7,410,000원**

(3) 단위면적당 시설비 : 30,000원, 가입(재식)면적 : 300m², 시설유형 : 목재, 내용연수 : 6년, 시설년도 : 2014년 4월, 가입시기 : 2019년 11월일 때, 인삼 해가림시설의 보험가입금액

보험가입금액 = 재조달가액 × (1 − 감가상각률)

• 재조달가액 = 단위면적당 시설비 × 가입(재식)면적 = 30,000원/m² × 300m² = 9,000,000원

• 감가상각률 = 경과기간 × 경년감가율 = 5년 × 13.33% = 66.65%

　※ 경과기간 = 2019년 11월 − 2014년 4월 = 5년 7개월 = 5년(연단위 감가상각을 적용)

　※ 경년감과율

유 형	내용연수	경년감가율
목 재	6년	13.33%
철 재	18년	4.44%

보험가입금액 = 9,000,000원 × (1 − 0.6665) = 3,001,500원

　　　　　　 = 3,001,000원(※ 천원 단위 미만은 절사함)

10 가축재해보험 축사 특약에 관한 다음 내용을 쓰시오. [15점]

(1) 보험가액 계산식

(2) 수정잔가율 적용 사유와 적용 비율

(3) 수정잔가율 적용 예외 경우와 그 적용 비율

[정답]

※ 본 문제는 출제 당시 2020년 업무방법서에 따라 서술하였다.

(1) 보험가액 계산식

　　현재가액 = 신축가액 − 감가공제액

　　※ 감가공제액 = 신축가액 × 감가율(= 경년감가율 × 경과년수)

　　※ 경년감가율은 손해보험협회의 "보험가액 및 손해액의 평가기준"을 준용한다.

(2) 수정잔가율 적용 사유와 적용 비율

　　가축재해보험의 축사 특약에서 보험목적물의 지속적인 개·보수가 이루어져 보험목적물의 가치증대가 인정된 경우 잔가율은 보온덮개·쇠파이프조인 축사구조물의 경우에는 최대 50%까지, 그 외 기타 구조물의 경우에는 최대 70%까지로 수정하여 보험가액을 평가할 수 있다.

(3) 수정잔가율 적용 예외 경우와 그 적용 비율

　　보험목적물인 축사가 손해를 입은 장소에서 6개월 이내에 실제로 수리 또는 복구되지 않은 때에는 잔가율이 30% 이하인 경우에는 최대 30%로 수정하여 평가한다.

TIP● 2022년 1월 개정된 가축재해보험 약관에 따르면 축사는 '특별약관'이 아닌 '보통약관'에서 보상한다.

※ 단답형 문제에 대해 답하시오. (11 ~ 15번 문제)

11 가축재해보험 약관에서 설명하는 보상하지 않는 손해에 관한 내용이다. 다음 (   )에 들어갈 용어(약관의 명시된 용어)를 각각 쓰시오. [5점]

> ○ 계약자, 피보험자 또는 이들의 (①)의 고의 또는 중대한 과실
> ○ 계약자 또는 피보험자의 (②) 및 (③)에 의한 가축폐사로 인한 손해
> ○ 「가축전염병예방법」 제2조(정의)에서 정하는 가축전염병에 의한 폐사로 인한 손해 및 정부 및 공공기관의 (④) 또는 (⑤)(으)로 발생한 손해

정답

① 법정대리인, ② 도살, ③ 위탁도살, ④ 살처분, ⑤ 도태권고

해설

보상하지 않는 손해(제4조)
1. 계약자, 피보험자 또는 이들의 (**법정대리인**)의 고의 또는 중대한 과실
2. 계약자 또는 피보험자의 (**도살**) 및 (**위탁도살**)에 의한 가축폐사로 인한 손해
3. 「가축전염병예방법」 제2조(정의)에서 정하는 가축전염병에 의한 폐사로 인한 손해 및 정부 및 공공기관의 (**살처분**) 또는 (**도태권고**)로 발생한 손해
4. 보험목적이 유실 또는 매몰되어 보험목적을 객관적으로 확인할 수 없는 손해(다만, 풍수해 사고로 인한 직접손해 등 회사가 인정하는 경우에는 보상)
5. 원인의 직접·간접을 묻지 않고 전쟁, 혁명, 내란, 사변, 폭동, 소요, 노동쟁의, 기타 이들과 유사한 사태로 인한 손해
6. 지진의 경우 보험계약일 현재 이미 진행 중인 지진(본진, 여진을 포함)으로 인한 손해
7. 핵연료물질 또는 핵연료물질에 의하여 오염된 물질의 방사성, 폭발성 그 밖의 유해한 특성 또는 이들의 특성에 의한 사고로 인한 손해
8. 위 제7호 이외의 방사선을 쬐는 것 또는 방사능 오염으로 인한 손해
9. 계약 체결 시점 현재 기상청에서 발령하고 있는 기상특보 발령 지역의 기상특보 관련 재해(풍재, 수재, 설해, 지진, 폭염)로 인한 손해

12 다음은 종합위험 수확감소보장방식 논작물(벼)에 관한 내용이다. 아래의 내용을 참조하여 다음 물음에 답하시오. [5점]

(1) A농지의 재이앙·재직파보험금을 구하시오.

구 분	보험가입금액	보험가입면적	실제경작면적	피해면적
A농지	5,000,000원	2,000m²	2,000m²	500m²

(2) B농지의 수확감소보험금을 구하시오(수량요소조사, 표본조사, 전수조사가 모두 실시됨).

구 분	보험가입금액	조사방법에 따른 피해율	자기부담비율
B농지	8,000,000원	• 수량요소조사 : 피해율 30% • 표본조사 : 피해율 40% • 전수조사 : 피해율 35%	20%

정답

(1) A농지의 재이앙·재직파보험금
  지급보험금 = 보험가입금액 × 25% × 면적피해율
  ※ 면적피해율 = 피해면적 ÷ 보험가입면적 = 500m² ÷ 2,000m² = 25%

  지급보험금 = 5,000,000원 × 25% × 25% = **312,500원**

(2) B농지의 수확감소보험금
  지급보험금 = 보험가입금액 × (피해율 − 자기부담비율)
  ※ 동일 농지에 대하여 복수의 조사방법을 실시한 경우 피해율 산정의 우선순위는 <u>전수조사, 표본조사, 수량요소조사 순으로 적용</u>한다.

  지급보험금 = 8,000,000원 × (35% − 20%) = **1,200,000원**

13 농작물재해보험 보험금 지급과 관련하여 회사는 지급기일 내에 보험금을 지급하지 아니하였을 때에는 그 다음날로부터 지급일까지의 기간에 대하여 〈보험금을 지급할 때의 적립이율표〉에 따라 연단위 복리로 계산한 금액을 더하여 지급한다. 다음 (   )에 들어갈 내용을 각각 쓰시오. [5점]

기 간	지급이자
지급기일의 다음 날부터 30일 이내 기간	(①)이율
지급기일의 31일 이후부터 60일 이내 기간	(①)이율 + 가산이율(②)%
⋮	⋮

정답

① <u>보험계약대출</u>, ② <u>4.0</u>

보험금을 지급할 때의 적립이율표

기 간	지급이자
지급기일의 다음 날부터 30일 이내 기간	(보험계약대출)이율
지급기일의 31일 이후부터 60일 이내 기간	(보험계약대출)이율 + 가산이율(4.0%)
지급기일의 61일 이후부터 90일 이내 기간	보험계약대출이율 + 가산이율(6.0%)
지급기일의 91일 이후 기간	보험계약대출이율 + 가산이율(8.0%)

14 다음의 계약사항과 조사내용을 참조하여 아래 착과수조사 결과에 들어갈 값(① ~ ③)을 각각 구하시오(단, 해당 과수원에 있는 모든 나무의 품종 및 수령은 계약사항과 동일한 것으로 함).

[5점]

○ 계약사항

품 목	품종 / 수령	가입일자(계약일자)
자 두	A / 9년생	2019년 11월 14일

○ 조사내용

※ 조사종류 : 착과수조사
※ 조사일자 : 2020년 8월 18일
※ 조사사항
- 상기 조사일자 기준 과수원에 살아있는 모든 나무수(고사된 나무수 제외) : 270주
- 2019년 7월 발생한 보상하는 재해로 2019년 7월에 고사된 나무수 : 30주
- 2019년 12월 발생한 보상하는 재해로 2020년 3월에 고사된 나무수 : 25주
- 2020년 6월 발생한 보상하는 손해 이외의 원인으로 2020년 7월에 고사된 나무수 : 15주
- 2020년 6월 발생한 보상하는 손해 이외의 원인으로 착과량이 현저하게 감소한 나무수 : 10주

○ 착과수조사 결과

구 분	실제결과주수 (실제결과나무수)	미보상주수 (미보상나무수)	고사주수 (고사나무수)
주 수	(①)주	(②)주	(③)주

① 실제결과주수 = 270주 + 25주 + 15주 = **310주**
② 미보상주수 = 15주 + 10주 = **25주**
③ 고사주수 = **25주**

해설

① **실제결과주수(실제결과나무수)**

실제결과주수(실제결과나무수)는 가입일자를 기준으로 농지(과수원)에 식재된 모든 나무수를 의미한다. 다만, 인수조건에 따라 보험에 가입할 수 없는 나무(유목 및 제한 품종 등)수는 제외한다.

- 상기 조사일자 기준 과수원에 살아있는 모든 나무수(고사된 나무수 제외) 270주는 실제결과주수에 포함된다.
- 2019년 7월 발생한 보상하는 재해로 2019년 7월에 고사된 나무수 30주는 가입일자 이전이므로 실제결과주수에 포함되지 않는다.
- 2019년 12월 발생한 보상하는 재해로 2020년 3월에 고사된 나무수 25주는 실제결과주수에 포함된다.
- 2020년 6월 발생한 보상하는 손해 이외의 원인으로 2020년 7월에 고사된 나무수 15주는 실제결과주수에 포함된다.
- 2020년 6월 발생한 보상하는 손해 이외의 원인으로 착과량이 현저하게 감소한 나무수 10주는 살아있는 모든 나무수(고사된 나무수 제외) 270주에 포함되므로, 실제결과주수에서 제외한다.

  ∴ 실제결과주수 = 270주 + 25주 + 15주 = **310주**

② **미보상주수(미보상나무수)**

미보상주수(미보상나무수)는 실제결과나무수 중 보상하는 손해 이외의 원인으로 고사하거나 수확량(착과량)이 현저하게 감소한 나무수를 의미한다.

  ∴ 미보상주수 = 15주 + 10주 = **25주**

③ **고사주수(고사나무수)**

고사주수(고사나무수)는 실제결과나무수 중 보상하는 손해로 고사된 나무수를 의미한다. 즉 2019년 12월 발생한 보상하는 재해로 2020년 3월에 고사된 나무수 25주를 말한다.

  ∴ 고사주수 = **25주**

15 다음의 계약사항과 조사내용을 참조하여 착과감소보험금을 구하시오(단, 착과감소량은 소수점 첫째자리에서 반올림하여 다음 예시와 같이 구하시오. 예시 : 123.4kg → 123kg). [5점]

○ 계약사항(해당 과수원의 모든 나무는 단일 품종, 단일 재배방식, 단일 수령으로 함)

품 목	가입금액	평년착과수	자기부담비율
사 과 (적과전 종합위험방식 Ⅱ)	24,200,000원	27,500개	15%

가입과중	가입가격	나무손해보장 특별약관	적과종료 이전 특정위험 5종 한정보장 특별약관
0.4kg	2,200원/kg	미가입	미가입

○ 조사내용

구 분	재해종류	사고일자	조사일자	조사내용
계약일 ~ 적과종료 이전	조수해	5월 5일	5월 7일	• 피해규모 : 일부 • 금차 조수해로 죽은 나무수 : 44주 • 미보상비율 : 5%
	냉 해	6월 7일	6월 8일	• 피해규모 : 전체 • 냉해피해 확인 • 미보상비율 : 10%
적과후 착과수 조사	–		7월 23일	• 실제결과주수 : 110주 • 적과후착과수 : 15,500개 • 1주당 평년착과수 : 250개

[정답]

착과감소보험금 = (착과감소량 − 미보상감수량 − 자기부담감수량) × 가입가격 × (50% or 70%)
- 착과감소과실수 = 평년착과수 − 적과후착과수 = 27,500개 − 15,500개 = 12,000개
- 착과감소량 = 착과감소과실수 × 가입과중 = 12,000개 × 0.4kg/개 = **4,800kg**
- 미보상감수량 = 미보상감수과실수 × 가입과중 = 1,200개 × 0.4kg/개 = **480kg**
  ※ 적과종료 이전의 미보상감수과실수 = (착과감소과실수 × 미보상비율) + 미보상주수 감수과실수
    = (12,000개 × 10%) + 0개 = 1,200개
  ※ 미보상주수 감수과실수 = 미보상주수 × 1주당 평년착과수 = 0 × 250개 = 0개
  ※ 적과전 사고조사에서 미보상비율 적용은 미보상비율 조사값 중 가장 큰 값만 적용
- 자기부담감수량 = 기준수확량 × 자기부담비율 = 11,000kg × 0.15 = **1,650kg**
  ※ 기준수확량 = (적과후착과수 + 착과감소과실수) × 가입과중
    = (15,500개 + 12,000개) × 0.4kg/개 = 11,000kg
∴ 착과감소보험금 보장수준 50% 선택시
  착과감소보험금 = (4,800kg − 480kg − 1,650kg) × 2,200원/kg × 50% = **2,937,000원**
∴ 착과감소보험금 보장수준 70% 선택시
  착과감소보험금 = (4,800kg − 480kg − 1,650kg) × 2,200원/kg × 70% = **4,111,800원**

16 피보험자 A가 운영하는 △△한우농장에서 한우 1마리가 인근 농장주인 B의 과실에 의해 폐사 (보상하는 손해)되어 보험회사에 사고보험금을 청구하였다. 다음의 내용을 참조하여 피보험자 청구항목 중 비용(①~④)에 대한 보험회사의 지급 여부를 각각 지급 또는 지급불가로 기재하고 ⑤ 보험회사의 최종 지급금액(보험금 + 비용)을 구하시오. [15점]

피보험자(A) 청구항목		보험회사 조사내용
보험금	소(牛)	폐사 시점의 손해액 300만원(전손)은 보험가입금액 및 보험가액과 같은 것으로 확인(자기부담금비율 : 20%)
비용	(①) 잔존물처리비용	A가 폐사로 인한 인근 지역의 수질오염물질 제거를 위해 지출한 비용 (30만원)으로 확인
	(②) 손해방지비용	A가 손해의 경감을 위해 지출한 유익한 비용(40만원)으로서 보험목적의 관리의무를 위하여 지출한 비용에 해당하지 않는 것으로 확인
	(③) 대위권보전비용	A가 B에게 손해배상을 받을 수 있는 권리를 행사하기 위해 지출한 유익한 비용(30만원)으로 확인
	(④) 기타 협력비용	A가 회사의 요구 또는 협의 없이 지출한 비용(40만원)으로 확인

최종 지급금액(보험금 + 비용)	(⑤)

정답

① 지급불가, ② 지급, ③ 지급, ④ 지급불가, ⑤ 310만원

해설

① **지급불가**

보험목적물이 폐사한 경우 잔존물처리비용에는 사고현장에서의 잔존물의 견인비용 및 차에 싣는 비용을 포함하지만, 사고현장 및 인근 지역의 토양, 대기 및 수질오염물질 제거비용과 차에 실은 후 폐기물처리비용은 포함하지 않는다. 따라서, **지급불가**에 해당한다.

② **지 급**

손해방지비용 중 손해의 방지 또는 경감을 위하여 지출한 필요 또는 유익한 비용은 보상하며, 보험목적의 관리의무를 위하여 지출한 비용은 보상하지 않는다.

③ **지 급**

A가 B에게 손해의 배상을 받을 수 있는 권리를 지키거나 행사하기 위하여 지출한 필요 또는 유익한 비용인 대위권보전비용을 보상한다.

④ **지급불가**

기타 협력비용을 보상받기 위해서는 회사의 요구 또는 협의가 있어야 하므로, **지급불가**에 해당한다.

⑤ **최종 지급금액(보험금 + 비용)**

보험금 = (손해액 − 자기부담금) × (보험가입금액 ÷ 보험가액)

※ (보험가입금액 ÷ 보험가액) = 1

최종 지급금액 = (손해액 − 자기부담금) + 손해방지비용 + 대위권보전비용

= (300만원 − 60만원) + 40만원 + 30만원 = **310만원**

※ 자기부담금 = 손해액 × 자기부담비율 = 300만원 × 20% = 60만원

17 다음의 계약사항과 조사내용을 참조하여 ① 수확량(kg), ② 피해율(%) 및 ③ 보험금을 구하시오 (단, 품종에 따른 환산계수 및 비대추정지수는 미적용하고, 수확량과 피해율은 소수점 셋째자리에서 반올림하여 다음 예시와 같이 구하시오. 예시 : 12.345kg → 12.35kg, 12.345% → 12.35%). [15점]

○ 계약사항

품 목	가입금액	가입면적	평년수확량	기준가격	자기부담비율
마 늘 (수입감소보장)	2,000만원	2,500m²	8,000kg	2,800원/kg	20%

○ 조사내용

재해종류	조사종류	실제경작면적	수확불능면적	타작물 및 미보상면적	기수확면적
냉 해	수확량조사	2,500m²	500m²	200m²	0m²

표본구간 수확량	표본구간 면적	미보상비율	수확기가격
5.5kg	5m²	15%	2,900원/kg

[정답]

① 수확량(kg) : <u>2,620kg/m²</u>
② 피해율(%) : <u>57.16%</u>
③ 보험금 : <u>7,432,000원</u>

[해설]

① 수확량(kg)

> 수확량 = (표본구간 단위면적당 수확량 × 조사대상면적) + {단위면적당 평년수확량 × (타작물 및 미보상면적 + 기수확면적)}

- 표본구간 단위면적당 수확량 = (표본구간 수확량 × 환산계수) ÷ 표본구간 면적
  = $5.5kg ÷ 5m^2 = 1.1kg/m^2$ (※ 환산계수 미적용)
- 조사대상면적 = 실제경작면적 − 수확불능면적 − 타작물 및 미보상면적 − 기수확면적
  = $2,500m^2 - 500m^2 - 200m^2 - 0m^2 = 1,800m^2$
- 단위면적당 평년수확량 = 평년수확량 ÷ 실제경작면적 = $8,000kg ÷ 2,500m^2 = 3.2kg/m^2$
- 수확량 = $(1.1kg/m^2 × 1,800m^2) + \{3.2kg/m^2 × (200m^2 + 0m^2)\}$ = <u>$2,620kg/m^2$</u>

② 피해율(%)

> 피해율 = (기준수입 − 실제수입) ÷ 기준수입

- 기준수입 = 평년수확량 × 농지별 기준가격 = 8,000kg × 2,800원/kg = 22,400,000원
- 실제수입 = (수확량 + 미보상감수량) × 최솟값(농지별 기준가격, 농지별 수확기가격)
  = (2,620kg + 807kg) × 2,800원/kg = 9,595,600원
- 미보상감수량 = (평년수확량 − 수확량) × 미보상비율 = (8,000kg − 2,620kg) × 15%
  = 807kg

- 피해율 = (기준수입 − 실제수입) ÷ 기준수입 = (22,400,000원 − 9,595,600원) ÷ 22,400,000원
  = 0.571625 = **57.16%**

별해

$$피해율 = (평년수확량 − 수확량 − 미보상감수량) ÷ 평년수확량$$

- 미보상감수량 = (평년수확량 − 수확량) × 미보상비율 = (8,000kg − 2,620kg) × 15% = 807kg
- 피해율 = (8,000kg − 2,620kg − 807kg) ÷ 8,000kg = 0.571625 = **57.16%**

③ 보험금

$$보험금 = 보험가입금액 × (피해율 − 자기부담비율)$$

- 보험금 = 2,000만원 × (57.16% − 20%) = **7,432,000원**

18 다음은 종합위험 생산비보장방식 고추에 관한 내용이다. 아래의 조건을 참조하여 다음 물음에 답하시오. [15점] 기출수정

○ 조건 1

잔존보험 가입금액	가입면적 (재배면적)	자기부담비율	표준생장일수	준비기생산비 계수	정식일
8,000,000원	3,000m²	5%	100일	52.7%	2023년 5월 10일

○ 조건 2

재해종류	내 용
한해 (가뭄피해)	• 보험사고 접수일 : 2023년 8월 7일(정식일로부터 경과일수 89일) • 조사일 : 2023년 8월 8일(정식일로부터 경과일수 90일) • 수확개시일 : 2023년 8월 18일(정식일로부터 경과일수 100일) • 가뭄 이후 첫 강우일 : 2023년 8월 20일(수확개시일로부터 경과일수 2일) • 수확종료(예정)일 : 2023년 10월 7일(수확개시일로부터 경과일수 50일)

○ 조건 3

피해비율	손해정도비율(심도)	미보상비율
50%	30%	20%

(1) 위 조건에서 확인되는 ① 사고(발생)일자를 기재하고, 그 일자를 사고(발생)일자로 하는 ② 근거를 쓰시오.

(2) 경과비율(%)을 구하시오(단, 경과비율은 소수점 셋째자리에서 반올림하여 다음 예시와 같이 구하시오. 예시 : 12.345% → 12.35%).

(3) 보험금을 구하시오.

정답

(1) 사고(발생)일자와 근거

① 사고(발생)일자 : <u>2023년 8월 8일</u>

② 근거 : 가뭄과 같이 지속되는 재해의 사고일자는 재해가 끝나는 날(가뭄 이후 첫 강우일의 전날)을 사고일자로 한다. 다만, <u>재해가 끝나기 전에 조사가 이루어질 경우에는 조사가 이루어진 날을 사고(발생)일자로 한다.</u>

(2) 경과비율(%)

수확기 이전에 보험사고가 발생하였으므로,

경과비율(%) = 준비기생산비계수 + (1 − 준비기생산비계수) × (생장일수 ÷ 표준생장일수)

= 52.7% + (1 − 52.7%) × (90일 ÷ 100일) = **95.27%**

※ 생장일수는 정식일로부터 사고발생일까지 경과일수(90일)로 한다.

(3) 보험금

> 보험금 = (잔존보험가입금액 × 경과비율 × 피해율) − 자기부담금
> ※ 단, 병충해가 있는 경우 병충해 등급별 인정비율을 피해율에 곱한다.

- 피해율 = 피해비율 × 손해정도비율(심도) × (1 − 미보상비율)

  = 50% × 30% × (1 − 20%) = 12%
- 자기부담금 = 잔존보험가입금액 × 자기부담비율(5%)

  = 8,000,000원 × 5% = 400,000원
- 보험금 = (8,000,000원 × 95.27% × 12%) − 400,000원 = **514,592원**

19 금차 조사일정에 대하여 손해평가반을 구성하고자 한다. 아래의 '계약사항', '과거 조사사항', '조사자 정보'를 참조하여 〈보기〉의 손해평가반(①~⑤)별 구성가능 여부를 각 반별로 가능 또는 불가능으로 기재하고 불가능한 반은 그 사유를 각각 쓰시오(단, 제시된 내용외 다른 사항은 고려하지 않음). [15점]

○ 금차 조사일정

구 분	조사종류	조사일자
㉮계약(사과)	낙과피해조사	2020년 9월 7일

○ 계약사항

구 분	계약자(가입자)	모집인	계약일
㉮계약(사과)	H	E	2020년 2월 18일
㉯계약(사과)	A	B	2020년 2월 17일

○ 과거 조사사항

구 분	조사종류	조사일자	조사자
㉮계약(사과)	적과후착과수조사	2020년 8월 13일	D, F
㉯계약(사과)	적과후착과수조사	2020년 8월 18일	C, F, H

○ 조사자 정보(조사자간 생계를 같이하는 친족관계는 없음)

성 명	A	B	C	D	E	F	G	H
구 분	손해평가인	손해평가인	손해평가사	손해평가인	손해평가인	손해평가사	손해평가인	손해평가사

○ 손해평가반 구성

〈 보 기 〉
①반 : A, B   ②반 : C, H   ③반 : G   ④반 : C, D, E   ⑤반 : D, F

정답

①반 : 불가능
[사유]
A는 직전 손해평가일로부터 30일 이내의 보험가입자간 상호 손해평가에 해당되어 손해평가반 구성에서 배제된다.

②반 : 불가능
[사유]
H는 자기가 가입한 보험계약에 관한 손해평가에 해당되어 손해평가반 구성에서 배제된다.

③반 : 가능

④반 : 불가능
[사유]
E는 자기가 모집한 보험계약에 관한 손해평가에 해당되어 손해평가반 구성에서 배제된다.

⑤반 : 가능

손해평가반의 구성
① 손해평가반은 손해평가인 또는 「보험업법」 제186조에 따른 손해사정사 또는 「농어업재해보험법」 제11조의4제1항에 따른 손해평가사 1인 이상을 포함하여 5인 이내로 구성한다.
② 손해평가 일정은 손해평가반별로 수립한다.
③ 아래의 어느 하나에 해당하는 손해평가에 대하여는 해당자를 손해평가반 구성에서 배제하여야 한다.
　㉠ 자기 또는 자기와 생계를 같이하는 친족(이하 "이해관계자"라 한다)이 가입한 보험계약에 관한 손해평가
　㉡ 자기 또는 이해관계자가 모집한 보험계약에 관한 손해평가
　㉢ 직전 손해평가일로부터 30일 이내의 보험가입자간 상호 손해평가
　㉣ 자기가 실시한 손해평가에 대한 검증조사 및 재조사

---

20 다음은 종합위험 수확감소보장방식 복숭아에 관한 내용이다. 아래의 계약사항과 조사내용을 참조하여 ① A품종 수확량(kg), ② B품종 수확량(kg), ③ 수확감소보장 피해율(%)을 구하시오(단, 피해율은 소수점 셋째자리에서 반올림하여 다음 예시와 같이 구하시오. 예시 : 12.345% → 12.35%). 　　　　　　　　　　　　　　　　　　　　　　　　　　　　[15점]

○ 계약사항

품 목	가입금액	평년수확량	자기부담비율	수확량감소 추가보장 특약	나무손해보장 특약
복숭아	15,000,000원	4,000kg	20%	미가입	미가입

품종 / 수령	가입주수	1주당 표준수확량	표준과중
A / 9년생	200주	15kg	300g
B / 10년생	100주	30kg	350g

○ 조사내용(보상하는 재해로 인한 피해가 확인됨)

조사종류	품종 / 수령	실제결과주수	미보상주수	품종별·수령별 착과수(합계)
착과수조사	A / 9년생	200주	8주	5,000개
	B / 10년생	100주	5주	3,000개

조사종류	품 종	품종별 과중	미보상비율
과중조사	A	290g	5%
	B	310g	10%

정답

① A품종 수확량(kg) : <u>1,530kg</u>
② B품종 수확량(kg) : <u>1,030kg</u>
③ 수확감소보장 피해율(%) : <u>32.4%</u>

① A품종 수확량(kg)

> 수확량 = 착과량 − 사고당 감수량의 합

- 표준수확량 = A품종 표준수확량 + B품종 표준수확량
  = (15kg/주 × 200주) + (30kg/주 × 100주) = **6,000kg**
- A품종 평년수확량 = 평년수확량 × {(주당 표준수확량 × 실제결과주수) ÷ 표준수확량}
  = 4,000kg × {(15kg/주 × 200주) ÷ 6,000kg} = **2,000kg**
- A품종 주당 평년수확량 = 평년수확량 ÷ 실제결과주수
  = 2,000kg ÷ 200주 = **10kg/주**
- A품종 착과량 = (착과수 × 품종별 과중) + (주당 평년수확량 × 미보상주수)
  = (5,000개 × 0.290kg/개) + (10kg/주 × 8주) = **1,530kg**
- A품종 수확량 = 착과량 − 사고당 감수량의 합
  = 1,530kg − 0kg = **1,530kg**

② B품종 수확량(kg)

- B품종 평년수확량 = 평년수확량 × {(주당 표준수확량 × 실제결과주수) ÷ 표준수확량}
  = 4,000kg × {(30kg/주 × 100주) ÷ 6,000kg} = **2,000kg**
- B품종 주당 평년수확량 = 평년수확량 ÷ 실제결과주수
  = 2,000kg ÷ 100주 = **20kg/주**
- B품종 착과량 = (착과수 × 품종별 과중) + (주당 평년수확량 × 미보상주수)
  = (3,000개 × 0.310kg/개) + (20kg/주 × 5주) = **1,030kg**
- B품종 수확량 = 착과량 − 사고당 감수량의 합
  = 1,030kg − 0kg = **1,030kg**

③ 수확감소보장 피해율(%)

> 피해율(%) = {(평년수확량 − 수확량 − 미보상감수량) + 병충해감수량} ÷ 평년수확량

- 수확량 : 품종별 과중이 모두 있으므로,
  수확량 = (착과량 − 사고당 감수량의 합)이다.
  수확량 = (A품종 착과량 + B품종 착과량) − 사고당 감수량의 합
  = (1,530kg + 1,030kg) − 0kg = **2,560kg**
- 미보상감수량 = (평년수확량 − 수확량) × 최댓값(미보상비율)
  = (4,000kg − 2,560kg) × 10% = **144kg**
- 병충해감수량 = 0kg
- 피해율(%) = {(4,000kg − 2,560kg − 144kg) + 0kg} ÷ 4,000kg = 0.324 = **32.4%**

성공은 준비하는 시간이 8할입니다.
나머지 2할은 보상을 받는 시간입니다.

- 에이브러햄 링컨 -

순해평가사 2차 2021년도 제7회

※ **공통유의사항**
 ○ 계산문제는 반드시 계산과정, 답, 단위를 정확히 기재(부분점수 없음)
 ○ 계산과정에서 임의적인 반올림 또는 절사 금지

농작물재해보험 및 가축재해보험의 이론과 실무

01 종합위험보장 벼(조사료용 벼 제외) 상품의 병해충보장 특별약관에서 보장하는 병해충 5가지만
쓰시오. [5점]

정답

흰잎마름병, 벼멸구, 도열병, 줄무늬잎마름병, 깨씨무늬병

해설

병해충보장 특별약관에서 보장하는 병해충
흰잎마름병, 벼멸구, 도열병, 줄무늬잎마름병, 깨씨무늬병, 먹노린재, 세균성벼알마름병

02 콩, 마늘, 양파 품목에서 종합위험보장 상품과 비교하여 농업수입감소보장 상품에 추가로 적용
되는 농지의 보험가입자격을 쓰시오. [5점]

정답

※ 본 문제는 출제 당시 2020년 업무방법서에 따라 서술하였다.

추가로 적용되는 보험가입자격은 "사업지역에서 보험대상 농작물을 경작하는 개인 또는 법인으로 과거 5년 중 2년
이상 콩, 마늘, 양파 보험에 각각 가입하여 수확량 실적이 있는 농지"이다.

콩, 마늘, 양파 품목의 보험가입자격

종합위험보장	1. 「농어업경영체 육성 및 지원에 관한 법률」 제4조에 따른 농업경영체로 등록한 자(농업인, 농업법인)로서 농업인 및 임차농 여부와 관계없이 국내에서 보험대상 농작물을 통상의 영농방법으로 실제 경작하는 주된 경작자 ① 계약자를 주된 경작자가 아닌 가족 등의 명의 불가 ② 농지를 다른 사람에게 임대한 경우에 임차농은 보험에 가입할 수 있지만, 농지 소유자는 가입 불가 2. 법인, 외국인, 미성년자, 피한정후견인, 피성년후견인도 보험에 가입 가능 미성년자, 피한정후견인은 법정대리인(친권자, 후견인)의 동의 또는 대리가 있어야 하며, 피성년후견인은 법정대리인이 대리하여야 함
농업수입감소보장	종합위험보장 상품의 보험가입자격 외에, 사업지역에서 보험대상 농작물을 경작하는 개인 또는 법인으로 과거 5년 중 2년 이상 콩, 마늘, 양파 보험에 각각 가입하여 수확량 실적이 있는 농지

03 보험가입금액 100,000,000원, 자기부담비율 20%의 종합위험보장 마늘 상품에 가입하였다. 보험계약 후 당해 연도 10월 31일까지 보상하는 재해로 인해 마늘이 10a당 27,000주가 출현되어 10a당 33,000주로 재파종을 한 경우 재파종보험금의 계산과정과 값을 쓰시오.   [5점]

재파종보험금 = 보험가입금액 × 35% × 표준출현 피해율
- 표준출현 피해율(10a 기준) = (30,000주 − 출현주수) ÷ 30,000주
  = (30,000주 − 27,000주) ÷ 30,000주 = 0.1(= 10%)
- 재파종보험금 = 100,000,000원 × 35% × 10% = **3,500,000원**

재파종보험금 산정방식
보험계약일 24시부터 판매개시연도 10월 31일까지 보상하는 재해로 인해 마늘이 10a당 출현주수가 30,000주보다 작고, 10a당 30,000주 이상으로 재파종을 한 경우 아래의 식에 따라 계산한다.

> 보험금 = 보험가입금액 × 35% × 표준출현 피해율
> ※ 표준출현 피해율(10a기준) = (30,000주 − 출현주수) ÷ 30,000주

※ 재파종보험금은 1회에 한하여 지급함

04 돼지를 사육하는 A농장의 계약자가 가축재해보험에 가입하려고 한다. 다음 물음에 답하시오(단, 보험사업자가 제시한 기준가액으로 계산할 것). [5점]

농 장	사육두수		
	비육돈	모 돈	웅 돈
A농장	50두	20두	10두

물음 1) 일괄가입방식 보험가입금액의 계산과정과 값을 쓰시오. [2점]

물음 2) 질병위험보장 특약 보험가입금액의 계산과정과 값을 쓰시오. [3점]

정답

※ 본 문제는 출제 당시 2020년 업무방법서에 따라 서술하였다.

물음 1) 일괄가입방식 보험가입금액

(비육돈 + 모돈 + 웅돈) × 303,000원 = (50두 + 20두 + 10두) × 303,000원
= 24,240,000원

물음 2) 질병위험보장 특약 보험가입금액

(모돈) × 2.5 × 100,000원 = (20두) × 2.5 × 100,000원
= 5,000,000원

해설

1. **일괄가입방식**
   모돈/웅돈/자돈/육성·비육돈을 모두 사육하는 농가들의 평균가액으로 기준가액을 산정한다.

   > 총 사육두수 × 303,000원
   >
   > ※ **일괄사육** : 모돈 + 웅돈 + 자돈 + 육성·비육돈가액

2. **질병위험보장 특별약관**
   모돈수를 지표로 기준가액을 산정한다.

   > 모돈수 × 2.5 × 100,000원

05 종합위험보장 상품에서 보험가입시 과거수확량 자료가 없는 경우 산출된 표준수확량의 70%를 평년수확량으로 결정하는 품목 중 특약으로 나무손해보장을 가입할 수 있는 품목 2가지를 모두 쓰시오. [5점]

> **정답**

※ 본 문제는 출제 당시 2020년 업무방법서에 따라 서술하였다.

유자, 살구

> **해설**

• 표준수확량의 70%를 평년수확량으로 결정하는 품목 : 유자, 사과대추, 팥, 살구
• 특약으로 나무손해보장을 가입할 수 있는 품목 : 유자, 살구

> **기출수정** 최근 개정된 이론서(2024년 3월 기준)에 따른 기출수정 문제

> **05** 종합위험보장 상품은 크게 종합위험 수확감소보장방식, 종합위험 비가림과수 손해보장방식, 수확전 종합위험 과실손해보장방식, 종합위험 과실손해보장방식으로 구분할 수 있다. 종합위험 수확감소보장방식 품목 중 특약으로 나무손해보장을 가입할 수 있는 품목 6가지를 모두 쓰시오. [5점]
>
> > **정답**
> >
> > 복숭아, 자두, 매실, 살구, 유자, 감귤(만감류)
> >
> > **해설**
> >
> > • 종합위험 수확감소보장 품목(9개 품목) : 복숭아, 자두, 매실, 살구, 오미자, 밤, 호두, 유자, 감귤(만감류)
> > • 특약으로 나무손해보장을 가입할 수 있는 품목(6개 품목) : 복숭아, 자두, 매실, 살구, 유자, 감귤(만감류)

06 종합위험보장 논벼에 관한 내용이다. 계약내용과 조사내용을 참조하여 다음 물음에 답하시오.
[15점]

○ 계약내용	○ 조사내용
• 보험가입금액 : 3,500,000원	• 재이앙전 피해면적 : 2,100m²
• 가입면적 : 7,000m²	• 재이앙후 식물체 피해면적 : 4,900m²
• 자기부담비율 : 15%	

물음 1) 재이앙ㆍ재직파보험금과 경작불능보험금을 지급하는 경우를 각각 서술하시오. [4점]

물음 2) 재이앙ㆍ재직파보장과 경작불능보장의 보장종료시점을 각각 쓰시오. [2점]

물음 3) 재이앙ㆍ재직파보험금의 계산과정과 값을 쓰시오. [6점]

물음 4) 경작불능보험금의 계산과정과 값을 쓰시오. [3점]

[정답]

물음 1) 재이앙ㆍ재직파보험금과 경작불능보험금을 지급하는 경우
• **재이앙ㆍ재직파보험금** : 보험기간 내에 보상하는 재해로 면적피해율이 10%를 초과하고, 재이앙ㆍ재직파한 경우 지급한다.
• **경작불능보험금** : 보상하는 재해로 식물체 피해율이 65%(분질미의 경우 60%) 이상이고, 계약자가 경작불능보험금을 신청한 경우 지급한다.

물음 2) 재이앙ㆍ재직파보장과 경작불능보장의 보장종료시점
• **재이앙ㆍ재직파보장** : 판매개시연도 7월 31일
• **경작불능보장** : 출수기전(다만, 조사료용 벼의 경우 판매개시연도 8월 31일)

물음 3) 재이앙ㆍ재직파보험금
면적피해율 = 피해면적 ÷ 보험가입면적 = 2,100m² ÷ 7,000m² = 0.3(= 30%)
※ 면적피해율이 10%를 초과함
재이앙ㆍ재직파보험금 = 보험가입금액 × 25% × 면적피해율
    = 3,500,000원 × 25% × 30%
    = 262,500원

물음 4) 경작불능보험금
식물체 피해율 = 식물체 피해면적 ÷ 보험가입면적 = 4,900m² ÷ 7,000m² = 0.7(= 70%)
※ 식물체 피해율이 65%를 초과함
자기부담비율이 15%인 경우
경작불능보험금 = 보험가입금액 × 42% = 3,500,000원 × 42% = 1,470,000원

[해설]

1. 재이앙 · 재직파보험금

> 보험금 = 보험가입금액 × 25% × 면적피해율
>
> ※ 면적피해율 = 피해면적 ÷ 보험가입면적

2. 경작불능보험금

> 보험금 = 보험가입금액 × 42%
>
> ※ 자기부담비율이 15%인 경우

07 농작물재해보험 종합위험보장 양파 상품에 가입하려는 농지의 최근 5년간 수확량 정보이다. 다음 물음에 답하시오. [15점]

(단위 : kg)

연 도	2016년	2017년	2018년	2019년	2020년	2021년
평년수확량	1,000	800	900	1,000	1,100	?
표준수확량	900	950	950	900	1,000	1,045
조사수확량			300	무사고	700	
보험가입 여부	미가입	미가입	가 입	가 입	가 입	

물음 1) 2021년 평년수확량 산출을 위한 과거 평균수확량의 계산과정과 값을 쓰시오. [8점]

물음 2) 2021년 평년수확량의 계산과정과 값을 쓰시오. [7점]

[정답]

물음 1) 2021년 평년수확량 산출을 위한 과거 평균수확량

과거 평균수확량 = Σ(과거 5년간 수확량) ÷ Y(과거수확량 산출연도 횟수)

- 2018년 : 조사수확량 ≤ 평년수확량의 50%이므로, 과거수확량은 <u>평년수확량의 50%</u>이다.
- 2019년 : 사고가 발생하지 않아 수확량조사를 하지 않은 경우에 과거수확량은,

  Max(표준수확량, 평년수확량) × 1.1(배)

  Max(900kg, 1,000kg) × 1.1(배) = **1,100kg**
- 2020년 : 조사수확량 > 평년수확량의 50%이므로, 과거수확량은 <u>조사수확량</u>이다.

과거 평균수확량 = {(900kg × 50%) + 1,100kg + 700kg} ÷ 3 = **750kg**

물음 2) 2021년 평년수확량

$$\left\{ A + (B - A) \times (1 - \frac{Y}{5}) \right\} \times \frac{C}{B}$$

A(과거 평균수확량) = Σ(과거 5년간 수확량) ÷ Y = **750kg**

B(과거 평균표준수확량) = Σ(과거 5년간 표준수확량) ÷ Y

$\qquad\qquad\qquad\qquad\qquad$ = (950kg + 900kg + 1,000kg) ÷ 3 = **950kg**

C(표준수확량) = 가입연도의 표준수확량 = **1,045kg**

Y = 과거수확량 산출연도 횟수 = **3**

평년수확량 = $\left\{ A + (B - A) \times (1 - \frac{Y}{5}) \right\} \times \frac{C}{B}$

$\qquad\qquad$ = $\left\{ 750kg + (950kg - 750kg) \times (1 - \frac{3}{5}) \right\} \times \frac{1,045kg}{950kg}$ = **913kg**

[해설]

평년수확량 산출방법

최근 5년 이내에 보험에 가입한 경험이 있는 농지는 최근 5개년의 수확량 및 표준수확량에 의해 평년수확량을 산정하며, 신규 가입하는 농지는 표준수확량을 기준으로 평년수확량을 산정한다.

1. **과거수확량 자료가 있는 경우(최근 5년 이내 보험가입 경험이 있는 경우)**

$\left\{ A + (B - A) \times (1 - \frac{Y}{5}) \right\} \times \frac{C}{B}$	A(과거 평균수확량) = Σ(과거 5년간 수확량) ÷ Y
	B(과거 평균표준수확량) = Σ(과거 5년간 표준수확량) ÷ Y
	C(표준수확량) = 가입연도의 표준수확량
	Y = 과거수확량 산출연도 횟수

※ 다만, 평년수확량은 보험가입연도 표준수확량의 130%를 초과할 수 없음

2. **과거수확량 산출**

① 사고가 발생하지 않아 수확량조사를 하지 않은 경우

Max(표준수확량, 평년수확량) × 1.1(배)

② 사고가 발생하여 수확량조사를 한 경우

구 분	수확량
조사수확량 > 평년수확량의 50%	조사수확량
조사수확량 ≤ 평년수확량의 50%	평년수확량의 50%

08 다음 계약들에 대하여 각각 정부지원액의 계산과정과 값을 쓰시오. [15점]

(단위 : 원)

구 분	농작물재해보험	농작물재해보험	가축재해보험
보험목적물	사 과	옥수수	국산 말 1필
보험가입금액	100,000,000	150,000,000	60,000,000
자기부담비율	15%	10%	약관에 따름
영업보험료	12,000,000	1,800,000	5,000,000
순보험료	10,000,000	1,600,000	
정부지원액	(①)	(②)	(③)

○ 주계약 가입기준임
○ 가축재해보험의 영업보험료는 업무방법에서 정하는 납입보험료와 동일함
○ 정부지원액이란 재해보험가입자가 부담하는 보험료의 일부와 재해보험사업자의 재해보험의 운영 및 관리에 필요한 비용의 전부 또는 일부를 정부가 지원하는 금액임(지방자치단체의 지원액은 포함되지 않음)
○ 재해보험사업자의 재해보험의 운영 및 관리에 필요한 비용은 부가보험료와 동일함

[정답]

① 농작물재해보험 사과

자기부담비율이 15%이므로, 순보험료의 38%는 정부에서 지원하고, 부가보험료(운영비)는 전액 정부에서 지원한다(2023년 기준).

정부지원액 = (10,000,000원 × 38%) + 부가보험료(12,000,000원 − 10,000,000원) × 100%
= **5,800,000원**

② 농작물재해보험 옥수수

순보험료의 50%는 정부에서 지원하고, 부가보험료(운영비)는 전액 정부에서 지원한다.

정부지원액 = (1,600,000원 × 50%) + 부가보험료(1,800,000원 − 1,600,000원) × 100% = **1,000,000원**

③ 가축재해보험 국산 말(1필)

보험가입금액이 4,000만원을 초과하므로, 초과금액의 70%까지 가입금액을 산정하여 보험료의 50%를 지원한다.

정부지원액 = (40,000,000원 + 20,000,000원 × 70%) × $\dfrac{5,000,000원}{60,000,000원}$ × 50% ≒ **2,250,000원**

※ 보험료율 = 납입보험료 ÷ 보험가입금액

[해설]

영업보험료 = 순보험료 + 부가보험료

1. 사과의 정부지원율

정부지원 보험료는 자기부담비율에 따라 차등 지원한다.

[자기부담비율에 따른 국고지원율(2023년 기준)]

자기부담비율	10%형	15%형	20%형	30%형	40%형
국고지원율	33%	38%	50%	60%	60%

부가보험료(운영비)는 재해보험사업자가 농작물재해보험 사업의 운영 및 관리에 필요한 비용으로 전액 정부에서 지원한다.

2. **옥수수의 정부지원율**
   순보험료의 50%는 정부에서 지원하고, 부가보험료(운영비)는 전액 정부에서 지원한다.

3. **국산 말(1필)의 정부지원율**

   > 납입보험료 = 보험가입금액 × 보험료율

   가축재해보험에 가입한 재해보험가입자의 납입보험료의 50%를 지원한다. 말은 마리당 가입금액 4,000만원 한도내 보험료의 50%를 지원하되, 4,000만원을 초과하는 경우는 초과금액의 70%까지 가입금액을 산정하여 보험료의 50%를 지원한다(외국산 경주마는 정부지원 제외).

09 종합위험보장 원예시설 상품에서 정하는 시설작물에 대하여 다음 물음에 답하시오. [15점]

물음 1) 자연재해와 조수해로 입은 손해를 보상하기 위한 3가지 경우를 서술하시오. [9점]

물음 2) 소손해면책금 적용에 대하여 서술하시오. [3점]

물음 3) 시설작물 인수제한 내용이다. ( )에 들어갈 내용을 각각 쓰시오. [3점] 기출수정

> 작물의 재배면적이 시설면적의 (①)인 경우 인수제한 한다. 다만, 백합, 카네이션의 경우 하우스 면적의 (①)이라도 동당 작기별 (②) 재배시 가입 가능하다.

정답

물음 1) 자연재해와 조수해로 입은 손해를 보상하기 위한 3가지 경우
① 구조체, 피복재 등 농업용 시설물에 직접적인 피해가 발생한 경우
② 농업용 시설물에 직접적인 피해가 발생하지 않은 자연재해로서 작물피해율이 70% 이상 발생하여 농업용 시설물 내 전체 작물의 재배를 포기하는 경우
③ 기상청에서 발령하고 있는 기상특보 발령지역의 기상특보 관련 재해로 인해 작물에 피해가 발생한 경우

물음 2) 소손해면책금
① 보장하는 재해로 1사고당 생산비보험금이 10만원 이하인 경우 보험금이 지급되지 않고, 소손해면책금을 초과하는 경우 손해액 전액을 보험금으로 지급한다.
② 소손해면책금 : 10만원

물음 3) ( )에 들어갈 내용
① 50% 미만
② 200m^2 이상

> 작물의 재배면적이 시설면적의 (**50% 미만**)인 경우 인수제한 한다. 다만, 백합, 카네이션의 경우 하우스 면적의 (**50% 미만**)이라도 동당 작기별 (**200m^2 이상**) 재배시 가입 가능하다.

10 종합위험 비가림과수 포도에 관한 내용이다. 계약내용과 조사내용을 참조하여 다음 물음에 답하시오. [15점] [기출수정]

<table>
<tr>
<td>

1. 계약내용
   - ○ 보험가입품목 : 포도, 비가림시설
   - ○ 특별약관 : 나무손해보장, 수확량감소추가보장
   - ○ 품종 : 캠밸얼리
   - ○ 수령 : 8년
   - ○ 가입주수 : 100주
   - ○ 평년수확량 : 1,500kg
   - ○ 가입수확량 : 1,500kg
   - ○ 비가림시설 가입면적 : 1,000m^2
   - ○ 자기부담비율 : 3년 연속가입 및 3년간 수령한 보험금이 순보험료의 120% 미만인 과수원으로 최저 자기부담비율 선택
   - ○ 포도 보험가입금액 : 20,000,000원
   - ○ 나무손해보장 보험가입금액 : 4,000,000원
   - ○ 비가림시설 보험가입금액 : 18,000,000원

</td>
<td>

2. 조사내용
   - ○ 사고접수 : 2021. 8. 10. 호우, 강풍
   - ○ 조사일 : 2021. 8. 13.
   - ○ 재해 : 호우
   - ○ 조사결과
     - • 실제결과주수 : 100주
     - • 고사된 나무 : 30주
     - • 수확량 : 700kg
     - • 미보상비율 : 10%
     - • 비가림시설 : 피해 없음

</td>
</tr>
</table>

물음 1) 계약내용과 조사내용에 따라 지급 가능한 3가지 보험금에 대하여 각각 계산과정과 값을 쓰시오. [9점]

물음 2) 포도 상품 비가림시설에 대한 보험가입기준과 인수제한 내용이다. (   )에 들어갈 내용을 각각 쓰시오. [6점]

- ○ 비가림시설 보험가입기준 : (①) 단위로 가입(구조체 + 피복재)하고 최소 가입면적은 (②) 이다. 단위면적당 시설단가를 기준으로 80% ~ 130% 범위에서 가입금액 선택(10% 단위 선택)
- ○ 비가림시설 인수제한 : 비가림폭이 2.4m ± 15%, 동고가 (③)의 범위를 벗어나는 비가림시설 (과수원의 형태 및 품종에 따라 조정)

물음 1) 지급 가능한 3가지 보험금

(1) 수확감소보험금

보험금 = 보험가입금액 × (피해율 − 자기부담비율)

- 미보상감수량 = (평년수확량 − 수확량) × 미보상비율

= (1,500kg − 700kg) × 10% = 80kg

- 피해율 = (평년수확량 − 수확량 − 미보상감수량) ÷ 평년수확량

= (1,500kg − 700kg − 80kg) ÷ 1,500kg

= 0.48(= 48%)

- 보험금 = 20,000,000원 × (48% − 10%) = **7,600,000원**

※ **자기부담비율** : 최근 3년간 연속 보험가입 과수원으로서 3년간 수령한 보험금이 순보험료의 120% 미만인 경우에 한하여 10%형 선택 가능

(2) 나무손해보장보험금(특약)

보험금 = 보험가입금액 × [피해율 − 자기부담비율(5%)]

- 피해율 = 피해주수(고사된 나무) ÷ 실제결과주수 = 30주 ÷ 100주 = 0.3(= 30%)

- 보험금 = 4,000,000원 × (30% − 5%) = **1,000,000원**

(3) 수확량감소추가보장보험금(특약)

보험금 = 보험가입금액 × (피해율 × 10%)

※ 피해율 = 48%

보험금 = 20,000,000원 × (48% × 10%) = **960,000원**

물음 2) ( )에 들어갈 내용

① 단지

② 200m² 이상

③ 3m ± 5%

- 비가림시설 보험가입기준 : (**단지**) 단위로 가입(구조체 + 피복재)하고 최소 가입면적은 (**200m² 이상**) 이다. 단위면적당 시설단가를 기준으로 80% ~ 130% 범위에서 가입금액 선택(10% 단위 선택)
- 비가림시설 인수제한 : 비가림폭이 2.4m ± 15%, 동고가 (**3m ± 5%**)의 범위를 벗어나는 비가림시설(과수원의 형태 및 품종에 따라 조정)

11 업무방법에서 정하는 보험사기 방지에 관한 내용이다. ( )에 들어갈 내용을 각각 쓰시오.
[5점]

성립요건	○ (①) 또는 보험대상자에게 고의가 있을 것 : (①) 또는 보험대상자의 고의에 회사를 기망하여 착오에 빠뜨리는 고의와 그 착오로 인해 승낙의 의사표시를 하게 하는 것이 있음 ○ (②)행위가 있을 것 : (②)이란 허위진술을 하거나 진실을 은폐하는 것, 통상 진실이 아닌 사실을 진실이라 표시하는 행위를 말하거나 알려야 할 경우에 침묵, 진실을 은폐하는 것도 (②)행위에 해당 ○ 상대방인 회사가 착오에 빠지는 것 : 상대방인 회사가 착오에 빠지는 것에 대하여 회사의 (③) 유무는 문제되지 않음
보험사기 조치	○ 청구한 사고보험금 (④) 가능 ○ 약관에 의거하여 해당 (⑤)할 수 있음

정답

① 계약자
② 기망
③ 과실
④ 지급을 거절
⑤ 계약을 취소

해설

보험사기 방지

성립요건	• (**계약자**) 또는 보험대상자에게 고의가 있을 것 : (**계약자**) 또는 보험대상자의 고의에 회사를 기망하여 착오에 빠뜨리는 고의와 그 착오로 인해 승낙의 의사표시를 하게 하는 것이 있음 • (**기망**)행위가 있을 것 : (**기망**)이란 허위진술을 하거나 진실을 은폐하는 것, 통상 진실이 아닌 사실을 진실이라 표시하는 행위를 말하거나 알려야 할 경우에 침묵, 진실을 은폐하는 것도 (**기망**)행위에 해당 • 상대방인 회사가 착오에 빠지는 것 : 상대방인 회사가 착오에 빠지는 것에 대하여 회사의 (**과실**) 유무는 문제되지 않음
보험사기 조치	• 청구한 사고보험금 (**지급을 거절**) 가능 • 약관에 의거하여 해당 (**계약을 취소**)할 수 있음

12 업무방법에서 정하는 종합위험 수확감소보장방식 밭작물 품목의 품목별 표본구간별 수확량조사 방법에 관한 내용이다. ( )에 들어갈 내용을 각각 쓰시오. [5점]

품 목	표본구간별 수확량조사 방법
옥수수	표본구간내 작물을 수확한 후 착립장 길이에 따라 상(①)·중(②)·하(③)로 구분한 후 해당 개수를 조사
차(茶)	표본구간 중 두 곳에 (④) 테를 두고 테 내의 수확이 완료된 새싹의 수를 세고, 남아있는 모든 새싹(1심2엽)을 따서 개수를 세고 무게를 조사
감 자	표본구간내 작물을 수확한 후 정상 감자, 병충해별 20% 이하, 21%~40% 이하, 41%~60% 이하, 61%~80% 이하, 81%~100% 이하 발병 감자로 구분하여 해당 병충해명과 무게를 조사하고, 최대 지름이 (⑤) 미만이거나 피해정도 50% 이상인 감자의 무게는 실제 무게의 50%를 조사 무게로 함

[정답]

① 17cm 이상
② 15cm 이상 17cm 미만
③ 15cm 미만
④ 20cm × 20cm
⑤ 5cm

[해설]

품목별 표본구간별 수확량조사 방법

품 목	표본구간별 수확량조사 방법
옥수수	표본구간내 작물을 수확한 후 착립장 길이에 따라 상(17cm 이상)·중(15cm 이상 17cm 미만)·하 (15cm 미만)로 구분한 후 해당 개수를 조사
차(茶)	표본구간 중 두 곳에 (20cm × 20cm) 테를 두고 테 내의 수확이 완료된 새싹의 수를 세고, 남아있는 모든 새싹(1심2엽)을 따서 개수를 세고 무게를 조사
감 자	표본구간내 작물을 수확한 후 정상 감자, 병충해별 20% 이하, 21%~40% 이하, 41%~60% 이하, 61%~80% 이하, 81%~100% 이하 발병 감자로 구분하여 해당 병충해명과 무게를 조사하고, 최대 지름이 (5cm) 미만이거나 피해정도 50% 이상인 감자의 무게는 실제 무게의 50%를 조사 무게로 함

13 적과전 종합위험방식(Ⅱ) 사과 품목에서 적과후착과수조사를 실시하고자 한다. 과수원의 현황 (품종, 재배방식, 수령, 주수)이 다음과 같이 확인되었을 때 ①, ②, ③, ④에 대해서는 계산과정 과 값을 쓰고, ⑤에 대해서는 산정식을 쓰시오(단, 적정표본주수 최솟값은 소수점 첫째자리에서 올림하여 다음 예시와 같이 구하시오. 예시 : 10.2 → 11로 기재). [5점]

○ 과수원의 현황

품 종	재배방식	수 령	실제결과주수	고사주수
스가루	반밀식	10	620	10
후 지	밀 식	5	60	30

○ 적과후착과수 적정표본주수

품 종	재배방식	수 령	조사대상주수	적정표본주수	적정표본주수 산정식
스가루	반밀식	10	(①)	(③)	(⑤)
후 지	밀 식	5	(②)	(④)	–

[정답]

① 조사대상주수
= 품종·재배방식·수령별 실제결과주수 – 미보상주수 – 고사주수 – 수확불능주수
= 620주 – 10주 = **610주**
② 조사대상주수 = 60주 – 30주 = **30주**
③ 적정표본주수
= 표본주수 × (품종·재배방식·수령별 조사대상주수 ÷ 조사대상주수 합계)
= 13주 × (610주 ÷ 640주) = 12.39주 ⇒ **13주**
※ 조사대상주수 600주 이상~700주 미만의 표본주수는 13주이다.
④ 적정표본주수 = 13주 × (30주 ÷ 640주) = 0.6주 ⇒ **1주**
⑤ 적정표본주수 산정식
= 전체 표본주수 × (품종·재배방식·수령별 조사대상주수 ÷ 조사대상주수 합계)

[해설]

(1) 조사대상주수 산정식

> 품종·재배방식·수령별 실제결과주수 – 미보상주수 – 고사주수 – 수확불능주수

(2) 적정표본주수 산정식

> 전체 표본주수 × (품종·재배방식·수령별 조사대상주수 ÷ 조사대상주수 합계)

조사대상주수	표본주수	조사대상주수	표본주수
50주 미만	5	50주 이상 100주 미만	6
100주 이상 150주 미만	7	150주 이상 200주 미만	8
200주 이상 300주 미만	9	300주 이상 400주 미만	10
400주 이상 500주 미만	11	500주 이상 600주 미만	12
600주 이상 700주 미만	13	700주 이상 800주 미만	14
800주 이상 900주 미만	15	900주 이상 1,000주 미만	16
1,000주 이상	17		

14 종합위험 수확감소보장방식 논작물 관련 내용이다. 계약사항과 조사내용을 참조하여 피해율의 계산과정과 값을 쓰시오. [5점]

○ 계약사항

품 목	가입면적	평년수확량	표준수확량
벼	2,500m^2	6,000kg	5,000kg

○ 조사내용

조사종류	조사수확비율	피해정도	피해면적비율	미보상비율
수확량조사 (수량요소조사)	70%	경 미	10% 이상 30% 미만	10%

[정답]

• 수확량 = 표준수확량 × 조사수확비율 × 피해면적 보정계수
    = 5,000kg × 70% × 1.1 = **3,850kg**
  ※ 피해면적 보정계수 = 1.1
• 미보상감수량 = (평년수확량 − 수확량) × 미보상비율
    = (6,000kg − 3,850kg) × 10% = **215kg**
• 피해율 = (평년수확량 − 수확량 − 미보상감수량) ÷ 평년수확량
    = (6,000kg − 3,850kg − 215kg) ÷ 6,000kg = 0.3225(= **32.25%**)

[해설]

피해율 산정방법
• 피해율 = (평년수확량 − 수확량 − 미보상감수량) ÷ 평년수확량
  (단, 병해충 단독사고일 경우 병해충 최대 인정피해율 적용)
• 수확량 = 표준수확량 × 조사수확비율 × 피해면적 보정계수
• 미보상감수량 = (평년수확량 − 수확량) × 미보상비율

[피해면적 보정계수]

피해정도	피해면적비율	보정계수
매우경미	10% 미만	1.2
경 미	10% 이상 30% 미만	1.1
보 통	30% 이상	1

15 업무방법에서 정하는 가축재해보험 구상권의 의의 및 발생유형에 관한 내용이다. (   )에 들어
갈 용어를 각각 쓰시오. [5점]

의 의	구상권이라 함은 보험금 지급 후 피보험자가 제3자(타인)에게 가지는 손해배상청구권을 (①) 취득하여 그 타인에 대하여 가지는 (②)의 권리를 말한다.
발생 유형	○ 생산물(제조물)의 (③)(으)로 인한 화재 ○ (④)에 대하여 선 보상처리 후 타 보험사에 분담금 청구 ○ 무보험차량에 의한 (⑤)

정답

※ 본 문제는 출제 당시 2020년 업무방법서에 따라 서술하였다.

① 대위
② 반환청구
③ 결함
④ 중복보험
⑤ 타차일방과실

해설

구상권

의 의	구상권이라 함은 보험금 지급 후 피보험자가 제3자(타인)에게 가지는 손해배상청구권을 (**대위**) 취득하여 그 타인에 대하여 가지는 (**반환청구**)의 권리를 말한다.
발생 유형	• 생산물(제조물)의 (**결함**)(으)로 인한 화재 • (**중복보험**)에 대하여 선 보상처리 후 타 보험사에 분담금 청구 • 무보험차량에 의한 (**타차일방과실**)

16 농업수입감소보장방식 콩에 관한 내용이다. 계약사항과 수확량조사내용을 참조하여 다음 물음에 답하시오. [15점]

○ 계약사항

보험가입금액	자기부담비율	가입면적	평년수확량	농지별 기준가격
10,000,000원	20%	10,000m²	2,000kg	5,000원/kg

○ 수확량조사내용

[면적조사]

실제경작면적	수확불능면적	기수확면적
10,000m²	1,000m²	2,000m²

[표본조사]

표본구간 면적	종실중량	함수율
10m²	2kg	22.6%

[미보상비율] : 10%

※ 수확기가격은 4,500원/kg임

물음 1) 수확량의 계산과정과 값을 쓰시오. [5점]

물음 2) 피해율의 계산과정과 값을 쓰시오. [5점]

물음 3) 농업수입감소보험금의 계산과정과 값을 쓰시오. [5점]

정답

물음 1) 수확량

• 표본구간 단위면적당 수확량 = 표본구간 수확량 합계 ÷ 표본구간 면적
$$= 1.8kg \div 10m^2 = 0.18kg/m^2$$

※ 표본구간 수확량 합계
= 표본구간별 종실중량 합계 × {(1 − 함수율) ÷ (1 − 기준함수율)}
= 2kg × {(1 − 22.6%) ÷ (1 − 14%)} = 1.8kg

※ 기준함수율 : 콩(14%)

• 조사대상면적 = 실제경작면적 − 고사면적(수확불능면적) − 타작물 및 미보상면적 − 기수확면적
$$= 10,000m^2 - 1,000m^2 - 0m^2 - 2,000m^2 = 7,000m^2$$

• 단위면적당 평년수확량 = 평년수확량 ÷ 실제경작면적
$$= 2,000kg \div 10,000m^2 = 0.2kg/m^2$$

• 수확량(표본조사) = (표본구간 단위면적당 수확량 × 조사대상면적) + {단위면적당 평년수확량 × (타작물 및 미보상면적 + 기수확면적)}
$$= (0.18kg/m^2 \times 7,000m^2) + \{0.2kg/m^2 \times (0m^2 + 2,000m^2)\}$$
$$= 1,260kg + 400kg = \mathbf{1,660kg}$$

물음 2) 피해율

- 미보상감수량 = (평년수확량 − 수확량) × 미보상비율
  = (2,000kg − 1,660kg) × 10% = **34kg**
- 피해율 = (기준수입 − 실제수입) ÷ 기준수입
  = (10,000,000원 − 7,623,000원) ÷ 10,000,000원
  = 0.2377(= **23.77%**)

  ※ 기준수입 = 평년수확량 × 농지별 기준가격
      = 2,000kg × 5,000원/kg = 10,000,000원
  ※ 실제수입 = (수확량 + 미보상감수량) × 최솟값(농지별 기준가격, 농지별 수확기가격)
      = (1,660kg + 34kg) × 최솟값(5,000원/kg, 4,500원/kg)
      = 1,694kg × 4,500원/kg = 7,623,000원

물음 3) 농업수입감소보험금

농업수입감소보험금 = 보험가입금액 × (피해율 − 자기부담비율)
  = 10,000,000원 × (23.77% − 20%) = **377,000원**

[해설]

(1) 수확량

> 수확량(표본조사) = (표본구간 단위면적당 수확량 × 조사대상면적) + {단위면적당 평년수확량 ×
> (타작물 및 미보상면적 + 기수확면적)}

① 표본구간 단위면적당 수확량 = 표본구간 수확량 합계 ÷ 표본구간 면적
  - 표본구간 수확량 합계 = 표본구간별 종실중량 합계 × {(1 − 함수율) ÷ (1 − 기준함수율)}
  - 기준함수율 : 콩(14%)
② 조사대상면적 = 실제경작면적 − 고사면적 − 타작물 및 미보상면적 − 기수확면적
③ 단위면적당 평년수확량 = 평년수확량 ÷ 실제경작면적

(2) 피해율

① 피해율 = (기준수입 − 실제수입) ÷ 기준수입
② 기준수입 = 평년수확량 × 농지별 기준가격
③ 실제수입 = (수확량 + 미보상감수량) × 최솟값(농지별 기준가격, 농지별 수확기가격)
  ※ 미보상감수량 = (평년수확량 − 수확량) × 미보상비율

(3) 농업수입감소보험금 산정

농업수입감소보험금 = 보험가입금액 × (피해율 − 자기부담비율)

17 종합위험방식 원예시설 · 버섯 품목에 관한 내용이다. 각 내용을 참조하여 다음 물음에 답하시오.

[15점] 기출수정

○ 표고버섯(원목재배)

표본원목의 전체면적	표본원목의 피해면적	재배원목(본)수	피해원목(본)수	원목(본)당 보장생산비
40m²	20m²	2,000개	400개	7,000원

○ 표고버섯(톱밥배지재배)

준비기생산비계수	피해배지(봉)수	재배배지(봉)수	손해정도비율
66.3%	500개	2,000개	50%

배지(봉)당 보장생산비	생장일수	비 고
2,800원	45일	수확기 이전 사고임

○ 느타리버섯(균상재배)

준비기생산비계수	피해면적	재배면적	손해정도
67.6%	500m²	2,000m²	55%

단위면적당 보장생산비	생장일수	비 고
16,400원	14일	수확기 이전 사고임

물음 1) 표고버섯(원목재배) 생산비보장보험금의 계산과정과 값을 쓰시오. [5점]

물음 2) 표고버섯(톱밥배지재배) 생산비보장보험금의 계산과정과 값을 쓰시오. [5점]

물음 3) 느타리버섯(균상재배) 생산비보장보험금의 계산과정과 값을 쓰시오. [5점]

정답

물음 1) 표고버섯(원목재배) 생산비보장보험금
- 피해비율 = 피해원목(본)수 ÷ 재배원목(본)수
  = 400개 ÷ 2,000개 = 0.2(= **20%**)
- 손해정도비율 = 표본원목의 피해면적 ÷ 표본원목의 전체면적
  = 20m² ÷ 40m² = 0.5(= **50%**)
- 피해율 = 피해비율 × 손해정도비율 = 20% × 50% = **10%**
- 생산비보장보험금 = 재배원목(본)수 × 원목(본)당 보장생산비 × 피해율
  = 2,000개 × 7,000원/개 × 10% = **1,400,000원**

물음 2) 표고버섯(톱밥배지재배) 생산비보장보험금
- 경과비율 = α + (1 − α) × (생장일수 ÷ 표준생장일수)
  = 66.3% + (1 − 66.3%) × (45일 ÷ 90일)
  = **83.15%**
  ※ 준비기생산비계수 = 66.3%
  ※ 표준생장일수 = 90일

- 피해율 = 피해비율 × 손해정도비율
    = 25% × 50% = 0.125(= **12.5%**)
  ※ 피해비율 = 피해배지(봉)수 ÷ 재배배지(봉)수
      = 500개 ÷ 2,000개 = 0.25(= 25%)

- 생산비보장보험금 = 재배배지(봉)수 × 배지(봉)당 보장생산비 × 경과비율 × 피해율
      = 2,000개 × 2,800원/개 × 83.15% × 12.5%
      = **582,050원**

물음 3) 느타리버섯(균상재배) 생산비보장보험금
- 경과비율 = α + (1 − α) × (생장일수 ÷ 표준생장일수)
      = 67.6% + (1 − 67.6%) × (14일 ÷ 28일)
      = **83.8%**
  ※ 준비기생산비계수 = 67.6%
  ※ 표준생장일수 = 28일
- 피해율 = 피해비율 × 손해정도비율
      = 25% × 60% = 0.15(= **15%**)
  ※ 피해비율 = 피해면적 ÷ 재배면적
      = 500m^2 ÷ 2,000m^2 = 0.25(= 25%)
  ※ 손해정도가 55%이므로 손해정도비율은 60%이다.

- 생산비보장보험금 = 재배면적 × 단위면적당 보장생산비 × 경과비율 × 피해율
      = 2,000m^2 × 16,400원/m^2 × 83.8% × 15%
      = **4,122,960원**

[해설]

(1) 표고버섯(원목재배) 생산비보장보험금
  ① 생산비보장보험금 = 재배원목(본)수 × 원목(본)당 보장생산비 × 피해율
  ② 피해율 = 피해비율 × 손해정도비율
      - 피해비율 = 피해원목(본)수 ÷ 재배원목(본)수
      - 손해정도비율 = 표본원목의 피해면적 ÷ 표본원목의 전체면적

(2) 표고버섯(톱밥배지재배) 생산비보장보험금
  ① 생산비보장보험금 = 재배배지(봉)수 × 배지(봉)당 보장생산비 × 경과비율 × 피해율
  ② 경과비율(수확기 이전 사고)
      - 경과비율 = α + (1 − α) × (생장일수 ÷ 표준생장일수)
      - 준비기생산비계수 = α
      ※ 표고버섯(톱밥배지재배) = 66.3%
      ※ 느타리버섯(균상재배) = 67.6%
  ③ 피해율 = 피해비율 × 손해정도비율
      ※ 피해비율 = 피해배지(봉)수 ÷ 재배배지(봉)수

[버섯종류별 표준생장일수]

품 목	품 종	표준생장일수
표고버섯(톱밥배지재배)	전 체	90일
느타리버섯(균상재배)	전 체	28일

(3) 느타리버섯(균상재배) 생산비보장보험금

① 생산비보장보험금 = 재배면적 × 단위면적당 보장생산비 × 경과비율 × 피해율

② 피해율 = 피해비율 × 손해정도비율

※ 피해비율 = 피해면적 ÷ 재배면적

[느타리버섯(균상재배)의 손해정도비율]

손해정도	1~20%	21~40%	41~60%	61~80%	81~100%
손해정도비율	20%	40%	60%	80%	100%

18 과실손해조사(감귤)에 관한 내용이다. 다음 물음에 답하시오. [15점]

○ 계약사항

보험가입금액	가입면적	자기부담비율
25,000,000원	4,800m²	10%

○ 표본주 조사내용(단위 : 개)

구 분	정상 과실수	30%형 피해과실수	50%형 피해과실수	80%형 피해과실수	100%형 피해과실수	보상하지 않는 손해(병해충)로 인한 과실수
등급내	690	80	120	120	60	60
등급외	360	110	130	90	140	40

※ 수확전 사고조사는 실시하지 않았음

○ 표본조사 방법

표본조사
1) 표본주 선정 : 농지별 가입면적을 기준으로 품목별 표본주수표(별표 1-4)에 따라 농지별 전체 표본주수를 과수원에 고루 분포되도록 선정한다(단, 필요하다고 인정되는 경우 표본주수를 줄일 수도 있으나 최소 (①)주 이상 선정한다).

2) 표본주 조사
가) 선정한 표본주에 리본을 묶고 주지별(원가지) 아주지(버금가지) (②)개를 수확한다.

물음 1) 위의 계약사항 및 표본주 조사내용을 참조하여 과실손해 피해율의 계산과정과 값을 쓰시오. [7점]

물음 2) 위의 계약사항 및 표본주 조사내용을 참조하여 과실손해보험금의 계산과정과 값을 쓰시오. [6점]

물음 3) 위의 표본조사 방법에서 ( )에 들어갈 내용을 각각 쓰시오. [2점]

물음 1)과 물음 2) 전원 정답 처리

〈한국산업인력공단 답변〉
과실손해조사(감귤) 표본주 조사시 만감류는 등급외 과실을 구분하지 않지만, 온주밀감은 등급외 과실을 구분하므로, 물음 1)과 물음 2)는 온주밀감으로 보고 풀이하여야 한다. 그러나 등급외 과실은 등급내 과실과 달리 정상과실을 구분하지 않고, 선정된 과실 중 보상하지 않는 손해(병충해 등)에 해당하는 경우 정상과실로 구분하는데, 문제 지문의 "등급외"에서는 정상과실수와 보상하지 않는 손해(병해충)로 인한 과실수를 각각 구분하고 있다. 따라서 업무방법서 표본주 조사방법과 다르고, 이에 근거한 과실손해 피해율과 과실손해보험금의 산정을 요구하고 있는 물음 1)과 물음 2)에 대해 전원 정답 처리하였다.

물음 1) 과실손해 피해율
- 기준과실수 = 모든 표본주의 과실수 총 합계(= 2,000개)
- 등급내 피해과실수
  = (등급내 30%형 과실수 합계 × 0.3) + (등급내 50%형 과실수 합계 × 0.5) + (등급내 80%형 과실수 합계 × 0.8)
  + (등급내 100%형 과실수 합계 × 1)
  = (80개 × 0.3) + (120개 × 0.5) + (120개 × 0.8) + (60개 × 1)
  = **240개**
- 등급외 피해과실수
  = (등급외 30%형 과실수 합계 × 0.3) + (등급외 50%형 과실수 합계 × 0.5) + (등급외 80%형 과실수 합계 × 0.8)
  + (등급외 100%형 과실수 합계 × 1)
  = (110개 × 0.3) + (130개 × 0.5) + (90개 × 0.8) + (140개 × 1)
  = **310개**
  ※ 등급외 과실은 30%형 피해과실, 50%형 피해과실, 80%형 피해과실, 100%형 피해과실로 구분한 후, 인정비율 (50%)을 적용하여 등급외 피해과실수를 산정한다. 또한 선정된 과실 중 보상하지 않는 손해(병충해 등)에 해당하는 경우 정상과실로 구분한다.
  그런데 문제 지문의 "등급외"에서는 정상과실수와 보상하지 않는 손해(병해충)로 인한 과실수를 각각 구분하고 있기 때문에 문제 오류이다.
- 과실손해 피해율
  = {(등급내 피해과실수 + 등급외 피해과실수 × 50%) / 기준과실수} × (1 − 미보상비율)
  = {(240개 + 310개 × 50%) / 2,000개} × (1 − 0)
  = 0.1975(= **19.75%**)

물음 2) 과실손해보험금
- 손해액 = 보험가입금액 × 피해율 = 25,000,000원 × 0.1975 = **4,937,500원**
- 자기부담금 = 보험가입금액 × 자기부담비율 = 25,000,000원 × 10% = **2,500,000원**
- 과실손해보험금 = 손해액 − 자기부담금 = 4,937,500원 − 2,500,000원 = **2,437,500원**

물음 3) (　　)에 들어갈 내용
① 2
② 1~3

해설

(1) **과실손해 피해율**

과실손해 피해율 = {(등급내 피해과실수 + 등급외 피해과실수 × 50%) / 기준과실수} × (1 − 미보상비율)

※ 피해인정 과실수 = 등급내 피해과실수 + (등급외 피해과실수 × 50%)

• 등급내 피해과실수 = (등급내 30%형 과실수 합계 × 0.3) + (등급내 50%형 과실수 합계 × 0.5) + (등급내 80%형 과실수 합계 × 0.8) + (등급내 100%형 과실수 합계 × 1)

• 등급외 피해과실수 = (등급외 30%형 과실수 합계 × 0.3) + (등급외 50%형 과실수 합계 × 0.5) + (등급외 80%형 과실수 합계 × 0.8) + (등급외 100%형 과실수 합계 × 1)

※ 기준과실수 : 모든 표본주의 과실수 총 합계

(2) **과실손해보험금**

과실손해보험금 = 손해액 − 자기부담금

※ 손해액 = 보험가입금액 × 피해율

※ 자기부담금 = 보험가입금액 × 자기부담비율

(3) **표본조사**

> 1) **표본주 선정** : 농지별 가입면적을 기준으로 품목별 표본주수표(별표 1-4)에 따라 농지별 전체 표본주수를 과수원에 고루 분포되도록 선정한다(단, 필요하다고 인정되는 경우 표본주수를 줄일 수도 있으나 최소 (**2**)주 이상 선정한다).
>
> 2) **표본주 조사**
> 가) 선정한 표본주에 리본을 묶고 주지별(원가지) 아주지(버금가지) (**1~3**)개를 수확한다.

19 특정위험방식 인삼에 관한 내용이다. 계약사항과 조사내용을 참조하여 다음 물음에 답하시오.

[15점]

○ **계약사항**

인삼 가입금액	경작 칸수	연 근	기준수확량 (5년근 표준)	자기부담 비율	해가림시설 가입금액	해가림시설 보험가액
120,000,000원	500칸	5년	0.73kg	20%	20,000,000원	25,000,000원

○ **조사내용**

사고원인	피해칸	표본칸	표본수확량	지주목간격	두둑폭	고랑폭
화 재	350칸	10칸	9.636kg	3m	1.5m	0.7m

해가림시설 피해액	잔존물제거비용	손해방지비용	대위권보전비용
5,000,000원	300,000원	300,000원	200,000원

물음 1) 인삼 피해율의 계산과정과 값을 쓰시오. [5점]

물음 2) 인삼 보험금의 계산과정과 값을 쓰시오. [5점]

물음 3) 해가림시설 보험금(비용 포함)의 계산과정과 값을 쓰시오. [5점]

정답

물음 1) 인삼 피해율

- 피해면적 = 피해칸수(= 350칸)
- 재배면적 = 실제경작칸수(= 500칸)
- 표본칸 면적 = 표본칸 수 × 지주목간격 × (두둑폭 + 고랑폭)
  $$= 10 \times 3m \times (1.5m + 0.7m) = 66m^2$$
- 단위면적당 조사수확량 = 표본수확량 합계 ÷ 표본칸 면적
  $$= 9.636kg \div 66m^2 = 0.146kg/m^2$$
- 단위면적당 미보상감수량 = (기준수확량 − 단위면적당 조사수확량) × 미보상비율 = 0
- 수확량 = 단위면적당 조사수확량 + 단위면적당 미보상감수량
  $$= 0.146kg/m^2 + 0 = 0.146kg/m^2$$
- 피해율 $= \left(1 - \dfrac{수확량}{연근별\ 기준수확량} \right) \times \dfrac{피해면적}{재배면적}$

  $$= \left(1 - \dfrac{0.146kg/m^2}{0.73kg/m^2} \right) \times \dfrac{350칸}{500칸} = 0.56(= 56\%)$$

물음 2) 인삼 보험금

인삼 보험금 = 보험가입금액 × (피해율 − 자기부담비율)
$$= 120,000,000원 \times (56\% - 20\%) = 43,200,000원$$

물음 3) 해가림시설 보험금(비용 포함)

보험가입금액이 보험가액보다 작을 경우에는 보험가입금액을 한도로 다음과 같이 비례보상한다.

> 해가림시설 보험금 = (손해액 − 자기부담금) × (보험가입금액 ÷ 보험가액)

- **손해액** : 산출된 피해액에 대하여 감가상각을 적용하여 손해액을 산정한다. 다만, 피해액이 보험가액의 20% 이하인
  경우에는 감가를 적용하지 않는다. 즉
  피해액(= 5,000,000원) ≤ 보험가액의 20%(= 25,000,000원 × 0.2 = 5,000,000원)이므로,
  손해액 = **5,000,000원**
- **자기부담금** : 최소 자기부담금(10만원)과 최대 자기부담금(100만원)을 한도로 손해액의 10%이므로,
  5,000,000원 × 0.1 = **500,000원**
- **해가림시설 보험금** = (5,000,000원 − 500,000원) × (20,000,000원 ÷ 25,000,000원)
  = **3,600,000원** ·· ①
- **잔존물제거비용** : 손해액의 10%(500,000원)를 초과할 수 없으므로,
  잔존물제거비용 = **300,000원** ···································· ②
- **손해방지비용** : 보험가입금액을 초과하는 경우에도 지급하지만, 손해방지비용은 농지당 20만원을 한도로 지급한다.
  손해방지비용 = **200,000원** ······································· ③
- **대위권보전비용** : 보험가입금액을 초과하는 경우에도 지급한다.
  대위권보전비용 = **200,000원** ····································· ④
- **해가림시설 보험금(비용 포함)**
  = ① + ② + ③ + ④
  = 3,600,000원 + 300,000원 + 200,000원 + 200,000원 = **4,300,000원**

※ 비용 등(잔존물제거비용, 손해방지비용, 대위권보전비용)에 대해 비례보상을 적용하지 않고, 문제에 제시된 조건
  을 반영하여 보험금을 계산하였다.

(1) 인삼 피해율

① 피해율 $= \left(1 - \dfrac{수확량}{연근별\ 기준수확량}\right) \times \dfrac{피해면적}{재배면적}$

② 수확량 = 단위면적당 조사수확량 + 단위면적당 미보상감수량
- 단위면적당 조사수확량 = 표본수확량 합계 ÷ 표본칸 면적
- 표본칸 면적 = 표본칸 수 × 지주목간격 × (두둑폭 + 고랑폭)
- 단위면적당 미보상감수량 = (기준수확량 – 단위면적당 조사수확량) × 미보상비율

③ 피해면적 = 피해칸수

④ 재배면적 = 실제경작칸수

(2) 인삼 보험금

인삼 보험금 = 보험가입금액 × (피해율 – 자기부담비율)

(3) 해가림시설 보험금(비용 포함)

① 해가림시설 보험금은 보험가입금액을 한도로 손해액에서 자기부담금액을 차감하여 산정한다. 단, 보험가입금액이 보험가액보다 클 때에는 보험가액을 한도로 한다.
- 보험가입금액이 보험가액보다 작을 경우에는 보험가입금액을 한도로 다음과 같이 비례보상한다.

> (손해액 – 자기부담금) × (보험가입금액 ÷ 보험가액)

- 손해액은 산출된 피해액에 대하여 감가상각을 적용하여 산정한다. 다만, 피해액이 보험가액의 20% 이하인 경우에는 감가를 적용하지 않고, 피해액이 보험가액의 20%를 초과하면서 감가후 피해액이 보험가액의 20% 미만인 경우에는 보험가액의 20%를 손해액으로 산출한다.
- 자기부담금은 최소 자기부담금(10만원)과 최대 자기부담금(100만원)을 한도로 손해액의 10%에 해당하는 금액을 적용한다.

② 해가림시설 보험금과 잔존물제거비용의 합은 보험가입금액을 한도로 한다. 단, 잔존물제거비용은 손해액의 10%를 초과할 수 없다.

③ 손해방지비용, 대위권보전비용, 잔존물보전비용, 기타 협력비용은 보험가입금액을 초과하는 경우에도 지급한다. 단, 손해방지비용은 농지당 20만원을 한도로 지급한다.

20 계약사항과 조사내용을 참조하여 다음 물음에 답하시오. [15점]

○ 계약사항

상품명	특약 및 주요사항	평년착과수	가입과중
적과전 종합위험방식(Ⅱ) 배 품목	• 나무손해보장 특약 • 착과감소 50% 선택	100,000개	450g

가입가격	가입주수	자기부담률	
1,200원/kg	750주	과 실	10%
		나 무	5%

※ 나무손해보장 특약의 보험가입금액은 1주당 10만원 적용

○ 조사내용

구 분	재해 종류	사고 일자	조사 일자	조사내용
계약일 24시 ~ 적과전	우 박	5월 30일	5월 31일	〈피해사실확인조사〉 • 피해발생 인정 • 미보상비율 : 0%
적과후 착과수 조사	–		6월 10일	〈적과후착과수조사〉 	품 종	실제결과주수	조사대상주수	표본주 1주당 착과수
---	---	---	---
화 산	390주	390주	60개
신 고	360주	360주	90개	 ※ 화산, 신고는 배의 품종임
적과 종료 이후	태 풍	9월 1일	9월 2일	〈낙과피해조사〉 • 총 낙과수 : 4,000개(전수조사) | 피해과실구성	정 상	50%	80%	100%
과실수(개)	1,000	0	2,000	1,000	
	조수해	9월 18일	9월 20일	〈나무피해조사〉 • 화산 30주, 신고 30주 조수해로 고사
	우 박	5월 30일	10월 1일	〈착과피해조사〉 | 피해과실구성	정 상	50%	80%	100%
과실수(개)	50	10	20	20	

※ 적과 이후 자연낙과 등은 감안하지 않으며, 무피해나무의 평균착과수는 적과후착과수의 1주당 평균착과수와 동일한 것으로 본다.

물음 1) 착과감소보험금의 계산과정과 값을 쓰시오. [5점]

물음 2) 과실손해보험금의 계산과정과 값을 쓰시오. [5점]

물음 3) 나무손해보험금의 계산과정과 값을 쓰시오. [5점]

정답

물음 1) 착과감소보험금

① 적과후착과수 = 품종별 표본주 1주당 착과수 × 조사대상주수
= (390주 × 60개/주) + (360주 × 90개/주) = **55,800개**

② 착과감소과실수 = 최솟값(평년착과수 – 적과후착과수, 최대 인정감과실수)
= (100,000개 – 55,800개) = **44,200개**

③ 착과감소량 = 착과감소과실수 × 가입과중
= 44,200개 × 0.45kg/개 = **19,890kg**

④ 기준착과수 = 적과후착과수 + 착과감소과실수
= 55,800개 + 44,200개 = **100,000개**

⑤ 기준수확량 = 기준착과수 × 가입과중
= 100,000개 × 0.45kg/개 = **45,000kg**

⑥ 자기부담감수량 = 기준수확량 × 자기부담비율
= 45,000kg × 10% = **4,500kg**

⑦ 착과감소보험금
= (착과감소량 – 미보상감수량 – 자기부담감수량) × 가입가격 × (50%)
= (19,890kg – 0kg – 4,500kg) × 1,200원/kg × 0.5
= **9,234,000원**

물음 2) 과실손해보험금

① 누적감수과실수

㉠ 적과종료 이전 자연재해(우박)로 인한 적과종료 이후 착과손해 : 적과후착과수가 평년착과수의 60% 미만인 경우
감수과실수 = 적과후착과수 × 5% = 55,800개 × 5% = **2,790개**

㉡ 태풍낙과피해(전수조사)
총 낙과과실수 × (낙과피해구성률 – max A) × 1.07
= 4,000개 × (0.65 – 0.05) × 1.07 = **2,568개**

※ 낙과피해구성률

$$= \frac{(100\%형\ 피해과실수 \times 1) + (80\%형\ 피해과실수 \times 0.8) + (50\%형\ 피해과실수 \times 0.5)}{100\%형\ 피해과실수 + 80\%형\ 피해과실수 + 50\%형\ 피해과실수 + 정상과실수}$$

$$= \frac{(1,000 \times 1) + (2,000 \times 0.8) + (0 \times 0.5)}{1,000 + 2,000 + 0 + 1,000} = 0.65$$

※ max A : 금차 사고전 기조사된 착과피해구성률 또는 인정피해율 중 최댓값(= 5% = 0.05)

㉢ 조수해 나무피해 : 미보상
화산 30주, 신고 30주 조수해로 고사하였으므로,
(30주 × 60개/주) + (30주 × 90개/주) = **4,500개**

㉣ 우박 착과피해
사고 당시 착과과실수 × (착과피해구성률 – max A)
= 47,300개 × (0.41 – 0.05) = **17,028개**

※ 사고 당시 착과과실수
= 적과후착과수 – 총 낙과과실수 – 총 적과종료 후 나무피해과실수 – 총 기수확과실수
= 55,800개 – 4,000개 – 4,500개 – 0 = **47,300개**

※ 착과피해구성률 $= \dfrac{(20 \times 1) + (20 \times 0.8) + (10 \times 0.5)}{50 + 10 + 20 + 20} = $ **0.41**

※ max A : 금차 사고전 기조사된 착과피해구성률 중 최댓값(= 0.05)

㉤ 누적감수과실수 = 2,790개 + 2,568개 + 0개 + 17,028개 = **22,386개**

② 적과종료 이후 감수량 = 누적감수과실수 × 가입과중

$$= 22,386개 \times 0.45kg/개 = 10,073.7kg$$

③ **미보상감수량** : 감수량에서 제외된다.

④ **자기부담감수량 : 0kg**

자기부담감수량

= (기준수확량 × 자기부담비율) − (착과감소량 − 적과종료 이전에 산정된 미보상감수량)

= (45,000kg × 0.1) − (19,890kg − 0kg) < 0이므로, **0kg**이다.

⑤ **과실손해보험금**

과실손해보험금

= (적과종료 이후 누적감수량 − 자기부담감수량) × 가입가격

= (10,073.7kg − 0kg) × 1,200원/kg

= **12,088,440원**

물음 3) 나무손해보험금

① 실제결과주수 = 390주 + 360주 = **750주**

② 피해율 = 피해주수(고사된 나무) ÷ 실제결과주수

$$= (30주 + 30주) ÷ 750주 = 0.08(= 8\%)$$

③ 자기부담비율 = **5%**(약관)

④ 지급보험금 = 보험가입금액 × (피해율 − 자기부담비율)

$$= (750주 \times 100,000원/주) \times (8\% − 5\%) = 2,250,000원$$

※ 나무손해보장 특약의 보험가입액은 1주당 100,000원을 적용한다.

[해설]

(1) 착과감소보험금

지급보험금은 착과감소량이 자기부담감수량을 초과하는 경우 아래에 따라 계산한다.

① **보험금 = (착과감소량 − 미보상감수량 − 자기부담감수량) × 가입가격 × (50%, 70%)**

② **착과감소량** : 착과감소량은 산출된 착과감소과실수에 가입과중을 곱하여 산출한다.

- 착과감소과실수 = 최솟값(평년착과수 − 적과후착과수, 최대 인정감소과실수)
- 적과후착과수 = 품종별 표본주 1주당 착과수 × 조사대상주수

③ **미보상감수량** : 보상하는 재해 이외의 원인으로 감소되었다고 평가되는 부분을 말하며, 계약 당시 이미 발생한 피해, 병해충으로 인한 피해 및 제초상태불량 등으로 인한 수확감소량으로 <u>감수량에서 제외된다.</u>

④ **자기부담감수량** : 기준수확량에 자기부담비율을 곱한 양으로 한다.

- 기준착과수 = 적과후착과수 + 착과감소과실수
- 기준수확량 = 기준착과수 × 가입과중

⑤ **가입가격** : 보험에 가입할 때 결정한 과실의 kg당 평균가격을 말한다.

(2) 과실손해보험금

지급보험금은 적과종료 이후 누적감수량이 자기부담감수량을 초과하는 경우, 아래에 따라 계산한다.

① **보험금 = (적과종료 이후 누적감수량 − 자기부담감수량) × 가입가격**

② **적과종료 이후 누적감수량**

- 적과종료 이전 자연재해로 인한 적과종료 이후 착과손해 : 적과후착과수가 평년착과수의 60% 미만인 경우, 감수과실수 = 적과후착과수 × 5%
- 적과종료 이후 감수량 = 누적감수과실수 × 가입과중

※ 상기 계산된 감수과실수는 적과종료 이후 누적감수량에 합산하며, 적과종료 이후 착과피해율(max A 적용)로 인식한다.

③ **미보상감수량** : 보상하는 재해 이외의 원인으로 감소되었다고 평가되는 부분을 말하며, 계약 당시 이미 발생한 피해, 병해충으로 인한 피해 및 제초상태불량 등으로 인한 수확감소량으로 감수량에서 제외된다.

④ **자기부담감수량** : 기준수확량에 자기부담비율을 곱한 양으로 한다. 다만, 산출된 착과감소량이 존재하는 경우에는 착과감소량에서 적과종료 이전에 산정된 미보상감수량을 뺀 값을 자기부담감수량에서 제외한다. 이때 자기부담감수량은 0보다 작을 수 없다.

⑤ **가입가격** : 보험에 가입할 때 결정한 과실의 kg당 평균가격을 말한다.

(3) 나무손해보험금

① 지급보험금은 보험가입금액에 피해율에서 자기부담비율을 차감한 값을 곱하여 산정하며, 피해율은 피해주수(고사된 나무)를 실제결과주수로 나눈 값으로 한다.

- 지급보험금 = 보험가입금액 × (피해율 − 자기부담비율)
- 피해율 = 피해주수(고사된 나무) ÷ 실제결과주수

② 자기부담비율은 가입한 약관에 따른다(5%).

당신이 뛸 경우, 당신은 질지도 모른다.

만약 뛰지 않는다면, 당신은 확실히 진다.

- 제시 잭슨 -

제8회 손해평가사 2차 시험문제

※ **공통유의사항**
○ 농업재해보험·손해평가의 이론과 실무를 기준으로 답안 작성
○ 계산문제는 반드시 계산과정, 답, 단위를 정확히 기재(부분점수 없음)
○ 계산과정에서 임의적인 반올림 또는 절사 금지

농작물재해보험 및 가축재해보험의 이론과 실무

---

01 위험관리 방법 중 물리적 위험관리(위험통제를 통한 대비) 방법 5가지를 쓰시오. [5점]

정답

① 위험회피(risk avoidance)
② 손실통제(loss control)
③ 위험 요소의 분리
④ 계약을 통한 위험 전가
⑤ 위험을 스스로 인수

02 농업재해의 특성 5가지만 쓰시오. [5점]

정답

① 불예측성
② 광역성
③ 동시성·복합성
④ 계절성
⑤ 피해의 대규모성
⑥ 불가항력성

03 보통보험약관의 해석에 관한 내용이다. ( )에 들어갈 내용을 쓰시오. [5점]

○ **기본원칙**

보험약관은 보험계약의 성질과 관련하여 (①)에 따라 공정하게 해석되어야 하며, 계약자에 따라 다르게 해석되어서는 안 된다. 보험약관상의 (②)조항과 (③)조항간에 충돌이 발생하는 경우 (③)조항이 우선한다.

○ **작성자불이익의 원칙**

보험약관의 내용이 모호한 경우에는 (④)에게 엄격·불리하게 (⑤)에게 유리하게 풀이해야 한다.

정답

① 신의성실의 원칙
② 인쇄(printed)
③ 수기(hand written)
④ 보험자
⑤ 계약자

해설

보통보험약관의 해석

• **기본원칙**

보험약관은 보험계약의 성질과 관련하여 (**신의성실의 원칙**)에 따라 공정하게 해석되어야 하며, 계약자에 따라 다르게 해석되어서는 안 된다. 보험약관상의 (**인쇄**)조항과 (**수기**)조항간에 충돌이 발생하는 경우 (**수기**)조항이 우선한다.

• **작성자불이익의 원칙**

보험약관의 내용이 모호한 경우에는 (**보험자**)에게 엄격·불리하게 (**계약자**)에게 유리하게 풀이해야 한다.

04 농작물재해보험대상 밭작물 품목 중 자기부담금이 잔존보험가입금액의 3% 또는 5%인 품목 2가지를 쓰시오. [5점]

정답

브로콜리, 고추

해설

브로콜리, 고추의 경우 보험금 산정시 잔존보험가입금액의 3% 또는 5%를 자기부담금으로 차감한다.

05 인수심사의 인수제한 목적물에 관한 내용이다. (   )에 들어갈 내용을 쓰시오.   [5점]

> ○ 오미자 – 주간거리가 (①)cm 이상으로 과도하게 넓은 과수원
> ○ 포도 – 가입하는 해의 나무 수령이 (②)년 미만인 과수원
> ○ 복분자 – 가입연도 기준, 수령이 1년 이하 또는 (③)년 이상인 포기로만 구성된 과수원
> ○ 보리 – 파종을 10월 1일 이전과 11월 (④)일 이후에 실시한 농지
> ○ 양파 – 재식밀도가 (⑤)주/10a 미만, 40,000주/10a 초과한 농지

정답

① 50
② 3
③ 11
④ 20
⑤ 23,000

해설

인수제한 목적물

> • 오미자 – 주간거리가 (50)cm 이상으로 과도하게 넓은 과수원
> • 포도 – 가입하는 해의 나무 수령이 (3)년 미만인 과수원
> • 복분자 – 가입연도 기준, 수령이 1년 이하 또는 (11)년 이상인 포기로만 구성된 과수원
> • 보리 – 파종을 10월 1일 이전과 11월 (20)일 이후에 실시한 농지
> • 양파 – 재식밀도가 (23,000)주/10a 미만, 40,000주/10a 초과한 농지

06 농업수입감소보장방식 '콩'에 관한 내용이다. 계약내용과 조사내용을 참조하여 다음 물음에 답하시오(피해율은 %로 소수점 둘째자리 미만 절사. 예시 : 12.678% → 12.67%). [15점]

○ 계약내용
- 보험가입일 : 2021년 6월 20일
- 평년수확량 : 1,500kg
- 가입수확량 : 1,500kg
- 자기부담비율 : 20%
- 농가수취비율 : 80%
- 전체 재배면적 : 2,500m^2(백태 1,500m^2, 서리태 1,000m^2)

○ 조사내용
- 조사일 : 2021년 10월 20일
- 전체 재배면적 : 2,500m^2(백태 1,500m^2, 서리태 1,000m^2)
- 수확량 : 1,000kg

■ 서울 양곡도매시장 연도별 '백태' 평균가격(원/kg)

연도 등급	2016	2017	2018	2019	2020	2021
상 품	6,300	6,300	7,200	7,400	7,600	6,400
중 품	6,100	6,000	6,800	7,000	7,100	6,200

■ 서울 양곡도매시장 연도별 '서리태' 평균가격(원/kg)

연도 등급	2016	2017	2018	2019	2020	2021
상 품	7,800	8,400	7,800	7,500	8,600	8,400
중 품	7,400	8,200	7,200	6,900	8,200	8,200

물음 1) 기준가격의 계산과정과 값을 쓰시오. [5점]

물음 2) 수확기가격의 계산과정과 값을 쓰시오. [5점]

물음 3) 농업수입감소보장보험금의 계산과정과 값을 쓰시오. [5점]

[정답]

물음 1) 기준가격
(1) 기준가격의 산출
서울 양곡도매시장의 연도별 중품과 상품 평균가격의 보험가입 직전 5년 올림픽 평균값에 농가수취비율을 곱하여 산출한다.
※ 올림픽 평균값 : 연도별 평균가격 중 최댓값과 최솟값을 제외하고 남은 값들의 산술평균

(2) '백태'의 기준가격

(단위 : 원/kg)

연도 등급	2016	2017	2018	2019	2020	2021
상 품	6,300	6,300	7,200	7,400	7,600	6,400
중 품	6,100	6,000	6,800	7,000	7,100	6,200
평균가격	6,200	6,150	7,000	7,200	7,350	6,300

평균가격 중 최댓값(7,350원)과 최솟값(6,150원)을 제외한 산술평균값을 구하면,
'백태'의 기준가격 = (6,200원 + 7,000원 + 7,200원) ÷ 3 = 6,800원

(3) '서리태'의 기준가격

(단위 : 원/kg)

연도 등급	2016	2017	2018	2019	2020	2021
상 품	7,800	8,400	7,800	7,500	8,600	8,400
중 품	7,400	8,200	7,200	6,900	8,200	8,200
평균가격	7,600	8,300	7,500	7,200	8,400	8,300

평균가격 중 최댓값(8,400원)과 최솟값(7,200원)을 제외한 산술평균값을 구하면,
'서리태'의 기준가격 = (7,600원 + 8,300원 + 7,500원) ÷ 3 = 7,800원

(4) 기준가격

하나의 농지에 2개 이상 용도(또는 품종)의 콩이 식재된 경우에는 기준가격을 해당 용도(또는 품종)의 면적의
비율에 따라 가중평균하여 산출한다. 즉
① 백태 : 6,800원 × 1,500m^2 / 2,500m^2 = 4,080원
② 서리태 : 7,800원 × 1,000m^2 / 2,500m^2 = 3,120원
③ 기준가격 : (4,080원 + 3,120원) × 농가수취비율(80%) = 5,760원

물음 2) 수확기가격
(1) 수확기가격의 산출

수확연도의 서울 양곡도매시장 중품과 상품 평균가격에 농가수취비율을 곱하여 산출한다.

(2) '백태'의 수확기가격

수확기(2021년)의 평균가격 = 6,300원

(3) '서리태'의 수확기가격

수확기(2021년)의 평균가격 = 8,300원

(4) 수확기가격

수확기가격도 하나의 농지에 2개 이상 용도(또는 품종)의 콩이 식재된 경우에 해당 용도(또는 품종)의 면적의
비율에 따라 가중평균하여 산출하므로,
① 백태 : 6,300원 × 1,500m^2 / 2,500m^2 = 3,780원
② 서리태 : 8,300원 × 1,000m^2 / 2,500m^2 = 3,320원
③ 수확기가격 : (3,780원 + 3,320원) × 농가수취비율(80%) = 5,680원

물음 3) 농업수입감소보장보험금

> 보험금 = 보험가입금액 × (피해율 − 자기부담비율)
>
> ※ 피해율 = (기준수입 − 실제수입) ÷ 기준수입

- 보험가입금액 = 가입수확량 × 기준가격 = 1,500kg × 5,760원/kg = 8,640,000원
- 기준수입 = 평년수확량 × 농지별 기준가격 = 1,500kg × 5,760원/kg = 8,640,000원
- 실제수입 = (조사수확량 + 미보상감수량) × 최솟값(농지별 기준가격, 농지별 수확기가격)
  = (1,000kg + 0kg) × 5,680원 = 5,680,000원
- 피해율 = (기준수입 − 실제수입) ÷ 기준수입
  = (8,640,000원 − 5,680,000원) ÷ 8,640,000원 = 0.34259 = **34.25%**(※ 소수점 둘째자리 미만 절사)

- 보험금 = 보험가입금액 × (피해율 − 자기부담비율)
  = 8,640,000원 × (34.25% − 20%) = **1,231,200원**

※ **문제 조건 중 주의사항**

문제 조건에서 수확량감소가 있었으나, 미보상비율이 주어지지 않아 미보상감수량은 0kg로 계산하였다. 이론서에서 미보상감수량은 "평년수확량에서 수확량을 뺀 값에 미보상비율을 곱하여 산출하며, 평년수확량 보다 수확량이 감소하였으나, 보상하는 재해로 인한 감소가 확인되지 않는 경우에는 감소한 수량을 모두 미보상감수량으로 한다"라고 규정되어 있다.

07 농작물재해보험 '벼'에 관한 내용이다. 다음 물음에 답하시오(단, 보통약관과 특별약관 보험가입 금액은 동일하며, 병해충 특약에 가입되어 있음). [15점]

○ **계약사항 등**
- 보험가입일 : 2022년 5월 22일
- 품목 : 벼
- 재배방식 : 친환경 직파 재배
- 가입수확량 : 4,500kg
- 보통약관 기본 영업요율 : 12%
- 특별약관 기본 영업요율 : 5%
- 손해율에 따른 할인율 : −13%
- 직파재배 농지 할증률 : 10%
- 친환경 재배시 할증률 : 8%

○ **조사내용**
- 민간 RPC(양곡처리장) 지수 : 1.2
- 농협 RPC 계약재배 수매가(원/kg)

연 도	수매가	연 도	수매가	연 도	수매가
2016	1,300	2018	1,600	2020	2,000
2017	1,400	2019	1,800	2021	2,200

※ 계산시 민간 RPC 지수는 농협 RPC 계약재배 수매가에 곱하여 산출할 것

물음 1) 보험가입금액의 계산과정과 값을 쓰시오. [5점]

물음 2) 수확감소보장 보통약관(주계약) 적용보험료의 계산과정과 값을 쓰시오(천원 단위 미만 절사). [5점]

물음 3) 병해충보장 특별약관 적용보험료의 계산과정과 값을 쓰시오(천원 단위 미만 절사) [5점]

[정답]

물음 1) 보험가입금액

벼의 보험가입금액은 가입 단위 농지별로 가입수확량에 <u>표준(가입)가격</u>을 곱하여 산출하며, 천원 단위 미만은 절사한다. 단, 벼의 표준가격은 보험가입연도 직전 5개년의 시·군별 농협 RPC 계약재배 수매가 최근 5년 평균값에 민간 RPC 지수를 반영하여 산출한다.

① **벼의 표준(가입)가격**
- 농협 RPC 계약재배 수매가 최근 5년 평균값
  = (2,200원 + 2,000원 + 1,800원 + 1,600원 + 1,400원) ÷ 5 = 1,800원
- 표준(가입)가격 = 1,800원 × 1.2 = 2,160원

② **보험가입금액**
보험가입금액 = 가입수확량 × 표준(가입)가격
= 4,500kg × 2,160원/kg = **9,720,000원**

물음 2) 수확감소보장 보통약관(주계약) 적용보험료

주계약 보험가입금액 × 지역별 기본 영업요율 × (1 ± 손해율에 따른 할인·할증률) × (1 + 친환경 재배시 할증률) × (1 + 직파재배 농지 할증률)

= 9,720,000원 × 0.12 × (1 − 0.13) × (1 + 0.08) × (1 + 0.1)

= 1,205,544.384원 = **1,205,000원** (※ 천원 단위 미만 절사)

물음 3) 병해충보장 특별약관 적용보험료

특별약관 보험가입금액 × 지역별 기본 영업요율 × (1 ± 손해율에 따른 할인·할증률) × (1 + 친환경 재배시 할증률) × (1 + 직파재배 농지 할증률)

= 9,720,000원 × 0.05 × (1 − 0.13) × (1 + 0.08) × (1 + 0.1)

= 502,310.16원 = **502,000원** (※ 천원 단위 미만 절사)

> **※ 문제 조건 중 주의사항**
> 문제 조건 중 손해율에 따른 할인율 −13%은 논란의 소지가 있지만, 출제자의 의도가 '할인'하라는 의도로 추정되어 보험료산정식에서 '1 − 손해율에 따른 할인율'로 계산하였다.

---

08 다음은 '사과'의 적과전 종합위험방식 계약에 관한 사항이다. 다음 물음에 답하시오(단, 주어진 조건외 다른 조건은 고려하지 않음). [15점] 기출수정

구 분	품 목	보장수준(%)				
		60	70	80	85	90
국고보조율(%)	사과, 배, 단감, 떫은감	60	60	50	38	33

┌─〈조 건〉─────────────────────────────────
│ ○ 품목 : 사과(적과전 종합위험방식)　　　○ 가입금액 : 1,000만원(주계약)
│ ○ 순보험요율 : 15%　　　　　　　　　　○ 부가보험요율 : 2.5%
│ ○ 할인·할증률 : 100%　　　　　　　　　○ 자기부담비율 : 20%형
│ ○ 착과감소보험금 보장수준 : 70%형
└──────────────────────────────────────

물음 1) 영업보험료의 계산과정과 값을 쓰시오. [5점]

물음 2) 부가보험료의 계산과정과 값을 쓰시오. [5점]

물음 3) 농가부담보험료의 계산과정과 값을 쓰시오. [5점]

정답

물음 1) 영업보험료

영업보험료 = 순보험료 + 부가보험료

• 순보험료 = 보험가입금액 × 순보험요율 × 할인·할증률
　　　　　 = 10,000,000원 × 0.15 × 100% = 1,500,000원

- 부가보험료 = 보험가입금액 × 부가보험요율 × 할인·할증률
  = 10,000,000원 × 0.025 × 100% = 250,000원
- 영업보험료 = 순보험료 + 부가보험료
  = 1,500,000 + 250,000원 = **1,750,000원**

물음 2) 부가보험료
부가보험료 = 보험가입금액 × 부가보험요율 × 할인·할증률
  = 10,000,000원 × 0.025 × 100% = **250,000원**

물음 3) 농가부담보험료
정부는 농업인의 경제적 부담을 줄이고 농작물재해보험 사업의 원활한 추진을 위하여 농작물재해보험에 가입한 계약자의 납입 순보험료의 50% 내외를 지원한다. 다만, 사과, 배, 단감, 떫은감 품목은 보장수준별로 33~60% 차등 보조한다.
문제 조건에서 <u>자기부담비율이 20%형</u>이므로, 보장수준은 80%이다. 즉 <u>국고보조율은 50%</u>이다.

농가부담보험료 = 1,500,000원 × (1 − 0.5) = **750,000원**

> ※ **문제 조건 중 주의사항**
> 문제 조건 중 '할인·할증률 100%'라는 것은 논란의 소지가 있지만, 출제자의 의도가 '할인·할증 없음'을 표현한 것으로 추정되어 이론서 p.95의 보험료 산정식에서 '100%(=1.0)'로 계산하였다.

---

09 다음과 같은 '인삼'의 해가림시설이 있다. 다음 물음에 답하시오(단, 주어진 조건외 다른 조건은 고려하지 않음).

[15점]

○ 가입시기 : 2022년 6월
○ 농지내 재료별(목재, 철재)로 구획되어 해가림시설이 설치되어 있음

　┌〈해가림시설(목재)〉
　│ ○ 시설연도 : 2015년 9월
　│ ○ 면적 : 4,000m²
　│ ○ 단위면적당 시설비 : 30,000원/m²
　│ ※ 해가림시설 정상 사용 중

　┌〈해가림시설(철재)〉
　│ ○ 전체면적 : 6,000m²
　│ 　• 면적 ① : 4,500m²(시설연도 : 2017년 3월)
　│ 　• 면적 ② : 1,500m²(시설연도 : 2019년 3월)
　│ ○ 단위면적당 시설비 : 50,000원/m²
　│ ※ 해가림시설 정상 사용 중이며, 면적 ①, ②는 동일 농지에 설치

물음 1) 해가림시설(목재)의 보험가입금액의 계산과정과 값을 쓰시오. [5점]

물음 2) 해가림시설(철재)의 보험가입금액의 계산과정과 값을 쓰시오. [10점]

정답

물음 1) 해가림시설(목재)의 보험가입금액

보험가입금액 = 재조달가액 × (1 - 감가상각률)

- 재조달가액 = 4,000m² × 30,000원/m² = 120,000,000원
- 감가상각률 = 경과기간 × 경년감가율 = 6년 × 13.33%/년 = 79.98%
  ※ 경과기간 = 2022년 6월 - 2015년 9월 = 6년 9월 = 6년(※ 경과기간 1년 미만은 미적용)
- 보험가입금액 = 120,000,000원 × (1 - 0.7998) = **24,024,000원**

※ **문제 조건 중 주의사항**
 ① 해가림시설의 보험가입금액은 '**천원 단위 미만은 절사**'하지만, 문제 조건에서 '**다른 조건은 고려하지 않음**'이라 명시하고 있으므로 '천원 단위 미만은 절사'라는 조건은 고려하지 않았다.
 ② 해가림시설의 잔가율은 20%로 하지만, 내용연수가 경과한 경우라도 현재 정상 사용 중에 있는 시설은 잔가율을 최대 30%로 수정하므로 보험가입금액은 다음과 같이 계산할 수도 있다.
  • 보험가입금액 = 120,000,000원 × 30% = **36,000,0000원**
  • 보험가입금액 = 120,000,000원 × 20% = **24,000,0000원**

물음 2) 해가림시설(철재)의 보험가입금액

동일한 재료(철재)로 설치하였으나, 설치시기 경과년수가 각기 다른 해가림시설 구조체가 상존하는 경우, 가장 넓게 분포하는 해가림시설 구조체의 설치시기를 동일하게 적용한다.

- 재조달가액 = 6,000m² × 50,000원/m² = 300,000,000원
- 감가상각률 = 경과기간 × 경년감가율 = 5년 × 4.44%/년 = 22.2%
  ※ 경과기간 = 2022년 6월 - 2017년 3월 = 5년 3월 = 5년(※ 경과기간 1년 미만은 미적용)
- 보험가입금액 = 300,000,000원 × (1 - 0.222) = **233,400,000원**

10 다음의 내용을 참고하여 물음에 답하시오(단, 주어진 조건외 다른 조건은 고려하지 않음).

[15점]

> 甲은 A보험회사의 가축재해보험(소)에 가입했다. 보험가입 기간 중 甲과 동일한 마을에 사는 乙소유의
> 사냥개 3마리가 견사를 탈출하여 甲소유의 축사에 있는 소 1마리를 물어 죽이는 사고가 발생했다. 조사
> 결과 폐사한 소는 가축재해보험에 정상적으로 가입되어 있었다.
> • A보험회사의 면·부책 : 부책
> • 폐사한 소의 가입금액 및 손해액 : 500만원(자기부담금 20%)
> • 乙의 과실 : 100%

물음 1) A보험회사가 甲에게 지급할 보험금의 계산과정과 값을 쓰시오.   [5점]

물음 2) A보험회사의 ① 보험자대위의 대상(손해발생 책임자), ② 보험자대위의 구분(종류), ③ 대위금액을
쓰시오.   [10점]

정답

전원 정답 처리
[사유]
시험문제 정정통보가 발생한 문제로 일부 시험실에서 정정사항 전달이 확실히 이루어지지 않아서 정답심사위원회에
서는 공정성 등을 고려하여 전원 정답 처리(15점)로 결정하였다.

> ※ **문제 조건 중 공정성 논란**
> 문제 조건 중 '폐사한 소의 가입금액 : 500만원'이 시험 도중 '**폐사한 소의 가입금액 및 손해액 : 500만원**'으
> 로 수정되었는데 각 시험장에서 충분한 공지가 이루어지지 않았다고 하여 공정성 논란이 기사화되었다.

물음 1) A보험회사가 甲에게 지급할 보험금
지급보험금 = 손해액 − 자기부담금 = 5,000,000원 − 1,000,000원 = **4,000,000원**
※ 자기부담금 = 5,000,000원 × 20% = 1,000,000원

물음 2) A보험회사의 ① 보험자대위의 대상(손해발생 책임자), ② 보험자대위의 구분(종류), ③ 대위금액
① **보험자대위의 대상(손해발생 책임자)**
사냥개의 소유자인 乙에 대해 보험대위권을 갖는다.
② **보험자대위의 구분(종류)**
손해가 제3자의 행위로 인하여 발생한 경우 보험금을 지급한 보험자는 그 지급한 금액의 한도 내에서 그 제3자에
대한 계약자 또는 피보험자의 권리를 취득하는데 이것을 '제3자에 대한 보험자대위(청구권대위)'라 한다.
③ **대위금액**
보험금을 지급한 금액의 한도 내이므로, 400만원이다.

11 적과전 종합위험방식의 적과종료 이후 보상하지 않는 손해에 관한 내용의 일부이다. (　　)에 들어갈 내용을 쓰시오. [5점]

> ○ 제초작업, 시비관리 등 통상적인 (①)을 하지 않아 발생한 손해
> ○ 최대 순간풍속 (②)의 바람으로 발생한 손해
> ○ 농업인의 부적절한 (③)로 인하여 발생한 손해
> ○ 병으로 인해 낙엽이 발생하여 (④)에 과실이 노출됨으로써 발생한 손해
> ○ 「식물방역법」제36조(방제명령 등)에 의거 금지 병해충인 과수 (⑤) 발생에 의한 폐원으로 인한 손해 및 정부 및 공공기관의 매립으로 발생한 손해

정답

① 영농활동
② 14m/sec 미만
③ 잎 소지(잎 제거)
④ 태양광
⑤ 화상병

12 종합위험 수확감소보장방식의 품목별 과중조사에 관한 내용의 일부이다. (　　)에 들어갈 내용을 쓰시오. [5점]

> ○ 밤(수확개시전 수확량조사시 과중조사)
> 　품종별 개당 과중 = 품종별 {정상 표본과실 무게 합 + (소과 표본과실 무게 합 × (①))} ÷ 표본과실수
> ○ 참다래
> 　품종별 개당 과중 = 품종별 {50g 초과 표본과실 무게 합 + (50g 이하 표본과실 무게 합 × (②))} ÷ 표본과실수
> ○ 오미자(수확개시후 수확량조사시 과중조사)
> 　선정된 표본구간별로 표본구간내 (③)된 과실과 (④)된 과실의 무게를 조사한다.
> ○ 유자(수확개시전 수확량조사시 과중조사)
> 　농지에서 품종별로 착과가 평균적인 3개 이상의 표본주에서 크기가 평균적인 과실을 품종별 (⑤) 개 이상(농지당 최소 60개 이상) 추출하여 품종별 과실개수와 무게를 조사한다.

정답

① 0.8
② 0.7
③ 착과
④ 낙과
⑤ 20

해설

과중조사

- 밤(수확개시전 수확량조사시 과중조사)
  품종별 개당 과중 = 품종별 {정상 표본과실 무게 합 + (소과 표본과실 무게 합 × 0.8)} ÷ 표본과실수
- 참다래
  품종별 개당 과중 = 품종별 {50g 초과 표본과실 무게 합 + (50g 이하 표본과실 무게 합 × 0.7)} ÷ 표본과실수
- 오미자(수확개시후 수확량조사시 과중조사)
  선정된 표본구간별로 표본구간내 (착과)된 과실과 (낙과)된 과실의 무게를 조사한다.
- 유자(수확개시전 수확량조사시 과중조사)
  농지에서 품종별로 착과가 평균적인 3개 이상의 표본주에서 크기가 평균적인 과실을 품종별 (20)개 이상(농지당 최소 60개 이상) 추출하여 품종별 과실개수와 무게를 조사한다.

13 논작물에 대한 피해사실확인조사시 추가조사 필요 여부 판단에 관한 내용이다. (   )에 들어갈 내용을 쓰시오. [5점]

> 보상하는 재해 여부 및 피해 정도 등을 감안하여 이앙·직파불능조사(농지 전체 이앙·직파불능 시), 재이앙·재직파조사(①), 경작불능조사(②), 수확량조사(③) 중 필요한 조사를 판단하여 해당 내용에 대하여 계약자에게 안내하고, 추가조사가 필요할 것으로 판단된 경우에는 (④) 구성 및 (⑤) 일정을 수립한다.

정답

① 면적피해율 10% 초과
② 식물체피해율 65% 이상
③ 자기부담비율 초과
④ 손해평가반
⑤ 추가조사

해설

추가조사 필요 여부 판단

> 보상하는 재해 여부 및 피해 정도 등을 감안하여 이앙·직파불능조사(농지 전체 이앙·직파불능시), 재이앙·재직파 조사(**면적피해율 10% 초과**), 경작불능조사(**식물체피해율 65% 이상**), 수확량조사(**자기부담비율 초과**) 중 필요한 조사를 판단하여 해당 내용에 대하여 계약자에게 안내하고, 추가조사가 필요할 것으로 판단된 경우에는 (**손해평가반**) 구성 및 (**추가조사**) 일정을 수립한다.

14 종합위험 수확감소보장방식 감자에 관한 내용이다. 다음 계약사항과 조사내용을 참조하여 피해율(%)의 계산과정과 값을 쓰시오(피해율은 소수점 셋째자리에서 반올림). [5점]

○ 계약사항

품 목	보험가입금액	가입면적	평년수확량	자기부담비율
감자(고랭지재배)	5,000,000원	3,000m²	6,000kg	20%

○ 조사내용

재 해	조사방법	실제경작면적	타작물면적	미보상면적	미보상비율	표본구간총 면적	표본구간 총 수확량조사 내용
호 우	수확량조사(표본조사)	3,000m²	100m²	100m²	20%	10m²	• 정상 감자 5kg • 최대 지름 5cm 미만 감자 2kg • 병충해(무름병) 감자 4kg • 병충해 손해정도비율 40%

정답

① **수확량**

수확량 = (표본구간 단위면적당 수확량 × 조사대상면적) + {단위면적당 평년수확량 × (타작물 및 미보상면적+ 기수확면적)}

• 단위면적당 평년수확량 = 평년수확량 ÷ 실제경작면적 = 6,000kg ÷ 3,000m² = 2kg/m²
• 조사대상면적 = 실제경작면적 − 고사면적 − 타작물 및 미보상면적 − 기수확면적
= 3,000m² − 0m² − 100m² − 100m² − 0m² = 2,800m²
• 표본구간 수확량 합계 = 표본구간별 정상 감자 중량 + (최대 지름이 5cm 미만이거나 50%형 피해 감자 중량 × 0.5) + 병충해 입은 감자 중량
= 5kg + (2kg × 0.5) + 4kg = 10kg
• 표본구간 단위면적당 수확량 = 표본구간 수확량 합계 ÷ 표본구간면적
= 10kg ÷ 10m² = 1kg/m²
• 수확량 = (1kg/m² × 2,800m²) + {2kg/m² × (100m² + 100m² + 0m²)} = **3,200kg**

② **미보상감수량**

미보상감수량 = (평년수확량 − 수확량) × 미보상비율
= (6,000kg − 3,200kg) × 20% = **560kg**

③ **병충해감수량**

병충해감수량은 표본구간 병충해감수량 합계를 표본구간면적 합계로 나눈 후 조사대상면적 합계를 곱하여 산출한다.

병충해감수량 = 조사대상면적 × {(병충해 입은 괴경의 무게 × 손해정도비율 × 인정비율) ÷ 표본구간면적}
= 2,800m² × {(4kg × 40% × 90%) ÷ 10m²} = **403.2kg**

※ 무름병의 인정비율 : 90%

④ **피해율**

피해율 = {(평년수확량 − 수확량 − 미보상감수량) + 병충해감수량} ÷ 평년수확량
= {(6,000kg − 3,200kg − 560kg) + 403.2kg} ÷ 6,000kg
= 0.44053 = **44.05%**

15 종합위험 수확감소보장방식 과수 및 밭작물 품목 중 ( )에 들어갈 해당 품목을 쓰시오.

[5점]

구 분	내 용	해당 품목
과수 품목	경작불능조사를 실시하는 품목	(①)
	병충해를 보장하는 품목(특약 포함)	(②)
밭작물 품목	전수조사를 실시해야 하는 품목	(③), 팥
	재정식 보험금을 지급하는 품목	(④)
	경작불능조사 대상이 아닌 품목	(⑤)

정답

① 복분자
② 복숭아(※ 병충해 – 세균구멍병)
③ 콩
④ 양배추(※ 재정식조사)
⑤ 차(茶)

> ※ **문제 조건 중 주의사항**
> 복분자의 경우 이론서에 따르면 '종합위험 수확감소보장방식'보다는 '수확전 종합위험 과실손해보장방식'에
> 해당하므로 과수작물 분류상 문제가 될 수 있다.
> 따라서 ①번의 경우 과수작물의 분류를 엄격히 적용한다면 **'없음'**으로 할 수도 있다.

16 농업용 원예시설물(고정식 하우스)에 강풍이 불어 피해가 발생되었다. 다음 조건을 참조하여 물음에 답하시오.

[15점]

구 분	손해내역	내용 연수	경년 감가율	경과 연월	보험가입 금액	손해액	비 고
1동	단동하우스 (구조체 손해)	10년	8%	2년	500만원	300만원	피복재 손해 제외
2동	장수PE (피복재 단독사고)	1년	40%	1년	200만원	100만원	–
3동	장기성PO (피복재 단독사고)	5년	16%	1년	200만원	100만원	• 재조달가액보장 특약 • 미복구

물음 1) 1동의 지급보험금 계산과정과 값을 쓰시오. [5점]

물음 2) 2동의 지급보험금 계산과정과 값을 쓰시오. [5점]

물음 3) 3동의 지급보험금 계산과정과 값을 쓰시오. [5점]

물음 1) 1동의 지급보험금

손해가 생긴 때와 곳에서의 가액에 따라 농업용 시설물의 <u>감가율을 적용한 손해액</u>을 산출한다.

※ 문제 조건에서 주어진 손해액이 감가율을 적용한 것인지 적용하지 않은 것인지에 대한 논란이 있을 수 있으나, 감가율을 적용하지 않은 경우로 가정하고 문제를 풀이하였다.

• 감가율 = 8% × 2 = 16%
• 손해액 = 3,000,000원 × (1 − 0.16) = 2,520,000원
• 지급보험금 = 손해액 − 자기부담금
          = 2,520,000원 − 300,000원 = **2,220,000원**

  ※ **자기부담금** : <u>최소 자기부담금(30만원)</u>과 최대 자기부담금(100만원)을 한도로 보험사고로 인하여 발생한 손해액의 10%에 해당하는 금액을 적용한다.

물음 2) 2동의 지급보험금

• 손해액 = 1,000,000원 × (1 − 0.4) = 600,000원
• 지급보험금 = 손해액 − 자기부담금
          = 600,000원 − 100,000원 = **500,000원**

  ※ **자기부담금** : 피복재 단독사고는 <u>최소 자기부담금(10만원)</u>과 최대 자기부담금(30만원)을 한도로 한다.

물음 3) 3동의 지급보험금

재조달가액보장 특별약관에 가입한 경우에는 <u>감가율을 적용하지 않고 재조달가액 기준으로 계산한 손해액</u>을 산출한다. 단, 보험의 목적이 손해를 입은 장소에서 실제로 <u>수리 또는 복구되지 않은 때</u>에는 재조달가액에 의한 보상을 하지 않고 <u>시가(감가상각된 금액)</u>로 보상한다.

• 손해액 = 1,000,000원 × (1 − 0.16) = 840,000원
• 지급보험금 = 손해액 − 자기부담금
          = 840,000원 − 100,000원 = **740,000원**

※ **문제 조건 중 주의사항**

문제 조건에서 주어진 손해액이 감가율을 적용한 것으로 가정하고 문제를 풀이하면 지급보험금은 다음과 같이 계산할 수 있다.

물음 1) 1동의 지급보험금
지급보험금 = 손해액 − 자기부담금
          = 3,000,000원 − 300,000원 = **2,700,000원**

물음 2) 2동의 지급보험금
지급보험금 = 손해액 − 자기부담금
          = 1,000,000원 − 100,000원 = **900,000원**

물음 3) 3동의 지급보험금
지급보험금 = 손해액 − 자기부담금
          = 1,000,000원 − 100,000원 = **900,000원**

---

17 벼 농사를 짓고 있는 甲은 가뭄으로 농지내 일부 면적의 벼가 고사되는 피해를 입어 재이앙조사 후 모가 없어 경작면적의 일부만 재이앙을 하였다. 이후 수확전 태풍으로 도복피해가 발생해 수확량조사 방법 중 표본조사를 하였으나, 甲이 결과를 불인정하여 전수조사를 실시하였다. 계약 사항(종합위험 수확감소보장방식)과 조사내용을 참조하여 다음 물음에 답하시오.　　　[15점]

○ 계약사항

품 종	보험가입금액	가입면적	평년수확량	표준수확량	자기부담비율
동진찰벼	3,000,000원	2,500m²	3,500kg	3,200kg	20%

○ 조사내용
　　• 재이앙조사

재이앙전 조사내용		재이앙후 조사내용	
실제경작면적	2,500m²	재이앙 면적	800m²
피해면적	1,000m²	–	–

　　• 수확량조사

표본조사 내용		전수조사 내용	
표본구간 총 중량 합계	0.48kg	전체 조곡중량	1,200kg
표본구간 면적	0.96m²	미보상비율	10%
함수율	16%	함수율	20%

물음 1) 재이앙보험금의 지급가능한 횟수를 쓰시오.　　　[2점]

물음 2) 재이앙보험금의 계산과정과 값을 쓰시오.　　　[3점]

물음 3) 수확량감소보험금의 계산과정과 값을 쓰시오[무게(kg) 및 피해율(%)은 소수점 이하 절사. 예시 : 12.67% → 12%].　　　[10점]

정답

물음 1) 재이앙보험금의 지급가능한 횟수
보험기간 내에 보상하는 재해로 <u>면적피해율이 10%를 초과</u>하고, 재이앙한 경우 재이앙보험금을 <u>1회 지급</u>한다.

물음 2) 재이앙보험금
① 면적피해율 = 피해면적 ÷ 보험가입면적
　　　　　 = 800m² ÷ 2,500m² = 0.32(= 32%)
　　※ 피해면적 중 일부에 대해서만 재이앙이 이루어진 경우에는 재이앙이 이루어지지 않은 면적은 피해면적에서 제외된다.
② 지급보험금 = 보험가입금액 × 25% × 면적피해율
　　　　　　 = 3,000,000원 × 25% × 32%
　　　　　　 = 240,000원

물음 3) 수확량감소보험금

① 수확량 = 조사대상면적 수확량 + {단위면적당 평년수확량 × (타작물 및 미보상면적 + 기수확면적)}
- 단위면적당 평년수확량 = 평년수확량 ÷ 실제경작면적
  = $3,500kg ÷ 2,500m^2 = 1.4kg/m^2$
- 조사대상면적 수확량 = 작물중량 × {(1 − 함수율) ÷ (1 − 기준함수율)}
  = $1,200kg × \{(1 − 0.2) ÷ (1 − 0.13)\} = 1,103.4kg = 1,103kg$(※ 소수점 이하 절사)
  ※ 기준함수율 : 찰벼(13%)
- 수확량 = $1,103kg + \{1.4kg/m^2 × 0m^2\} =$ **1,103kg**

② 피해율 = (평년수확량 − 수확량 − 미보상감수량) ÷ 평년수확량
- 미보상감수량 = (평년수확량 − 수확량) × 미보상비율
  = $(3,500kg − 1,103kg) × 10\% = 239.7kg = 239kg$(※ 소수점 이하 절사)
- 피해율 = $(3,500kg − 1,103kg − 239kg) ÷ 3,500kg$
  = $0.61657 =$ **61%**(※ 소수점 이하 절사)

③ 지급보험금 = 보험가입금액 × (피해율 − 자기부담비율)
  = $3,000,000원 × (61\% − 20\%) =$ **1,230,000원**

18 배 과수원은 적과전 과수원 일부가 호우에 의한 유실로 나무 50주가 고사되는 피해(자연재해)가 확인되었고, 적과 이후 봉지작업을 마치고 태풍으로 낙과피해조사를 받았다. 계약사항(적과전 종합위험방식)과 조사내용을 참조하여 다음 물음에 답하시오[감수과실수와 착과피해 인정개수, 피해율(%)은 소수점 이하 절사. 예시 : 12.67% → 12%]. [15점]

○ 계약사항 및 적과후착과수 조사내용

계약사항			적과후착과수 조사내용	
품 목	가입주수	평년착과수	실제결과주수	1주당 평균착과수
배(단일 품종)	250주	40,000개	250주	150개

※ 적과종료 이전 특정위험 5종 한정보장 특약 미가입

○ 낙과피해 조사내용

사고일자	조사방법	전체 낙과과실수	낙과피해 구성비율(100개)				
			정상 10개	50%형 80개	80%형 0개	100%형 2개	병해충 과실 8개
9월 18일	전수조사	7,000개					

물음 1) 적과종료 이전 착과감소과실수의 계산과정과 값을 쓰시오. [5점]

물음 2) 적과종료 이후 착과손해 감수과실수의 계산과정과 값을 쓰시오. [5점]

물음 3) 적과종료 이후 낙과피해 감수과실수와 착과피해 인정개수의 계산과정과 합계 값을 쓰시오. [5점]

물음 1) 적과종료 이전 착과감소과실수
- 조사대상주수 = 250주 − 50주(고사된 나무) = 200주
- 적과후착과수 = 조사대상주수 × 1주당 평균착과수 = 200주 × 150개/주 = 30,000개
- 착과감소과실수 = 평년착과수 − 적과후착과수
  = 40,000개 − 30,000개 = **10,000개**

물음 2) 적과종료 이후 착과손해 감수과실수
적과후착과수가 평년착과수의 60% 이상 100% 미만인 경우

감수과실수 = 적과후착과수 × 5% × $\dfrac{100\% - 착과율}{40\%}$

- 착과율 = 적과후착과수 ÷ 평년착과수 = 30,000개 ÷ 40,000개 = 0.75(= 75%)
- 착과피해율 = 5% × $\dfrac{100\% - 착과율}{40\%}$ = 5% × $\dfrac{100\% - 75\%}{40\%}$
  = 0.05 × 0.625 = 0.03125 = **3%**(※ 소수점 이하 절사)
- 감수과실수 = 30,000개 × 3% = **900개**

물음 3) 적과종료 이후 낙과피해 감수과실수와 착과피해 인정개수의 계산과정과 합계 값
① 낙과피해 감수과실수
  낙과피해(전수조사) 감수과실수 = 총 낙과과실수 × (낙과피해구성률 − max A)
  = 7,000개 × (0.42 − 0.03)
  = 2,730개

  ※ 낙과피해구성률 = $\dfrac{(100형\ 피해과실수 \times 1) + (80\%형\ 피해과실수 \times 0.8) + (50\%형\ 피해과실수 \times 0.5)}{100\%형\ 피해과실수 + 80\%형\ 피해과실수 + 50\%형\ 피해과실수 + 정상과실수}$

  = $\dfrac{(2개 \times 1) + (0개 \times 0.8) + (80개 \times 0.5)}{100개}$ = 0.42(= 42%)

  ※ max A : 금차 사고전 기조사된 착과피해구성률 중 최댓값(3% = 0.03)

② 착과피해 인정개수
  낙과피해 감수과실수의 7%를 착과손해로 인정하므로,
  착과피해 인정개수 = 2,730개 × 0.07 = 191.1개 = **191개**(※ 소수점 이하 절사)

> ※ 문제 조건 중 주의사항
> 문제 조건에서 '착과피해 인정개수'는 이론서의 '착과손해 감수과실수'로 추정하여 계산하였다.

③ 합계 값
  ① + ② = 2,730개 + 191개 = **2,921개**

적과종료 이후 감수과실수 합계
감수과실수 합계(전수조사) = 총 낙과과실수 × (낙과피해구성률 − max A) × 1.07
  = 7,000개 × (0.42 − 0.03) × 1.07
  = 2,921.1개 = **2,921개**

19 가축재해보험 소에 관한 내용이다. 다음 물음에 답하시오. [15점]

○ 조건 1

- 甲은 가축재해보험에 가입 후 A축사에서 소를 사육하던 중, 사료 자동급여기를 설정하고 5일간 A축사를 비우고 여행을 다녀왔음
- 여행을 다녀와 A축사의 출입문이 파손되어 있어 CCTV를 확인해 보니 신원불상자에 의해 한우(암컷) 1마리를 도난당한 것을 확인하고, 바로 경찰서에 도난신고 후 재해보험사업자에게 도난신고확인서를 제출함
- 금번 사고는 보험기간내 사고이며, 甲과 그 가족 등의 고의 또는 중과실은 없었고, 또한 사고예방 및 안전대책에 소홀히 한 점도 없었음

○ 조건 2

- 보험목적물 : 한우(암컷)
- 자기부담비율 : 20%
- 출생일 : 2021년 11월 4일
- 보험가입금액 : 2,000,000원
- 소재지 : A축사(보관장소)
- 사고일자 : 2022년 8월 14일

○ 조건 3
- 발육표준표

한우 암컷	월 령	7월령	8월령	9월령	10월령	11월령
	체 중	230kg	240kg	250kg	260kg	270kg

- 2022년 월별 산지가격 동향

한우 암컷	구 분	5월	6월	7월	8월
	350kg	330만원	350만원	340만원	340만원
	600kg	550만원	560만원	550만원	550만원
	송아지(4~5월령)	220만원	230만원	230만원	230만원
	송아지(6~7월령)	240만원	240만원	250만원	250만원

물음 1) 조건 2~3을 참조하여 한우(암컷) 보험가액의 계산과정과 값을 쓰시오. [5점]

물음 2) 조건 1~3을 참조하여 지급보험금과 그 산정 이유를 쓰시오. [5점]

물음 3) 다음 (   )에 들어갈 내용을 쓰시오. [5점]

소의 보상하는 손해 중 긴급도축은 "사육하는 장소에서 부상, (①), (②), (③) 및 젖소의 유량 감소 등이 발생하는 소(牛)를 즉시 도축장에서 도살하여야 할 불가피한 사유가 있는 경우"에 한한다.

물음 1) 한우(암컷) 보험가액

한우(암컷)의 보험가액 산정은 월령을 기준으로 6개월령 이하와 7개월령 이상으로 구분하여 다음과 같이 산정한다.

월 령	보험가액
6개월 이하	전전월 전국산지 평균 송아지 가격
7개월 이상	체중 × kg당 금액

① **체중** : 사고 소(牛)의 월령에 해당되는 체중을 적용한다. 9개월령 = 250kg
② **kg당 금액** : 사고 전전월 전국산지 평균가격(350kg 및 600kg 성별 전국산지 평균가격 중 kg당 가격이 높은 금액)을 그 체중으로 나누어 구한다.
   • 350만원/kg ÷ 350kg = 10,000원
   • 560만원/kg ÷ 600kg ≒ 9,333원
   • **kg당 금액 = 10,000원**
③ 보험가액 = 체중 × kg당 금액
      = 250kg × 10,000원/kg = **2,500,000원**

물음 2) 지급보험금과 그 산정 이유

① **지급보험금**
   지급보험금 = 0원
② **산정 이유**
   축사(보관장소)를 72시간 이상 비워둔 동안에 생긴 도난손해는 보상하지 않는다. 즉 5일(120시간) 이상 축사(보관장소)를 비우고 여행을 다녀왔으므로 보상하지 않는다.

물음 3) (   )에 들어갈 내용

① 난산
② 산욕마비
③ 급성고창증

소의 보상하는 손해 중 긴급도축은 "사육하는 장소에서 부상, (**난산**), (**산욕마비**), (**급성고창증**) 및 젖소의 유량 감소 등이 발생하는 소(牛)를 즉시 도축장에서 도살하여야 할 불가피한 사유가 있는 경우"에 한한다.

20 수확전 종합위험보장방식 무화과에 관한 내용이다. 다음 계약사항과 조사내용을 참조하여 물음에 답하시오[피해율(%)은 소수점 셋째자리에서 반올림]. [15점]

○ 계약사항

품 목	보험가입금액	가입주수	평년수확량	표준과중(개당)	자기부담비율
무화과	10,000,000원	300주	6,000kg	80g	20%

○ 수확개시전 조사내용

① 사고내용
  • 재해종류 : 우박
  • 사고일자 : 2022년 5월 10일
② 나무수조사
  • 보험가입일자 기준 과수원에 식재된 모든 나무수 300주(유목 및 인수제한 품종 없음)
  • 보상하는 손해로 고사된 나무수 10주
  • 보상하는 손해 이외의 원인으로 착과량이 현저하게 감소된 나무수 10주
  • 병해충으로 고사된 나무수 20주
③ 착과수조사 및 미보상비율조사
  • 표본주수 9주
  • 표본주 착과수 총 개수 1,800개
  • 제초상태에 따른 미보상비율 10%
④ 착과피해조사(표본주 임의과실 100개 추출하여 조사)
  • 가공용으로도 공급될 수 없는 품질의 과실 10개(일반시장 출하 불가능)
  • 일반시장 출하시 정상과실에 비해 가격하락(50% 정도)이 예상되는 품질의 과실 20개
  • 피해가 경미한 과실 50개
  • 가공용으로 공급될 수 있는 품질의 과실 20개(일반시장 출하 불가능)

○ 수확개시후 조사내용

  • 재해종류 : 우박
  • 사고일자 : 2022년 9월 5일
  • 표본주 3주의 결과지조사
    [고사결과지수 5개, 정상결과지수(미고사결과지수) 20개, 병해충 고사결과지수 2개]
  • 착과피해율 30%
  • 농지의 상태 및 수확정도 등에 따라 조사자가 기준일자를 2022년 8월 20일로 수정함
  • 잔여수확량비율

사고발생 월	잔여수확량 산정식(%)
8월	{100 − (1.06 × 사고발생일자)}
9월	{(100 − 33) − (1.13 × 사고발생일자)}

물음 1) 수확전 피해율(%)의 계산과정과 값을 쓰시오. [6점]

물음 2) 수확후 피해율(%)의 계산과정과 값을 쓰시오. [6점]

물음 3) 지급보험금의 계산과정과 값을 쓰시오. [3점]

정답

물음 1) 수확전 피해율(%)
- 조사대상주수 = 실제결과주수 − 미보상주수 − 고사주수
  = 300주 − 10주 − 20주 − 10주 = 260주
- 주당 착과수 = 표본주 과실수의 합계 ÷ 표본주수
  = 1,800개 ÷ 9주 = 200개/주
- 주당 수확량 = 주당 착과수 × 표준과중
  = 200개 × 80g/개 = 16,000g = 16kg
- 피해구성률 = {(50%형 피해과실수 × 0.5) + (80%형 피해과실수 × 0.8) + (100%형 피해과실수 × 1)} ÷ 표본과실수
  = {(20개 × 0.5) + (20개 × 0.8) + (10개 × 1)} ÷ 100개 = 0.36 = 36%

> * 가공용으로도 공급될 수 없는 품질의 과실 10개(일반시장 출하 불가능) : **100%형 피해과실수**
> * 일반시장 출하시 정상과실에 비해 가격하락(50% 정도)이 예상되는 품질의 과실 20개 : **50%형 피해과실수**
> * 피해가 경미한 과실 50개 : **정상**
> * 가공용으로 공급될 수 있는 품질의 과실 20개(일반시장 출하 불가능) : **80%형 피해과실수**

- 주당 평년수확량 = 평년수확량 ÷ 실제결과주수
  = 6,000kg ÷ 300주 = 20kg/주
- 미보상주수 = 실제결과나무수 중 보상하는 손해 이외의 원인으로 고사되거나 수확량(착과량)이 현저하게 감소된 나무수 = 30주
- 수확량 = {조사대상주수 × 주당 수확량 × (1 − 피해구성률)} + (주당 평년수확량 × 미보상주수)
  = {260주 × 16kg/주 × (1 − 0.36)} + (20kg/주 × 30주)
  = 3,262.4kg
- 미보상감수량 = (평년수확량 − 수확량) × 미보상비율
  = (6,000kg − 3,262.4kg) × 10% = 273.76kg
- 수확전 피해율 = (평년수확량 − 수확량 − 미보상감수량) ÷ 평년수확량
  = (6,000kg − 3,262.4kg − 273.76kg) ÷ 6,000kg
  = 0.41064 = 41.06%

물음 2) 수확후 피해율(%)

- 고사결과지수 = 보상고사결과지수 + 미보상고사결과지수

  $\qquad$ = 5개

- 기준결과지수 = 고사결과지수 + 미고사결과지수

  $\qquad$ = 5개 + 20개 = 25개

- 결과지피해율 = (고사결과지수 + 미고사결과지수 × 착과피해율 − 미보상고사결과지수) ÷ 기준결과지수

  $\qquad$ = (5개 + 20개 × 0.3 − 2개) ÷ 25개 = 0.36 = 36%

- 잔여수확량비율 = {100 − (1.06 × 사고발생일자)}

  $\qquad$ = {100 − (1.06 × 20)} = 78.8%

  ※ 조사자가 기준일자를 2022년 8월 20일로 수정함

- 수확후 피해율 = (1 − 수확전 사고피해율) × 잔여수확량비율 × 결과지피해율

  $\qquad$ = (1 − 0.4106) × 0.788 × 0.36

  $\qquad$ = 0.1672 = **16.72%**

물음 3) 지급보험금

지급보험금 = 보험가입금액 × (피해율 − 자기부담비율)

※ 피해율은 수확전 피해율과 수확후 피해율을 합산한다.

- 피해율 = 41.06% + 16.72% = 57.78%

- 지급보험금 = 10,000,000원 × (57.78% − 20%) = **3,778,000원**

※ **공통유의사항**
○ 농업재해보험·손해평가의 이론과 실무를 기준으로 답안 작성
○ 계산문제는 반드시 계산과정, 답, 단위를 정확히 기재(부분점수 없음)
○ 계산과정에서 임의적인 반올림 또는 절사 금지

농작물재해보험 및 가축재해보험의 이론과 실무

---

01 가축재해보험에 가입한 A축사에 다음과 같은 지진 피해가 발생하였다. 보상하는 손해내용에 해당하는 경우에는 "해당"을, 보상하지 않는 손해내용에 해당하는 경우에는 "미해당"을 쓰시오(다만, 주어진 조건외 다른 사항은 고려하지 않음). [5점]

○ 지진으로 축사의 급배수설비가 파손되어 이를 복구하는 비용 500만원 : (①)
○ 지진으로 축사 벽의 2m 균열을 수리한 비용 150만원 : (②)
○ 지진 발생시 축사의 기계장치 도난 손해 200만원 : (③)
○ 지진으로 축사내 배전반이 물리적으로 파손되어 복구한 비용 150만원 : (④)
○ 지진으로 축사의 대문이 파손되어 이를 복구한 비용 130만원 : (⑤)

정답

① **(해당)** : 건물의 부속설비인 축사의 급배수설비가 파손되었으므로 보상한다.
② **(해당)** : 지진으로 축사 벽의 2m 이하의 균열이 발생한 것은 보상한다.
③ **(미해당)** : 지진 발생시 도난 또는 분실로 생긴 손해는 보상하지 않는다.
④ **(미해당)** : 축사내 배전반의 전기적 사고로 생긴 손해는 보상하지 않는다.
⑤ **(해당)** : 건물의 부속물인 축사의 대문이 파손되었으므로 보상한다.

02 종합위험 생산비보장 품목의 보험기간 중 보장개시일에 관한 내용이다. 다음 해당 품목의 ( )에 들어갈 내용을 쓰시오.   [5점]

품 목	보장개시일	초과할 수 없는 정식(파종)완료일 (판매개시연도 기준)
대 파	정식완료일 24일, 다만, 보험계약시 정식완료일이 경과한 경우 계약 체결일 24시	(①)
고랭지배추	정식완료일 24일. 다만, 보험계약시 정식완료일이 경과한 경우 계약 체결일 24시	(②)
당 근	파종완료일 24일. 다만, 보험계약시 파종완료일이 경과한 경우 계약 체결일 24시	(③)
브로콜리	정식완료일 24일. 다만, 보험계약시 정식완료일이 경과한 경우 계약 체결일 24시	(④)
시금치	파종완료일 24일. 다만, 보험계약시 파종완료일이 경과한 경우 계약 체결일 24시	(⑤)

정답

① 5월 20일
② 7월 31일
③ 8월 31일
④ 9월 30일
⑤ 10월 31일

03 작물특정 및 시설종합위험 인삼손해보장방식의 자연재해에 대한 설명이다. (   )에 들어갈 내용을 쓰시오.

[5점]

○ 폭설은 기상청에서 대설에 대한 특보(대설주의보, 대설경보)를 발령한 때 해당 지역의 눈 또는 (①)시간 신적설이 (②)cm 이상인 상태

○ 냉해는 출아 및 전엽기(4~5월) 중에 해당 지역에 최저 기온 (③)℃ 이하의 찬 기온으로 인하여 발생하는 피해를 말하며, 육안으로 판별 가능한 냉해 증상이 있는 경우에 피해를 인정

○ 폭염은 해당 지역의 최고 기온 (④)℃ 이상이 7일 이상 지속되는 상태를 말하며, 잎에 육안으로 판별 가능한 타들어간 증상이 (⑤)% 이상 있는 경우에 인정

정답

① 24
② 5
③ 0.5
④ 30
⑤ 50

해설

인삼의 보상하는 재해

• 폭설은 기상청에서 대설에 대한 특보(대설주의보, 대설경보)를 발령한 때 해당 지역의 눈 또는 (**24**)시간 신적설이 (**5**)cm 이상인 상태

• 냉해는 출아 및 전엽기(4~5월) 중에 해당 지역에 최저 기온 (**0.5**)℃ 이하의 찬 기온으로 인하여 발생하는 피해를 말하며, 육안으로 판별 가능한 냉해 증상이 있는 경우에 피해를 인정

• 폭염은 해당 지역의 최고 기온 (**30**)℃ 이상이 7일 이상 지속되는 상태를 말하며, 잎에 육안으로 판별 가능한 타들어간 증상이 (**50**)% 이상 있는 경우에 인정

04 가축재해보험 협정보험가액 특별약관이 적용되는 가축 중 유량검정젖소에 관한 내용이다. ( )에 들어갈 내용을 쓰시오. [5점]

> 유량검정젖소란 젖소개량사업소의 검정사업에 참여하는 농가 중에서 일정한 요건을 충족하는 농가(직전 월 (①)일 평균유량이 (②)kg 이상이고 평균체세포수가 (③)만 마리 이하를 충족하는 농가)의 소(최근 산차 305일 유량이 (④)kg 이상이고, 체세포수가 (⑤)만 마리 이하인 젖소)를 의미하며, 요건을 충족하는 유량검정젖소는 시가에 관계없이 협정보험가액 특약으로 보험가입이 가능하다.

정답

① 305
② 10,000
③ 30
④ 11,000
⑤ 20

해설

유량검정젖소
유량검정젖소란 젖소개량사업소의 검정사업에 참여하는 농가 중에서 일정한 요건을 충족하는 농가(직전 월 (305)일 평균유량이 (10,000)kg 이상이고 평균체세포수가 (30)만 마리 이하를 충족하는 농가)의 소(최근 산차 305일 유량이 (11,000)kg 이상이고, 체세포수가 (20)만 마리 이하인 젖소)를 의미하며, 요건을 충족하는 유량검정젖소는 시가에 관계없이 협정보험가액 특약으로 보험가입이 가능하다.

05 농작물재해보험 보험료 방재시설 할인율의 방재시설 판정기준에 관한 내용이다. (   )에 들어갈 내용을 쓰시오. [5점]

○ 방풍림은 높이가 (①   )미터 이상의 영년생 침엽수와 상록활엽수가 (②   )미터 이하의 간격으로 과수원 둘레 전체에 식재되어 과수원의 바람 피해를 줄일 수 있는 나무
○ 방풍망은 망구멍 가로 및 세로가 6~10mm의 망목네트를 과수원 둘레 전체나 둘레 일부(1면 이상 또는 전체 둘레의 (③   )% 이상)에 설치
○ 방충망은 망구멍이 가로 및 세로가 (④   )mm 이하의 망목네트로 과수원 전체를 피복
○ 방조망은 망구멍의 가로 및 세로가 (⑤   )mm를 초과하고 새의 입출이 불가능한 그물, 주 지주대와 보조 지주대를 설치하여 과수원 전체를 피복

정답

① 6
② 5
③ 20
④ 6
⑤ 10

해설

방재시설 판정기준
• 방풍림은 높이가 (6)미터 이상의 영년생 침엽수와 상록활엽수가 (5)미터 이하의 간격으로 과수원 둘레 전체에 식재되어 과수원의 바람 피해를 줄일 수 있는 나무이다.
• 방풍망은 망구멍 가로 및 세로가 6~10mm의 망목네트를 과수원 둘레 전체나 둘레 일부(1면 이상 또는 전체 둘레의 (20)% 이상)에 설치한다.
• 방충망은 망구멍이 가로 및 세로가 (6)mm 이하의 망목네트로 과수원 전체를 피복한다.
• 방조망은 망구멍의 가로 및 세로가 (10)mm를 초과하고 새의 입출이 불가능한 그물이며, 주 지주대와 보조 지주대를 설치하여 과수원 전체를 피복한다.

06 甲의 사과과수원에 대한 내용이다. 조건 1~3을 참조하여 다음 물음에 답하시오(단, 주어진 조건외 다른 사항은 고려하지 않음). [15점]

○ 조건 1

- 2018년 사과(홍로/3년생/밀식재배) 300주를 농작물재해보험에 신규로 보험가입 함
- 2019년과 2021년도에는 적과전에 우박과 냉해피해로 과수원의 적과후착과량이 현저하게 감소하였음
- 사과(홍로)의 일반재배방식 표준수확량은 아래와 같음

수 령	5년	6년	7년	8년	9년
표준수확량	6,000kg	8,000kg	8,500kg	9,000kg	10,000kg

○ 조건 2

[甲의 과수원 과거수확량 자료]

구 분	2018년	2019년	2020년	2021년	2022년
평년착과량	1,500kg	3,200kg	–	4,000kg	3,700kg
표준수확량	1,500kg	3,000kg	4,500kg	5,700kg	6,600kg
적과후착과량	2,000kg	800kg	–	950kg	6,000kg
보험가입 여부	가 입	가 입	미가입	가 입	가 입

○ 조건 3

[2023년 보험가입 내용 및 조사결과 내용]
- 적과전 종합위험방식Ⅱ 보험가입(적과종료 이전 특정위험 5종 한정보장 특별약관 미가입)
- 가입가격 : 2,000원/kg
- 보험가입 당시 계약자부담보험료 : 200,000원(미납보험료 없음)
- 자기부담비율 : 20%
- 착과감소보험금 보장수준 50%형 가입
- 2023년 과수원의 적과전 냉해피해로, 적과후착과량이 2,500kg으로 조사됨
- 미보상감수량 없음

물음 1) 2023년 평년착과량의 계산과정과 값(kg)을 쓰시오. [5점]

물음 2) 2023년 착과감소보험금의 계산과정과 값(원)을 쓰시오. [5점]

물음 3) 만약 2023년 적과전 사고가 없이 적과후착과량이 2,500kg으로 조사되었다면, 계약자 甲에게 환급해야 하는 차액보험료의 계산과정과 값(원)을 쓰시오(보험료는 일원 단위 미만 절사, 예시 : 12,345.678 → 12,345원). [5점]

물음 1) 2023년 평년착과량의 계산과정

$$평년착과량 = [A+(B-A)\times(1-\frac{Y}{5})]\times\frac{C}{D}$$

① A = Σ과거 5년간 적과후착과량 ÷ 과거 5년간 가입횟수
   = (2,000kg + 800kg + 1,200kg + 6,000kg) ÷ 4 = 2,500kg
   ※ 2021년 적과후착과량부터는 상한(평년착과량의 300%) 및 하한(평년착과량의 30%)을 적용하므로 2021년은 하한인 평년착과량(4,000kg)×30% = 1,200kg을 적용한다.

② B = Σ과거 5년간 표준수확량 ÷ 과거 5년간 가입횟수
   = (1,500kg + 3,000kg + 5,700kg + 6,600kg) ÷ 4 = 4,200kg

③ Y = 과거 5년간 가입횟수 = 4

④ C = 당해 연도(가입연도) 기준표준수확량 = 9,000kg
   ※ 사과 품목의 기준표준수확량은 일반재배방식의 표준수확량으로 산출한다. 즉, 2018년 사과 3년생이므로 가입 연도(2023년) 기준표준수확량은 8년생 일반재배방식의 표준수확량을 적용한다.

⑤ D = Σ과거 5년간 기준표준수확량 ÷ 과거 5년간 가입횟수
   = [(6,000kg × 50%) + (6,000kg × 75%) + 8,000kg + 8,500kg] ÷ 4 = 6,000kg
   ※ 과거기준표준수확량(D) 적용 비율(사과 품목만 해당)
   • 3년생 : 50%
   • 4년생 : 75%

[저자 TIP] 문제풀이 유의사항
과거기준표준수확량(D) 적용 비율(사과 품목만 해당)은 일반재배 표준수확량 3년생 50%, 4년생 75%이지만 문제 조건에서는 5년생부터 제시되어 있어 논란이 될 수 있다. 그런데 밀식재배 3년생 및 4년생은 일반재배 5년생을 기준으로 적용하는 것이 일반적이므로, 밀식재배 3년생 및 4년생의 기준표준수확량은 일반재배 5년생을 기준으로 각각 50%, 75%를 적용하였다.

---

⑥ 평년착과량 = $[A+(B-A)\times(1-\frac{Y}{5})]\times\frac{C}{D}$

   = $[2,500kg + (4,200kg - 2,500kg)\times(1-\frac{4}{5})]\times\frac{9,000kg}{6,000kg}$

   = 4,260kg

물음 2) 2023년 착과감소보험금의 계산과정

> 착과감소보험금 = (착과감소량 − 미보상감수량 − 자기부담감수량) × 가입가격 × 보장수준(50% or 70%)

① 착과감소량 = 평년착과량 − 적과후착과량 = 4,260kg − 2,500kg = 1,760kg
　　※ 2023년 과수원의 적과전 냉해피해로, 적과후착과량이 2,500kg으로 조사됨
② 기준수확량 = 적과후착과량 + 착과감소량 = 2,500kg + 1,760kg = 4,260kg
③ 자기부담감수량 = 기준수확량 × 자기부담비율 = 4,260 × 20% = 852kg
④ 착과감소보험금
　　= (착과감소량 − 미보상감수량 − 자기부담감수량) × 가입가격 × 보장수준(50%)
　　= (1,760kg − 0kg − 852kg) × 2,000원 × 50% = **908,000원**

물음 3) 차액보험료의 계산과정

> 차액보험료 = (감액분 계약자부담보험료 × 감액미경과비율) − 미납입보험료

① 보험가입 당시 보험가입금액 = 4,260kg × 2,000원 = 8,520,000원
② 감액한 가입금액 = (4,260kg − 2,500kg) × 2,000원 = 3,520,000원
　　※ 2023년 적과전 사고가 없이 적과후착과량이 2,500kg(= 기준수확량)으로 조사됨
③ 감액분 계약자부담보험료 : 감액한 가입금액에 해당하는 계약자부담보험료
　　감액분 계약자부담보험료 = (3,520,000원 × 200,000원 ÷ 8,520,000원)
　　　　　　　　　　　　　　　 = 82,629.1원
④ 차액보험료
　　= (감액분 계약자부담보험료 × 감액미경과비율) − 미납입보험료
　　= (82,629원 × 70%) − 0원 = 57,840.3원 = **57,840원**(※ 일원 단위 미만 절사)
　　※ **감액미경과비율** : 사과, 배 품목의 경우 착과감소보험금 보장수준 50%형은 70%임

07 종합위험 과실손해보장방식 감귤에 관한 내용이다. 다음의 조건 1~2를 참조하여 다음 물음에 답하시오(단, 주어진 조건외 다른 사항은 고려하지 않음). [15점]

○ 조건 1

- 감귤(온주밀감) / 5년생
- 보험가입금액 : 10,000,000원(자기부담비율 20%)
- 가입 특별약관 : 동상해과실손해보장 특별약관

○ 조건 2

① 과실손해조사(수확전 사고조사는 없었음. 주품종 수확 이후 사고발생 함)
  - 사고일자 : 2022년 11월 15일
  - 피해사실확인조사를 통해 보상하는 재해로 확인됨
  - 표본주수 2주 선정 후 표본조사내용
    - 등급내 피해과실수 30개
    - 등급외 피해과실수 24개
    - 기준과실수 280개
  - 미보상비율 : 20%

② 동상해과실손해조사
  - 사고일자 : 2022년 12월 20일
  - 피해사실확인조사를 통해 보상하는 재해(동상해)로 확인됨
  - 표본주수 2주 선정 후 표본조사내용

기수확과실	정상과실	80%형 피해과실	100%형 피해과실
86개	100개	50개	50개

  - 수확기 잔존비율(%) : 100 − 1.5 × 사고발생일자[사고발생 월 12월 기준]
  - 미보상비율 : 10%

물음 1) 과실손해보장 보통약관 보험금의 계산과정과 값(원)을 쓰시오. [5점]

물음 2) 동상해과실손해보장 특별약관 보험금의 계산과정과 값(원)을 쓰시오. [10점]

정답

물음 1) 과실손해보장 보통약관 보험금의 계산과정

> 보험금 = 손해액 − 자기부담금

① 손해액 = 보험가입금액 × 피해율 = 10,000,000원 × 12% = 1,200,000원
② 피해율 = (등급내 피해과실수 + 등급외 피해과실수 × 50%) ÷ 기준과실수 × (1 − 미보상비율)
     = (30개 + 24개 × 50%) ÷ 280개 × (1 − 20%) = 12%
③ 자기부담금 = 보험가입금액 × 자기부담비율 = 10,000,000 × 20% = 2,000,000원
④ 보험금 = 손해액 − 자기부담금
     = 1,200,000원 − 2,000,000원 = **0원**
    ※ 손해액이 자기부담금을 초과하지 않으므로 지급보험금은 0원이다.

물음 2) 동상해과실손해보장 특별약관 보험금의 계산과정

> 보험금 = 손해액 − 자기부담금

① 기사고피해율 = 12% ÷ (1 − 20%) = 15%
    ※ **기사고피해율** : 주계약(과실손해보장 보통약관) 피해율을 {1 − (과실손해보장 보통약관 보험금 계산에 적용된)
     미보상비율}로 나눈 값과 이전 사고의 동상해 과실손해 피해율을 더한 값을 말한다.
② 수확기 잔존비율 = 100 − 1.5 × 20 = 70%
③ 동상해피해율 = {(동상해 80%형 피해과실수 합계 × 80%) + (동상해 100%형 피해과실수 합계 × 100%)} ÷ 기준
         과실수
     = (50개 × 80%) + (50개 × 100%) ÷ 200개 = 45%
    ※ 기준과실수 = 정상과실수 + 동상해 80%형 피해과실수 + 동상해 100%형 피해과실수
         = 100개 + 50개 + 50개 = 200개
④ 손해액 = {보험가입금액 − (보험가입금액 × 기사고피해율)} × 수확기 잔존비율 × 동상해피해율 × (1 − 미보상비율)
     = {10,000,000원 − (10,000,000원 × 15%)} × 70% × 45% × (1 − 10%)
     = 2,409,750원
⑤ 자기부담금 = | 보험가입금액 × Min(주계약 피해율 − 자기부담비율, 0) |
     = | 10,000,000원 × Min(12% − 20%, 0) |
     = 800,000원
⑥ 보험금 = 손해액 − 자기부담금
     = 2,409,750원 − 800,000원 = **1,609,750원**

08 다음은 손해보험계약의 법적 특성이다. 각 특성에 대하여 서술하시오. [15점]

> ○ 유상계약성 :
> ○ 쌍무계약성 :
> ○ 상행위성 :
> ○ 최고선의성 :
> ○ 계속계약성 :

정답

(1) 유상계약성
  손해보험계약은 계약자의 보험료 지급과 보험자의 보험금 지급을 약속하는 유상계약(有償契約)이다.

(2) 쌍무계약성
  보험자인 손해보험회사의 손해보상의무와 계약자의 보험료 납부의무가 대가(對價) 관계에 있으므로 쌍무계약(雙務契約)이다.

(3) 상행위성
  손해보험계약은 상행위이며(상법 제46조), 영업행위이다.

(4) 최고선의성
  손해보험계약에 있어 보험자는 사고의 발생 위험을 직접 관리할 수 없기 때문에 도덕적 위태의 야기 가능성이 큰 계약이다. 따라서 신의성실의 원칙이 무엇보다도 중요시되고 있다.

(5) 계속계약성
  손해보험계약은 한 때 한 번만의 법률행위가 아니고 일정 기간에 걸쳐 당사자간에 권리의무 관계를 존속시키는 법률행위이다.

09 작물특정 및 시설종합위험 인삼손해보장방식의 해가림시설에 관한 내용이다. 다음 물음에 답하시오(단, A시설과 B시설은 별개 계약임). [15점]

시 설	시설유형	재배면적	시설년도	가입시기
A시설	목재B형	3,000m²	2017년 4월	2022년 10월
B시설	07−철인−A−2형	1,250m²	2014년 5월	2022년 11월

물음 1) A시설의 보험가입금액의 계산과정과 값(원)을 쓰시오. [7점]

물음 2) B시설의 보험가입금액의 계산과정과 값(원)을 쓰시오. [8점]

정답

물음 1) A시설의 보험가입금액의 계산과정
① 목재B형 m²당 시설비 : 6,000원/m²
② 경과기간 : 2022년 10월 − 2017년 4월 = 5년 6개월 ⇒ 5년(※ 1년 미만은 미적용)
③ 재조달가액 = 단위면적(1m²)당 시설비 × 재배면적(m²)
       = 6,000원/m² × 3,000m² = 18,000,000원
④ 감가상각률 = 13.33%/년 × 5년 = 66.75%
⑤ 보험가입금액 = 재조달가액 × (100% − 감가상각률)
       = 18,000,000원 × (100% − 66.75%) = **6,003,000원**

물음 2) B시설의 보험가입금액의 계산과정
① 07−철인−A−2형 m²당 시설비 : 6,000원/m²
② 경과기간 : 2022년 11월 − 2014년 5월 = 8년 6개월 ⇒ 8년(※ 1년 미만은 미적용)
③ 재조달가액 = 단위면적(1m²)당 시설비 × 재배면적(m²)
       = 6,000원/m² × 1,250m² = 7,500,000원
④ 감가상각률 = 4.44%/년 × 8년 = 35.52%
⑤ 보험가입금액 = 재조달가액 × (100% − 감가상각률)
       = 7,500,000원 × (100% − 35.52%) = **4,836,000원**

해설

보험가입금액 산출
① 보험가입금액 = 재조달가액 × (100% − 감가상각률)
   ※ 단, 천원 미만 단위 절사
② 재조달가액 = 단위면적(1m²)당 시설비 × 재배면적(m²)
③ 유형별 경년감가율

유 형	내용연수	경년감가율
목 재	6년	13.33%
철 재	18년	4.44%

④ 단위면적(1m²)당 시설비

유 형	시설비(원)/m²
07-철인-A형	7,200
07-철인-A-1형	6,600
07-철인-A-2형	6,000
07-철인-A-3형	5,100
13-철인-W	9,500
목재A형	5,900
목재A-1형	5,500
목재A-2형	5,000
목재A-3형	4,600
목재A-4형	4,100
목재B형	6,000
목재B-1형	5,600
목재B-2형	5,200
목재B-3형	4,100
목재B-4형	4,100
목재C형	5,500
목재C-1형	5,100
목재C-2형	4,700
목재C-3형	4,300
목재C-4형	3,800

10 종합위험 밭작물(생산비보장) 고추 품목의 인수제한 목적물에 대한 내용이다. 다음 각 농지별 보험가입 가능 여부를 "가능" 또는 "불가능"으로 쓰고, 불가능한 농지는 그 사유를 쓰시오.

[15점]

○ A농지 : 고추 정식 5개월 전 인삼을 재배하는 농지로, 가입금액 300만원으로 가입 신청 (①)
○ B농지 : 직파하고 재식밀도가 1,000㎡당 1,500주로 가입 신청 (②)
○ C농지 : 해당 연도 5월 1일 터널재배로 정식하여 풋고추 형태로 판매하기 위해 재배하는 농지로 가입 신청 (③)
○ D농지 : 군사시설보험구역 중 군사시설의 최외곽 경계선으로부터 200미터 내의 농지이나, 통상적인 영농활동이나 손해평가가 가능한 보험가입금액이 200만원인 시설재배 농지로 가입 신청 (④)
○ E농지 : ㎡당 2주의 재식밀도로 4월 30일 노지재배로 식재하고 가입 신청 (⑤)

정답

① **(불가능)** : 고추 정식 6개월 이내에 인삼을 재배한 농지는 인수제한 목적물에 해당한다.
② **(불가능)** : 직파한 농지는 인수제한 목적물에 해당한다.
③ **(불가능)** : 풋고추 형태로 판매하기 위해 재배하는 농지는 인수제한 목적물에 해당한다.
④ **(불가능)** : 노지재배, 터널재배 이외의 재배작형으로 재배하는 농지는 인수제한 목적물에 해당한다.
⑤ **(가능)** : 재식밀도가 조밀(1,000㎡당 4,000주 초과) 또는 넓은(1,000㎡당 1,500주 미만) 농지가 아니고, 4월 1일 이전과 5월 31일 이후에 고추를 식재한 농지가 아니므로 보험가입이 가능하다.

해설

밭작물(생산비보장) 고추 품목의 인수제한 목적물
1. 보험가입금액이 200만원 미만인 농지
2. 재식밀도가 조밀(1,000㎡당 4,000주 초과) 또는 넓은(1,000㎡당 1,500주 미만) 농지
3. 노지재배, 터널재배 이외의 재배작형으로 재배하는 농지
4. 비닐멀칭이 되어 있지 않은 농지
5. 직파한 농지
6. 4월 1일 이전과 5월 31일 이후에 고추를 식재한 농지
7. 동일 농지내 재배방법이 동일하지 않은 농지(단, 보장생산비가 낮은 재배방법으로 가입하는 경우 인수 가능)
8. 동일 농지내 재식일자가 동일하지 않은 농지(단, 농지 전체의 정식이 완료된 날짜로 가입하는 경우 인수 가능)
9. 고추 정식 6개월 이내에 인삼을 재배한 농지
10. 풋고추 형태로 판매하기 위해 재배하는 농지

11 종합위험 수확감소보장에서 '감자'(봄재배, 가을재배, 고랭지재배) 품목의 병·해충등급별 인정비율이 90%에 해당하는 병·해충을 5개 쓰시오. [5점]

정답

역병, 갈쭉병, 모자이크병, 무름병, 둘레썩음병, 가루더뎅이병, 잎말림병, 감자뿔나방

12 적과전 종합위험방식 '떫은감' 품목이 적과종료일 이후 태풍피해를 입었다. 다음 조건을 참조하여 물음에 답하시오(단, 주어진 조건외 다른 사항은 고려하지 않음). [5점]

○ 조건

조사대상주수	총표본주의 낙엽수 합계	표본주수
550주	120개	12주

※ 모든 표본주의 각 결과지(신초, 1년생 가지)당 착엽수와 낙엽수의 합계 : 10개

물음 1) 낙엽률의 계산과정과 값(%)을 쓰시오. [2점]

물음 2) 낙엽률에 따른 인정피해율의 계산과정과 값(%)을 쓰시오(단, 인정피해율(%)은 소수점 셋째자리에서 반올림. 예시 : 12.345% → 12.35%로 기재). [3점]

정답

물음 1) 낙엽률의 계산과정

$$낙엽률 = \frac{표본주의\ 낙엽수\ 합계}{표본주의\ 낙엽수\ 합계 + 표본주의\ 착엽수\ 합계}$$

$$= \frac{120개}{12 \times 4 \times 10개} = 0.25 = 25\%$$

※ 선정된 표본주에 동서남북 4곳의 결과지(신초, 1년생 가지)를 무작위로 정하여 각 가지별로 낙엽수와 착엽수를 조사하여 낙엽률을 산정한다.

물음 2) 낙엽률에 따른 인정피해율의 계산과정

떫은감의 낙엽률에 따른 인정피해율 = 0.9662 × 낙엽률 − 0.0703

= 0.9662 × 25% − 0.0703

= 0.17125 = **17.13%**(※ 소수점 셋째자리에서 반올림)

13 종합위험 생산비보장방식 '브로콜리'에 관한 내용이다. 보험금 지급사유에 해당하며, 아래 조건을 참조하여 보험금의 계산과정과 값(원)을 쓰시오(단, 주어진 조건외 다른 사항은 고려하지 않음). [5점]

○ 조건 1

보험가입금액	자기부담비율
15,000,000원	3%

○ 조건 2

실제경작면적 (재배면적)	피해면적	정식일로부터 사고발생일까지 경과일수
1,000m²	600m²	65일

※ 수확기 이전에 보험사고가 발생하였고, 기발생 생산비보장보험금은 없음

○ 조건 3
• 피해 조사결과

정 상	50%형 피해송이	80%형 피해송이	100%형 피해송이
22개	30개	15개	33개

정답

생산비보장보험금의 계산과정

> 생산비보장보험금 = (잔존보험가입금액 × 경과비율 × 피해율) − 자기부담금

① 잔존보험가입금액 = 보험가입금액 − 보상액(기발생 생산비보장보험금 합계액)
　　= 15,000,000원 − 0원 = 15,000,000원
② 경과비율 = 준비기생산비계수 + {(1 − 준비기생산비계수) × (생장일수 ÷ 표준생장일수)}
　　= 49.5% + (1 − 49.5%) × (65일 ÷ 130일) = 74.75%
　　※ 준비기생산비계수는 49.5%로 한다.
　　※ 표준생장일수는 사전에 설정된 값으로 130일로 한다.
③ 피해비율 = 피해면적(m²) ÷ 재배면적(m²) = 600m² ÷ 1,000m² = 0.6 = 60%
④ 작물피해율 = (피해면적내 피해송이수 × 피해인정계수) ÷ 총송이수
　　= {(30개 × 0.5) + (15개 × 0.8) + (33개 × 1.0)} ÷ 100개 = 0.6 = 60%
⑤ 피해율 = 피해비율 × 작물피해율 = 60% × 60% = 36%
⑥ 자기부담금 = 잔존보험가입금액 × 보험가입을 할 때 계약자가 선택한 비율
　　= 15,000,000원 × 3% = 450,000원
⑦ 생산비보장보험금 = (잔존보험가입금액 × 경과비율 × 피해율) − 자기부담금
　　= (15,000,000원 × 74.75% × 36%) − 450,000원 = **3,586,500원**

14 종합위험 수확감소보장방식 '유자'(동일 품종, 동일 수령) 품목에 관한 내용으로 수확개시전 수확량조사를 실시하였다. 보험금 지급사유에 해당하며, 아래의 조건을 참조하여 보험금의 계산과정과 값(원)을 쓰시오(단, 주어진 조건외 다른 사항은 고려하지 않음). [5점]

○ 조건 1

보험가입금액	평년수확량	자기부담비율	미보상비율
20,000,000원	8,000kg	20%	10%

○ 조건 2

조사대상주수	고사주수	미보상주수	표본주수	총표본주의 착과량
370주	10주	20주	8주	160kg

○ 조건 3
- 착과피해 조사결과

정상과	50%형 피해과실	80%형 피해과실	100%형 피해과실
30개	20개	20개	30개

[정답]

수확감소보장보험금의 계산과정

$$\text{수확감소보장보험금} = \text{보험가입금액} \times (\text{피해율} - \text{자기부담비율})$$

① 실제결과주수 = 조사대상주수 + 고사주수 + 미보상주수
 = 370주 + 10주 + 20주 = 400주
② 주당 평년수확량 = 평년수확량 ÷ 실제결과주수
 = 8,000kg ÷ 400주 = 20kg
③ 표본주당 착과량 = 총표본주의 착과량 ÷ 표본주수 = 160kg/주 ÷ 8주 = 20kg
④ 착과피해구성률 = {(20개 × 0.5) + (20개 × 0.8) + (30개 × 1.0) ÷ 100개}
 = 0.56 = 56%
⑤ 수확량 = {표본조사 대상주수 × 표본주당 착과량 × (1 − 착과피해구성률)} + (주당 평년수확량 × 미보상주수)
 = {370주 × 20kg/주 × (1 − 56%)} + (20kg/주 × 20주) = 3,656kg
⑥ 미보상감수량 = (평년수확량 − 수확량) × 미보상비율
 = (8,000kg − 3,565kg) × 10% = 434.4kg
⑦ 피해율 = (평년수확량 − 수확량 − 미보상감수량) ÷ 평년수확량
 = (8,000kg − 3,565kg − 434.4kg) ÷ 8,000kg = 0.4887 = 48.87%
⑧ 수확감소보장보험금 = 보험가입금액 × (피해율 − 자기부담비율)
 = 20,000,000원 × (48.87% − 20%)
 = **5,774,000원**

15 종합위험 수확감소보장 밭작물(마늘, 양배추) 상품에 관한 내용이다. 보험금 지급사유에 해당하며, 아래의 조건을 참조하여 다음 물음에 답하시오. [5점]

○ 조건

품 목	재배지역	보험가입금액	보험가입면적	자기부담비율
마 늘	의 성	3,000,000원	1,000m²	20%
양배추	제 주	2,000,000원	2,000m²	10%

물음 1) '마늘'의 재파종 전조사 결과는 1a당 출현주수 2,400주이고, 재파종 후조사 결과는 1a당 출현주수 3,100주로 조사되었다. 재파종보험금(원)을 구하시오. [3점]

물음 2) '양배추'의 재정식 전조사 결과는 피해면적 500m²이고, 재정식 후조사 결과는 재정식면적 500m²으로 조사되었다. 재정식보험금(원)을 구하시오. [2점]

[정답]

물음 1) 재파종보험금
보상하는 재해로 10a당 출현주수가 30,000주보다 작고, 10a당 30,000주 이상으로 재파종한 경우 보험금을 지급한다.
* 표준출현 피해율(10a 기준) = (30,000 − 출현주수) ÷ 30,000
  = {30,000 − (2,400 × 10)} ÷ 30,000 = 0.2 = 20%
* 재파종보험금 = 보험가입금액 × 35% × 표준출현 피해율
  = 3,000,000원 × 35% × 20% = **210,000원**

물음 2) 재정식보험금
보상하는 재해로 면적피해율이 자기부담비율을 초과하고 재정식한 경우 보험금을 지급한다.

* 면적피해율 = 피해면적 ÷ 보험가입면적
  = 500m² ÷ 2,000m² = 0.25 = 25%(※ 자기부담비율 초과)
* 재정식보험금 = 보험가입금액 × 20% × 면적피해율
  = 2,000,000원 × 20% × 25% = **100,000원**

16 다음은 가축재해보험에 관한 내용이다. 다음 물음에 답하시오. [15점]

물음 1) 가축재해보험에서 모든 부문 축종에 적용되는 보험계약자 등의 계약전·후 알릴의무와 관련한 내용의 일부분이다. 다음 (　　)에 들어갈 내용을 쓰시오. [5점]

[계약전 알릴의무]
계약자, 피보험자 또는 이들의 대리인은 보험계약을 청약할 때 청약서에서 질문한 사항에 대하여 알고 있는 사실을 반드시 사실대로 알려야 할 의무이다. 보험계약자 또는 피보험자가 고의 또는 중대한 과실로 계약전 알릴의무를 이행하지 않은 경우에 보험자는 그 사실을 안 날로부터 (　①　)월 내에, 계약을 체결한 날로부터 (　②　)년 내에 한하여 계약을 해지할 수 있다. 그러나 보험자가 계약 당시에 그 사실을 알았거나 중대한 과실로 인하여 알지 못한 때에는 그러하지 아니하다.

[계약후 알릴의무]
○ 보험목적 또는 보험목적 수용장소로부터 반경 (　③　)km 이내 지역에서 가축전염병 발생(전염병으로 의심되는 질환 포함) 또는 원인 모를 질병으로 집단 폐사가 이루어진 경우
○ 보험의 목적 또는 보험의 목적을 수용하는 건물의 구조를 변경, 개축, 증축하거나 계속하여 (　④　)일 이상 수선할 때
○ 보험의 목적 또는 보험의 목적이 들어 있는 건물을 계속하여 (　⑤　)일 이상 비워두거나 휴업하는 경우

물음 2) 가축재해보험 소에 관한 내용이다. 다음 조건을 참조하여 한우(수컷)의 지급보험금(원)을 쓰시오 (단, 주어진 조건외 다른 사항은 고려하지 않음). [10점]

[조건]
• 보험목적물 : 한우(수컷, 2021. 4. 1. 출생)
• 가입금액 : 6,500,000원, 자기부담비율 : 20%, 중복보험 없음
• 사고일 : 2023. 7. 3.(경추골절의 부상으로 긴급도축)
• 보험금 청구일 : 2023. 8. 1.
• 이용물처분액 : 800,000원(도축장발행 정산자료의 지육금액)
• 2023년 한우(수컷) 월별 산지가격 동향

구 분	4월	5월	6월	7월	8월
350kg	3,500,000원	3,220,000원	3,150,000원	3,590,000원	3,600,000원
600kg	3,780,000원	3,600,000원	3,654,000원	2,980,000원	3,200,000원

물음 1) 계약전·후 알릴의무

① 1

② 3

③ 10

④ 15

⑤ 30

물음 2) 한우(수컷)의 지급보험금

① **한우 수컷 월령** : 2023년 7월 3일 − 2021년 4월 1일 = 27개월 2일 = 27월령

 ※ 월령은 만(滿)으로 계산하고, 월 미만의 일수는 무시한다.

② **체중** : 한우 수컷 월령이 25개월을 초과한 경우에는 655kg으로 한다.

③ **kg당 금액** : kg당 금액은 사고「농협축산정보센터」에 등재된 전전월 전국산지평균가격(350kg 및 600kg 성별 전국산지평균가격 중 kg당 가격이 높은 금액)을 그 체중으로 나누어 구한다.

 • 3,220,000원 ÷ 350kg = 9,200/kg

 • 3,600,000원 ÷ 600kg = 6,000원/kg

④ **보험가액**

 보험가액 = 655kg × 전전월 전국산지평균가격(350kg 및 600kg 성별 전국 산지평균가격 중 kg당 가격이 높은 금액)

   = 655kg × Max[9,200원/kg, 6,000원/kg] = 6,026,000원

⑤ **이용물처분액** : 도축장발행 정산자료가 있는 경우 도축장발행 정산자료의 지육금액 × 75%로 계산한다.

 이용물처분액 = 800,000원 × 75% = 600,000원

⑥ **지급보험금** : 이용물처분액이 있는 경우에는 보험가액에서 이를 차감하고 지급한다.

 지급보험금 = (보험가액 − 이용물처분액) × (1 − 자기부담비율)

   = (6,026,000원 − 600,000원) × (1 − 20%) = **4,340,800원**

17 종합위험 시설작물 손해평가 및 보험금 산정에 관하여 다음 물음에 답하시오. [15점]

물음 1) 농업용 시설물 감가율과 관련하여 아래 ( )에 들어갈 내용을 쓰시오. [5점]

고정식 하우스			
구 분		내용연수	경년감가율
구조체	단동하우스	10년	(①)%
	연동하우스	15년	(②)%
피복재	장수 PE	(③)년	(④)% 고정감가
	장기성 Po	5년	(⑤)%

물음 2) 다음은 원예시설 작물 중 '쑥갓'에 관련된 내용이다. 아래의 조건을 참조하여 생산비보장보험금(원)을 구하시오(단, 아래 제시된 조건 이외의 다른 사항은 고려하지 않음). [10점]

○ 조건

품 목	보험가입금액	피해면적	재배면적	손해정도	보장생산비
쑥 갓	2,600,000원	500m^2	1,000m^2	50%	2,600원/m^2

- 보상하는 재해로 보험금 지급사유에 해당(1사고, 1동, 기상특보재해)
- 구조체 및 부대시설 피해 없음
- 수확기 이전 사고이며, 생장일수는 25일
- 중복보험은 없음

[정답]

물음 1) ( )에 들어갈 내용
① 8
② 5.3
③ 1
④ 40
⑤ 16

물음 2) 생산비보장보험금
① 수확기 이전 경과비율
경과비율 = α + [(1 − α) × (생장일수 ÷ 표준생장일수)]
= 10% + (1 − 10%) × (25일 ÷ 50일) = 0.55 = 55%

※ α(준비기생산비계수) = 10%
※ 쑥갓의 표준생장일수 = 50일

② 피해비율
피해비율 = 피해면적 ÷ 재배면적 = 500m^2 ÷ 1,000m^2 = 0.5 = 50%

③ 피해율
피해율 = 피해비율 × 손해정도비율 = 50% × 60% = 0.3 = 30%

※ 손해정도가 50%이므로 손해정도비율은 60%이다.

④ 생산비보장보험금
생산비보장보험금 = 재배면적 × 단위면적당 보장생산비 × 경과비율 × 피해율
= 1,000m^2 × 2,600원/m^2 × 55% × 30% = **429,000원**

18 종합위험 수확감소보장방식 '논작물'에 관한 내용으로 보험금 지급사유에 해당하며, 아래 물음에 답하시오(단, 주어진 조건외 다른 사항은 고려하지 않음). [15점]

물음 1) 종합위험 수확감소보장방식 논작물(조사료용 벼)에 관한 내용이다. 다음 조건을 참조하여 경작불능보험금의 계산식과 값(원)을 쓰시오. [3점]

○ 조건

보험가입금액	보장비율	사고발생일
10,000,000원	계약자는 최대 보장비율 가입조건에 해당되어 이를 선택하여 보험가입을 하였다.	7월 15일

물음 2) 종합위험 수확감소보장방식 논작물(벼)에 관한 내용이다. 다음 조건을 참조하여 표본조사에 따른 수확량감소보험금의 계산과정과 값(원)을 쓰시오(단, 표본구간 조사시 산출된 유효중량은 g단위로 소수점 첫째자리에서 반올림. 예시 : 123.4g → 123g, 피해율은 %단위로 소수점 셋째자리에서 반올림. 예시 : 12.345% → 12.35%로 기재). [6점]

○ 조건 1

보험가입금액	가입면적 (실제경작면적)	자기부담비율	평년수확량	품 종
10,000,000원	3,000m^2	10%	1,500kg	메 벼

○ 조건 2

기수확면적	표본구간면적 합계	표본구간작물중량 합계	함수율	미보상비율
500m^2	1.3m^2	400g	22%	20%

물음 3) 종합위험 수확감소보장방식 논작물(벼)에 관한 내용이다. 다음 조건은 참조하여 전수조사에 따른 수확량감소보험금의 계산과정과 값(원)을 쓰시오(단, 조사대상면적 수확량과 미보상감수량은 kg단위로 소수점 첫째자리에서 반올림. 예시 : 123.4kg→123kg, 단위면적당 평년수확량은 소수점 첫째자리까지 kg단위로 기재, 피해율은 %단위로 소수점 셋째자리에서 반올림. 예시 : 12.345% → 12.35%로 기재). [6점]

○ 조건 1

보험가입금액	가입면적 (실제경작면적)	자기부담비율	평년수확량	품 종
10,000,000원	3,000m^2	10%	1,500kg	찰 벼

○ 조건 2

고사면적	기수확면적	작물중량 합계	함수율	미보상비율
300m^2	300m^2	540kg	18%	10%

정답

물음 1) 경작불능보험금

지급보험금 = 보험가입금액 × 보장비율 × 경과비율

※ 최대보장비율 = 45%

※ 경과비율(7월) = 90%

지급보험금 = 10,000,000원 × 45% × 90% = **4,050,000원**

물음 2) 표본조사에 따른 수확량감소보험금

① 단위면적당 평년수확량 = 평년수확량 ÷ 실제경작면적

$\qquad$ = 1,500kg ÷ 3,000m^2 = 0.5kg/m^2

② 표본구간 유효중량 = 표본구간 작물중량 합계 × (1 − Loss율) × {(1 − 함수율) ÷ (1 − 기준함수율)}

$\qquad$ = 400g × (1 − 7%) × {(1 − 22%) ÷ (1 − 15%)} = 341.3g = 341g

$\quad$※ Loss율 : 7%

$\quad$※ 기준함수율 : 메벼(15%)

③ 표본구간 단위면적당 유효중량 = 표본구간 유효중량 ÷ 표본구간 면적

$\qquad\qquad\qquad$ = 341g ÷ 1.3m^2 = 262.3g/m^2 = 262g/m^2 = 0.262kg/m^2

④ 조사대상면적 = 실제경작면적 − 고사면적 − 타작물 및 미보상면적 − 기수확면적

$\qquad$ = 3,000m^2 − 0m^2 − 0m^2 − 500m^2 = 2,500m^2

⑤ 수확량 = (표본구간 단위면적당 유효중량 × 조사대상면적) + {단위면적당 평년수확량 × (타작물 및 미보상면적 + 기수확면적)}

$\qquad$ = (0.262kg/m^2 × 2,500m^2) + (0.5kg/m^2 × 500m^2) = 905kg

⑥ 미보상감수량 = (평년수확량 − 수확량) × 미보상비율

$\qquad\qquad$ = (1,500kg − 905kg) × 20% = 119kg

⑦ 피해율 = (평년수확량 − 수확량 − 미보상감수량) ÷ 평년수확량

$\qquad$ = (1,500kg − 905kg − 119kg) ÷ 1,500kg = 0.31733 = 31.73%

⑧ 지급보험금 = 보험가입금액 × (피해율 − 자기부담비율)

$\qquad\qquad$ = 10,000,000원 × (31.73% − 10%) = **2,173,000원**

별해 표본구간 단위면적당 유효중량을 하나의 산식으로 계산한 경우 지급보험금

① 표본구간 단위면적당 유효중량 = 표본구간 유효중량 ÷ 표본구간 면적

$\quad$ = {400g × (1 − 7%) × [(1 − 22%) ÷ (1 − 15%)]} ÷ 1.3m^2

$\quad$ = 262.58g/m^2 = 263g/m^2 = **0.263kg/m^2**

② 수확량 = (표본구간 단위면적당 유효중량 × 조사대상면적) + {단위면적당 평년수확량 × (타작물 및 미보상면적 + 기수확면적)}

$\quad$ = (0.263kg/m^2 × 2,500m^2) + (0.5kg/m^2 × 500m^2) = **907.5kg**

③ 미보상감수량 = (평년수확량 − 수확량) × 미보상비율

$\qquad$ = (1,500kg − 907.5kg) × 20% = **118.5kg**

④ 피해율 = (평년수확량 − 수확량 − 미보상감수량) ÷ 평년수확량

$\quad$ = (1,500kg − 907.5kg − 118.5kg) ÷ 1,500kg = 0.316 = **31.6%**

⑤ 지급보험금 = 보험가입금액 × (피해율 − 자기부담비율)

$\qquad$ = 10,000,000원 × (31.6% − 10%) = **2,160,000원**

물음 3) 전수조사에 따른 수확량감소보험금

① 단위면적당 평년수확량 = 평년수확량 ÷ 실제경작면적
$$= 1{,}500kg ÷ 3{,}000m^2 = 0.5kg/m^2$$

② 조사대상면적 = 실제경작면적 − 고사면적 − 타작물 및 미보상면적 − 기수확면적
$$= 3{,}000m^2 − 300m^2 − 0m^2 − 300m^2 = 2{,}400m^2$$

③ 조사대상면적 수확량 = 작물중량 × {(1 − 함수율) ÷ (1 − 기준함수율)}
$$= 540kg × \{(1 − 18\%) ÷ (1 − 13\%)\} = 508.9kg = 509kg$$

※ 기준함수율 : 찰벼(13%)

④ 수확량 = 조사대상면적 수확량 + {단위면적당 평년수확량 × (타작물 및 미보상면적 + 기수확면적)}
$$= 509kg + (0.5kg/m^2 × 300m^2) = 659kg$$

⑤ 미보상감수량 = (평년수확량 − 수확량) × 미보상비율
$$= (1{,}500kg − 659kg) × 10\% = 84.1kg = 84kg$$

⑥ 피해율 = (평년수확량 − 수확량 − 미보상감수량) ÷ 평년수확량
$$= (1{,}500kg − 659kg − 84kg) ÷ 1{,}500kg = 0.50466 = 50.47\%$$

⑦ 지급보험금 = 보험가입금액 × (피해율 − 자기부담비율)
$$= 10{,}000{,}000원 × (50.47\% − 10\%) = \mathbf{4{,}047{,}000원}$$

19 종합위험 수확감소보장 밭작물 '옥수수' 품목에 관한 내용이다. 보험금 지급사유에 해당하며, 아래의 조건을 참조하여 물음에 답하시오(단, 주어진 조건외 다른 사항은 고려하지 않음).

[15점]

○ 조건

품 종	보험가입금액	보험가입면적	표준수확량	
대학찰(연농2호)	20,000,000원	8,000m²	2,000kg	
가입가격	재식시기지수	재식밀도지수	자기부담비율	표본구간 면적합계
2,000원/kg	1	1	10%	16m²

면적조사 결과			
조사대상면적	고사면적	타작물면적	기수확면적
7,000m²	500m²	200m²	300m²

표본구간내 수확한 옥수수				
착립장 길이 (13cm)	착립장 길이 (14cm)	착립장 길이 (15cm)	착립장 길이 (16cm)	착립장 길이 (17cm)
8개	10개	5개	9개	2개

물음 1) 피해수확량의 계산과정과 값(kg)을 쓰시오. [5점]

물음 2) 손해액의 계산과정과 값(원)을 쓰시오. [5점]

물음 3) 수확감소보험금의 계산과정과 값(원)을 쓰시오. [5점]

물음 1) 피해수확량

① 단위면적당 표준수확량 = 표준수확량 ÷ 실제경작면적

$$= 2,000kg ÷ 8,000m^2 = 0.25kg/m^2$$

　※ 실제경작면적 = 조사대상면적 + 고사면적 + 타작물 및 미보상면적 + 기수확면적

$$= 7,000m^2 + 500m^2 + 200m^2 + 300m^2 = 8,000m^2$$

② 표본구간 피해수확량 합계 = (표본구간 "하"품 이하 옥수수 개수 + "중"품 옥수수 개수 × 0.5) × 표준중량 × 재식
시기지수 × 재식밀도지수

$$= (18개 + 14개 × 0.5) × 0.16kg/개 × 1 × 1 = 4kg$$

　※ 표본구간내 작물을 수확한 후 착립장 길이에 따라 상(17cm 이상)·중(15cm 이상 17cm 미만)·하(15cm 미만)
로 구분한다.

　※ 대학찰(연농2호)의 표준중량 = 160g = 0.16kg/개

③ 표본구간 단위면적당 피해수확량 = 표본구간 피해수확량 합계 ÷ 표본구간 면적

$$= 4kg ÷ 16m^2 = 0.25kg/m^2$$

④ 피해수확량 = (표본구간 단위면적당 피해수확량 × 표본조사대상면적) + (단위면적당 표준수확량 × 고사면적)

$$= (0.25kg/m^2 × 7,000m^2) + (0.25kg/m^2 × 500m^2) = 1,875kg$$

물음 2) 손해액

손해액 = 피해수확량 × 가입가격

$$= 1,875kg × 2,000원/kg = 3,750,000원$$

물음 3) 수확감소보험금

① 자기부담금 = 보험가입금액 × 자기부담비율

$$= 20,000,000원 × 10\% = 2,000,000원$$

② 수확감소보험금 = Min[보험가입금액, 손해액] − 자기부담금

$$= Min[20,000,000원, 3,750,000원] − 2,000,000원 = 1,750,000원$$

20 수확전 과실손해보장방식 '복분자' 품목에 관한 내용이다. 다음 물음에 답하시오. [15점]

물음 1) 아래 표는 복분자의 과실손해보험금 산정시 수확일자별 잔여수확량 비율(%)을 구하는 식이다. 다음 ( )에 들어갈 계산식을 쓰시오. [10점]

사고일자	경과비율(%)
6월 1일~7일	(①)
6월 8일~20일	(②)

물음 2) 아래 조건을 참조하여 과실손해보험금(원)을 구하시오(단, 피해율은 %단위로 소수점 셋째자리에서 반올림. 예시 : 12.345% → 12.35%로 기재, 주어진 조건외 다른 사항은 고려하지 않음). [5점]

○ 조건

품 목	보험가입금액	가입포기수	자기부담비율	평년결과모지수
복분자	5,000,000원	1,800포기	20%	7개

사고일자	사고원인	표본구간 살아있는 결과모지수 합계	표본조사 결과		표본구간수	비보상비율
			전체 결실수	수정불량 결실수		
4월 10일	냉 해	250개	400개	200개	10	20%

정답

물음 1) ( )에 들어갈 계산식
① 98 − 사고발생일자
② (사고발생일자^2 − 43 × 사고발생일자 + 460) ÷ 2

물음 2) 과실손해보험금

> 과실손해보험금 = 보험가입금액 × (피해율 − 자기부담비율)
> ※ 피해율 = 고사결과모지수 ÷ 평년결과모지수

① 기준 살아있는 결과모지수 = 표본구간 살아있는 결과모지수의 합 ÷ (표본구간수 × 5)
    = 25개 ÷ (10 × 5) = 5개
② 수정불량환산계수 = (수정불량 결실수 ÷ 전체 결실수) − 자연수정불량률
    = (200개 ÷ 400개) − 15% = 35%
    ※ 자연수정불량률 : 15%
③ 표본구간 수정불량 고사결과모지수 = 표본구간 살아있는 결과모지수 × 수정불량환산계수
    = 250개 × 35% = 87.5개
④ 수정불량환산 고사결과모지수 = 표본구간 수정불량 고사결과모지수의 합 ÷ (표본구간수 × 5)
    = 87.5개 ÷ (10 × 5) = 1.75개
⑤ 미보상고사결과모지수 = 최댓값[{평년결과모지수 − (기준 살아있는 결과모지수 − 수정불량환산 고사결과모지수)} × 미보상비율, 0]
    = 최댓값[{7개 − (5개 − 1.75개)} × 20%, 0)] = 0.75개

⑥ **고사결과모지수** : 5월 31일 이전에 사고가 발생한 경우

고사결과모지수 = (평년결과모지수 − 살아있는 결과모지수) + 수정불량환산 고사결과모지수 − 미보상고사결과
모지수

= (7개 − 5개) + 1.75개 − 0.75개 = **3개**

⑦ 피해율 = 고사결과모지수 ÷ 평년결과모지수

= 3개 ÷ 7개 = 0.42857 = **42.86%**

⑧ **과실손해보험금**

과실손해보험금 = 보험가입금액 × (피해율 − 자기부담비율)

= 5,000,000원 × (42.86% − 20%)

= **1,143,000원**

'무슨 일이든 90%의 확신과

10%의 자신감을 가지고 한다면 성공한다'

- 故 정주영 회장 -

부 록

관련 별표

[별표 1]
품목별 표본주(구간)수 표

(1) 사과, 배, 단감, 떫은감, 포도(수입보장 포함), 복숭아, 자두, 밤, 호두, 무화과

조사대상주수	표본주수
50주 미만	5
50주 이상 100주 미만	6
100주 이상 150주 미만	7
150주 이상 200주 미만	8
200주 이상 300주 미만	9
300주 이상 400주 미만	10
400주 이상 500주 미만	11
500주 이상 600주 미만	12
600주 이상 700주 미만	13
700주 이상 800주 미만	14
800주 이상 900주 미만	15
900주 이상 1,000주 미만	16
1,000주 이상	17

(2) 유 자

조사대상주수	표본주수	조사대상주수	표본주수
50주 미만	5	200주 이상 500주 미만	8
50주 이상 100주 미만	6	500주 이상 800주 미만	9
100주 이상 200주 미만	7	800주 이상	10

(3) 참다래, 매실, 살구, 대추, 오미자

참다래		매실, 대추, 살구		오미자	
조사대상주수	표본 주수	조사대상주수	표본 주수	조사대상 유인틀 길이	표본 주수
50주 미만	5	100주 미만	5	500m 미만	5
50주 이상 100주 미만	6	100주 이상 300주 미만	7	500m 이상 1,000m 미만	6
100주 이상 200주 미만	7	300주 이상 500주 미만	9	1,000m 이상 2,000m 미만	7
200주 이상 500주 미만	8	500주 이상 1,000주 미만	12	2,000m 이상 4,000m 미만	8
500주 이상 800주 미만	9	1,000주 이상	15	4,000m 이상 6,000m 미만	9
800주 이상	10			6,000m 이상	10

(4) 오디, 복분자, 감귤(온주밀감류)

오 디		복분자		감귤(온주밀감류)	
조사대상주수	표본 주수	가입포기수	표본 포기수	가입면적	표본 주수
50주 미만	6	1,000포기 미만	8	5,000m^2 미만	4
50주 이상 100주 미만	7	1,000포기 이상 1,500포기 미만	9	10,000m^2 미만	6
100주 이상 200주 미만	8	1,500포기 이상 2,000포기 미만	10	10,000m^2 이상	8
200주 이상 300주 미만	9	2,000포기 이상 2,500포기 미만	11		
300주 이상 400주 미만	10	2,500포기 이상 3,000포기 미만	12		
400주 이상 500주 미만	11	3,000포기 이상	13		
500주 이상 600주 미만	12				
600주 이상	13				

(5) 벼, 밀, 보리, 귀리

조사대상면적	표본구간	조사대상면적	표본구간
2,000m² 미만	3	4,000m² 이상 5,000m² 미만	6
2,000m² 이상 3,000m² 미만	4	5,000m² 이상 6,000m² 미만	7
3,000m² 이상 4,000m² 미만	5	6,000m² 이상	8

(6) 고구마, 양파, 마늘, 옥수수, 양배추
※ 수입보장 포함

조사대상면적	표본구간	조사대상면적	표본구간
1,500m² 미만	4	3,000m² 이상 4,500m² 미만	6
1,500m² 이상 3,000m² 미만	5	4,500m² 이상	7

(7) 감자, 차, 콩, 팥
※ 수입보장 포함

조사대상면적	표본구간	조사대상면적	표본구간
2,500m² 미만	4	7,500m² 이상 10,000m² 미만	7
2,500m² 이상 5,000m² 미만	5	10,000m² 이상	8
5,000m² 이상 7,500m² 미만	6		

(8) 인 삼

피해칸수	표본칸수	피해칸수	표본칸수
300칸 미만	3칸	900칸 이상 1,200칸 미만	7칸
300칸 이상 500칸 미만	4칸	1,200칸 이상 1,500칸 미만	8칸
500칸 이상 700칸 미만	5칸	1,500칸 이상 1,800칸 미만	9칸
700칸 이상 900칸 미만	6칸	1,800칸 이상	10칸

(9) 고추, 메밀, 브로콜리, 배추, 무, 단호박, 파, 당근, 시금치(노지), 양상추

실제경작면적 또는 피해면적	표본구간(이랑) 수
3,000m² 미만	4
3,000m² 이상 7,000m² 미만	6
7,000m² 이상 15,000m² 미만	8
15,000m² 이상	10

[별표 2]
농작물재해보험 미보상비율 적용표

(1) 감자, 고추 제외 전품목

구 분	제초 상태	병해충 상태	기 타
해당 없음	0%	0%	0%
미 흡	10% 미만	10% 미만	10% 미만
불 량	20% 미만	20% 미만	20% 미만
매우 불량	20% 이상	20% 이상	20% 이상

미보상비율은 보상하는 재해 이외의 원인이 조사 농지의 수확량 감소에 영향을 준 비율을 의미하며, 제초 상태, 병해충 상태 및 기타 항목에 따라 개별 적용한 후 해당 비율을 합산하여 산정한다.

① 제초 상태(과수 품목은 피해율에 영향을 줄 수 있는 잡초만 해당)
  ㉠ 해당 없음 : 잡초가 농지 면적의 20% 미만으로 분포한 경우
  ㉡ 미흡 : 잡초가 농지 면적의 20% 이상 40% 미만으로 분포한 경우
  ㉢ 불량 : 잡초가 농지 면적의 40% 이상 60% 미만으로 분포한 경우 또는 경작불능조사 진행 건이나 정상적인 영농활동 시행을 증빙하는 자료(비료 및 농약 영수증 등)가 부족한 경우
  ㉣ 매우 불량 : 잡초가 농지 면적의 60% 이상으로 분포한 경우 또는 경작불능조사 진행 건이나 정상적인 영농활동 시행을 증빙하는 자료(비료 및 농약 영수증 등)가 없는 경우
② 병해충 상태(각 품목에서 별도로 보상하는 병해충은 제외)
  ㉠ 해당 없음 : 병해충이 농지 면적의 20% 미만으로 분포한 경우
  ㉡ 미흡 : 병해충이 농지 면적의 20% 이상 40% 미만으로 분포한 경우
  ㉢ 불량 : 병해충이 농지 면적의 40% 이상 60% 미만으로 분포한 경우 또는 경작불능조사 진행 건이나 정상적인 영농활동 시행을 증빙하는 자료(비료 및 농약 영수증 등)가 부족한 경우
  ㉣ 매우 불량 : 병해충이 농지 면적의 60% 이상으로 분포한 경우 또는 경작불능조사 진행 건이나 정상적인 영농활동 시행을 증빙하는 자료(비료 및 농약 영수증 등)가 없는 경우
③ 기타 : 영농기술 부족, 영농상 실수 및 단순 생리장애 등 보상하는 손해 이외의 사유로 피해가 발생한 것으로 추정되는 경우[해거리, 생리장애(원소결핍 등), 시비관리, 토양관리(연작 및 pH과다・과소 등), 전정(강전정 등), 조방재배, 재식밀도(인수기준 이하), 농지상태(혼식, 멀칭, 급배수 등), 가입 이전 사고 및 계약자 중과실손해, 자연감모, 보상재해 이외(종자불량, 일부가입 등)]에 적용
  ㉠ 해당 없음 : 위 사유로 인한 피해가 없는 것으로 판단되는 경우
  ㉡ 미흡 : 위 사유로 인한 피해가 10% 미만으로 판단되는 경우
  ㉢ 불량 : 위 사유로 인한 피해가 20% 미만으로 판단되는 경우
  ㉣ 매우 불량 : 위 사유로 인한 피해가 20% 이상으로 판단되는 경우

(2) 감자, 고추 품목

구 분	제초 상태	기 타
해당 없음	0%	0%
미 흡	10% 미만	10% 미만
불 량	20% 미만	20% 미만
매우 불량	20% 이상	20% 이상

미보상비율은 보상하는 재해 이외의 원인이 조사 농지의 수확량 감소에 영향을 준 비율을 의미하며, 제초 상태, 병해충 상태 및 기타 항목에 따라 개별 적용한 후 해당 비율을 합산하여 산정한다.

① 제초상태(과수 품목은 피해율에 영향을 줄 수 있는 잡초만 해당)
  ㉠ 해당 없음 : 잡초가 농지 면적의 20% 미만으로 분포한 경우
  ㉡ 미흡 : 잡초가 농지 면적의 20% 이상 40% 미만으로 분포한 경우
  ㉢ 불량 : 잡초가 농지 면적의 40% 이상 60% 미만으로 분포한 경우 또는 경작불능조사 진행 건이나 정상적인 영농활동 시행을 증빙하는 자료(비료 및 농약 영수증 등)가 부족한 경우
  ㉣ 매우 불량 : 잡초가 농지 면적의 60% 이상으로 분포한 경우 또는 경작불능조사 진행 건이나 정상적인 영농활동 시행을 증빙하는 자료(비료 및 농약 영수증 등)가 없는 경우
② 기타 : 영농기술 부족, 영농상 실수 및 단순 생리장애 등 보상하는 손해 이외의 사유로 피해가 발생한 것으로 추정되는 경우[해거리, 생리장애(원소결핍 등), 시비관리, 토양관리(연작 및 pH과다・과소 등), 전정(강전정 등), 조방재배, 재식밀도(인수기준 이하), 농지상태(혼식, 멀칭, 급배수 등), 가입 이전 사고 및 계약자 중과실손해, 자연감모, 보상재해 이외(종자불량, 일부가입 등)]에 적용
  ㉠ 해당 없음 : 위 사유로 인한 피해가 없는 것으로 판단되는 경우
  ㉡ 미흡 : 위 사유로 인한 피해가 10% 미만으로 판단되는 경우
  ㉢ 불량 : 위 사유로 인한 피해가 20% 미만으로 판단되는 경우
  ㉣ 매우 불량 : 위 사유로 인한 피해가 20% 이상으로 판단되는 경우

[별표 3]
과실 분류에 따른 피해인정계수

(1) 복숭아

과실분류	피해인정계수	비 고
정상과	0	피해가 없거나 경미한 과실
50%형 피해과실	0.5	일반시장에 출하할 때 정상과실에 비해 50% 정도의 가격하락이 예상되는 품질의 과실(단, 가공공장공급 및 판매 여부와 무관)
80%형 피해과실	0.8	일반시장 출하가 불가능하나 가공용으로 공급될 수 있는 품질의 과실(단, 가공공장공급 및 판매 여부와 무관)
100%형 피해과실	1	일반시장 출하가 불가능하고 가공용으로도 공급될 수 없는 품질의 과실
병충해 피해과실	0.5	세균구멍병 피해를 입은 과실

(2) 복숭아 외

과실분류	피해인정계수	비 고
정상과	0	피해가 없거나 경미한 과실
50%형 피해과실	0.5	일반시장에 출하할 때 정상과실에 비해 50% 정도의 가격하락이 예상되는 품질의 과실(단, 가공공장공급 및 판매 여부와 무관)
80%형 피해과실	0.8	일반시장 출하가 불가능하나 가공용으로 공급될 수 있는 품질의 과실(단, 가공공장공급 및 판매 여부와 무관)
100%형 피해과실	1	일반시장 출하가 불가능하고 가공용으로도 공급될 수 없는 품질의 과실

(3) 감귤(온주밀감류)

과실분류		비 고
정상과실	0	무피해 과실 또는 보상하는 재해로 과피 전체 표면 면적의 10% 내로 피해가 있는 경우
등급내 피해과실	30%형	보상하는 재해로 과육은 피해가 없고 과피 전체 표면 면적의 10% 이상 30% 미만의 피해가 있는 경우
	50%형	보상하는 재해로 과육은 피해가 없고 과피 전체 표면 면적의 30% 이상 50% 미만의 피해가 있는 경우
	80%형	보상하는 재해로 과육은 피해가 없고 과피 전체 표면 면적의 50% 이상 80% 미만의 피해가 있는 경우
	100%형	보상하는 재해로 과피 전체 표면 면적의 80% 이상 피해가 있거나 과육의 부패 및 무름 등의 피해가 있는 경우
등급외 피해과실	30%형	「제주특별자치도 감귤생산 및 유통에 관한 조례 시행규칙」 제18조 제4항에 준하여 과실의 크기만으로 등급외 크기이면서 무피해 과실 또는 보상하는 재해로 과피 및 과육 피해가 없는 경우를 말함
	50%형	「제주특별자치도 감귤생산 및 유통에 관한 조례 시행규칙」 제18조 제4항에 준하여 과실의 크기만으로 등급외 크기이면서 보상하는 재해로 과육은 피해가 없고 과피 전체 표면 면적의 10% 이상 피해가 있으며 과실 횡경이 71mm 이상인 경우를 말함
	80%형	「제주특별자치도 감귤생산 및 유통에 관한 조례 시행규칙」 제18조 제4항에 준하여 과실의 크기만으로 등급외 크기이면서 보상하는 재해로 과육은 피해가 없고 과피 전체 표면 면적의 10% 이상 피해가 있으며 과실 횡경이 49mm 미만인 경우를 말함
	100%형	「제주특별자치도 감귤생산 및 유통에 관한 조례 시행규칙」 제18조 제4항에 준하여 과실의 크기만으로 등급외 크기이면서 과육부패 및 무름 등의 피해가 있어 가공용으로도 공급 될 수 없는 과실을 말함

[별표 4]
매실 품종별 과실 비대추정지수

조사일	남 고	백가하	재래종	천 매
30일전	2.871	3.411	3.389	3.463
29일전	2.749	3.252	3.227	3.297
28일전	2.626	3.093	3.064	3.131
27일전	2.504	2.934	2.902	2.965
26일전	2.381	2.775	2.740	2.800
25일전	2.258	2.616	2.577	2.634
24일전	2.172	2.504	2.464	2.518
23일전	2.086	2.391	2.351	2.402
22일전	2.000	2.279	2.238	2.286
21일전	1.914	2.166	2.124	2.171
20일전	1.827	2.054	2.011	2.055
19일전	1.764	1.972	1.933	1.975
18일전	1.701	1.891	1.854	1.895
17일전	1.638	1.809	1.776	1.815
16일전	1.574	1.728	1.698	1.735
15일전	1.511	1.647	1.619	1.655
14일전	1.465	1.598	1.565	1.599
13일전	1.419	1.530	1.510	1.543
12일전	1.373	1.471	1.455	1.487
11일전	1.326	1.413	1.400	1.431
10일전	1.280	1.355	1.346	1.375
9일전	1.248	1.312	1.300	1.328
8일전	1.215	1.270	1.254	1.281
7일전	1.182	1.228	1.208	1.234
6일전	1.149	1.186	1.162	1.187
5일전	1.117	1.144	1.116	1.140
4일전	1.093	1.115	1.093	1.112
3일전	1.070	1.096	1.070	1.084
2일전	1.047	1.057	1.046	1.056
1일전	1.023	1.029	1.023	1.028
수확일	1	1	1	1

※ 위에 없는 품종은 남고를 기준으로 함(출처 : 국립원예특작과학원)

[별표 5]
무화과 품목 사고발생일에 따른 잔여수확량 비율

사고발생 월	잔여수확량 산정식(%)
8월	{100 − (1.06 × 사고발생일자)}
9월	{(100 − 33) − (1.13 × 사고발생일자)}
10월	{(100 − 67) − (0.84 × 사고발생일자)}

※ 사고발생일자는 해당 월의 사고발생일자를 의미함

[별표 6]
표본구간별 손해정도에 따른 손해정도비율

손해정도	1%~20%	21%~40%	41%~60%	61%~80%	81%~100%
손해정도비율	20%	40%	60%	80%	100%

[별표 7]
고추 병충해 등급별 인정비율

등 급	종 류	인정비율
1등급	역병, 풋마름병, 바이러스병, 세균성점무늬병, 탄저병	70%
2등급	잿빛곰팡이병, 시들음병, 담배가루이, 담배나방	50%
3등급	흰가루병, 균핵병, 무름병, 진딧물 및 기타	30%

[별표 8]
동일한 계약의 목적과 사고에 관한 보험금 계산방법

(1) 다른 계약이 이 계약과 지급보험금의 계산방법이 같은 경우

$$\text{손해액} \times \frac{\text{이 계약의 보험가입금액}}{\text{다른 계약이 없는 것으로 하여 각각 계산한 보험가입금액의 합계액}}$$

(2) 다른 계약이 이 계약과 지급보험금의 계산방법이 다른 경우

$$\text{손해액} \times \frac{\text{이 계약에 의한 보험금}}{\text{다른 계약이 없는 것으로 하여 각각 계산한 보험금의 합계액}}$$

[참 고]
품목별 감수과실수 및 피해율 산정방법

(1) 적과전 종합위험방식 과수 품목 감수과실수 산정방법

품 목	조사 시기	재해 종류	조사 종류	감수과실수 산정방법
사과 · 배 · 단감 · 떫은감	적과 종료 이전	자연 재해 · 조수해 · 화재	피해 사실 확인 조사	① 적과종료 이전 사고는 보상하는 재해(자연재해, 조수해, 화재)가 중복해서 발생한 경우에도 아래 산식을 한번만 적용함 • 착과감소과실수 　= 최솟값(평년착과수 – 적과후착과수, 최대 인정감소과실수) • 적과종료 이전의 미보상감수과실수 　= {(착과감소과실수 × 미보상비율) + 미보상주수 감수과실수} ※ 적과전 사고조사에서 미보상비율 적용은 미보상비율 조사값 중 가장 큰 값만 적용 ② 적과종료 이전 최대 인정감소량(5종 한정 특약 가입 건 제외) 　사고접수 건 중 피해사실확인조사 결과 모든 사고가 "피해규모 일부"인 경우만 해당하며, 착과감소량(과실수)이 최대 인정감소량(과실수)을 초과하는 경우에는 최대 인정감소량(과실수)을 착과감소량(과실수)으로 함 • 최대 인정감소량 = 평년착과량 × 최대 인정피해율 • 최대 인정감소과실수 = 평년착과수 × 최대 인정피해율 • 최대 인정피해율 = 피해대상주수(고사주수, 수확불능주수, 일부피해주수) 　÷ 실제결과주수 ※ 해당 사고가 2회 이상 발생한 경우에는 사고별 피해대상주수를 누적하여 계산 ③ 적과종료 이전 최대 인정감소량(5종 한정 특약 가입 건만 해당) 　「적과종료 이전 특정위험 5종 한정보장 특별약관」 가입 건에 적용되며, 착과감소량(과실수)이 최대 인정감소량(과실수)을 초과하는 경우에는 최대 인정감소량(과실수)을 착과감소량(과실수)으로 함 • 최대 인정감소량 = 평년착과량 × 최대 인정피해율 • 최대 인정감소과실수 = 평년착과수 × 최대 인정피해율 　※ 최대 인정피해율은 아래의 값 중 가장 큰 값 　1. 나무피해 　　• (유실, 매몰, 도복, 절단(1/2), 소실(1/2), 침수주수) ÷ 실제결과주수 　　단, 침수주수는 침수피해를 입은 나무수에 과실침수율을 곱하여 계산함 　　• 해당 사고가 2회 이상 발생한 경우에는 사고별 나무피해주수를 누적하여 계산 　2. 우박피해에 따른 유과타박률 　　• 최댓값(유과타박률1, 유과타박률2, 유과타박률3, …) 　3. 6월 1일부터 적과종료 이전까지 단감·떫은감의 낙엽피해에 따른 인정피해율 　　• 최댓값(인정피해율1, 인정피해율2, 인정피해율3, …)

사과 · 배	적과 종료 이후	자연 재해	해당 조사 없음	• 적과종료 이전 자연재해로 인한 적과종료 이후 착과 손해 감수과실수 • 적과후착과수가 평년착과수의 60% 미만인 경우 : 　감수과실수 = 적과후착과수×5% • 적과후착과수가 평년착과수의 60% 이상 100% 미만인 경우 : 　감수과실수 = 적과후착과수×5%×$\dfrac{100\% - 착과율}{40\%}$ 　착과율 = 적과후착과수 ÷ 평년착과수 ※ 상기 계산된 감수과실수는 적과종료 이후 누적감수량에 합산하며, 적과종료 이후 착과피해율(max A 적용)로 인식함 ※ 적과전종합방식(Ⅱ) 가입 건 중 「적과종료 이전 특정위험 5종 한정보장 특별약관」 미가입시에만 적용
		태풍 (강풍) · 화재 · 지진 · 집중 호우	낙과 피해 조사	• 낙과손해(전수조사) 　총 낙과과실수×(낙과피해구성률 – max A)×1.07 • 낙과손해(표본조사) 　(낙과과실수 합계 / 표본주수)×조사대상주수×(낙과피해구성률 – max A)×1.07 ※ 낙과 감수과실수의 7%를 착과손해로 포함하여 산정 ☞ max A : 금차 사고전 기조사된 착과피해구성률 중 최댓값을 말함 ☞ "(낙과피해구성률 – max A)"의 값이 영(0)보다 작은 경우 : 금차 감수과실수는 영(0)으로 함
			나무 피해 조사	• 나무의 고사 및 수확불능 손해 　(고사주수 + 수확불능주수)×무피해나무 1주당 평균착과수×(1 – max A) • 나무의 일부침수 손해 　(일부침수주수 × 일부침수나무 1주당 평균침수착과수)×(1 – max A) ☞ max A : 금차 사고전 기조사된 착과피해구성률 또는 인정피해율 중 최댓값을 말함
		우 박	낙과 피해 조사	• 낙과손해(전수조사) 　총 낙과과실수×(낙과피해구성률 – max A) • 낙과손해(표본조사) 　(낙과과실수 합계 / 표본주수)×조사대상주수×(낙과피해구성률 – max A) ☞ max A : 금차 사고전 기조사된 착과피해구성률 중 최댓값을 말함 ☞ "(해당 과실의 피해구성률 – max A)"의 값이 영(0)보다 작은 경우 : 금차 감수과실수는 영(0)으로 함
			착과 피해 조사	• 사고 당시 착과과실수×(착과피해구성률 – max A) ☞ max A : 금차 사고전 기조사된 착과피해구성률 중 최댓값을 말함 ☞ "(해당 과실의 피해구성률 – max A)"의 값이 영(0)보다 작은 경우 : 금차 감수과실수는 영(0)으로 함
		가을 동상해	착과 피해 조사	• 사고 당시 착과과실수×(착과피해구성률 – max A) ☞ max A : 금차 사고전 기조사된 착과피해구성률 중 최댓값을 말함 ☞ "(착과피해구성률 – max A)"의 값이 영(0)보다 작은 경우 : 금차 감수과실수는 영(0)으로 함

단감·떫은감	적과종료이후	태풍(강풍)·화재·지진·집중호우	낙과피해조사	• 낙과손해(전수조사) 총 낙과과실수×(낙과피해구성률 − max A) • 낙과손해(표본조사) (낙과과실수 합계 / 표본주수)×조사대상주수×(낙과피해구성률 − max A) ☞ max A : 금차 사고전 기조사된 착과피해구성률 또는 인정피해율 중 최댓값을 말함 ☞ "(낙과피해구성률 − max A)"의 값이 영(0)보다 작은 경우 : 금차 감수과실수는 영(0)으로 함
			나무피해조사	• 나무의 고사 및 수확불능 손해 (고사주수 + 수확불능주수)×무피해나무 1주당 평균착과수×(1 − max A) • 나무의 일부침수 손해 (일부침수주수×일부침수나무 1주당 평균침수착과수)×(1 − max A) ☞ max A : 금차 사고전 기조사된 착과피해구성률 또는 인정피해율 중 최댓값을 말함
			낙엽피해조사	• 낙엽손해 사고 당시 착과과실수×(인정피해율 − max A)×(1 − 미보상비율) ☞ max A : 금차 사고전 기조사된 착과피해구성률 또는 인정피해율 중 최댓값을 말함 ☞ "(인정피해율 − max A)"의 값이 영(0)보다 작은 경우 : 금차 감수과실수는 영(0)으로 함 ☞ 미보상비율은 금차 사고조사의 미보상비율을 적용함
		우박	낙과피해조사	• 낙과손해(전수조사) 총 낙과과실수×(낙과피해구성률 − max A) • 낙과손해(표본조사) (낙과과실수 합계 / 표본주수)×조사대상주수×(낙과피해구성률 − max A) ☞ max A : 금차 사고전 기조사된 착과피해구성률 또는 인정피해율 중 최댓값을 말함 ☞ "(낙과피해구성률 − max A)"의 값이 영(0)보다 작은 경우 : 금차 감수과실수는 영(0)으로 함
			착과피해조사	• 착과손해 사고 당시 착과과실수×(착과피해구성률 − max A) ☞ max A : 금차 사고전 기조사된 착과피해구성률 또는 인정피해율 중 최댓값을 말함 ☞ "(착과피해구성률 − max A)"의 값이 영(0)보다 작은 경우 : 금차 감수과실수는 영(0)으로 함
		가을동상해	착과피해조사	• 착과손해 사고 당시 착과과실수×(착과피해구성률 − max A) ※ 단, 잎 피해가 인정된 경우에는 착과피해구성률을 아래와 같이 적용함 착과피해구성률 = {(정상과실수×0.0031×잔여일수) + (50%형 피해과실수×0.5) + (80%형 피해과실수×0.8) + (100%형 피해과실수×1)} ÷ (정상과실수 + 50%형 피해과실수 + 80%형 피해과실수 + 100%형 피해과실수) ＊ 잔여일수 : 사고발생일로부터 가을동상해 보장종료일까지 일자 수 ☞ max A : 금차 사고전 기조사된 착과피해구성률 또는 인정피해율 중 최댓값을 말함 ☞ "(착과피해구성률 − max A)"의 값이 영(0)보다 작은 경우 : 금차 감수과실수는 영(0)으로 함

사과·배·단감·떫은감	적과종료이후	일소피해	낙과·착과피해조사	• 낙과손해(전수조사시) 총 낙과과실수 × (낙과피해구성률 − max A) • 낙과손해(표본조사시) (낙과과실수 합계 ÷ 표본주수) × 조사대상주수 × (낙과피해구성률 − max A) ☞ max A : 금차 사고전 기조사된 착과피해구성률 또는 인정피해율 중 최댓값을 말함 ☞ "(낙과피해구성률 − max A)"의 값이 영(0)보다 작은 경우 : 금차 감수과실수는 영(0)으로 함 • 착과손해 사고 당시 착과과실수 × (착과피해구성률 − max A) ☞ max A : 금차 사고전 기조사된 착과피해구성률 또는 인정피해율 중 최댓값을 말함 ☞ "(착과피해구성률 − max A)"의 값이 영(0)보다 작은 경우 : 금차 감수과실수는 영(0)으로 함 • 일소피해과실수 = 낙과손해 + 착과손해 ☞ 일소피해과실수가 보험사고 한 건당 적과후착과수의 6%를 초과하는 경우에만 감수과실수로 인정 ☞ 일소피해과실수가 보험사고 한 건당 적과후착과수의 6% 이하인 경우에는 해당 조사의 감수과실수는 영(0)으로 함

※ **용어 및 관련 산식**

품 목	조사 종류	내 용
사과 · 배 · 단감 · 떫은감	공 통	※ 조사대상주수 = 실제결과주수 − 고사주수 − 수확불능주수 − 미보상주수 − 수확완료주수 ※ 미보상주수 감수과실수 = 미보상주수 × 품종 · 재배방식 · 수령별 1주당 평년착과수 ※ 기준착과수 결정 • 적과종료 전에 인정된 착과감소과실수가 없는 과수원 : 기준착과수 = 적과후착과수 • 적과종료 전에 인정된 착과감소과실수가 있는 과수원 : 기준착과수 = 적과후착과수 + 착과감 소과실수
	나무 피해 조사	※ 침수율 = $\dfrac{침수\ 꽃(눈) \cdot 유과수의\ 합계}{침수\ 꽃(눈) \cdot 유과수의\ 합계 + 미침수\ 꽃(눈) \cdot 유과수의\ 합계}$ ※ 나무피해시 품종 · 재배방식 · 수령별 주당 평년착과수 $= \left(전체\ 평년착과수 \times \dfrac{품종 \cdot 재배방식 \cdot 수령별\ 표준수확량\ 합계}{전체\ 표준수확량\ 합계}\right)$ $\div$ 품종 · 재배방식 · 수령별 실제결과주수 • 품종 · 재배방식 · 수령별로 구분하여 산식에 적용
	유과 타박률 조사	※ 유과타박률 = $\dfrac{표본주의\ 피해유과수\ 합계}{표본주의\ 피해유과수\ 합계 + 표본주의\ 정상유과수\ 합계}$
	피해 구성 조사	※ 피해구성률 $= \dfrac{(100형\ 피해과실수 \times 1) + (80\%형\ 피해과실수 \times 0.8) + (50\%형\ 피해과실수 \times 0.5)}{100\%형\ 피해과실수 + 80\%형\ 피해과실수 + 50\%형\ 피해과실수 + 정상과실수}$ • 착과 및 낙과피해조사에서 피해구성률 산정시 적용
	낙엽 피해 조사	※ 인정피해율 • 단감 = (1.0115 × 낙엽률) − (0.0014 × 경과일수) • 떫은감 = 0.9662 × 낙엽률 − 0.0703 • 경과일수 = 6월 1일부터 낙엽피해 발생일까지 경과된 일수 • 낙엽률 = $\dfrac{표본주의\ 낙엽수\ 합계}{표본주의\ 낙엽수\ 합계 + 표본주의\ 착엽수\ 합계}$
	착과 피해 조사	※ "사고 당시 착과과실수"는 "적과후착과수 − 총 낙과과실수 − 총 적과종료후 나무피해과실수 − 총 기수확과실수" 보다 클 수 없음
	적과후 착과수 조사	※ 품종 · 재배방식 · 수령별 착과수 $= \dfrac{품종 \cdot 재배방식 \cdot 수령별\ 표본주의\ 착과수\ 합계}{품종 \cdot 재배방식 \cdot 수령별\ 표본주\ 합계} \times$ 품종 · 재배방식 · 수령별 조사대상주수 • 품종 · 재배방식 · 수령별 착과수의 합계를 과수원별 「적과후착과수」로 함

(2) 특정위험방식 밭작물 품목

품목별	조사종류별	조사시기	피해율 산정방법
인 삼	수확량조사	수확량 확인이 가능한 시점	**1. 전수조사시** ① 피해율 $= \left(1 - \dfrac{\text{수확량}}{\text{연근별 기준수확량}}\right) \times \dfrac{\text{피해면적}}{\text{재배면적}}$ ② 수확량 = 단위면적당 조사수확량 + 단위면적당 미보상감수량 • 단위면적당 조사수확량 = 총 조사수확량 ÷ 금차 수확면적 ☞ 금차 수확면적 = 금차 수확칸수 × 지주목간격 × (두둑폭 + 고랑폭) • 단위면적당 미보상감수량 = (기준수확량 – 단위면적당 조사수확량) × 미보상비율 ③ 피해면적 = 금차 수확칸수 ④ 재배면적 = 실제경작칸수 **2. 표본조사시** ① 피해율 $= \left(1 - \dfrac{\text{수확량}}{\text{연근별 기준수확량}}\right) \times \dfrac{\text{피해면적}}{\text{재배면적}}$ ② 수확량 = 단위면적당 조사수확량 + 단위면적당 미보상감수량 • 단위면적당 조사수확량 = 표본수확량 합계 ÷ 표본칸 면적 ☞ 표본칸 면적 = 표본칸수 × 지주목간격 × (두둑폭 + 고랑폭) • 단위면적당 미보상감수량 = (기준수확량 – 단위면적당 조사수확량) × 미보상비율 ③ 피해면적 = 피해칸수 ④ 재배면적 = 실제경작칸수

(3) 종합위험 수확감소보장방식 과수 품목

① 자두, 복숭아, 포도

품목별	조사 종류별	조사시기	피해율 산정방법
자두, 복숭아, 포도,	수확량 조사	착과수조사 (최초 수확 품종 수확전) / 과중조사 (품종별 수확시기) / 착과피해조사 (피해 확인 가능 시기) / 낙과피해조사 (착과수조사 이후 낙과피해시) / 고사나무조사 (수확완료후)	**1. 착과수(수확개시 전 착과수조사시)** ① 품종·수령별 착과수 = 품종·수령별 조사대상주수 × 품종·수령별 주당 착과수 ② 품종·수령별 조사대상주수 = 품종·수령별 실제결과주수 − 품종·수령별 고사주수 − 품종·수령별 미보상주수 ③ 품종·수령별 주당 착과수 = 품종·수령별 표본주의 착과수 ÷ 품종·수령별 표본주수 **2. 착과수(착과피해조사시)** ① 품종·수령별 착과수 = 품종·수령별 조사대상주수 × 품종·수령별 주당 착과수 ② 품종·수령별 조사대상주수 = 품종·수령별 실제결과주수 − 품종·수령별 고사주수 − 품종·수령별 미보상주수 − 품종·수령별 수확완료주수 ③ 품종·수령별 주당 착과수 = 품종별·수령별 표본주의 착과수 ÷ 품종별·수령별 표본주수 **3. 과중조사(사고접수 건에 대해 실시)** 품종별 과중 = 품종별 표본과실 무게 ÷ 품종별 표본과실수 **4. 낙과수 산정(착과수조사 이후 발생한 낙과사고마다 산정)** ① 표본조사시 : 품종·수령별 낙과수조사 • 품종·수령별 낙과수 = 품종·수령별 조사대상주수 × 품종·수령별 주당 낙과수 • 품종·수령별 조사대상주수 = 품종·수령별 실제결과주수 − 품종·수령별 고사주수 − 품종·수령별 미보상주수 − 품종·수령별 수확완료주수 • 품종·수령별 주당 낙과수 = 품종·수령별 표본주의 낙과수 ÷ 품종·수령별 표본주수 ② 전수조사시 : 품종별 낙과수조사 • 전체 낙과수에 대한 품종 구분이 가능할 때 : 품종별로 낙과수조사 • 전체 낙과수에 대한 품종 구분이 불가능할 때 : 전체 낙과수조사 후 품종별 안분 • 품종별 낙과수 = 전체 낙과수 × (품종별 표본과실수 ÷ 품종별 표본과실수의 합계) • 품종별 주당 낙과수 = 품종별 낙과수 ÷ 품종별 조사대상주수 • 품종별 조사대상주수 = 품종별 실제결과주수 − 품종별 고사주수 − 품종별 미보상주수 − 품종별 수확완료주수

| 자두, 복숭아, 포도, | 수확량 조사 | 착과수조사 (최초 수확 품종 수확전) / 과중조사 (품종별 수확시기) / 착과피해조사 (피해 확인 가능 시기) / 낙과피해조사 (착과수조사 이후 낙과피해시) / 고사나무조사 (수확완료후) | 5. 피해구성조사(낙과 및 착과피해 발생시 실시)
① 피해구성률 = {(50%형 피해과실수 × 0.5) + (80%형 피해과실수 × 0.8) + (100%형 피해과실수 × 1)} ÷ 표본과실수
② 금차 피해구성률 = 피해구성률 − max A
• 금차 피해구성률은 다수 사고인 경우 적용
• max A : 금차 사고전 기조사된 착과피해구성률 중 최댓값을 말함
• 금차 피해구성률이 영(0)보다 작은 경우에는 영(0)으로 함

6. 착과량 산정
① 착과량 = 품종·수령별 착과량의 합
② 품종·수령별 착과량 = (품종·수령별 착과수 × 품종별 과중) + (품종·수령별 주당 평년수확량 × 미보상주수)
※ 단, 품종별 과중이 없는 경우(과중조사전 기수확 품종)에는 품종·수령별 평년수확량을 품종·수령별 착과량으로 한다.
③ 품종·수령별 주당 평년수확량 = 품종·수령별 평년수확량 ÷ 품종·수령별 실제결과주수
④ 품종·수령별 평년수확량 = 평년수확량 × (품종·수령별 표준수확량 ÷ 표준수확량)
⑤ 품종·수령별 표준수확량 = 품종·수령별 주당 표준수확량 × 품종·수령별 실제결과주수

7. 감수량 산정(사고마다 산정)
① 금차 감수량 = 금차 착과 감수량 + 금차 낙과 감수량 + 금차 고사주수 감수량
② 금차 착과 감수량 = 금차 품종·수령별 착과 감수량의 합
③ 금차 품종·수령별 착과 감수량 = 금차 품종·수령별 착과수 × 품종별 과중 × 금차 품종별 착과피해구성률
④ 금차 낙과 감수량 = 금차 품종·수령별 낙과수 × 품종별 과중 × 금차 낙과피해구성률
⑤ 금차 고사주수 감수량 = 품종·수령별 금차 고사주수 × (품종·수령별 주당 착과수 + 품종·수령별 주당 낙과수) × 품종별 과중 × (1 − max A)
⑥ 품종·수령별 금차 고사주수 = 품종·수령별 고사주수 − 품종·수령별 기조사 고사주수

8. 피해율 산정
① 피해율(포도, 자두) = (평년수확량 − 수확량 − 미보상감수량) ÷ 평년수확량
② 피해율(복숭아) = (평년수확량 − 수확량 − 미보상감수량 + 병충해감수량*) ÷ 평년수확량
※ 미보상감수량 = (평년수확량 − 수확량) × 최댓값(미보상비율1, 미보상비율2, …) |

			9. **수확량 산정**
			수확량 = 착과량 − 사고당 감수량의 합
			
			10. **병충해감수량 *(복숭아만 해당)**
			병충해감수량 = 금차 병충해 착과감수량 + 금차 병충해 낙과감수량
			① 금차 병충해 착과감수량 = 금차 품종·수령별 병충해 인정피해 착과수 × 품종별 과중
			  • 금차 품종·수령별 병충해 인정피해 착과수 = 금차 품종·수령별 착과 과실수 × 품종별 병충해 착과피해구성률
			  • 품종별 병충해 착과피해구성률 = {병충해 착과 피해과실수 × (0.5 − max A)} ÷ 표본 착과과실수
			② 금차 병충해 낙과감수량 = 금차 품종·수령별 병충해 인정피해 낙과수 × 품종별 과중
			  • 금차 품종·수령별 병충해 인정피해 낙과수 = 금차 품종·수령별 낙과 과실수 × 품종별 병충해 낙과피해구성률
			  • 품종별 병충해 낙과피해구성률 = {병충해 낙과 피해과실수 × (0.5 − max A)} ÷ 표본 낙과과실수
			  ※ max A : 금차 사고전 기조사된 착과피해구성률 중 최댓값을 말함
			  ☞ (0.5 − max A)의 값이 영(0)보다 작은 경우 : 금차 병충해감수량은 영(0)으로 함

자두, 복숭아, 포도,	수확량 조사	착과수조사 (최초 수확 품종 수확전) / 과중조사 (품종별 수확시기) / 착과피해조사 (피해 확인 가능 시기) / 낙과피해조사 (착과수조사 이후 낙과피해시) / 고사나무조사 (수확완료후)	

② 밤, 호두

품목별	조사 종류별	조사시기	피해율 산정방법

밤,
호두
	수확
	개시전
	수확량
	조사
	(조사일
	기준)
		최초
		수확전
			□ **수확개시 이전 수확량조사**
			① 기본사항
			  • 품종별 조사대상주수 = 품종별 실제결과주수 − 품종별 미보상주수 − 품종별 고사나무주수
			  • 품종별 평년수확량 = 평년수확량 × {(품종별 주당 표준수확량 × 품종별 실제결과주수) ÷ 표준수확량}
			  • 품종별 주당 평년수확량 = 품종별 평년수확량 ÷ 품종별 실제결과주수
			② 착과수조사
			  품종별 주당 착과수 = 품종별 표본주의 착과수 ÷ 품종별 표본주수
			③ 낙과수조사
			  • 표본조사
			    품종별 주당 낙과수 = 품종별 표본주의 낙과수 ÷ 품종별 표본주수
			  • 전수조사
			    − 전체 낙과에 대하여 품종별 구분이 가능한 경우 : 품종별 낙과수조사
			    − 전체 낙과에 대하여 품종별 구분이 불가한 경우 : 전체 낙과수조사 후 낙과수 중 표본을 추출하여 품종별 개수 조사
			      * 품종별 낙과수 = 전체 낙과수 × (품종별 표본과실수 ÷ 전체 표본과실수의 합계)
			      * 품종별 주당 낙과수 = 품종별 낙과수 ÷ 품종별 조사대상주수
			      * 품종별 조사대상주수 = 품종별 실제결과주수 − 품종별 고사주수 − 품종별 미보상주수

밤, 호두	수확 개시전 수확량 조사 (조사일 기준)	최초 수확전	④ 과중조사 　• (밤) 품종별 개당 과중 = 품종별 {정상 표본과실 무게 + (소과 표본과실 무게 　　×0.8)} ÷ 표본과실수 　• (호두) 품종별 개당 과중 = 품종별 표본과실 무게 합계 ÷ 표본과실수 ⑤ 피해구성조사(품종별로 실시) 　피해구성률 = {(50%형　피해과실수×0.5) + (80%형　피해과실수×0.8)　+ 　(100%형 피해과실수×1)} ÷ 표본과실수 ⑥ 피해율 = (평년수확량 – 수확량 – 미보상감수량) ÷ 평년수확량 　• 수확량 = {품종별 조사대상주수 × 품종별 주당 착과수 × (1 – 착과피해구성 　　률) × 품종별 과중} + {품종별 조사대상주수 × 품종별 주당 낙과수 × (1 – 낙 　　과피해구성률) × 품종별 과중} + (품종별 주당 평년수확량 × 품종별 미보상 　　주수) 　• 미보상감수량 = (평년수확량 – 수확량) × 미보상비율
	수확 개시후 수확량 조사 (조사일 기준)	사고 발생 직후	□ **수확개시후 수확량조사** ① 착과수조사 　품종별 주당 착과수 = 품종별 표본주의 착과수 ÷ 품종별 표본주수 ② 낙과수조사 　• 표본조사 　　품종별 주당 낙과수 = 품종별 표본주의 낙과수 ÷ 품종별 표본주수 　• 전수조사 　　– 전체 낙과에 대하여 품종별 구분이 가능한 경우 : 품종별 낙과수조사 　　– 전체 낙과에 대하여 품종별 구분이 불가한 경우 : 전체 낙과수조사 후 낙과 　　　수 중 표본을 추출하여 품종별 개수 조사 　　　＊ 품종별 낙과수 = 전체 낙과수 × (품종별 표본과실수 ÷ 전체 표본과실수 　　　　의 합계) 　　　＊ 품종별 주당 낙과수 = 품종별 낙과수 ÷ 품종별 조사대상주수 　　　＊ 품종별 조사대상주수 = 품종별 실제결과주수 – 품종별 고사주수 – 품종 　　　　별 미보상주수 – 품종별 수확완료주수 ③ 과중조사 　• (밤) 품종별 개당 과중 = 품종별 {정상 표본과실 무게 + (소과 표본과실 무게 　　×0.8)} ÷ 표본과실수 　• (호두) 품종별 개당 과중 = 품종별 표본과실 무게 합계 ÷ 표본과실수 ④ 피해구성조사(품종별로 실시) 　• 피해구성률 = {(50%형　피해과실수×0.5) + (80%형　피해과실수×0.8)　+ 　　(100%형 피해과실수×1)} ÷ 표본과실수 　• 금차 피해구성률 = 피해구성률 – max A 　　– 금차 피해구성률은 다수 사고인 경우 적용 　　– max A : 금차 사고전 기조사된 착과피해구성률 중 최댓값을 말함 　　☞ 금차 피해구성률이 영(0)보다 작은 경우에는 영(0)으로 함 ⑤ 금차 수확량 = {품종별 조사대상주수 × 품종별 주당 착과수 × 품종별 개당 과중 　　×(1 – 금차 착과피해구성률)} + {품종별 조사대상주수 × 품종별 주당 낙과수 　　×품종별 개당 과중×(1 – 금차 낙과피해구성률)} + (품종별 주당 평년수확량 　　×품종별 미보상주수)

밤, 호두	수확 개시후 수확량 조사 (조사일 기준)	사고 발생 직후	⑥ 감수량 = (품종별 조사대상주수 × 품종별 주당 착과수 × 금차 착과피해구성률 × 품종별 개당 과중) + (품종별 조사대상주수 × 품종별 주당 낙과수 × 금차 낙과피해구성률 × 품종별 개당 과중) + {품종별 금차 고사주수 × (품종별 주당 착과수 + 품종별 주당 낙과수) × 품종별 개당 과중 × (1 − max A)} • 품종별 조사대상주수 = 품종별 실제결과주수 − 품종별 미보상주수 − 품종별 고사나무주수 − 품종별 수확완료주수 • 품종별 평년수확량 = 평년수확량 × {(품종별 주당 표준수확량 × 품종별 실제결과주수) ÷ 표준수확량} • 품종별 주당 평년수확량 = 품종별 평년수확량 ÷ 품종별 실제결과주수 • 품종별 금차 고사주수 = 품종별 고사주수 − 품종별 기조사 고사주수 □ **피해율 산정** 1. 금차 수확개시후 수확량조사가 최초 조사인 경우(이전 수확량조사가 없는 경우) 　① 「금차 수확량 + 금차 감수량 + 기수확량 ＜ 평년수확량」인 경우 　　피해율 = (평년수확량 − 수확량 − 미보상감수량) ÷ 평년수확량 　　• 수확량 = 평년수확량 − 금차 감수량 　　• 미보상감수량 = 금차 감수량 × 미보상비율 　② 「금차 수확량 + 금차 감수량 + 기수확량 ≧ 평년수확량」인 경우 　　피해율 = (평년수확량 − 수확량 − 미보상감수량) ÷ 평년수확량 　　• 수확량 = 금차 수확량 + 기수확량 　　• 미보상감수량 = {평년수확량 − (금차 수확량 + 기수확량)} × 미보상비율 2. 수확개시전 수확량조사가 있는 경우(이전 수확량조사에 수확개시전 수확량조사가 포함된 경우) 　① 「금차 수확량 + 금차 감수량 + 기수확량 ＞ 수확개시전 수확량조사 수확량」 ⇒ 오류 수정 필요 　② 「금차 수확량 + 금차 감수량 + 기수확량 ＞ 이전 조사 금차 수확량 + 이전 조사 기수확량」 ⇒ 오류 수정 필요 　③ 「금차 수확량 + 금차 감수량 + 기수확량 ≦ 수확개시전 수확량조사 수확량」 이면서 「금차 수확량 + 금차 감수량 + 기수확량 ≦ 이전 조사 금차 수확량 + 이전 조사 기수확량」인 경우 　　피해율 = (평년수확량 − 수확량 − 미보상감수량) ÷ 평년수확량 　　• 수확량 = 수확개시전 수확량 − 사고당 감수량의 합 　　• 미보상감수량 = {평년수확량 − (수확개시전 수확량 − 사고당 감수량의 합)} × Max(미보상비율)

| 밤, 호두 | 수확 개시후 수확량 조사 (조사일 기준) | 사고 발생 직후 | 3. 수확개시후 수확량조사만 있는 경우(이전 수확량조사가 모두 수확개시후 수확량조사인 경우)
① 「금차 수확량 + 금차 감수량 + 기수확량 > 이전 조사 금차 수확량 + 이전 조사 기수확량」⇒ 오류 수정 필요
② 「금차 수확량 + 금차 감수량 + 기수확량 ≦ 이전 조사 금차 수확량 + 이전 조사 기수확량」인 경우
　㉠ 최초 조사가 「금차 수확량 + 금차 감수량 + 기수확량 < 평년수확량」인 경우
　　피해율 = (평년수확량 − 수확량 − 미보상감수량) ÷ 평년수확량
　　• 수확량 = 평년수확량 − 사고당 감수량의 합
　　• 미보상감수량 = 사고당 감수량의 합 × Max(미보상비율)
　㉡ 최초 조사가 「금차 수확량 + 금차 감수량 + 기수확량 ≧ 평년수확량」인 경우
　　피해율 = (평년수확량 − 수확량 − 미보상감수량) ÷ 평년수확량
　　• 수확량 = 최초 조사 금차 수확량 + 최초 조사 기수확량 − 2차 이후 사고당 감수량의 합
　　• 미보상감수량 = {평년수확량 − (최초 조사 금차 수확량 + 최초 조사 기수확량) + 2차 이후 사고당 감수량의 합} × Max(미보상비율) |

③ 참다래

품목별	조사 종류별	조사시기	피해율 산정방법
참다래	수확 개시전 수확량 조사 (조사일 기준)	최초 수확전	① 착과수조사 　• 품종 · 수령별 착과수 = 품종 · 수령별 표본조사대상면적 × 품종 · 수령별 면적(m^2)당 착과수 　• 품종 · 수령별 표본조사대상면적 = 품종 · 수령별 재식면적 × 품종 · 수령별 표본조사대상주수 　• 품종 · 수령별 면적(m^2)당 착과수 = 품종 · 수령별 (표본구간 착과수 ÷ 표본구간 넓이) 　• 재식면적 = 주간 거리 × 열간 거리 　• 품종 · 수령별 표본조사대상주수 = 품종 · 수령별 실제결과주수 − 품종 · 수령별 미보상주수 − 품종 · 수령별 고사나무주수 　• 표본구간 넓이 = (표본구간 윗변 길이 + 표본구간 아랫변 길이) × 표본구간 높이(윗변과 아랫변의 거리) ÷ 2 ② 과중조사 　품종별 개당 과중 = 품종별 표본과실 무게 합계 ÷ 표본과실수 ③ 피해구성조사(품종별로 실시) 　• 피해구성률 = {(50%형 피해과실수 × 0.5) + (80%형 피해과실수 × 0.8) + (100%형 피해과실수 × 1)} ÷ 표본과실수 　• 금차 피해구성률 = 피해구성률 − max A 　　− 금차 피해구성률은 다수 사고인 경우 적용 　　− max A : 금차 사고전 기조사된 착과피해구성률 중 최댓값을 말함 　　☞ 금차 피해구성률이 영(0)보다 작은 경우에는 영(0)으로 함

참다래	수확 개시전 수확량 조사 (조사일 기준)	최초 수확전	④ 피해율 산정 • 피해율 = (평년수확량 − 수확량 − 미보상감수량) ÷ 평년수확량 • 수확량 = {품종・수령별 착과수 × 품종별 과중 × (1 − 피해구성률)} + (품종 ・수령별 면적(m²)당 평년수확량 × 품종・수령별 미보상주수 × 품종・수령 별 재식면적) − 품종・수령별 면적(m²)당 평년수확량 = 품종・수령별 평년수확량 ÷ 품종 ・수령별 재식면적 합계 − 품종・수령별 평년수확량 = 평년수확량 × (품종・수령별 표준수확량 ÷ 표준수확량) − 미보상감수량 = (평년수확량 − 수확량) × 미보상비율
	수확 개시후 수확량 조사 (조사일 기준)	사고 발생 직후	① 착과수조사 • 품종・수령별 착과수 = 품종・수령별 표본조사대상면적 × 품종・수령별 면 적(m²)당 착과수 • 품종・수령별 조사대상면적 = 품종・수령별 재식면적 × 품종・수령별 표 본조사대상주수 • 품종・수령별 면적(m²)당 착과수 = 품종별・수령별 표본구간 착과수 ÷품 종・수령별 표본구간 넓이 • 재식면적 = 주간 거리 × 열간 거리 • 품종・수령별 조사대상주수 = 품종・수령별 실제결과주수 − 품종・수령별 미보상주수 − 품종・수령별 고사나무주수 − 품종・수령별 수확완료주수 • 표본구간 넓이 = (표본구간 윗변 길이 + 표본구간 아랫변 길이) × 표본구간 높이(윗변과 아랫변의 거리) ÷ 2 ② 낙과수조사 • 표본조사 − 품종・수령별 낙과수 = 품종・수령별 조사대상면적 × 품종・수령별 면 적(m²)당 낙과수 − 품종・수령별 면적(m²)당 낙과수 = 품종・수령별 표본주의 낙과수 ÷ 품종 ・수령별 표본구간 넓이 • 전수조사 − 전체 낙과에 대하여 품종별 구분이 가능한 경우 : 품종별 낙과수조사 − 전체 낙과에 대하여 품종별 구분이 불가한 경우 : 품종별 낙과수 = 전체 낙과수 × (품종별 표본과실수 ÷ 전체 표본과실수의 합계) ③ 과중조사 품종별 개당 과중 = 품종별 표본과실 무게 합계 ÷ 표본과실수 ④ 피해구성조사(품종별로 실시) • 피해구성률 = {(50%형 피해과실수 × 0.5) + (80%형 피해과실수 × 0.8) + (100%형 피해과실수 × 1)} ÷ 표본과실수 • 금차 피해구성률 = 피해구성률 − max A − 금차 피해구성률은 다수 사고인 경우 적용 − max A : 금차 사고전 기조사된 착과피해구성률 중 최댓값을 말함 ☞ 금차 피해구성률이 영(0)보다 작은 경우에는 영(0)으로 함

참다래	수확
	개시후
	수확량
	조사
	(조사일
	기준)
		사고
		발생
		직후
			⑤ 금차 수확량
			＝{품종·수령별 착과수 × 품종별 개당 과중 × (1 － 금차 착과피해구성률)} ＋
			{품종·수령별 낙과수 × 품종별 개당 과중 × (1 － 금차 낙과피해구성률)} ＋
			{품종·수령별 면적(m²)당 평년수확량 × 미보상주수 × 품종·수령별 재식
			면적}
			
			⑥ 금차 감수량
			＝{품종·수령별 착과수 × 품종별 과중 × 금차 착과피해구성률} ＋ {품종·수
			령별 낙과수 × 품종별 과중 × 금차 낙과피해구성률} ＋ {품종·수령별 면적
			(m²)당 평년수확량 × 금차 고사주수 × (1 － max A) × 품종·수령별 재식면
			적}
			• 금차 고사주수 ＝ 고사주수 － 기조사 고사주수
			• 품종·수령별 면적(m²)당 평년수확량 ＝ 품종·수령별 평년수확량 ÷ 품종
			·수령별 재식면적 합계
			• 품종·수령별 평년수확량 ＝ 평년수확량 × (품종·수령별 표준수확량 ÷ 표
			준수확량)
			
			□ **피해율 산정**
			1. 금차 수확개시후 수확량조사가 최초 조사인 경우(이전 수확량조사가 없는 경우)
			 ① 「금차 수확량 ＋ 금차 감수량 ＋ 기수확량 ＜ 평년수확량」인 경우
			  피해율 ＝ (평년수확량 － 수확량 － 미보상감수량) ÷ 평년수확량
			  • 수확량 ＝ 평년수확량 － 금차 감수량
			  • 미보상감수량 ＝ 금차 감수량 × 미보상비율
			 ② 「금차 수확량 ＋ 금차 감수량 ＋ 기수확량 ≧ 평년수확량」인 경우
			  피해율 ＝ (평년수확량 － 수확량 － 미보상감수량) ÷ 평년수확량
			  • 수확량 ＝ 금차 수확량 ＋ 기수확량
			  • 미보상감수량 ＝ {평년수확량 － (금차 수확량 ＋ 기수확량)} × 미보상비율
			
			2. 수확개시전 수확량조사가 있는 경우(이전 수확량조사에 수확개시전 수확량조
			 사가 포함된 경우)
			 ① 「금차 수확량 ＋ 금차 감수량 ＋ 기수확량 ＞ 수확개시전 수확량조사 수확량」
			  ⇒ 오류 수정 필요
			 ② 「금차 수확량 ＋ 금차 감수량 ＋ 기수확량 ＞ 이전 조사 금차 수확량 ＋ 이전
			  조사 기수확량」 ⇒ 오류 수정 필요
			 ③ 「금차 수확량 ＋ 금차 감수량 ＋ 기수확량 ≦ 수확개시전 수확량조사 수확량」
			  이면서 「금차 수확량 ＋ 금차 감수량 ＋ 기수확량 ≦ 이전 조사 금차 수확량
			  ＋ 이전 조사 기수확량」인 경우
			  피해율 ＝ (평년수확량 － 수확량 － 미보상감수량) ÷ 평년수확량
			  • 수확량 ＝ 수확개시전 수확량 － 사고당 감수량의 합
			  • 미보상감수량 ＝ {평년수확량 － (수확개시전 수확량 － 사고당 감수량의
			   합)} × Max(미보상비율)

| 참다래 | 수확 개시후 수확량 조사 (조사일 기준) | 사고 발생 직후 | 3. 수확개시후 수확량조사만 있는 경우(이전 수확량조사가 모두 수확개시후 수확량조사인 경우)
① 「금차 수확량 + 금차 감수량 + 기수확량 > 이전 조사 금차 수확량 + 이전 조사 기수확량」 ⇒ 오류 수정 필요
② 「금차 수확량 + 금차 감수량 + 기수확량 ≦ 이전 조사 금차 수확량 + 이전 조사 기수확량」인 경우
　㉠ 최초 조사가 「금차 수확량 + 금차 감수량 + 기수확량 < 평년수확량」인 경우
　　피해율 = (평년수확량 − 수확량 − 미보상감수량) ÷ 평년수확량
　　• 수확량 = 평년수확량 − 사고당 감수량의 합
　　• 미보상감수량 = 사고당 감수량의 합 × Max(미보상비율)
　㉡ 최초 조사가 「금차 수확량 + 금차 감수량 + 기수확량 ≧ 평년수확량」인 경우
　　피해율 = (평년수확량 − 수확량 − 미보상감수량) ÷ 평년수확량
　　• 수확량 = 최초 조사 금차 수확량 + 최초 조사 기수확량 − 2차 이후 사고당 감수량의 합
　　• 미보상감수량 = {평년수확량 − (최초 조사 금차 수확량 + 최초 조사 기수확량) + 2차 이후 사고당 감수량의 합} × Max(미보상비율) |

④ 매실, 대추, 살구

품목별	조사 종류별	조사시기	피해율 산정방법
매실, 대추, 살구	수확 개시전 수확량 조사 (조사일 기준)	최초 수확전	□ **피해율 = (평년수확량 − 수확량 − 미보상감수량) ÷ 평년수확량** ① 수확량 = {품종·수령별 조사대상주수 × 품종·수령별 주당 착과량 × (1 − 착과피해구성률)} + (품종·수령별 주당 평년수확량 × 품종·수령별 미보상주수) ② 미보상감수량 = (평년수확량 − 수확량) × 미보상비율 ③ 품종·수령별 조사대상주수 = 품종·수령별 실제결과주수 − 품종·수령별 미보상주수 − 품종·수령별 고사나무주수 ④ 품종·수령별 평년수확량 = 평년수확량 × (품종별 표준수확량 ÷ 표준수확량) ⑤ 품종·수령별 주당 평년수확량 = 품종별·수령별(평년수확량 ÷ 실제결과주수) ⑥ 품종·수령별 주당 착과량 = 품종별·수령별(표본주의 착과무게 ÷ 표본주수) ⑦ 표본주 착과무게 = 조사 착과량 × 품종별 비대추정지수(매실) × 2(절반조사 시) ⑧ 피해구성조사 　피해구성률 = {(50%형 피해과실무게 × 0.5) + (80%형 피해과실무게 × 0.8) + (100%형 피해과실무게 × 1)} ÷ 표본과실무게

| 매실, 대추, 살구 | 수확 개시후 수확량 조사 (조사일 기준) | 사고 발생 직후 | ① 금차 수확량
= {품종·수령별 조사대상주수 × 품종·수령별 주당 착과량 × (1 − 금차 착과피해구성률)} + {품종·수령별 조사대상주수 × 품종별(·수령별) 주당 낙과량 × (1 − 금차 낙과피해구성률)} + (품종·수령별 주당 평년수확량 × 품종·수령별 미보상주수)
② 금차 감수량
= (품종·수령별 조사대상주수 × 품종·수령별 주당 착과량 × 금차 착과피해구성률) + (품종·수령별 조사대상주수 × 품종별(·수령별) 주당 낙과량 × 금차 낙과피해구성률) + {품종·수령별 금차 고사주수 × (품종·수령별 주당 착과량 + 품종별(·수령별) 주당 낙과량) × (1 − max A)}
• 품종·수령별 조사대상주수 = 품종·수령별 실제결과주수 − 품종·수령별 미보상주수 − 품종·수령별 고사나무주수 − 품종·수령별 수확완료주수
• 품종·수령별 평년수확량 = 평년수확량 ÷ 품종·수령별 표준수확량 합계 × 품종·수령별 표준수확량
• 품종·수령별 주당 평년수확량 = 품종·수령별 평년수확량 ÷ 품종·수령별 실제결과주수
• 품종·수령별 주당 착과량 = 품종·수령별 표본주의 착과량 ÷ 품종·수령별 표본주수
• 표본주 착과무게 = 조사 착과량 × 품종별 비대추정지수(매실) × 2(절반 조사시)
• 품종·수령별 금차 고사주수 = 품종·수령별 고사주수 − 품종·수령별 기조사 고사주수
③ 낙과량조사
• 표본조사
품종·수령별 주당 낙과량 = 품종·수령별 표본주의 낙과량 ÷ 품종·수령별 표본주수
• 전수조사
품종별 주당 낙과량 = 품종별 낙과량 ÷ 품종별 표본조사대상주수
 − 전체 낙과에 대하여 품종별 구분이 가능한 경우 : 품종별 낙과량 조사
 − 전체 낙과에 대하여 품종별 구분이 불가한 경우 : 품종별 낙과량
 = 전체 낙과량 × {품종별 표본과실수(무게) ÷ 표본과실수(무게)}
④ 피해구성조사
• 피해구성률 = {(50%형 피해과실무게 × 0.5) + (80%형 피해과실무게 × 0.8) + (100%형 피해과실무게 × 1)} ÷ 표본과실무게
• 금차 피해구성률 = 피해구성률 − max A
 − 금차 피해구성률은 다수 사고인 경우 적용
 − max A : 금차 사고전 기조사된 착과피해구성률 중 최댓값을 말함
☞ 금차 피해구성률이 영(0)보다 작은 경우에는 영(0)으로 함 |

매실, 대추, 살구	수확 개시후 수확량 조사 (조사일 기준)	사고 발생 직후	□ **피해율 산정**

□ **피해율 산정**

1. 금차 수확개시후 수확량조사가 최초 조사인 경우(이전 수확량조사가 없는 경우)
   ① 「금차 수확량 + 금차 감수량 + 기수확량 < 평년수확량」인 경우
      피해율 = (평년수확량 − 수확량 − 미보상감수량) ÷ 평년수확량
      - 수확량 = 평년수확량 − 금차 감수량
      - 미보상감수량 = 금차 감수량 × 미보상비율
   ② 「금차 수확량 + 금차 감수량 + 기수확량 ≧ 평년수확량」인 경우
      피해율 = (평년수확량 − 수확량 − 미보상감수량) ÷ 평년수확량
      - 수확량 = 금차 수확량 + 기수확량
      - 미보상감수량 = {평년수확량 − (금차 수확량 + 기수확량)} × 미보상비율

2. 수확개시전 수확량조사가 있는 경우(이전 수확량조사에 수확개시전 수확량조사가 포함된 경우)
   ① 「금차 수확량 + 금차 감수량 + 기수확량 > 수확개시전 수확량조사 수확량」 ⇒ 오류 수정 필요
   ② 「금차 수확량 + 금차 감수량 + 기수확량 > 이전 조사 금차 수확량 + 이전 조사 기수확량」 ⇒ 오류 수정 필요
   ③ 「금차 수확량 + 금차 감수량 + 기수확량 ≦ 수확개시전 수확량조사 수확량」 이면서 「금차 수확량 + 금차 감수량 + 기수확량 ≦ 이전 조사 금차 수확량 + 이전 조사 기수확량」인 경우
      피해율 = (평년수확량 − 수확량 − 미보상감수량) ÷ 평년수확량
      - 수확량 = 수확개시전 수확량 − 사고당 감수량의 합
      - 미보상감수량 = {평년수확량 − (수확개시전 수확량 − 사고당 감수량의 합)} × Max(미보상비율)

3. 수확개시후 수확량조사만 있는 경우(이전 수확량조사가 모두 수확개시후 수확량조사인 경우)
   ① 「금차 수확량 + 금차 감수량 + 기수확량 > 이전 조사 금차 수확량 + 이전 조사 기수확량」 ⇒ 오류 수정 필요
   ② 「금차 수확량 + 금차 감수량 + 기수확량 ≦ 이전 조사 금차 수확량 + 이전 조사 기수확량」인 경우
      ㉠ 최초 조사가 「금차 수확량 + 금차 감수량 + 기수확량 < 평년수확량」인 경우
         피해율 = (평년수확량 − 수확량 − 미보상감수량) ÷ 평년수확량
         - 수확량 = 평년수확량 − 사고당 감수량의 합
         - 미보상감수량 = 사고당 감수량의 합 × Max(미보상비율)
      ㉡ 최초 조사가 「금차 수확량 + 금차 감수량 + 기수확량 ≧ 평년수확량」인 경우
         피해율 = (평년수확량 − 수확량 − 미보상감수량) ÷ 평년수확량
         - 수확량 = 최초 조사 금차 수확량 + 최초 조사 기수확량 − 2차 이후 사고당 감수량의 합
         - 미보상감수량 = {평년수확량 − (최초 조사 금차 수확량 + 최초 조사 기수확량) + 2차 이후 사고당 감수량의 합} × Max(미보상비율)

⑤ 오미자

품목별	조사 종류별	조사시기	피해율 산정방법
오미자	수확 개시전 수확량 조사 (조사일 기준)	최초 수확전	□ **피해율 = (평년수확량 − 수확량 − 미보상감수량) ÷ 평년수확량** ① 수확량 = {형태·수령별 조사대상길이 × 형태·수령별 길이(m)당 착과량× 　(1 − 착과피해구성률)} + {형태·수령별 길이(m)당 평년수확량 × 형태·수령 　별 미보상길이} • 형태·수령별 조사대상길이 = 형태·수령별 실제재배길이 − 형태·수령별 　미보상길이 − 형태·수령별 고사길이 • 형태·수령별 길이(m)당 착과량 = 형태·수령별 표본구간의 착과무게 ÷ 형 　태·수령별 표본구간 길이의 합 • 표본구간 착과무게 = 조사 착과량 × 2(절반조사시) • 형태·수령별 길이(m)당 평년수확량 = 형태·수령별 평년수확량 ÷ 형태· 　수령별 실제재배길이 • 형태·수령별 평년수확량 = 평년수확량 × {형태·수령별 길이(m)당 표준 　수확량 × 형태·수령별 실제재배길이} ÷ 표준수확량 ② 미보상감수량 = (평년수확량 − 수확량) × 미보상비율 ③ 피해구성조사 　피해구성률 = {(50%형 피해과실무게 × 0.5) + (80%형 피해과실무게 × 0.8) 　+ (100%형 피해과실무게 × 1)} ÷ 표본과실무게
	수확 개시후 수확량 조사 (조사일 기준)	사고 발생 직후	① 기본사항 • 형태·수령별 조사대상길이 = 형태·수령별 실제재배길이 − 형태·수령별 　수확완료길이 − 형태·수령별 미보상길이 − 형태·수령별 고사길이 • 형태·수령별 평년수확량 = 평년수확량 ÷ 표준수확량 × 형태·수령별 표 　준수확량 • 형태·수령별 길이(m)당 평년수확량 = 형태·수령별 평년수확량 ÷ 형태· 　수령별 실제재배길이 • 형태·수령별 길이(m)당 착과량 = 형태·수령별 표본구간의 착과무게 ÷ 형 　태·수령별 표본구간 길이의 합 • 표본구간 착과무게 = 조사 착과량 × 2(절반조사시) • 형태·수령별 금차 고사길이 = 형태·수령별 고사길이 − 형태·수령별 기 　조사 고사길이 ② 낙과량조사 • 표본조사 　형태·수령별 길이(m)당 낙과량 = 형태·수령별 표본구간의 낙과량의 합 　÷ 형태·수령별 표본구간 길이의 합 • 전수조사 　길이(m)당 낙과량 = 낙과량 ÷ 전체 조사대상길이의 합 ③ 피해구성조사 • 피해구성률 = {(50%형　피해과실무게 × 0.5) + (80%형　피해과실무게 × 　0.8) + (100%형 피해과실무게 × 1)} ÷ 표본과실무게 • 금차 피해구성률 = 피해구성률 − max A 　− max A : 금차 사고전 기조사된 착과피해구성률 중 최댓값을 말함 　☞ 금차 피해구성률이 영(0)보다 작은 경우 : 금차 감수과실수는 영(0)으로 함

오미자	수확 개시후 수확량 조사 (조사일 기준)	사고 발생 직후	④ 금차 수확량 = {형태·수령별 조사대상길이 × 형태·수령별 길이(m)당 착과량 × (1 − 금차 착과피해구성률)} + {형태·수령별 조사대상길이 × 형태·수령별 길이(m)당 낙과량 × (1 − 금차 낙과피해구성률)} + (형태·수령별 길이(m)당 평년수확량 × 형태·수령별 미보상길이) ⑤ 금차 감수량 = {형태·수령별 조사대상길이 × 형태·수령별 길이(m)당 착과량 × 금차 착과피해구성률} + {형태·수령별 조사대상길이 × 형태·수령별 길이(m)당 낙과량 × 금차 낙과피해구성률} + {형태·수령별 금차 고사길이 × [형태·수령별 길이(m)당 착과량 + 형태·수령별 길이(m)당 낙과량] × (1 − max A)} □ 피해율 산정 1. 금차 수확개시후 수확량조사가 최초 조사인 경우(이전 수확량조사가 없는 경우) 　① 「금차 수확량 + 금차 감수량 + 기수확량 < 평년수확량」인 경우 　　피해율 = (평년수확량 − 수확량 − 미보상감수량) ÷ 평년수확량 　　• 수확량 = 평년수확량 − 금차 감수량 　　• 미보상감수량 = 금차 감수량 × 미보상비율 　② 「금차 수확량 + 금차 감수량 + 기수확량 ≧ 평년수확량」인 경우 　　피해율 = (평년수확량 − 수확량 − 미보상감수량) ÷ 평년수확량 　　• 수확량 = 금차 수확량 + 기수확량 　　• 미보상감수량 = {평년수확량 − (금차 수확량 + 기수확량)} × 미보상비율 2. 수확개시전 수확량조사가 있는 경우(이전 수확량조사에 수확개시전 수확량조사가 포함된 경우) 　① 「금차 수확량 + 금차 감수량 + 기수확량 > 수확개시전 수확량조사 수확량」⇒ 오류 수정 필요 　② 「금차 수확량 + 금차 감수량 + 기수확량 > 이전 조사 금차 수확량 + 이전 조사 기수확량」⇒ 오류 수정 필요 　③ 「금차 수확량 + 금차 감수량 + 기수확량 ≦ 수확개시전 수확량조사 수확량」이면서 「금차 수확량 + 금차 감수량 + 기수확량 ≦ 이전 조사 금차 수확량 + 이전 조사 기수확량」인 경우 　　피해율 = (평년수확량 − 수확량 − 미보상감수량) ÷ 평년수확량 　　• 수확량 = 수확개시전 수확량 − 사고당 감수량의 합 　　• 미보상감수량 = {평년수확량 − (수확개시전 수확량 − 사고당 감수량의 합)} × Max(미보상비율)

| 오미자 | 수확
개시후
수확량
조사
(조사일
기준) | 사고
발생
직후 | 3. 수확개시후 수확량조사만 있는 경우(이전 수확량조사가 모두 수확개시후 수확량조사인 경우)
① 「금차 수확량＋금차 감수량＋기수확량 ＞ 이전 조사 금차 수확량＋이전 조사 기수확량」 ⇒ 오류 수정 필요
② 「금차 수확량＋금차 감수량＋기수확량 ≦ 이전 조사 금차 수확량＋이전 조사 기수확량」인 경우
　㉠ 최초 조사가 「금차 수확량＋금차 감수량＋기수확량 ＜ 평년수확량」인 경우
　　피해율＝(평년수확량－수확량－미보상감수량)÷평년수확량
　　• 수확량＝평년수확량－사고당 감수량의 합
　　• 미보상감수량＝사고당 감수량의 합×Max(미보상비율)
　㉡ 최초 조사가 「금차 수확량＋금차 감수량＋기수확량 ≧ 평년수확량」인 경우
　　피해율＝(평년수확량－수확량－미보상감수량)÷평년수확량
　　• 수확량＝최초 조사 금차 수확량＋최초 조사 기수확량－2차 이후 사고당 감수량의 합
　　• 미보상감수량＝{평년수확량－(최초 조사 금차 수확량＋최초 조사 기수확량)＋2차 이후 사고당 감수량의 합}×Max(미보상비율) |

⑥ 유 자

품목별	조사 종류별	조사시기	피해율 산정방법
유 자	수확량 조사	수확 개시전	① 기본사항 • 품종·수령별 조사대상주수＝품종·수령별 실제결과주수－품종·수령별 미보상주수－품종·수령별 고사주수 • 품종·수령별 평년수확량＝평년수확량÷표준수확량×품종·수령별 표준수확량 • 품종·수령별 주당 평년수확량＝품종·수령별 평년수확량÷품종·수령별 실제결과주수 • 품종·수령별 과중＝품종·수령별 표본과실 무게합계÷품종·수령별 표본과실수 • 품종·수령별 표본주당 착과수＝품종·수령별 표본주 착과수 합계÷품종·수령별 표본주수 • 품종·수령별 표본주당 착과량＝품종·수령별 표본주당 착과수×품종·수령별 과중 ② 피해구성조사 　피해구성률＝{(50%형 피해과실수×0.5)＋(80%형 피해과실수×0.8)＋(100%형 피해과실수×1)}÷표본과실수 ③ 피해율＝(평년수확량－수확량－미보상감수량)÷평년수확량 • 수확량＝{품종·수령별 표본조사대상주수×품종·수령별 표본주당 착과량×(1－착과피해구성률)}＋(품종·수령별 주당 평년수확량×품종·수령별 미보상주수) • 미보상감수량＝(평년수확량－수확량)×미보상비율

품목별	조사 종류별	조사시기	피해율 산정방법
오 디	과실손해 조사	결실완료 시점 ~ 수확전	① 피해율 = (평년결실수 − 조사결실수 − 미보상감수결실수) ÷ 평년결실수 ② 조사결실수 = Σ{(품종·수령별 환산결실수 × 품종·수령별 조사대상주수) + (품종별 주당 평년결실수 × 품종·수령별 미보상주수)} ÷ 전체 실제결과주수 • 품종·수령별 환산결실수 = 품종·수령별 표본가지 결실수 합계 ÷ 품종· 수령별 표본가지 길이 합계 • 품종·수령별 표본조사대상주수 = 품종·수령별 실제결과주수 − 품종·수령별 고사주수 − 품종·수령별 미보상주수 • 품종별 주당 평년결실수 = 품종별 평년결실수 ÷ 품종별 실제결과주수 • 품종별 평년결실수 = (평년결실수 × 전체 실제결과주수) × (대상 품종 표준결실수 × 대상 품종 실제결과주수) ÷ Σ(품종별 표준결실수 × 품종별 실제결과주수) ③ 미보상감수결실수 = Max{(평년결실수 − 조사결실수) × 미보상비율, 0}
감 귤	과실손해 조사	착과피해 조사	① 과실손해 피해율 = {(등급내 피해과실수 + 등급외 피해과실수 × 50%) ÷ 기준과실수} × (1 − 미보상비율) ② 피해인정 과실수 = 등급내 피해과실수 + 등급외 피해과실수 × 50% • 등급내 피해과실수 = (등급내 30%형 과실수 합계 × 0.3) + (등급내 50%형 과실수 합계 × 0.5) + (등급내 80%형 과실수 합계 × 0.8) + (등급내 100%형 과실수 × 1) • 등급외 피해과실수 = (등급외 30%형 과실수 합계 × 0.3) + (등급외 50%형 과실수 합계 × 0.5) + (등급외 80%형 과실수 합계 × 0.8) + (등급외 100%형 과실수 × 1) ※ 만감류는 등급외 피해과실수를 피해인정 과실수 및 과실손해 피해율에 반영하지 않음 • 기준과실수 : 모든 표본주의 과실수 총 합계 단, 수확전 사고조사를 실시한 경우에는 아래와 같이 적용한다. **(수확전 사고조사 결과가 있는 경우)** 과실손해 피해율 = {최종 수확전 과실손해 피해율 ÷ (1 − 최종 수확전 과실손해조사 미보상비율)} + {(1 − (최종 수확전 과실손해 피해율 ÷ (1 − 최종 수확전 과실손해조사 미보상비율))) × (과실손해 피해율 ÷ (1 − 과실손해미보상비율))} × {1 − 최댓값(최종 수확전 과실손해조사 미보상비율, 과실손해 미보상비율)} • 수확전 과실손해 피해율 = {100%형 피해과실수 ÷ (정상 과실수 + 100%형 피해과실수)} × (1 − 미보상비율) • 최종 수확전 과실손해 피해율 = {(이전 100%형 피해과실수 + 금차 100%형 피해과실수) ÷ (정상 과실수 + 100%형 피해과실수)} × (1 − 미보상비율)

감 귤	동상해 조사	착과피해 조사	동상해 과실손해 피해율 = 동상해 피해과실수 ÷ 기준과실수 $= \dfrac{(80\%형\ 피해과실수 \times 0.8) + (100\%형\ 피해과실수 \times 1)}{정상과실수 + 80\%형\ 피해과실수 + 100\%형\ 피해과실수}$ ① 동상해 피해과실수 = (80%형 피해과실수 × 0.8) + (100%형 피해과실수 × 1) ② 기준과실수(모든 표본주의 과실수 총 합계) = 정상과실수 + 80%형 피해과실수 + 100%형 피해과실수
복분자	종합위험 과실손해 조사	수정완료 시점 ~ 수확전	① 종합위험 과실손해 고사결과모지수 　㉠ 종합위험 과실손해 고사결과모지수 = 평년결과모지수 − (기준 살아있는 결과모지수 − 수정불량환산 고사결과모지수 + 미보상고사결과모지수) 　㉡ 기준 살아있는 결과모지수 = 표본구간 살아있는 결과모지수의 합 ÷ (표본구간수 × 5) 　㉢ 수정불량환산 고사결과모지수 = 표본구간 수정불량 고사결과모지수의 합 ÷ (표본구간수 × 5) 　㉣ 표본구간 수정불량 고사결과모지수 = 표본구간 살아있는 결과모지수 × 수정불량환산계수 　㉤ 수정불량환산계수 = (수정불량결실수 ÷ 전체결실수) − 자연수정불량률 = 최댓값{(표본포기 6송이 피해 열매수의 합 ÷ 표본포기 6송이 열매수의 합계) − 15%, 0} 　※ 자연수정불량률 : 15%(※ 2014 복분자 수확량 연구용역 결과반영) 　㉥ 미보상고사결과모지수 = 최댓값{[평년결과모지수 − (기준 살아있는 결과모지수 − 수정불량환산 고사결과모지수)] × 미보상비율, 0}
	특정위험 과실손해 조사	사고접수 직후	② 특정위험 과실손해 고사결과모지수 　㉠ 특정위험 과실손해 고사결과모지수 = 수확감소환산 고사결과모지수 − 미보상고사결과모지수 　㉡ 수확감소환산 고사결과모지수(종합위험 과실손해조사를 실시한 경우) 　　 = (기준 살아있는 결과모지수 − 수정불량환산 고사결과모지수) × 누적수확감소환산계수 　㉢ 수확감소환산 고사결과모지수(종합위험 과실손해조사를 실시하지 않은 경우) = 평년결과모지수 × 누적수확감소환산계수 　㉣ 누적수확감소환산계수 = 특정위험 과실손해조사별 수확감소환산계수의 합 　㉤ 수확감소환산계수 = 최댓값(기준일자별 잔여수확량 비율 − 결실률, 0) 　㉥ 결실률 = 전체결실수 ÷ 전체개화수 　　 = Σ(표본송이의 수확 가능한 열매수) ÷ Σ(표본송이의 총열매수) 　㉦ 미보상고사결과모지수 = 수확감소환산 고사결과모지수 × 최댓값(특정위험 과실손해조사별 미보상비율) ③ 피해율 = 고사결과모지수 ÷ 평년결과모지수 ④ 고사결과모지수 = 종합위험 과실손해 고사결과모지수 + 특정위험 과실손해 고사결과모지수

| 무화과 | 수확량 조사 | 수확전 수확후 | 1. 기본사항
① 품종·수령별 조사대상주수 = 품종·수령별 실제결과주수 − 품종·수령별 미보상주수 − 품종·수령별 고사주수
② 품종·수령별 평년수확량 = 평년수확량 × (품종·수령별 주당 표준수확량 × 품종·수령별 실제결과주수 ÷ 표준수확량)
③ 품종·수령별 주당 평년수확량 = 품종·수령별 평년수확량 ÷ 품종·수령별 실제결과주수

2. 7월 31일 이전 피해율
피해율 = (평년수확량 − 수확량 − 미보상감수량) ÷ 평년수확량
① 수확량 = {품종·수령별 조사대상주수 × 품종·수령별 주당 수확량 × (1 − 피해구성률)} + (품종·수령별 주당 평년수확량 × 미보상주수)
• 품종·수령별 주당 수확량 = 품종·수령별 주당 착과수 × 표준과중
• 품종·수령별 주당 착과수 = 품종·수령별 표본주 과실수의 합계 ÷ 품종·수령별 표본주수
② 미보상감수량 = (평년수확량 − 수확량) × 미보상비율
③ 피해구성조사
피해구성률 = {(50%형 피해과실수 × 0.5) + (80%형 피해과실수 × 0.8) + (100%형 피해과실수 × 1)} ÷ 표본과실수

3. 8월 1일 이후 피해율
① 피해율 = (1 − 수확전 사고피해율) × 잔여수확량비율 × 결과지피해율
② 결과지피해율 = (고사결과지수 + 미고사결과지수 × 착과피해율 − 미보상고사결과지수) ÷ 기준결과지수
• 기준결과지수 = 고사결과지수 + 미고사결과지수
• 고사결과지수 = 보상고사결과지수 + 미보상고사결과지수
※ 8월 1일 이후 사고가 중복 발생할 경우 금차 피해율에서 전차 피해율을 차감하고 산정함 |

(5) 종합위험 수확감소보장방식 논작물 품목

① 벼

품목별	조사종류별	조사시기	피해율 산정방법
벼	수량요소 (벼만 해당)	수확전 14일 (전후)	① 피해율 = (평년수확량 − 수확량 − 미보상감수량) ÷ 평년수확량 　(단, 병해충 단독사고일 경우 병해충 최대 인정피해율 적용) ② 수확량 = 표준수확량 × 조사수확비율 × 피해면적 보정계수 ③ 미보상감수량 = (평년수확량 − 수확량) × 미보상비율
	표 본	수확 가능시기	① 피해율 = (평년수확량 − 수확량 − 미보상감수량) ÷ 평년수확량 　(단, 병해충 단독사고일 경우 병해충 최대 인정피해율 적용) ② 수확량 = (표본구간 단위면적당 유효중량 × 조사대상면적) + {단위면적당 평년수확량 × (타작물 및 미보상면적 + 기수확면적)} ③ 단위면적당 평년수확량 = 평년수확량 ÷ 실제경작면적 ④ 조사대상면적 = 실제경작면적 − 고사면적 − 타작물 및 미보상면적 − 기수확면적 ⑤ 표본구간 단위면적당 유효중량 = 표본구간 유효중량 ÷ 표본구간면적 ⑥ 표본구간 유효중량 = 표본구간 작물중량 합계 × (1 − Loss율) × {(1 − 함수율) ÷ (1 − 기준함수율)} 　※ Loss율 : 7% / 기준함수율 : 메벼(15%), 찰벼(13%) ⑦ 표본구간면적 = 4포기 길이 × 포기당 간격 × 표본구간수 ⑧ 미보상감수량 = (평년수확량 − 수확량) × 미보상비율
	전 수	수확시	① 피해율 = (평년수확량 − 수확량 − 미보상감수량) ÷ 평년수확량 　(단, 병해충 단독사고일 경우 병해충 최대 인정피해율 적용) ② 수확량 = 조사대상면적 수확량 + {단위면적당 평년수확량 × (타작물 및 미보상면적 + 기수확면적)} ③ 단위면적당 평년수확량 = 평년수확량 ÷ 실제경작면적 ④ 조사대상면적 = 실제경작면적 − 고사면적 − 타작물 및 미보상면적 − 기수확면적 ⑤ 조사대상면적 수확량 = 작물중량 × {(1 − 함수율) ÷ (1 − 기준함수율)} 　※ 기준함수율 : 메벼(15%), 찰벼(13%) ⑥ 미보상감수량 = (평년수확량 − 수확량) × 미보상비율

※ 하나의 농지에 대하여 여러 종류의 수확량조사가 실시되었을 경우, 피해율 적용 우선순위는 전수, 표본, 수량요소 순임

② 밀, 보리

품목별	조사종류별	조사시기	피해율 산정방법
밀, 보리	표 본	수확 가능시기	① 피해율 = (평년수확량 − 수확량 − 미보상감수량) ÷ 평년수확량 ② 수확량 = (표본구간 단위면적당 유효중량 × 조사대상면적) + {단위면적당 평년수확량 × (타작물 및 미보상면적 + 기수확면적)} ③ 단위면적당 평년수확량 = 평년수확량 ÷ 실제경작면적 ④ 조사대상면적 = 실제경작면적 − 고사면적 − 타작물 및 미보상면적 − 기수확면적 ⑤ 표본구간 단위면적당 유효중량 = 표본구간 유효중량 ÷ 표본구간면적 ⑥ 표본구간 유효중량 = 표본구간 작물중량 합계 × (1 − Loss율) × {(1 − 함수율) ÷ (1 − 기준함수율)} ※ Loss율 : 7% / 기준함수율 : 밀(13%), 보리(13%) ⑦ 표본구간면적 = 4포기 길이 × 포기당 간격 × 표본구간수 ⑧ 미보상감수량 = (평년수확량 − 수확량) × 미보상비율
	전 수	수확시	① 피해율 = (평년수확량 − 수확량 − 미보상감수량) ÷ 평년수확량 ② 수확량 = 조사대상면적 수확량 + {단위면적당 평년수확량 × (타작물 및 미보상면적 + 기수확면적)} ③ 단위면적당 평년수확량 = 평년수확량 ÷ 실제경작면적 ④ 조사대상면적 = 실제경작면적 − 고사면적 − 타작물 및 미보상면적 − 기수확면적 ⑤ 조사대상면적 수확량 = 작물중량 × {(1 − 함수율) ÷ (1 − 기준함수율)} ※ 기준함수율 : 밀(13%), 보리(13%) ⑥ 미보상감수량 = (평년수확량 − 수확량) × 미보상비율

(6) 종합위험 수확감소보장방식 밭작물 품목

품목별	조사종류별	조사시기	피해율 산정방법
양배추	수확량조사 (수확전 사고가 발생한 경우)	수확 직전	① 피해율 = (평년수확량 – 수확량 – 미보상감수량) ÷ 평년수확량 ② 수확량 = (표본구간 단위면적당 수확량 × 조사대상면적) + {단위면적당 평년수확량 × (타작물 및 미보상면적 + 기수확면적)} ③ 단위면적당 평년수확량 = 평년수확량 ÷ 실제경작면적 ④ 표본조사대상면적 = 실제경작면적 – 고사면적 – 타작물 및 미보상면적 – 기수확면적 ⑤ 표본구간 단위면적당 수확량 = 표본구간 수확량 합계 ÷ 표본구간면적 ※ 표본구간 수확량 합계 = 표본구간 정상 양배추 중량 + (80% 피해 양배추 중량 × 0.2) ⑥ 미보상감수량 = (평년수확량 – 수확량) × 미보상비율
	수확량조사 (수확중 사고가 발생한 경우)	사고발생 직후	
차(茶)	수확량조사 (조사 가능일 전 사고가 발생한 경우)	조사 가능일 직전	① 피해율 = (평년수확량 – 수확량 – 미보상감수량) ÷ 평년수확량 ② 수확량 = (표본구간 단위면적당 수확량 × 조사대상면적) + {단위면적당 평년수확량 × (타작물 및 미보상면적 + 기수확면적)} ③ 단위면적당 평년수확량 = 평년수확량 ÷ 실제경작면적 ④ 조사대상면적 = 실제경작면적 – 고사면적 – 타작물 및 미보상면적 – 기수확면적 ⑤ 표본구간 단위면적당 수확량 = 표본구간 수확량 합계 ÷ 표본구간 면적 합계 × 수확면적률 ※ 표본구간 수확량 합계 = {(수확한 새싹무게 ÷ 수확한 새싹수) × 기수확 새싹수 × 기수확지수} + 수확한 새싹무게 ⑥ 미보상감수량 = (평년수확량 – 수확량) × 미보상비율
	수확량조사 (조사 가능일 후 사고가 발생한 경우)	사고발생 직후	
양파, 마늘	수확량조사 (수확전 사고가 발생한 경우)	수확 직전	① 피해율 = (평년수확량 – 수확량 – 미보상감수량) ÷ 평년수확량 ② 수확량 = (표본구간 단위면적당 수확량 × 조사대상면적) + {단위면적당 평년수확량 × (타작물 및 미보상면적 + 기수확면적)} ③ 단위면적당 평년수확량 = 평년수확량 ÷ 실제경작면적 ④ 조사대상면적 = 실제경작면적 – 고사면적 – 타작물 및 미보상면적 – 기수확면적 ⑤ 표본구간 단위면적당 수확량 = 표본구간 수확량 합계 ÷ 표본구간면적 • 표본구간 수확량 합계 = {표본구간 정상 작물중량 + (80% 피해 작물중량 × 0.2)} × (1 + 비대추정지수) × 환산계수 • 환산계수는 마늘에 한하여 0.7(한지형), 0.72(난지형)를 적용 • 누적비대추정지수 = 지역별 수확적기까지 잔여일수 × 일자별 비대추정지수 ⑥ 미보상감수량 = (평년수확량 – 수확량) × 미보상비율
	수확량조사 (수확 중 사고가 발생한 경우)	사고발생 직후	

콩, 팥	수확량조사 (수확전 사고가 발생한 경우)	수확 직전	① 피해율 = (평년수확량 − 수확량 − 미보상감수량) ÷ 평년수확량 ② 수확량(표본조사) = (표본구간 단위면적당 수확량 × 조사대상면적) + {단위면적당 평년수확량 × (타작물 및 미보상면적 + 기수확면적)} ③ 수확량(전수조사) = {전수조사 수확량 × (1 − 함수율) ÷ (1 − 기준함수율)} + {단위면적당 평년수확량 × (타작물 및 미보상면적 + 기수확면적)} ④ 표본구간 단위면적당 수확량 = 표본구간 수확량 합계 ÷ 표본구간면적 • 표본구간 수확량 합계 = 표본구간별 종실중량 합계 × {(1 − 함수율) ÷ (1 − 기준함수율)} • 기준함수율 : 콩(14%), 팥(14%)
	수확량조사 (수확 중 사고가 발생한 경우)	사고발생 직후	⑤ 조사대상면적 = 실제경작면적 − 고사면적 − 타작물 및 미보상면적 − 기수확면적 ⑥ 단위면적당 평년수확량 = 평년수확량 ÷ 실제경작면적 ⑦ 미보상감수량 = (평년수확량 − 수확량) × 미보상비율
감 자	수확량조사 (수확전 사고가 발생한 경우)	수확 직전	① 피해율 = {(평년수확량 − 수확량 − 미보상감수량) + 병충해감수량} ÷ 평년수확량 ② 수확량 = (표본구간 단위면적당 수확량 × 조사대상면적) + {단위면적당 평년수확량 × (타작물 및 미보상면적 + 기수확면적)} ③ 단위면적당 평년수확량 = 평년수확량 ÷ 실제경작면적 ④ 조사대상면적 = 실제경작면적 − 고사면적 − 타작물 및 미보상면적 − 기수확면적 ⑤ 표본구간 단위면적당 수확량 = 표본구간 수확량 합계 ÷ 표본구간면적 ※ 표본구간 수확량 합계 = 표본구간별 정상 감자 중량 + (최대 지름이 5cm 미만이거나 50%형 피해 감자 중량 × 0.5) + 병충해 입은 감자 중량
	수확량조사 (수확 중 사고가 발생한 경우)	사고발생 직후	⑥ 병충해감수량 = 병충해 입은 괴경의 무게 × 손해정도비율 × 인정비율 ※ 위 산식은 각각의 표본구간별로 적용되며, 각 표본구간면적을 감안하여 전체 병충해감수량을 산정 ⑦ 미보상감수량 = (평년수확량 − 수확량) × 미보상비율
고구마	수확량조사 (수확전 사고가 발생한 경우)	수확 직전	① 피해율 = (평년수확량 − 수확량 − 미보상감수량) ÷ 평년수확량 ② 수확량 = (표본구간 단위면적당 수확량 × 조사대상면적) + {단위면적당 평년수확량 × (타작물 및 미보상면적 + 기수확면적)} ③ 단위면적당 평년수확량 = 평년수확량 ÷ 실제경작면적 ④ 조사대상면적 = 실제경작면적 − 고사면적 − 타작물 및 미보상면적 − 기수확면적
	수확량조사 (수확 중 사고가 발생한 경우)	사고발생 직후	⑤ 표본구간 단위면적당 수확량 = 표본구간 수확량 합계 ÷ 표본구간면적 ※ 표본구간 수확량 = 표본구간별 정상 고구마 중량 + (50%형 피해 고구마 중량 × 0.5) + (80%형 피해 고구마 중량 × 0.2) ⑥ 미보상감수량 = (평년수확량 − 수확량) × 미보상비율
옥수수	수확량조사 (수확전 사고가 발생한 경우)	수확 직전	① 손해액 = (피해수확량 − 미보상감수량) × 가입가격 ② 피해수확량 = (표본구간 단위면적당 피해수확량 × 표본조사대상면적) + (단위면적당 표준수확량 × 고사면적) ③ 단위면적당 표준수확량 = 표준수확량 ÷ 실제경작면적 ④ 조사대상면적 = 실제경작면적 − 고사면적 − 타작물 및 미보상면적 − 기수확면적
	수확량조사 (수확 중 사고가 발생한 경우)	사고발생 직후	⑤ 표본구간 단위면적당 피해수확량 = 표본구간 피해수확량 합계 ÷ 표본구간면적 ※ 표본구간 피해수확량 합계 = (표본구간 '하'품 이하 옥수수 개수 + '중'품 옥수수 개수 × 0.5) × 표준중량 × 재식시기지수 × 재식밀도지수 ⑥ 미보상감수량 = 피해수확량 × 미보상비율

(7) 종합위험 생산비보장방식 밭작물 품목

품목별	조사 종류별	조사시기	피해율 산정방법
고추, 브로콜리, 배추, 무, 단호박, 파, 당근, 메밀	생산비보장 손해 조사	사고발생 직후	**1. 보험금 산정(고추, 브로콜리)** ① 보험금 = (잔존보험가입금액 × 경과비율 × 피해율) − 자기부담금 (단, 고추는 병충해가 있는 경우 병충해등급별 인정비율 추가하여 피해율에 곱함) ② 경과비율 • 수확기 이전에 사고시 $= \left\{ \alpha + (1 - \alpha) \times \dfrac{생장일수}{표준생장일수} \right\}$ • 수확기 중 사고시 $= \left(1 - \dfrac{수확일수}{표준수확일수} \right)$ α(준비기생산비계수) = (고추 : 52.7%, 브로콜리 : 49.2%) 〈용어의 정의〉 • 생장일수 : 정식일로부터 사고발생일까지 경과일수 • 표준생장일수 : 정식일로부터 수확개시일까지의 일수로 작목별로 사전에 설정된 값(고추 : 100일, 브로콜리 : 130일) • 수확일수 : 수확개시일로부터 사고발생일까지 경과일수 • 표준수확일수 : 수확개시일부터 수확종료(예정)일까지 일수 ③ 자기부담금 = 잔존보험가입금액 × (3% 또는 5%) **2. 보험금 산정[배추, 무, 단호박, 파, 당근, 메밀, 시금치(노지)]** 보험금 = 보험가입금액 × (피해율 − 자기부담비율) **3. 품목별 피해율 산정** ① 고추 피해율 = 피해비율 × 손해정도비율(심도) × (1 − 미보상비율) • 피해비율 = 피해면적 ÷ 실제경작면적(재배면적) • 손해정도비율 = {(20%형 피해 고추주수 × 0.2) + (40%형 피해 고추주수 × 0.4) + (60%형 피해 고추주수 × 0.6) + (80%형 피해 고추주수 × 0.8) + (100형 피해 고추주수)} ÷ (정상 고추주수 + 20%형 피해 고추주수 + 40%형 피해 고추주수 + 60%형 피해 고추주수 + 80%형 피해 고추주수 + 100%형 피해 고추주수) ② 브로콜리 피해율 = 피해비율 × 작물피해율 • 피해비율 = 피해면적 ÷ 실제경작면적(재배면적) • 작물피해율 = {(50%형 피해송이 개수 × 0.5) + (80%형 피해송이 개수 × 0.8) + (100%형 피해송이 개수)} ÷ (정상 송이 개수 + 50%형 피해송이 개수 + 80%형 피해송이 개수 + 100%형 피해송이 개수) ③ 배추, 무, 단호박, 파, 당근, 시금치(노지) 피해율 = 피해비율 × 손해정도비율(심도) × (1 − 미보상비율) • 피해비율 = 피해면적 ÷ 실제경작면적(재배면적) • 손해정도비율 = {(20%형 피해작물 개수 × 0.2) + (40%형 피해작물 개수 × 0.4) + (60%형 피해작물 개수 × 0.6) + (80%형 피해작물 개수 × 0.8) + (100%형 피해작물 개수)} ÷ (정상 작물 개수 + 20%형 피해작물 개수 + 40%형 피해작물 개수 + 60%형 피해작물 개수 + 80%형 피해작물 개수 + 100%형 피해작물 개수) ④ 메밀 피해율 = 피해면적 ÷ 실제경작면적(재배면적) • 피해면적 = (도복으로 인한 피해면적 × 70%) + {도복 이외로 인한 피해면적 × [(20%형 피해 표본면적 × 0.2) + (40%형 피해 표본면적 × 0.4) + (60%형 피해 표본면적 × 0.6) + (80%형 피해 표본면적 × 0.8) + (100%형 피해 표본면적 × 1)] ÷ 표본면적 합계}

(8) 농업수입감소보장방식 과수작물 품목

품목별	조사 종류별	조사시기	피해율 산정방법
포 도	수확량 조사	착과수조사 (최초 수확 품종 수확전) / 과중조사 (품종별 수확시기) / 착과피해조사 (피해 확인 가능 시기) / 낙과피해조사 (착과수조사 이후 낙과피해시) / 고사나무조사 (수확완료후)	□ 착과수(수확개시전 착과수조사시) ① 품종·수령별 착과수 = 품종·수령별 조사대상주수 × 품종·수령별 주당 착과수 ② 품종·수령별 조사대상주수 = 품종·수령별 실제결과주수 − 품종·수령별 고사주수 − 품종·수령별 미보상주수 ③ 품종·수령별 주당 착과수 = 품종·수령별 표본주의 착과수 ÷ 품종·수령별 표본주수 □ 착과수(착과피해조사시) ① 품종·수령별 착과수 = 품종·수령별 조사대상주수 × 품종·수령별 주당 착과수 ② 품종·수령별 조사대상주수 = 품종·수령별 실제결과주수 − 품종·수령별 고사주수 − 품종·수령별 미보상주수 − 품종·수령별 수확완료주수 ③ 품종·수령별 주당 착과수 = 품종별·수령별 표본주의 착과수 ÷ 품종별·수령별 표본주수 □ 과중조사(사고접수 여부와 상관없이 모든 농지마다 실시) 품종별 과중 = 품종별 표본과실 무게 ÷ 품종별 표본과실수 □ 낙과수 산정(착과수조사 이후 발생한 낙과사고마다 산정) ① 표본조사시 : 품종·수령별 낙과수조사 • 품종·수령별 낙과수 = 품종·수령별 조사대상주수 × 품종·수령별 주당 낙과수 • 품종·수령별 조사대상주수 = 품종·수령별 실제결과주수 − 품종·수령별 고사주수 − 품종·수령별 미보상주수 − 품종·수령별 수확완료주수 • 품종·수령별주당 낙과수 = 품종·수령별 표본주의 낙과수 ÷ 품종·수령별 표본주수 ② 전수조사시 : 품종별 낙과수조사 • 전체 낙과수에 대한 품종 구분이 가능할 때 : 품종별로 낙과수조사 • 전체 낙과수에 대한 품종 구분이 불가능할 때 : 전체 낙과수조사 후 품종별 안분 • 품종별 낙과수 = 전체 낙과수 × (품종별 표본과실수 ÷ 품종별 표본과실수의 합계) • 품종별 주당 낙과수 = 품종별 낙과수 ÷ 품종별 조사대상주수 • 품종별 조사대상주수 = 품종별 실제결과주수 − 품종별 고사주수 − 품종별 미보상주수 − 품종별 수확완료주수

| 포 도 | 수확량
조사 | 착과수조사
(최초 수확 품종
수확전)
/
과중조사
(품종별
수확시기)
/
착과피해조사
(피해 확인 가능
시기)
/
낙과피해조사
(착과수조사
이후
낙과피해시)
/
고사나무조사
(수확완료후) | □ **피해구성조사(낙과 및 착과피해 발생시 실시)**
① 피해구성률 = {(50%형 피해과실수 × 0.5) + (80%형 피해과실수 × 0.8) + (100%형 피해과실수 × 1)} ÷ 표본과실수
② 금차 피해구성률 = 피해구성률 − max A
　• 금차 피해구성률은 다수 사고인 경우 적용
　• max A : 금차 사고전 기조사된 착과피해구성률 중 최댓값을 말함
　☞ 금차 피해구성률이 영(0)보다 작은 경우에는 영(0)으로 함

□ **착과량 산정**
① 착과량 = 품종·수령별 착과량의 합
② 품종·수령별 착과량 = (품종·수령별 착과수 × 품종별 과중) + (품종·수령별 주당 평년수확량 × 미보상주수)
③ 품종·수령별 주당 평년수확량 = 품종·수령별 평년수확량 ÷ 품종·수령별 실제결과주수
④ 품종·수령별 평년수확량 = 평년수확량 × (품종·수령별 표준수확량 ÷ 표준수확량)
⑤ 품종·수령별 표준수확량 = 품종·수령별 주당 표준수확량 × 품종·수령별 실제결과주수

□ **감수량 산정(사고마다 산정)**
① 금차 감수량 = 금차 착과 감수량 + 금차 낙과 감수량 + 금차 고사주수 감수량
② 금차 착과 감수량 = 금차 품종별·수령별 착과 감수량의 합
③ 금차 품종·수령별 착과 감수량 = 금차 품종·수령별 착과수 × 품종별 과중 × 금차 품종별 착과피해구성률
④ 금차 낙과 감수량 = 금차 품종·수령별 낙과수 × 품종별 과중 × 금차 낙과피해구성률
⑤ 금차 고사주수 감수량 = 품종·수령별 금차 고사주수 × (품종·수령별 주당 착과수 + 품종·수령별 주당 낙과수) × 품종별 과중 × (1 − max A)
⑥ 품종·수령별 금차 고사주수 = 품종·수령별 고사주수 − 품종·수령별 기조사 고사주수

□ **피해율 산정**
① 피해율 = (기준수입 − 실제수입) ÷ 기준수입
② 기준수입 = 평년수확량 × 농지별 기준가격
③ 실제수입 = (수확량 + 미보상감수량) × 최솟값(농지별 기준가격, 농지별 수확기가격)
④ 미보상감수량 = (평년수확량 − 수확량) × 최댓값(미보상비율)

□ **수확량 산정**
품종별 개당 과중이 모두 있는 경우
수확량 = 착과량 − 사고당 감수량의 합 |

품목별	조사 종류별	조사시기	피해율 산정방법
콩	수확량 조사	수확 직전	① 피해율 = (기준수입 − 실제수입) ÷ 기준수입 • 기준수입 = 평년수확량 × 농지별 기준가격 • 실제수입 = (수확량 + 미보상감수량) × 최솟값(농지별 기준가격, 농지별 수확기가격) ② 수확량(표본조사) = (표본구간 단위면적당 수확량 × 조사대상면적) + {단위면적당 평년수확량 × (타작물 및 미보상면적 + 기수확면적)} ③ 수확량(전수조사) = {전수조사 수확량 × (1 − 함수율) ÷ (1 − 기준함수율)} + {단위면적당 평년수확량 × (타작물 및 미보상면적 + 기수확면적)} ④ 표본구간 단위면적당 수확량 = 표본구간 수확량 합계 ÷ 표본구간면적 • 표본구간 수확량 합계 = 표본구간별 종실중량 합계 × {(1 − 함수율) ÷ (1 − 기준함수율)} • 기준함수율 : 콩(14%) ⑤ 조사대상면적 = 실제경작면적 − 고사면적 − 타작물 및 미보상면적 − 기수확면적 ⑥ 단위면적당 평년수확량 = 평년수확량 ÷ 실제경작면적 ⑦ 미보상감수량 = (평년수확량 − 수확량) × 미보상비율(또는 보상하는 재해가 없이 감소된 수량)
양 파	수확량 조사	수확 직전	① 피해율 = (기준수입 − 실제수입) ÷ 기준수입 • 기준수입 = 평년수확량 × 농지별 기준가격 • 실제수입 = (수확량 + 미보상감수량) × 최솟값(농지별 기준가격, 농지별 수확기가격) • 미보상감수량 = (평년수확량 − 수확량) × 미보상비율(또는 보상하는 재해가 없이 감소된 수량) ② 수확량 = (표본구간 단위면적당 수확량 × 조사대상면적) + {단위면적당 평년수확량 × (타작물 및 미보상면적 + 기수확면적)} ③ 단위면적당 평년수확량 = 평년수확량 ÷ 실제경작면적 ④ 조사대상면적 = 실제경작면적 − 수확불능면적 − 타작물 및 미보상면적 − 기수확면적 ⑤ 표본구간 단위면적당 수확량 = 표본구간 수확량 ÷ 표본구간면적 • 표본구간 수확량 = (표본구간 정상 양파 중량 + 80%형 피해 양파 중량의 20%) × (1 + 누적비대추정지수) • 누적비대추정지수 = 지역별 수확적기까지 잔여일수 × 비대추정지수

마 늘	수확량 조사	수확 직전	① 피해율 = (기준수입 − 실제수입) ÷ 기준수입 　• 기준수입 = 평년수확량 × 농지별 기준가격 　• 실제수입 = (수확량 + 미보상감수량) × 최솟값(농지별 기준가격, 농지별 수확기가격) 　• 미보상감수량 = (평년수확량 − 수확량) × 미보상비율(또는 보상하는 재해가 없이 감소된 수량) ② 수확량 = (표본구간 단위면적당 수확량 × 조사대상면적) + {단위면적당 평년수확량 × (타작물 및 미보상면적 + 기수확면적)} ③ 단위면적당 평년수확량 = 평년수확량 ÷ 실제경작면적 ④ 조사대상면적 = 실제경작면적 − 수확불능면적 − 타작물 및 미보상면적 − 기수확면적 ⑤ 표본구간 단위면적당 수확량 = (표본구간 수확량 × 환산계수) ÷ 표본구간면적 ⑥ 표본구간 수확량 = (표본구간 정상 마늘 중량 + 80%형 피해 마늘 중량의 20%) × (1 + 누적비대추정지수) 　• 환산계수 : 0.7(한지형), 0.72(난지형) 　• 누적비대추정지수 = 지역별 수확적기까지 잔여일수 × 비대추정지수
고구마	수확량 조사	수확 직전	① 피해율 = (기준수입 − 실제수입) ÷ 기준수입 　• 기준수입 = 평년수확량 × 농지별 기준가격 　• 실제수입 = (수확량 + 미보상감수량) × 최솟값(농지별 기준가격, 농지별 수확기가격) 　• 미보상감수량 = (평년수확량 − 수확량) × 미보상비율(또는 보상하는 재해가 없이 감소된 수량) ② 수확량 = (표본구간 단위면적당 수확량 × 조사대상면적) + {단위면적당 평년수확량 × (타작물 및 미보상면적 + 기수확면적)} ③ 단위면적당 평년수확량 = 평년수확량 ÷ 실제경작면적 ④ 조사대상면적 = 실제경작면적 − 수확불능면적 − 타작물 및 미보상면적 − 기수확면적 ⑤ 표본구간 단위면적당 수확량 = 표본구간 수확량 ÷ 표본구간면적 　• 표본구간 수확량 = (표본구간 정상 고구마 중량 + 50% 피해 고구마 중량 × 0.5 + 80% 피해 고구마 중량 × 0.2) 　　※ 위 산식은 표본구간 별로 적용됨

감자 (가을 재배)	수확량 조사	수확 직전	① 피해율 = (기준수입 − 실제수입) ÷ 기준수입 • 기준수입 = 평년수확량 × 농지별 기준가격 • 실제수입 = (수확량 + 미보상감수량 − 병충해감수량) × 최솟값(농지별 기준가격, 수확기가격) • 미보상감수량 = (평년수확량 − 수확량) × 미보상비율(또는 보상하는 재해가 없이 감소된 수량) • 병충해감수량 = 병충해 입은 괴경의 무게 × 손해정도비율 × 인정비율 ② 수확량 = (표본구간 단위면적당 수확량 × 조사대상면적) + {단위면적당 평년수확량 × (타작물 및 미보상면적 + 기수확면적)} ③ 단위면적당 평년수확량 = 평년수확량 ÷ 실제경작면적 ④ 조사대상면적 = 실제경작면적 − 수확불능면적 − 타작물 및 미보상면적 − 기수확면적 ⑤ 표본구간 단위면적당 수확량 = 표본구간 수확량 ÷ 표본구간면적 • 표본구간 수확량 = {표본구간 정상 감자 중량 + (50%형 피해 감자 중량 × 0.5) + 병충해 입은 감자 중량} ※ 위 산식은 각각의 표본구간별로 적용되며, 각 표본구간면적을 감안하여 전체 병충해감수량을 산정
양배추	수확량 조사	수확 직전	① 피해율 = (기준수입 − 실제수입) ÷ 기준수입 • 기준수입 = 평년수확량 × 농지별 기준가격 • 실제수입 = (수확량 + 미보상감수량) × 최솟값(농지별 기준가격, 농지별 수확기가격) • 미보상감수량 = (평년수확량 − 수확량) × 미보상비율(또는 보상하는 재해가 없이 감소된 수량) ② 수확량 = (표본구간 단위면적당 수확량 × 조사대상면적) + {단위면적당 평년수확량 × (타작물 및 미보상면적 + 기수확면적)} ③ 단위면적당 평년수확량 = 평년수확량 ÷ 실제경작면적 ④ 조사대상면적 = 실제경작면적 − 수확불능면적 − 타작물 및 미보상면적 − 기수확면적 ⑤ 표본구간 단위면적당 수확량 = 표본구간 수확량 ÷ 표본구간면적 ⑥ 표본구간 수확량 = {표본구간 정상 양배추 중량 + (80%형 피해 양배추 중량 × 0.2)} ※ 위 산식은 표본구간 별로 적용됨

2024 SD에듀 손해평가사 2차 기출문제해설 한권으로 끝내기

개정1판1쇄 발행	2024년 04월 30일(인쇄 2024년 03월 29일)
초 판 발 행	2023년 02월 10일(인쇄 2023년 01월 11일)
발 행 인	박영일
책 임 편 집	이해욱
편 저	손해평가연구회
편 집 진 행	서정인
표 지 디 자 인	하연주
편 집 디 자 인	윤준하 · 하한우
발 행 처	(주)시대고시기획
출 판 등 록	제 10-1521호
주 소	서울시 마포구 큰우물로 75 [도화동 538 성지 B/D] 9F
전 화	1600-3600
팩 스	02-701-8823
홈 페 이 지	www.sdedu.co.kr
I S B N	979-11-383-6622-9 (13320)
정 가	23,000원

만일 제도가 바뀐다면 우리는 또한 그 바뀐 제도에 따라 우승할 것이다.

- 김응용 -

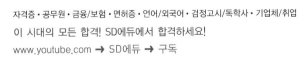